**Questions contemporaines**
*Collection dirigée par B. Péquignot, D. Rolland et Jean-Paul Chagnollaud*

Chômage, exclusion, globalisation… Jamais les « questions contemporaines » n'ont été aussi nombreuses et aussi complexes à appréhender. Le pari de la collection « Questions contemporaines » est d'offrir un espace de réflexion et de débat à tous ceux, chercheurs, militants ou praticiens, qui osent penser autrement, exprimer des idées neuves et ouvrir de nouvelles pistes à la réflexion collective.

**Dernières parutions**

François BOUDREAU, *L'intérêt contre l'éthique, Réflexions sur la culture et le politique,* 2017.
Jean-Baptiste MANROUBIA-PORTEOUS, *La persistance du recours à la force à travers la légitime défense internationale*, 2017.
Michel MESSU & Cristina ALBUQUERQUE (dir.), *Confiance et barbarie, Pour une anthropologie renouvelée de l'action,* 2017.
Frédéric GOBERT, *Mai 68. Le mythe a 50 ans. La politique éducative française depuis la Révolution*, 2017.
Michel JOUARD, *De la domination coloniale au rejet des migrants. De l'indigène à l'immigré. Essais politiques*, 2017.
Fred HAILON, *Etude(s) de cognition politique, Discours, pensée, société,* 2017.
Jean-Charles HUCHET, *En finir avec l'Ecole de la République*, 2017.
Florence SAMSON, *Agriculture. Un monde à plusieurs vitesses et sous pression*, 2017.
Max MEMMI, *Être ou ne pas être Juif. Telle est la question. Pourquoi ?,* 2017.

L'AIDE PUBLIQUE AU DÉVELOPPEMENT

**5-7, rue de l'École-Polytechnique ; 75005 Paris**

http://www.editions-harmattan.fr/

ISBN : 978-2-343-13607-3
EAN : 9782343136073

Houssen Zakaria

# L'aide publique au développement

*Visées et nouvelles stratégies en Afrique*

L'Harmattan

**Du même auteur**

- *Familles comorienne face au collège. Entre l'école et la tradition*

Ed. L'Harmattan 2003.

- *Que font les maîtres ? Pour un bilan de la rénovation pédagogique à l'école,* Paris, Ed. La Dispute, 2012.

- En collaboration avec Nicolas Defaud et Vincent Guiader, *Discipliner les sciences sociales. Les usages sociaux des frontières scientifiques*, Ed. L'Harmattan, 2002, p. 103-124.

# Table des matières

## Chapitre V
## Document stratégique pour la réduction de la pauvreté et allègement de la dette



## Chapitre VI
## Bureaucratisation et technicisation de l'aide

Chapitre IX
Adhésion des normes et attitude critique des autorités locales

*« Il ne faut en aucun cas écouter ceux qui vous disent : ''Ne critiquez pas, vous qui n'êtes pas capables de faire une réforme.'' Ce sont là des propos de cabinets ministériels. La critique n'a pas à être la prémisse d'un raisonnement qui se terminerait par : voici donc ce qui vous reste à faire. Elle doit être un instrument pour ceux qui luttent, résistent et ne veulent plus de ce qui est. Elle doit être utilisée dans des processus de conflits, d'affrontements, d'essais de refus. Elle n'a pas à faire la loi à la loi. Elle n'est pas une étape dans une programmation. Elle est un défi par rapport à ce qui est. Le problème, voyez-vous, c'est celui de l'action, de l'action par laquelle le réel est transformé. » Michel Foucault*[1]

*« La domination et les inégalités de pouvoir et de richesses sont des traits de la société humaine. Mais, dans le monde d'aujourd'hui, on peut aussi se dire qu'elles ont à voir avec l'impérialisme, son histoire, ses nouvelles formes. Si les nations d'Asie, d'Amérique latine et d'Afrique sont politiquement indépendantes, elles restent sur bien des plans aussi dominées et dépendantes qu'à l'époque où elles étaient directement administrées par les Européens. C'est parce qu'elles s'autodétruisent ont coutume de dire des critiques comme V.S Naipaul : ''ils '' (chacun sait que ''ils'', ce sont les basanés, les bougnoules, les nègres) sont responsables de ce qu'''ils'' sont, et rien ne sert d'ânonner sur le legs de l'impérialisme. Mais prendre le contre-pied en accusant indistinctement les Européens des maux actuels ne vaut pas mieux. Ce qu'il nous faut, c'est envisager ces questions comme un réseau d'histoires interdépendantes, qu'il serait faux et absurde de refouler, qu'il est utile et intéressant de comprendre. » Edward W. Said*[2]

---

[1] Michel Foucault, *Dits et écrit. 1989-1988*, Tome IV, Ed. Gallimard, 1994, page 32.
[2] Edward W. Said, *Culture et impérialisme*, Ed. Fayard, 2000, page 56-57.

# Introduction

## L'aide publique au développement : changement et continuité

Au lendemain de la Seconde Guerre mondiale, les États-Unis introduisirent dans le champ des relations internationales une notion qui, au fil du temps, a transformé non seulement l'espace économique mondial, mais également les relations Nord/Sud, au demeurant les liens hiérarchiques entre pays colonisateurs et pays colonisés : la notion de « sous-développement avec son corrélat l'aide au développement. »[1]

Mobilisée par le président Truman en janvier 1949 lors de son discours d'investiture à la Maison-Blanche, cette notion a modifié les rapports Nord/Sud en remplaçant l'opposition pays colonisateurs, pays colonisés (ou ex-colonisés) par la dichotomie pays développés, pays sous-développés. Chemin faisant, cette substitution a progressivement disqualifié les luttes de libération et d'émancipation qu'engendrait l'opposition pays colonisateur, pays colonisé en ringardisant l'espace idéologique de ces luttes : classe dominante/classe dominée.

Elle a fait du développement un principe de justice associé à des formes de vie, à des modes de comportement, à des manières d'utiliser les ressources qu'il faut promouvoir comme telles. Ainsi est née l'aide publique au développement (l'APD) qui engage, d'une part, les pays sous-développés à promouvoir lesdits comportements en tablant sur leurs propres indépendances, leurs propres efforts et, d'autre part, les pays développés du Nord à soutenir ce mouvement en aidant les pays sous-développés à se développer en accédant au système de valeur, aux formes de vie que sous-tend le concept de développement.

Et, jusqu'au milieu des années 1960, l'APD signifia « une pratique ancienne d'investissement public à distance dans les colonies ou territoires extérieurs (directement en réalisant des projets ou indirectement par simple apport de financement). »[2]

À la fin des années 1960, le Comité d'aide au développement (CAD) de l'Organisation de coopération et de développement économiques (OCDE) officialisa l'ADP en faisant de celle-ci un instrument

---

[1] Sur ce point, voir Marcel Gauchet, *L'avènement de la démocratie* IV. *Le Nouveau monde*, Ed. Gallimard, 2017, page 252.

[2] François Pacquement, « L'aide publique au développement : mise en perspective sur le long terme » *Sociologies Pratiques* n°27, 2013, pp 13-20, page 13.

international permettant de mesurer les coûts et les ressources que les pays développés transfèrent aux pays sous-développés.

**Le CAD de l'OCDE**

En 1961 est née l'Organisation de coopération et de développement (OCDE) économique qui a succédé à l'Organisation européenne de coopération économique (OECE) créée en 1947 pour gérer le Plan Marshall financé par les États unis pour construire l'Europe détruite par la Seconde Guerre mondiale. Lors de sa création, elle comptait 20 pays membres : Allemagne, Autriche, Belgique, Canada, Danemark, Espagne, États-Unis, France, Grèce, Islande, Irlande, Italie, Luxembourg, Norvège, Pays-Bas, Portugal, Royaume-Uni, Suède, Suisse, Turquie.

15 autres pays rejoignent l'Organisation, à commencer par le Japon en 1964, l'Autriche (1971), la Chili (2010), la Finlande (1969), la Hongrie (1996), Israël (2010), la Lettonie (2016), le Mexique (1994), la Nouvelle-Zélande (1973), la Pologne (1996), la République slovaque (2000), la République tchèque (1995), la Slovénie (2010).

L'OCDE est un espace de dialogue et de réflexion visant à amener les responsables politiques des pays membres, ainsi que les non-membres en voie de développement à prendre « les bonnes mesures, à adopter les bonnes pratiques » favorisant l'expansion économique.

De proche en proche, elle est devenue une organisation supranationale. D'abord par ses analyses des systèmes économiques des pays membres et non membres, par la production de données statistiques qui couvrent des domaines aussi divers que les comptes nationaux, les indicateurs économiques, le commerce, l'emploi, l'immigration, l'éducation, l'énergie et la santé. Ensuite par les conventions, les décisions et les recommandations qu'elle formule pour les pays membres, mais auxquelles les pays non membres adhèrent.

Ainsi, la Chine, l'Inde, l'Indonésie, et l'Afrique du Sud ne sont pas membres à part entière, mais elles participent à ses travaux. L'influence internationale de l'OCDE est d'autant plus importante que le Comité d'aide au développement (CAD) fait également partie de ses structures. Créé en 1960 par le Comité économique de l'OCDE pour remplacer le Groupe d'assistance pour le développement (GAD), le CAD est entièrement consacré à l'APD. Composé de vingt-huit pays membres, plus la Commission de l'Union européenne il est un lieu d'échange, de consultation et d'analyse concernant les méthodes à appliquer pour rendre disponibles les ressources nationales et accroître l'afflux de capitaux en faveur des pays en développement.

Les membres du CAD acceptent de respecter ses recommandations et d'appliquer ses directives et documents de référence. Ces directives, auxquelles chacune renvoie respectivement à un traité, sont :

1 Évaluer les activités de construction de la paix dans les situations de conflit et de fragilité

2 Pour un soutien international aux États en sortie de crise

3 Soutenir le renforcement de l'État dans les situations de conflit et de fragilité

4 Ressources naturelles et croissance pro-pauvres

5 Vers une croissance pro-pauvres

6 Harmoniser l'aide pour renforcer son efficacité

7 L'évaluation environnementale stratégique
8 Réforme des systèmes de sécurité et gouvernance
9 La gestion de l'aide
10 La réforme fiscale écologique axée sur la réduction de la pauvreté
11 Harmoniser l'aide pour renforcer son efficacité
12 Pauvreté et santé
*Source* : OCDE, *Dates Marquantes. Historique du Comité d'aide au développement de l'OCDE*, Éditions de l'OCDE 2006.

Dès lors, les structures et les modes de fonctionnement de l'APD n'ont cessé d'évoluer en prenant la forme d'une coopération internationale qui englobe :

1- L'aide humanitaire d'urgence servant à répondre à des catastrophes et des calamités.

2- L'aide alimentaire, mobilisable en dehors de situations d'urgence pour apporter un soutien aux pays qui connaissent des problèmes chroniques d'alimentation.

3- L'assistance technique qui met à la disposition des pays en développement des experts et des formations.

4- L'aide projet qui consiste à financer des projets ou des actions précises et limitées dont le ou les financeurs vérifient l'exécution et le suivi.

5- « L'aide programme qui regroupe un ensemble varié d'instruments (soutiens aux importations, aides budgétaires, allègement de dette, programmes sectoriels) ».[3]

À partir du milieu des années 1980, ces axes vont progressivement connaître des transformations tant au niveau de leurs conceptions qu'au niveau de leurs modalités pratiques.

Plusieurs phénomènes interdépendants sont à l'origine de ces mutations. D'abord, la suprématie des Institutions financières internationales (IFI) dans le champ de l'aide au développement.

En effet, en devenant, au début des années 1980, les principaux bailleurs de fonds des accords *d'ajustement structurel* censés aider les pays sous-développés très endettés à équilibrer leurs balances de paiement, à réduire leurs déficits budgétaires, les Institutions financières internationales (IFI) se sont ainsi imposés au-devant de la scène de la coopération internationale en transformant progressivement ses outils de financement et de gestion.

[3] Olivier Charoz et Jean-Michel Serverno, *L'aide publique au développement*, Ed, La Découverte, 2007, page 12.

Ensuite, le déclin des volumes de l'APD au cours des années 1990. Alors que, jusqu'ici, celle-ci était l'une des principales sources du financement du développement, ses volumes ont progressivement chuté pendant la décennie 1990 pour « devenir un flux secondaire par rapport aux excédents commerciaux, aux investissements directs étrangers ou encore aux transferts des travailleurs immigrés. »[4]

Au début des années 2000, les volumes de l'ADP repartent à la hausse, et ses objectifs, ses références et ses modalités d'allocation évoluèrent en s'inscrivant résolument dans la perspective des Objectifs du millénaire pour le développement (OMD) ratifiés en juillet 2000 par l'assemblée générale de l'ONU.

Devenus la colonne vertébrale de l'APD, les OMD (désormais, appeler ODD, Objectifs de développement durable) ont transformé les conceptions de l'aide, ses modes de fonctionnement. Désormais, non seulement celle-ci est assujettie à des objectifs précis, à des procédures administratives et juridiques quantifiables, mais elle est également sommée d'être efficace et rentable. Autrement dit, elle doit soutenir la croissance économique des pays récipiendaires en réformant leur infrastructure politique et économique en instaurant dans les structures étatiques des pratiques, des modes de gestion basés sur des résultats tangibles.

Cette transformation ne s'est pas produite de jour au lendemain, elle est le résultat d'un long processus. Dès la fin des années 1970, l'aide au développement est devenue peu à peu indirecte et ses objectifs pléthoriques. Elle n'a pas comme seule mission d'apporter aux pays sous-développés un soutien économique, financier et technique en encourageant le développement des industries, des infrastructures, d'aider les États à investir dans tous les secteurs de l'économie, mais aussi et surtout de changer *le politique* pour mieux changer l'économie, de façon à ce que ces pays s'ouvrent à l'économie de marché en plein essor.

Le processus s'est accéléré avec l'extraordinaire expansion de l'économie de marché dont la chute du « mur de Berlin » en 1989 a été un formidable accélérateur.

Prise par la houle néolibérale des années 1990 qui secoua l'ensemble des États-nations et les organisations de la coopération internationale,

---

[4] Bernard Contamin et, *al,* « Les Nouvelles logiques de l'aide publique au développement : entre pratiques, pragmatisme et logiques institutionnelles », *L'Actualité économique, Revue d'analyse économique*, n°2, juin 2008, pp 155- 178, page 155.

l'APD intégrera peu à peu dans ses actions, ses programmes, un ensemble de dispositifs et de pratiques dont les énoncés et les références ont comme socle commun les entrailles de la globalisation économique, financière et commerciale.

Pour mieux appréhender l'imprégnation de ces dispositifs, les effets qu'ils produisent dans les actions que mène l'APD, il est nécessaire d'adopter une démarche moins économique par rapport à la notion de globalisation, et de mondialisation. Une telle approche permet de voir que la mondialisation ne se résume pas qu'à l'interconnexion des marchés commerciaux et au développement sans précédent des produits financiers engendré par l'essor des investisseurs institutionnels et des investissements étrangers directs (IDE). Mais qu'elle est aussi un phénomène profondément politique qui se développe à travers la production et la généralisation de normes qui tendent à uniformiser les règles qui régissent les États-nations, à remodeler les relations qui structurent l'espace public, l'être ensemble, la perception des identités individuelles et collectives, l'intégration sociale.

La production de ces normes, leur exportation et leur appropriation constituent sans doute un des enjeux majeurs de l'économie néolibérale. Enjeux majeurs, car, comme le souligne Max Weber dans son livre *L'éthique protestante et l'esprit du capitalisme* : « Le problème majeur de l'expansion du capitalisme moderne n'est pas celui de l'origine du capital, c'est celui du développement de l'esprit du capitalisme. »[5] La prouesse de l'économie néolibérale est sa force à inventer sans cesse des instances extraverties de production, d'exportation et d'appropriation de cet esprit. Ces instances sont innombrables et d'une efficacité redoutable dans la mesure où elles ne se réclament pas comme telles. Elles changent de visages selon les contextes en déployant des outils, des pratiques qui visent davantage l'adhésion des valeurs qu'elles produisent qu'à chercher à les imposer comme telles.

Dans le domaine de l'aide publique au développement, cette stratégie est d'autant plus efficace que l'APD est censée favoriser dans les pays en développement la généralisation et l'enracinement de principes communément admis comme universels (droits de l'homme, égalité homme/femme, éducation pour tous, etc. ...). L'adhésion à ces principes est d'autant plus forte que depuis le début des années 1990, ces principes se fondent sur une logique humaniste dont l'emblème est la lutte contre la pauvreté dans le monde. Cette lutte est devenue le

[5] Max Weber, *L'éthique protestante et l'esprit du capitalisme*, op.cit., page 71.

nouveau cheval de bataille de toutes les agences d'aide au développement, les bailleurs de fonds bilatéraux et multilatéraux et, au premier chef, la Banque mondiale.

Elle traverse de part en part les OMD, elle est au centre des dispositifs que finance l'ADP. Et ces derniers n'ont pas comme seul but l'apport économique et financier, ils visent également l'Homme, son environnement social, politique et écologique pour faire de lui l'acteur principal de son devenir en favorisant l'individualisation, la contractualisation des politiques publiques.

La mise en orbite des associations dites de « la société civile » et la légitimité, que les bailleurs de fonds bilatéraux et multilatéraux accordent à ces dernières en finançant leurs actions, tendent à renforcer ces processus d'individualisation et de contractualisation. D'une part, parce qu'une telle légitimité tend à accroître les espaces de négociation, le nombre de partenaires avec qui les représentants de l'État doivent négocier les affaires publiques. Et, dans ces négociations, l'État est et doit être un partenaire comme les autres dont la vocation n'est pas d'impulser des idées ni de *faire*, mais principalement de *faire faire* en sous-traitant avec la société civile[6].

Cette légitimité tend, d'autre part à renforcer ces processus parce qu'elle dépolitise les questions sociales en disjonctant le lien social du lien politique, en faisant des problèmes sociaux des problèmes purement techniques. Problèmes dont le remède serait l'inflexion dans l'organisation, le fonctionnement du secteur public du *New public management*.

L'objet de ce travail est de montrer comment ces mécanismes politico-institutionnels traversent l'APD. Il ne s'agit donc pas de dénoncer celle-ci en tant que telle, mais de saisir les éléments tant matériels que symboliques qui la fondent, l'esprit qui la traverse. Et, dans cette perspective, nous ne partageons pas le discours de celles et ceux qui montrent que l'aide internationale au développement est *fatale*[7]. Que les pays en développement, en l'occurrence l'Afrique subsaharienne n'ont pas besoin de l'aide, de la solidarité internationales.

Nous ne partageons pas ce discours, car, d'un côté il rejette vivement les pratiques de l'aide, ses modalités d'action, de l'autre, il s'appuie

---

[6] Concernant la place et le rôle de l'État dans ces négociations, voir Marcel Gauchet *L'avènement de la démocratie* IV, op.cit.

[7] Dambisa Moyo, *L'aide fatale. Les ravages d'une aide inutile et de nouvelles solutions pour l'Afrique*, Ed. JC Lattès, 2009.

explicitement ou implicitement sur celle-ci et propose des idées censées déboucher sur une appropriation créative des logiques qui sont au cœur de l'économie néolibérale, la globalisation. On préconise ainsi un ensemble de mesures que les dirigeants des pays d'Afrique doivent infléchir dans les rouages de l'État le plus tôt possible. D'abord la libéralisation des structures étatiques en laissant faire les lois du marché, des mesures pour à favoriser l'émergence d'une classe moyenne qui fait à l'allégeance au *statu quo* en poussant les gouvernements à la modération. Ensuite l'élargissement des relations de coopération avec les pays émergents et notamment la Chine pour mieux s'approprier les règles du *socialisme de marché* dont la Chine a le secret.

Le paradoxe est saisissant, les idées qui fondent l'aide seraient bonnes et l'horizon qu'elles proposent meilleur, c'est par contre les pratiques, les actions mobilisées pour y parvenir qui seraient inadéquates. On veut ainsi faire du neuf avec du vieux en dissociant les manières de faire, les programmes de l'aide des idées qui la fondent.

Or, les pratiques, les modalités d'action consécutives à l'aide au développement ne tombent pas du ciel. Elles relèvent davantage d'une combinaison de savoirs théoriques et techniques ancrées dans des traditions sociales et historiques plutôt que de l'invention *ex nihilo*. Elles reposent donc sur des énoncés, des idées politiques, des manières de voir, bref, sur un esprit. C'est celui-ci qui les rend possibles.

Il est sans doute illusoire de dissocier ces pratiques des savoirs, de l'esprit qui les structure. De même qu'il est vain de rechercher une quelconque antériorité des premières par rapport aux seconds et inversement.

Pour être féconde, la critique ne doit pas dénoncer à juste titre *que* les modalités pratiques de l'aide, ses conséquences les plus visibles. Elle ne peut pas être *que* technique, elle doit être aussi et surtout ontologique en appréhendant les savoirs qui traversent l'aide à l'état incorporé, l'esprit qui l'anime en mettant au jour les médiations politiques et sociales qui la renforcent.

Pour ce faire, nous analysons d'abord les pratiques, les mécanismes politico-institutionnels qui caractérisent l'APD en mettant en évidence les références, les énoncés qui fondent les programmes que financent les principaux bailleurs de l'APD. Après avoir cerné les références qui coordonnent lesdits programmes, leur influence dans les actions menées, nous analysons ensuite les transformations institutionnelles que suscite l'APD dans les appareils étatiques des pays récipiendaires en centrant nos analyses sur les pratiques effectives des agents. Autrement dit, quel est l'impact des programmes d'aide au développement dans les fonctions qu'exercent les autorités locales ? Comment chacune de ces dernières perçoit-il sa fonction à l'aune des programmes, des projets financés par les bailleurs ? Comment les autorités locales s'approprient-elles les normes et les valeurs consécutives auxdits programmes ? Quelles sont les conséquences qui en découlent tant au niveau des représentations de la chose publique, qu'au niveau de la construction et de la concrétisation des actions que mènent les autorités locales dans le cadre de leurs fonctions respectives ?

La réponse à chacune de ces questions permet, d'une part, d'appréhender l'APD, ses principaux objectifs, les stratégies qu'elle déploie pour parvenir à ses fins, elle permet, d'autre part, d'entrevoir la perception et l'apport des acteurs locaux dans la mise en œuvre des programmes de l'APD, les transformations cognitives qui en découlent. La systématisation de ces phénomènes est primordiale, car, comme nous l'avons souligné plus haut, désormais, l'APD s'inscrit dans une perspective plus large. À travers ses buts économiques et financiers, elle vise la transformation de l'Homme et du politique.

Ce faisant, dans les administrations des pays récipiendaires, non seulement les projets et les programmes qu'elle finance s'empilent, et soumettent ces dernières à des procédures instances, mais chaque projet est également multisectoriel et renvoie à des valeurs, à des normes qui tendent à transformer le fonctionnement des entités administratives, l'imaginaire et les pratiques des agents. Nous verrons comment ces transformations institutionnelles et cognitives s'opèrent en mettant en perspective les mécanismes sociaux d'adhésion des valeurs que sous-tendent ces programmes. Car, si ces valeurs sont prégnantes, c'est parce que les agents y adhèrent[8], et ils y adhèrent parce que cela leur procure du pouvoir. Nous verrons également les critiques, les formes de résistance que développent les autorités locales à l'égard de ces mêmes valeurs dans la mesure où partout où, il y a de telles relations d'adhésion, on voit apparaître des formes de résistance. Adhésion et résistance sont les deux faces de la même réalité.

---

[8] Jean-François Bayart, *L'État en Afrique. La politique du ventre*, Ed, Fayard, (1989) 2006.

Structure de l'ouvrage

Pour mieux cerner les questions qui nous préoccupent ici, le présent travail a pour champ d'investigation l'offre bilatérale, d'une part : l'APD qu'un État donateurs transfère directement à un État bénéficiaire et l'offre multilatérale d'autre part : l'APD qui passe par une organisation internationale telle que la Banque mondiale, le Fonds monétaire international, la Commission européenne ou par un organisme du système des Nations unies : (PNUD : Programme des Nations unies pour le développement, UNESCO : Organisation des Nations unies pour l'éducation, la science et la culture, UNICEF : le Fonds des Nations unies pour l'enfance, etc.) L'enquête porte donc sur :

- Les modes de financement des projets
- Les programmes d'aide sectorielle
- L'aide budgétaire
- Les mécanismes d'allégement de la dette.

Il s'agit de systématiser ces différents axes en montrant comment chacun est conçu, ses objectifs, ses principaux traits, comment les autorités locales se les approprient. Pour ce faire, l'ouvrage est divisé en trois parties. Chaque partie comporte trois chapitres. La première partie : *Gouverné par la dette,* décrit l'évolution des modes d'intervention de l'APD en montrant qu'on peut en effet envisager celle-ci comme une institution de transformation institutionnelle et cognitive. Car la doctrine et les actions de l'APD ont changé. D'un modèle centré sur l'investissement productif on est passé au plan *d'ajustement structurel*, puis au modèle qui prévaut aujourd'hui : la contractualisation des actions menées et la refonte de la superstructure par la transformation de l'infrastructure politique et économique.

La deuxième partie : *De la politique d'ajustement à la lutte contre la pauvreté,* décrit les instruments et les concepts que mobilisent les bailleurs pour imposer les réformes en cours en contrôlant à distance les finances publiques des pays récipiendaires. Pour mieux appréhender la conception de ces instruments, les normes qui les traversent, les usages qui en découlent tant chez les bailleurs que chez les autorités locales, il nous a semblé plus pertinent de circonscrire notre travail dans un espace sociopolitique bien défini. Nous avons choisi l'Union des Comores.

Ce choix ne s'explique pas par le seul fait d'appartenir à ce pays. Il est la traduction d'un engagement désintéressé qui s'enracine dans plusieurs démarches scientifiques et méthodologiques et notamment celle que nous livre Freud lorsqu'il souligne que : « Dans le travail scientifique, il est plus rationnel de s'attaquer à ce qu'on a devant soi, à des objets qui s'offrent d'eux-mêmes à notre investigation. Si on le fait sérieusement, sans idées préconçues, sans espérances exagérées et si l'on a de la chance, il peut arriver que, grâce aux liens qui rattachent tout à tout, le petit au grand, ce travail entrepris sans aucune prétention ouvre un accès à l'étude de grands problèmes. »[9]

Disons-le en passant, l'objet n'est pas de faire une monographie de l'APD aux Comores en dressant des typologies exotiques et essentialistes coupées du monde. Mais d'envisager ce pays comme un idéal-type[10] permettant de saisir des formes socio-institutionnelles plus larges qui renvoient à une meilleure interprétation de la coopération internationale, à une vision plus rapprochée des rapports Nord/Sud et notamment les relations qu'entretient l'Afrique subsaharienne avec l'Occident.

Ainsi, en décrivant ici comment l'Union des Comores a accédé au processus d'allégement de la dette des pays pauvres et très endettés (l'initiative PPTE) inauguré par les Institutions financière internationales (IFI) au milieu des années 1990, l'analyse permet d'une part d'appréhender les outils, les méthodes que la Banque mondiale (BM) et le Fonds monétaire international (FMI) ont élaborés en leur sein pour imposer aux pays pauvres et endettés ce processus dont l'objectif principal est d'amener ces pays à honorer leur engagement envers les bailleurs multilatéraux et notamment avec la BM. Elle permet d'autre part de saisir les objectifs de l'aide pour comprendre enfin que les visées de celle-ci ne sont pas qu'économiques, mais également politiques et géostratégiques.

L'aide permet aux anciennes puissances coloniales en l'occurrence ici la France de maintenir sa position, son pouvoir dans ses ex-colonies. Le travail mené dans cette partie montre qu'en Afrique francophone, la France peut, selon ses intérêts et les relations qu'elle entretient avec tel ou tel pays, soit accélérer le processus de l'octroi d'une aide, ou au contraire freiner celui-ci.

La troisième partie enfin : *Assujettissement et attitude critique,* aborde l'inflexion desdits instruments dans les politiques sectorielles en

---

[9] Sigmund Freud cité par Bernard Lahire, dans *Tableau de familles*, Ed, Gallimard, 1995, page 9.

[10] Par rapport au concept d'idéal-type, voir Max Weber, *Essai sur la théorie de la science* (1[er]éd en France 1965) Ed, Pocket, 1992.

prenant comme exemples la décentralisation, le secteur de l'éducation. Par rapport à notre objet, ces deux secteurs sont importants.

Les politiques de décentralisation permettent en effet d'appréhender les évolutions de l'APD et les transformations qu'elles suscitent dans les structures étatiques. Soutenues par les bailleurs au cours des années 1990, ces politiques ont transformé l'exercice de l'autorité publique en instaurant des nouveaux instruments de gestion de l'espace public local.

Ce faisant, partout, en Afrique le local s'est imposé, il est devenu un mode de gouvernement dont la classe dirigeante et l'élite s'emparent, favorisant ainsi la territorialisation au détriment de la décentralisation politique et économique. L'analyse des systèmes éducatifs permet elle aussi de saisir de telles transformations. Elle montre en effet comment les bailleurs multilatéraux saisissent l'éducation pour faire d'elle un instrument sociopolitique total permettant d'imposer, aux pays bénéficiaires de l'aide, des réformes qui tendent à dépasser le cadre éducatif proprement dit. Nous verrons que la gestion des systèmes éducatifs échappe de plus en plus aux gouvernements locaux. Car, au nom de l'orthodoxie libérale, l'apport des bailleurs au secteur de l'éducation vise non seulement la déconcentration et la décentralisation des politiques éducatives, mais également à ajuster les méthodes pédagogiques, les contenus des savoirs dispensés au marché mondial en redessinant le rôle et la place de l'école dans les pays bénéficiaires de l'aide.

Reconnaissance

Dans ce travail un peu solitaire, nombreux sont les personnes auxquelles je souhaite exprimer ma reconnaissance. Commençons par le plus précieux, l'intime : Florence Tardit. Ce livre n'aurait jamais vu le jour sans son affection doublée d'un esprit critique et de l'impatience qu'elle a toujours su manifester au moment où il fallait. Mon gré à Papa Abou Issa avec qui j'entretiens depuis des années des liens d'amitié. Dans ce travail, son soutien fut décisif. Ses connaissances et ses relations très étendues m'ont permis d'élargir le champ de mes investigations en nouant des relations avec les autorités locales (les enquêtés). Relations dont la forme sociale qu'elles prenaient dépassait le cadre formel de l'enquête sociologique.

Ce travail a bénéficié de la contribution de nombreux amis qui travaillent au PNUD, à l'UNICEF, à l'Union européenne, à la Banque mondiale. Connaissant l'approche adoptée, la plupart de ces derniers ont demandé à ne pas être cités, leur opinion est respectée, et je salue leurs apports. Que soient remerciés les enquêtes (n= 40). Le discours de chacun, concernant sa position professionnelle, sa vision de l'aide au développement recueilli dans le cadre de l'entretien sociologique fut déterminant.

# Chapitre I
# Les effets institutionnels et cognitifs de l'aide publique au développement

« L'acte d'obéissance suppose un acte de connaissance, qui est en même temps un acte de reconnaissance. Dans reconnaissance, il y a évidemment ''connaissance'' : cela veut dire que celui qui se soumet, qui obéit, qui se plie à un ordre ou à une discipline, opère une action cognitive. (Je vous dis les choses de plusieurs façons : actuellement on parle beaucoup de sciences cognitives ; j'ai dit ''cognitive'' pour produire un effet de déclencheur et pour vous faire voir que *la sociologie est en fait une science cognitive alors que cela est oublié par les gens qui s'occupent de ces sciences, et pas par hasard.*) Les actes de soumissions et d'obéissance sont des actes qui, en tant que tels, mettent en œuvre des structures cognitives, des catégories de perception, des schèmes de perception, des principes de vision et de division, tout un ensemble de choses que la tradition néokantienne met au premier plan. » Pierre Bourdieu[1]

« D'une manière générale, nous estimons que le sociologue ne s'est pas complètement acquitté de sa tâche tant *qu'il n'est pas descendu dans le for intérieur des individus afin de rattacher les institutions dont il rend compte à leurs conditions psychologiques.* C'est d'elles que le sociologue doit partir. Mais si, pour cette raison, il paraît, au début de ses démarches, s'éloigner de l'homme, c'est avec l'intention d'y revenir et arriver à mieux comprendre. Car, dans la mesure où l'homme est le produit de la société, c'est par elle qu'il s'explique. Bien loin donc que la sociologie, ainsi entendu, soit étrangère à la psychologie, *elle aboutit elle-même à une psychologie*, mais beaucoup plus concrète et complexe que celle que font les purs psychologues » Émile Durkheim[2]

---

[1] Pierre Bourdieu, *Sur L'Etat. Cours au collège de France 1982-1992*, Ed. Seuil, 2012, page 260. C'est nous qui soulignons.

[2] Emile Durkheim, cité par Massimo Borlandi dans « Durkheim et la psychologie » in *Durkheim faut-il durkheimien* ? Actes du colloque organisé le 4-5 novembre 2008 par l'Académie des Sciences Morales et Politique, Raymond Boudon (dir.) Ed. Armand Colin/recherches, 2011, pp 55-75, page 75. C'est nous qui soulignons.

Au cours de ces trente dernières années, l'aide publique au développement (APD) n'a cessé d'évoluer. Les rôles et les modalités pratiques des bailleurs de fonds ont changé, transformant ainsi les conditions d'allocation de l'aide. L'intervention des bailleurs est enserrée dans une vision politique plus large qui ne se limite plus à la seule dimension économique et financière. Les projets et les programmes que financent les bailleurs prennent en considération le système politique et social du pays bénéficiaire, car non seulement chaque projet est multidimensionnel, mais vise également à changer le cadre institutionnel, à transformer les pratiques des agents en instaurant des nouveaux outils de gestion et de coordinations des actions entreprises. C'est l'efficience de ces outils qui assurerait le succès des projets, des programmes financés par les bailleurs.

Plusieurs phénomènes ont renforcé la légitimité et les usages de ces outils : l'augmentation des projets d'aide au développement et des objectifs assignés à celle-ci au début des années 1990, d'une part, et, d'autre part, l'application des théories du *New public management* dans les secteurs de l'aide au développement[3].

Les usages de ces outils tendent à modifier les modes de fonctionnement, la physionomie des structures étatiques des pays bénéficiaires de l'aide, à transformer la manière dont les autorités locales conçoivent leurs fonctions, l'État et ses prérogatives.

## Une approche sociocognitive de l'aide au développement

À partir du milieu des années 1990, l'allocation de l'aide au développement est de plus en plus assujettie à des réformes politiques, économiques et administratives. Chaque fonds versé ou promis, chaque programme mis en œuvre donnent lieu à un ensemble de règles, de procédures technico-administratives que les autorités locales des pays bénéficiaires sont sommées de respecter en les institutionnalisant. Cette institutionnalisation requiert l'appropriation de ces règles et des valeurs sous-jacentes. Dans cette perspective, l'aide au développement est non seulement un instrument de transformation institutionnelle, mais également de transformation cognitive dont l'analyse sociologique permet d'entrevoir comment ces processus de transformation

---

[3] Sur ce point voir, Jean-David Naudet, « Les réformes de l'aide au développement. Perspectives de la nouvelle gestion publique », Techniques financières et développement (TFD), n°105, décembre 2011, pp 13-33.

s'imposent aux agents, comment ces derniers y adhèrent et s'y opposent.

Tout change, mais les références restent les mêmes

Après la Seconde Guerre mondiale, le monde est divisé en deux blocs idéologiques marqués par la guerre froide : d'un côté, les pays capitalistes, de l'autre, les pays communistes. Très vite cette séparation d'ordre politique engendra une autre division relevant plus de l'économie : les pays développés et les pays pauvres, sous-développés. Selon Gilbert Rist, le terme de « sous-développement » est une « invention occidentale » datant de 1948 qui s'est imposée dans le champ de la politique internationale dans des circonstances anecdotiques qui méritent d'être citées *in extenso* :

« À la fin de l'année 1948, la politique américaine était en pleine effervescence, obligée de faire face aux changements considérables qui survenaient un peu partout dans le monde ; simultanément, le rédacteur des discours présidentiels s'efforçait de définir quelques lignes claires qui puissent structurer le traditionnel ''discours d'investiture '' que le président Truman (des États-Unis) devait prononcer le 20 janvier 1949. Une première réunion dégagea trois idées qui firent rapidement l'unanimité : les États-Unis continueraient de soutenir la nouvelle Organisation des Nations unies, ils poursuivraient leur effort de reconstruction européenne à travers le plan Marshall et, enfin, ils allaient créer une organisation commune de défense (l'OTAN) pour faire face à la menace soviétique. À ces trois points, un fonctionnaire suggéra d'ajouter une extension aux nations défavorisées de l'aide technique qui avait été jusqu'ici accordée à certains pays d'Amérique latine. Après quelques hésitations, l'idée fut finalement retenue parce qu'elle était originale et constituait un *public relations gimmick*, au contraire des trois premiers points, assez conventionnels. Comme on pouvait s'y attendre, au lendemain du discours présidentiel, l'ensemble de la presse américaine fit ses gros titres sur le « Point IV », même si personne, pas même le président ni le secrétaire d'État, ne pouvait en dire plus que ce que chacun avait lu. Or, en dépit du caractère anecdotique de l'épisode, *le point IV* inaugure ''l'ère du développement'' et il est significatif que l'idée ait été proclamée d'abord par un président américain. »[4]

[4] Gilbert Rist, *Le développement. Histoire d'une croyance occidentale*, Ed. Presses de Sciences PO, 2001, pages 116-118. C'est nous qui précisons.

Le sous-développement est présenté comme une étape transitoire vers le développement dont les pays riches du Nord s'attellent à soutenir le passage. C'est la naissance de l'aide publique au développement (APD)[5]. Elle perpétue en sourdine les principes de l'ancien temps en changeant les mots, car « Quand les hommes ne peuvent pas changer les choses, ils changent les mots disait » Jean Jaurès.[6] On ne parle donc plus de « civiliser », mais d'aider, de développer en suivant un modèle prédéfini[7].

Après 70 ans d'APD, et au regard des sommes consentie le constat est désolant. Non seulement la pauvreté dans le monde n'a que faiblement reculé et elle reste très préoccupante dans certaines régions, mais il est également difficile d'affirmer avec certitude que la croissance économique qu'a connue la Chine, l'Inde, le Brésil ces vingt dernières années soit due à la coopération internationale de l'aide au développement.

En effet, dès la fin des années 1960, l'aide au développement est soumise à des mutations qui brouillent sa portée. Alors que la période 1945-1960 était marquée par l'affirmation d'un modèle de coopération internationale basé sur le développement des industries, les infrastructures, la planification et le soutien des États à investir massivement et simultanément dans tous les secteurs, et l'allocation de l'aide se faisant d'État à Etat[8]. À la fin des années 1960, ce modèle est fortement critiqué, ses détracteurs montrèrent qu'il couvrait très peu les besoins fondamentaux des populations. D'un modèle où le centre de gravité était l'investissement productif (accumulation de capital technique), on est passé à un autre mettant plus l'accent sur le développement humain, autrement dit sur l'autosuffisance alimentaire, les satisfactions des besoins fondamentaux (éducation, santé etc.)

---

[5] Sur ce point, voir, Virginie Diaz-Pedregal et Danielle Kamelgarn-Cerland « Evoluer pour développer. Les mutations du travail dans la coopération internationale pour le développement » *Sociologies pratiques*, 2013/2, n°27, pp 1-10.

[6] Jean Jaurès cité par Patrick Krasensky et Pierre Zimmer, *in* « Portraits de dirigeants en pilotes du changement », *L'Expansion Management Review* 2006/1 n°120, pp 84-91.

[7] A ce propos, voir, Mondher Kilani, « Anthropologie du développement ou développement de l'anthropologie. Quelques réflexions critiques » in *La culture, otage du développement* ? Gibert Rist (dir.) Ed. L'Harmattan, 1994, pp 15-29.

[8] Voir Jean-David Naudet, « Les OMD et l'aide de cinquième Génération. Analyse de l'évolution des fondements éthique de l'aide au développement », Afrique contemporaine, 2006/2, n°218, pp 141-174.

Durant une courte période, l'approche des besoins fondamentaux domina le champ de l'aide au développement, et elle gagna plus de légitimité avec la crise alimentaire des années 1970 qui secoua tous les pays à cause notamment de la hausse des prix de toutes les denrées alimentaires due à la sécheresse.

Le développement signifiait indépendance alimentaire et les pays les moins avancés (PMA) s'orientèrent vers l'agriculture[9]. Mais, très vite, cette approche fut balayée par les mesures politiques, économiques et monétaires restrictives prises respectivement par les États-Unis et la Grande Bretagne au début des années 1980. Mesures qui déclenchèrent la crise de la dette des pays en développement, car ces mesures se traduisirent par une hausse significative des taux d'intérêt entraînant une augmentation de la dette des pays en développement engendrant ainsi l'incapacité de ces derniers à payer leurs dettes extérieures, à financer leurs dépenses publiques. Du point de vue du marché international, l'endettement chronique de ces pays, le déficit de leur budget sont intolérables. Leur situation économique engendre des effets de distorsion dans l'économie des pays développés, et, à terme, un tel phénomène risquait de déséquilibrer le marché de la finance internationale.

À partir du début des années 1980, l'aide au développement franchit une autre étape : elle s'inscrit dans la dynamique de *l'ajustement structurel* et de la stabilisation de la balance des paiements des pays en développement. Elle s'assignait à apporter à ces derniers les ressources nécessaires pour qu'ils équilibrent leur situation financière et monétaire. Dès la mise en œuvre des programmes *d'ajustement structurel,* nombreuses ont été les associations, les organisations qui dénoncèrent les conséquences de ces programmes en montrant la dégradation des secteurs socio-éducatifs causée par les restrictions budgétaires dans les domaines de l'éducation et de la santé, etc., la détérioration des conditions de vie des ménages engendrée par les mesures monétaristes de ces programmes.

D'un côté, la situation économique et sociale des pays sous programmes d'ajustement n'a cessé de se dégrader, de l'autre, la critique de ces programmes au niveau international gagna de jour en jour du terrain. La communauté internationale est sommée de

[9] Concernant cette orientation, voir Jean-Jacques Gabas, « Références, développement et politiques de coopération », *Techniques financières et développement*, (TDF), septembre 2008, pp 25- 30.

reconsidérer les références de l'aide publique au développement. Qui plus est, les volumes de l'APD sont en chute, et les contribuables des pays donateurs s'interrogent sur les objectifs, les finalités de l'aide[10]. À ces différents phénomènes il faut également rajouter la reconfiguration de la politique internationale suscitée par la disparition du bloc soviétique à la fin des années 1980. À partir de la décennie 1990, l'APD rentre dans sa dernière phase, celle qui prévaut aujourd'hui. Comme *jadis,* les références au marché sont et restent au centre[11], mais elles sont complétés par des dispositifs politico-administratifs qui tendent, d'une part, à individualiser, à contractualiser les actions menées et, d'autre part, à transformer les structures étatiques des pays récipiendaires en changeant les pratiques effectives des autorités locales, leur façon d'envisager l'État en général, d'appréhender et de traiter la question sociale en particulier.

## La transformation du politique et des pratiques des agents par l'économie

En effet, dès le début des années 1990, le nombre des bailleurs n'a cessé de croitre multiplia ainsi les références, les finalités assignées à celle-ci, élargissant *in fine* les domaines de l'analyse.

Celle-ci s'ouvre à l'ensemble des sciences humaines et sociales, et la sociologie a son mot à dire, car non seulement les objectifs assignés à l'aide sont pléthoriques et multidimensionnels, mais celle-ci revêt également de changer *le politique* en mettant l'économie au centre de celui-ci. Elle vise à changer *le politique* dans la mesure où, au cours des années 1990, une idée s'est imposée chez les bailleurs bilatéraux et multilatéraux qui fait aujourd'hui consensus : on ne peut pas changer l'économie sans changer *le politique*, et l'aide ne peut stimuler la croissance que si elle est soutenue par des mesures politiques de qualité. Elle doit donc être efficace, autrement dit changer *le politique* en favorisant la croissance. Car c'est cette dernière qui lui donne sens et valeur.

---

[10] Sur ce point, voir, *Rapport du groupe Gouvernance et aide au développement*, Epargne sans Frontière, septembre 2007.

[11] Concernant ces références voir, Jean-Jacques Gabas et *al*, « Nouveaux regards sur la coopération pour le développement et ses transformations », *Mondes en développement*, 2014/1, n°165, pp 7-22.

**Le politique et la politique**

Nous suivons la distinction que fait Chantal Mouffe[1] entre *le politique* et *la politique.* Une telle distinction est sans doute arbitraire, mais elle permet ici d'éviter les dérives théoriques, qui plus est, dans le langage courant on parle de *la politique* pour signifier plusieurs phénomènes de l'action publique. *Le politique* signifie pour nous les savoirs, les différentes logiques visant à organiser les différents domaines de la société. C'est la réflexion, les savoirs (philosophiques, sociologiques et juridiques) visant à l'exercice du pouvoir étatique. *Le politique* c'est davantage *ce qui est* ou *doit être institué.* Quant à *la politique*, elle désigne dans ce travail l'ensemble des moyens, des institutions, des pratiques, des activités visant à créer un ordre, un système d'organisation sociale. Ces pratiques et ces activités sont traversées par *le politique.* La disqualification *du politique* signifie ici les processus d'affaiblissement, de dévalorisation des savoirs et des logiques qui traversent et doivent traverser *le politique.*

[1] Chantal Mouffe, *L'illusion du consensus*, Ed. Albin Michel, 2016.

Dès lors, l'efficacité de l'aide est devenue une des grandes préoccupations des agences internationales de coopération. Une telle sollicitation a non seulement modifié les modalités pratiques de l'aide, les conditions d'allocation de cette dernière, mais disqualifie également le politique en le réduisant à des procédures technico-managériales de gestion visant le bon fonctionnement des structures étatiques, la création d'une synergie entre le public et le secteur privé.

Dans cette perspective, on peut envisager l'aide publique au développement octroyée à tel ou tel pays comme une institution imposée de l'extérieur qui s'imbrique dans les autres institutions et produit des effets sur l'économie, le politique et les représentations sociales des agents.

La production de ces effets et leur influence tant sur les institutions que sur l'imaginaire des autorités locales sont indépendantes des résultats de l'aide. Que les résultats de tel ou tel projet financé par les bailleurs soient positifs ou négatifs, que celui-ci ait atteint ou pas les objectifs visés, sa mise en œuvre tend à transformer l'imaginaire des autorités locales, à produire des effets indépendants des objectifs initiaux[12]. Il en est ainsi, car, depuis plus de vingt ans, l'APD est de moins en moins directe. Elle est assujettie à des procédures juridiques, administratives et à des évaluations. Elle est de plus en plus sélective, les critères de pauvreté, que mettent en lumière les agrégats

[12] Céline Germond-Duret montre que l'aide ne produit pas toujours les effets et les résultats escomptés. Voir Céline Germond-Duret *Banque mondiale, peuples autochtones et normalisation*, Ed. Karthala, 2011.

économiques, PNB, taux de mortalité, nombre de médecins par habitant, taux scolarisation, etc., ne sont plus suffisants pour l'allocation de l'aide.

Le pays demandeur doit manifester sa *bonne volonté*, montrer qu'il a les capacités de *recevoir* (on parle pompeusement de redevabilité de l'aide, nous le verrons) et de *rendre* (payer sa dette) en mettant en place des entités administratives, des structures sociopolitiques auxquelles les bailleurs érigent les principes et dessinent la forme architecturale.

L'institutionnalisation de ces structures précède l'aide proprement dite (le versement des fonds promis), et donne lieu à des évaluations, à des dispositifs de renforcement des capacités institutionnelles de l'appareil étatique, dont les coûts financiers, viennent gonfler les volumes de l'APD, la dette extérieure du pays bénéficiaire.

L'octroi de l'aide est subordonné à la mise en œuvre de ces structures. Et ces dernières transforment la physionomie des appareils étatiques, et génèrent (indépendamment des résultats des programmes financés par les bailleurs) des logiques d'action, des schèmes de perception du monde et des catégories d'interprétation du réel. Il s'agit ici de mettre en perspective ces logiques, ces schèmes en appréhendent l'ADP comme une institution dotée d'un ensemble d'instruments qui tendent à l'instauration d'un pouvoir, de pratiques, de dispositions cognitives et comportementales[13].

Position sociale des agents et analyse des institutions

C'est à partir des positions (ou fonctions) qu'occupent les agents, en l'occurrence les autorités locales, dans le champ politique et administratif local que nous analysons les effets que produit l'APD. La réflexion est principalement centrée sur les représentations que ces dernières se font de leurs activités à l'aune des réformes politiques et économiques soutenues par les bailleurs. Ce sont donc les effets réels ou latents que les agents confèrent à l'aide, le pouvoir qu'ils attribuent à celle-ci comme instance politique, économique capable d'anticiper ou pas le développement, qui orientent l'analyse.

Saisir l'aide au développement comme une institution en partant des représentations que les agents se font de leurs fonctions, c'est envisager

---

[13] Concernant ce paradigme, voir les travaux de Pierre Lascoumes, notamment, *Sociologie de l'action publique*, (2e éd) Armand Colin, 2012. Voir également, Pierre Lascoumes, Patrick Le Galès (dir.), *Gouverner par les instruments*, Ed. Presses de Sciences PO, 2005.

les représentations sociales comme des structures mentales (ou cognitives) qui prennent forme et se transforment sur la base d'un matériau social dont la condensation, et la concrétisation sont à la fois créatrice d'identité et de contraintes.

Dans cette perspective, les représentations sociales sont des structures qui régulent et contraignent nos actions, les rapports avec nos semblables, la vision qu'on se fait du monde social. Les représentations sociales englobent donc les représentations individuelles, car les premières ne sont pas qu'une simple image de la réalité, une ombre inerte projetée en nous par les choses, mais une force, écrit Durkheim « qui soulève autour d'elle tout un tourbillon de phénomènes organiques et psychiques. »[14]

Dans une telle démarche, le discours des agents est central, dans la mesure où on ne peut pas traiter les représentations sociales comme on vient de les définir sans prendre en charge la production langagière des agents. Il s'agit d'analyser le discours comme une pratique socialement déterminée, constitués de signes qui renvoient à des positions, à des processus cognitifs auxquels on peut assigner des modes d'existence, des pratiques différenciées. L'objet n'est donc pas d'analyser des performances verbales, une série de phrases ou de propositions dans l'optique d'enregistrer les opinions pour décrire les interactions qui en découlent.

Quoique ces opinions, ces interactions soient pertinentes, leur description ne permet pas de saisir l'essence des institutions, les représentations sociales qui façonnent les structures mentales des agents. Car la matrice des comportements et de la cognition n'est pas qu'un processus qui résulterait des seuls rapports interindividuels dont la dynamique dépendrait du contexte social. La cognition est façonnée par les institutions et elle les façonne à son tour dans la mesure où l'institution est non seulement coercitive, mais elle produit également des connaissances, des modèles d'interprétation du monde qui s'imposent à nous de l'extérieur. Ainsi, les linguistes et les anthropologues envisagent le langage comme une institution. Ils montrent que, lorsque nous pratiquons telle ou telle langue, nous la construisons en intériorisant des connaissances, des règles, et participons ainsi à son développement. Mieux, nous jouons même avec les signes qui la composent en inventant des nouvelles structures, ce qui

[14] Emile Durkheim, *De la division du travail social*, Paris, Ed. PUF, (11e éd) 1986, page 64.

contribue à sa fécondité, mais les principes fondamentaux qui définissent ladite langue sont donnés. À l'instar des autres institutions, le langage induit des schèmes opératoires, des catégories de pensées. C'est dans cette perspective que Bourdieu mobilise la grammaire générative de Noam Chomsky[15] pour définir *le sens pratique* comme un programme « qui n'a pas besoin d'être intentionnellement exprimé pour s'exprimer. »[16]

Les exemples qui vont dans ce sens abondent, c'est le cas de la religion, de l'école, de la famille, etc. qui comme institutions régulatrices et contraignantes, ont fait l'objet d'une vaste analyse.

En envisager l'aide comme une institution, c'est donc mettre en lumière les structures cognitives qu'elle engendre en décrivant non seulement les processus sociopolitiques qui les forment et transforment. Mais, également, les réformes que mettent œuvrent les bailleurs pour mieux appréhender comment ces réformes s'incorporent et structurent les pratiques des agents en mettant en perspective la « denrée mentale »,[17] les instruments institutionnels qui favorisent leurs ancrages et leur concrétisation.

## Questions de méthode et terrain d'investigation. L'Union des Comores comme type idéal

L'analyse de ces pratiques et des éléments socio-institutionnels qui les fondent suppose la mise en œuvre d'un plan méthodologie permettant d'appréhender un ensemble de comportements, de pratiques ou d'attitudes en enregistrant non pas tel ou tel évènement, ou en observant telle ou telle activité, mais une série cohérente d'évènements débouchant sur des récurrences, des variants et des invariants. Car, si les opérations cognitives que mobilisent les agents varient selon leurs biographies personnelles, elles varient également en fonction du contexte. Par conséquent, en confrontant les agents à une série de thèmes, de contextes méthodologiquement limités, cela permet de reconstruire les pratiques, les schèmes généraux ou spécifiques que chacun d'eux active selon ses caractéristiques objectives, lorsque tel ou tel thème est abordé ou lorsqu'il fait face à tel ou tel contexte.

---

[15] Voir, notamment, Noam Chomsky, *Le langage et la pensée*, Ed. Petite Bibliothèque Payot, 1970.

[16] Pierre Bourdieu, « Postface » in Erwin Panofsky, *Architecture gothique et pensée scolastique*, Ed. de Minuit, 1967, page 152.

[17] Vincent Descombes, *La denrée mentale*, Ed. de Minuit, 1995.

Discours et logique d'action

Comment reconstruire ces schèmes spécifiques ou généraux pour décrire ensuite les matériaux sociaux qui sont à la base de leur formation ? Suffit-il d'observer les activités des agents en enregistrant finement ce qu'ils font pour saisir les logiques mobilisées, les éléments qui les fondent ? Les observations sont certes nécessaires, mais pas suffisantes, dans la mesure où nombreux sont les actes que nous réalisons de manière non consciente et non de façon inconsciente. Le psychologue Lev Vygotsky opère en effet une différence entre acte non conscient et acte inconscient : « le non-conscient n'est pas du tout pour partie inconscient, pour partie conscient. Il indique non pas le degré de prise de conscience, mais une autre direction de l'activité de la conscience. Je fais un nœud. Je le fais consciemment. Je ne peux cependant pas dire comment précisément je l'ai fait. Je n'ai pas conscience de mon action consciente, parce que mon attention était dirigée sur l'acte même de nouer et non *sur la manière dont* je le faisais. »[18] Autrement dit, souvent nous méconnaissons les savoirs, les logiques que nous maîtrisons parfaitement et mobilisons pour réaliser un grand nombre de nos activités de tous les jours. Nous ignorons souvent ce que nous savons, et savons peu de chose sur la manière dont nous savons.[19]

Cette méconnaissance est à la base des théories de l'action, de la réflexivité, voire même de l'ensemble des sciences humaines et sociales en général. Car, comme le souligne Bernard Lahire : « Si les acteurs étaient conscients et capables de parler de ce qu'ils font tel qu'ils le font, conscients et capables de parler de ce qu'ils savent, les chercheurs en sciences sociales n'auraient guère de rôle ou de fonction sociale spécifique : de bons instruments d'enregistrement suffiraient alors amplement à constituer un stock de savoirs vrais sur le monde social. »[20]

Ce n'est donc pas parce qu'on a observé qu'on a compris, ce que nous voyons ne devient intelligible que si nous l'interprétons. En tout cas, le sociologue n'a pas le choix souligne Jean-Claude Passeron, « l'esquive de l'interprétation le condamnerait soit au silence soit à la

---

[18] Lev. Vygotsky., *Pensée et langage*, Paris, Ed, La Dispute, 1997, pages 315-316. C'est l'auteur qui souligne.

[19] A ce propos, voir Jacques Bouveresse, *Nietzsche contre Foucault. Sur la vérité, la connaissance et le pouvoir*, Ed. Agone, 2016.

[20] Bernard Lahire, *L'esprit sociologique*, Ed. La découverte, page 141.

méconnaissance de son propre discours. »[21] De même, ce n'est pas parce qu'on a méthodiquement enregistré le discours sur la pratique qu'on comprend *in fine* celle-ci, les structures mentales mobilisées. D'abord, parce que, comme nous venons de le voir à l'instant, non seulement les agents ne savent pas toujours dire ce qu'ils font, parce que ce qui les préoccupe ce n'est tant le *dire*, mais *le faire*, mais, dans la pratique, ils développent également des manières de faire dont ils ne parlent pas. Quel statut accorder alors au discours sur les pratiques. Le discours est-il un pur artefact ?

Il est un artefact lorsqu'on envisage les mots qu'il enferme comme des espaces qui reflètent exactement la réalité du sujet parlant, comme la manifestation de ses libres choix, de ses libres conceptions, de ses libres motivations et de ses pratiques. Il est par contre un site permettant d'appréhender le monde social, les pratiques des agents et les logiques qui les traversent, si on l'envisage d'une part, comme l'indicateur le plus sensible de toutes les transformations sociales et, les mots qu'il suppose un dessin qui montre « les phases transitoires les plus infimes, les plus éphémères des changements sociaux »[22], comme le préconise Bakhtine dans son livre *Le marxisme et la philosophie du langage.* Si on l'envisage, d'autre part, comme un espace permettant d'entrevoir l'histoire des individus, l'impact des forces sociales dans la dynamique de cette même histoire.

Un tel postulat suppose de délimiter l'analyse des phénomènes et entre les différents aspects d'un même phénomène en fonction d'un cadre théorique et de choisir les enquêtés à partir de ce même cadre et non selon la méthode de l'informateur privilégié que le chercheur « a eu la chance de ''rencontrer par hasard'' sur le terrain. »[23]

## L'enquête : apprendre à regarder pour mieux voir

En effet, on ne peut pas saisir les transformations institutionnelles que suscite l'aide publique au développement, la façon dont les programmes et les projets financés par les bailleurs transforment les pratiques des agents *in abstracto.* Il fallait circonscrire l'analyse dans un espace sociopolitique, en étudiant les processus

[21] Jean-Claude Passeron, *Le raisonnement sociologique*, Ed. Albin Michel, pages. 376-377.

[22] Mikhaïl Bakhtine, *Le marxisme et la philosophie du langage*, Ed. de Minuit, 1987, pages 38.

[23] Jean Copans, *L'enquête ethnographique de terrain*, Ed. Nathan, 1999, page 29.

d'institutionnalisation de l'aide dans l'espace en question, reconstituer un ensemble de matériaux empiriques cohérents relatant les logiques d'action que mobilisent des agents qui œuvrent dans ledit espace.

Par rapport à notre objet, nous avons choisi quarante cadres de la fonction publique comorienne qui travaillent depuis au moins dix ans dans des administrations qui œuvrent directement ou indirectement avec les agences d'aide au développement, qui, parallèlement à leur fonction mènent différentes actions dans des associations villageoises ou régionales qui travaillent pour le développement local.

Dans un premier temps, nous avons mené une préenquête par entretien auprès d'une douzaine de personnes avec lesquelles nous entretenons des relations de sociabilité. Parmi ces personnes, dix d'entre elles travaillent dans différents organismes internationaux (PNUD, OMS, UNICEF, Union européenne) aux Comores. Les deux autres sont enseignants/chercheurs à l'université des Comores et ont réalisé différentes missions pour le système des Nations unies aux Comores.

Les entretiens étaient centrés sur la problématique de l'aide publique au développement en traitant, d'une part, le problème de la dette extérieure de l'État comorien, les relations que ce dernier entretient avec les bailleurs bilatéraux et multilatéraux, et d'autre part la structure pyramidale de la fonction publique. Comment sont organisés les différents ministères ? Comment fonctionnent les principaux secteurs financés par l'aide internationale, les relations que ces derniers entretiennent avec les autres structures étatiques ?

Ici, l'objectif était de comprendre, de recueillir tous les éléments permettant d'étudier le plus finement possible les dimensions sociales et politiques de notre objet, l'univers professionnel des agents que l'enquête s'assigne à analyser, les catégories lexicales qu'emploient ces derniers. Bref, pour comprendre la logique pratique des agents, il nous a semblé nécessaire d'étudier préalablement les différentes composantes de celle-ci afin d'apprendre à regarder pour mieux voir, pour mieux comprendre le discours des enquêtés. Car la description des matériaux recueillis relève plus d'une attitude, d'une façon de voir que d'une technique.[24]

Elle est une construction non exhaustive de la réalité. Elle n'épuise pas la complexité et la diversité du monde social qu'elle décrit dans la mesure où elle se fait en fonction de ce qu'on est, de ce qu'on sait,

---

[24] Sur point, voir, Robert Cresswell et Maurice Godolier (dir), *Outils d'enquête et analyse anthropologiques*, Ed. Maspero, 1976.

souligne Clifford Geertz dans son livre *L'anthropologue comme auteur.*[25]

La pré-enquête nous a d'abord permis de mieux cerner notre objet, d'apprendre à diriger notre attention, à fixer l'œil avec précision sur les réalités sociales pour construire ensuite une méthode d'enquête et d'analyse permettant de mener à bien les entretiens semi-directifs avec les quarante hauts cadres dont le tableau ci-dessous décrit leur fonction respective.

| Fonction /département | n |
|---|---|
| Directeurs de l'information et des statistiques : ministère de l'Économie, de la Santé, de l'Education nationale | 4 |
| Secrétaires adjoints ministère : de l'Education nationale, de l'Economie et des Finances | 5 |
| Directeurs au plan, au Trésor et du budget (Grande Comore, Mohéli) | 5 |
| Directeurs au ministère de la Santé ou auprès d'un établissement hospitalier | 3 |
| Directeurs et délégués : Commissaire Général au plan (CGP) | 3 |
| Conseillers ministère de l'Économie et des Finances : bureau chargé de la promotion des investissements | 3 |
| Chargés de mission : ministère de l'Éducation nationale | 2 |
| Service de la dette, cellule économique auprès de la Présidence de l'Union | 2 |
| Conseillers ministère de l'Agriculture de la pêche et de l'Environnement et des Forêts | 5 |
| Agents du Département régulation des marchés publics | 2 |
| Conseillers Direction du plan, de l'aménagement du territoire, de l'énergie et de l'urbanisation. | 3 |
| Conseillers Direction nationale de la dette et du budget | 2 |
| Conseillers techniques ministère des Relations extérieures | 1<br><br>N = 40 |

Si l'entretien semi-directif offre par définition plus de liberté d'expression à la personne interviewée que le questionnaire fermé, le rôle que joue l'enquêteur est déterminant, car « les agents sociaux n'ont

[25] A ce propos, voir Clifford Geertz, *Ici et là-bas. L'anthropologue comme auteur*, Ed, Paris Métailié, 1996.

pas la science infuse de ce qu'ils sont et ce qu'ils font »[26]. Les éléments qui fondent ce qu'ils expriment « ne peuvent accéder à la conscience, écrit Bourdieu, c'est-à-dire au discours explicite, qu'au prix d'un travail visant à apporter au jour ces choses enfouies en ceux qui les vivent et qui à la fois ne les savent pas et, en un sens, les savent mieux que quiconque. Le sociologue peut les aider dans ce travail, à la façon d'un accoucheur (…) »[27] Pour aider nos interlocuteurs à mieux exprimer leurs vécus, leurs expériences professionnelles, il a d'abord fallu délimiter les phénomènes à étudier en plaçant les enquêtés dans un registre leur permettant de parler non seulement de leurs fonctions, de l'impact des réformes financées par les bailleurs dans leurs activités, des savoirs qu'ils mobilisent pour mener ces dernières. D'adopter ensuite une posture compréhensive, celle d'une personne qui découvre un monde qui lui est étranger.

Autrement dit, de manifester à chaque instant un intérêt à ce que dit l'interlocuteur en nous engageant dans l'échange par des relances, des questions qui ont trait à sa fonction, de façon à lui montrer que toutes les informations qu'il nous livre, même les plus anodines sont pertinentes et nous font découvrir son univers de travail.

En réalisant l'ensemble des entretiens sur le lieu du travail des enquêtés (dans leur bureau respectif. Seulement deux entretiens ont été réalisés ailleurs, un dans un café restaurant, l'autre au domicile de l'enquêté) cela libérait également la parole. L'interviewé était dans son environnement quotidien, entouré de matériaux (différents documents officiels, rapports, comptes rendus, ordinateurs, etc.) qui lui servaient de repères, de références symboliques pour illustrer ses propos. Très vite, il s'installait avec empathie dans l'échange, dépassant ainsi les premiers instants un peu tendus que crée la présence du magnétophone enregistreur. Tous les entretiens se sont déroulés en français (rares ont été les enquêtés qui employaient des mots comoriens pour illustrer leur propos).

### Objectifs et objectivation de soi

Il ne s'agit pas d'étudier les quarante enquêtés comme un groupe en soi, ou de présenter à travers ce dernier une vision synthétique de la vie

---

[26] Pierre Bourdieu, « Comprendre », in *La Misère du monde,* Pierre Bourdieu (dir.) Ed. Seuil, 1993, p 919.
[27] loc.cit.

socioprofessionnelle des autorités locales. Autrement dit, de faire une monographie des autorités locales en dressant des typologies, des récits extraits de ce même groupe. Mais d'envisager ce groupe comme un idéal type. En d'autres termes, comme un outil, un moyen permettant d'appréhender l'historicité, les transformations qu'engendrent les programmes, les réformes politiques et économiques soutenues par les bailleurs dans les structures étatiques, les pratiques des autorités locales.

Il s'agit de définir des types idéaux en comparant les points de vue des individus appartenant audit groupe par rapport à leur manière de concevoir leur fonction, le sens que chacun d'eux donne à son expérience, aux savoirs qu'il mobilise à l'aune des réformes qui structurent l'institution dans laquelle ils travaillent. Ces types idéaux ne définissent pas des formes statistiquement majoritaires, mais des tendances, des idées dont l'analyse permet d'appréhender les mécanismes sociaux qui les forment et les transforment, l'impact des représentations sociales et des institutions dans les pratiques individuelles.

Une telle démarche s'inscrit dans une perspective plus large et le sens des descriptions qu'elle s'assigne à faire voir est d'une grande portée, dans la mesure où elle repose sur un cadre théorique et méthodologique applicable à d'autres univers sociaux. Elle ne fige pas les pratiques des agents dans une approche essentialiste de la culture en envisageant la société où vivent ces derniers comme un isolat coupé du monde et les dispositifs politiques importés sans aucune emprise sur les catégories de pensée des agents.

Elle prend au sérieux les influences qu'exercent les structures internationales tant sur les systèmes politiques nationaux, régionaux que sur les contenus des expressions culturelles et des pratiques individuelles. Le projet qui fonde la présente enquête est de saisir ces influences à l'état incorporé. Et, dans ce sens, il est une *socioanalyse*. Celle d'un individu, qui, jeune devait quitter son pays natal pour vivre à l'étranger en l'occurrence en France.

En effet, jeune collégien peu après l'accession de son pays à l'indépendance, il voit arriver différents organismes internationaux pour soutenir le développement économique et social de son pays. Mais, très vite, il doit quitter celui-ci pour la France, car, la situation économique n'a cessé de se dégrader et le système socio-éducatif est en lambeaux.

Jeune, il se demande, mais à quoi servent tous ces organismes ? Qu'est-ce qu'ils font plus exactement ?

Ces questions ne l'ont jamais quitté, puisque, quarante ans plus tard, nonobstant la présence de plus en plus affirmée desdits organismes dans son pays, il voit toujours celui-ci figurer bien en haut du classement des pays les plus pauvres et très endettés, et la majorité de ses proches vivre dans les marécages putrides du sous-développement, pendant que la minorité mène une vie de « petit-bourgeois » et ne jure que par les 4V2I (Villa, Voiture, Voyages, Virement, Internet, iPhone)[28] en embrassant les formes les plus subversives de la pensée néolibérale.

Quoique l'objectivation de soi-même et de sa société soit une démarche difficile, voire sociologiquement déstabilisatrice, puisqu'elle requiert, d'une part, une distanciation, un décentrement par rapport à soi-même et à son milieu d'origine et d'appartenance, et, d'autre part une prise de conscience de son « inconscient académique »[29] en se demandant notamment quel intérêt ai-je à objectiver ? Comment sont faites les lunettes qui me servent à regarder le monde ? Elle est néanmoins nécessaire, et le travail introspectif qu'elle requiert essentiel puisqu'il permet *de se penser comme* sujet social.

L'objectivation est au centre de notre démarche, elle n'est pas qu'une technique d'enquête permettant notamment de déjouer la domination (symbolique) enquêteur/enquêté consécutive à l'entretien sociologique.[30] Elle structure de part en part la présente enquête dans la mesure où elle permet de *se penser comme sujet* et de porter au jour les techniques d'assujettissement et de subjectivation, pour appréhender ce que Durkheim nomme « les cadres solides qui enserrent la pensée »[31] et orientent nos actions en dehors même de notre conscience et de notre volonté en vertu des relations qui nous lient au monde social et des catégories de pensées qu'induisent les institutions sociales.

Plus généralement, elle permet ici d'analyser comment l'aide au développement fait corps avec la complexité sociale, ses traductions

---

[28] Nous empruntons cet métaphore à Jean-François Bayart, lorsqu'il évoque « les 4 V chers aux Maliens (voiture, Vergers, Villa, Virement) *in* Jean-François Bayart, *L'Etat en Afrique. La politique du ventre*, Ed. Fayard, (1989) 2006, page 131.

[29] Concernant cette notion, voir Pierre Bourdieu, *Langage et pouvoir symbolique*, Ed. Seuil, 2001. Voir aussi Fabrice Clément et *al, L'inconscient académique,* Ed, Presses Universitaires Romande, 2006.

[30] Concernant cette technique, voir, Pierre Bourdieu, *La misère du Monde*, op.cit.

[31] Emile Durkheim, *Les formes élémentaire de la vie, religieuse*, Ed. PUF, (3e éd) 1994, page 13.

tant au niveau politique, qu'au niveau des pratiques des agents. Elle montre *en actes* que l'aide classe et déclasse qu'elle est un instrument de pouvoir de par ses réformes politiques, ses réglementations administratives qu'elle impose.

Et, en tant que pouvoir, elle produit des manières de voir, de penser et cela, quels que soient ses résultats. Le pouvoir, souligne Michel Foucault dans son livre *Surveiller et punir* produit « des domaines d'objets et des rituels de vérité. L'individu et la connaissance qu'on peut en prendre relèvent de cette production. »[32]

Afin de mieux cerner les différents composants de ce pouvoir et les savoirs qu'il produit le prochain chapitre traite plus spécifiquement la question des politiques d'*ajustement structurel.* Pourquoi les Institutions financières internationales (IFI) se mirent-elles à financer ces politiques au début des années 1980 ? Quels étaient leurs objectifs ? Quelles ont été les conséquences de ces politiques tant au niveau des pays sous ajustement structurel, qu'au niveau de la communauté internationale ? Existe-il des liens entre ces politiques et l'aide publique au développement telle qu'on la conçoit aujourd'hui ?

La réponse à chacune de ces questions est fondamentale pour saisir ce qui est advenu l'aide au développement, et, si elle nous amène tant soit peu à nous intéresser à l'histoire de l'aide publique au développement, elle ne nous éloigne pas de nos préoccupations initiales. En s'intéressant à l'histoire, le sociologue ne perd pas son âme, bien au contraire. Car, « Le présent, ce n'est pas seulement le contemporain rappelle Robert Castel. C'est un effet d'héritage et le résultat d'une série de transformations qu'il faut reconstruire pour saisir ce qui se passe d'inédit aujourd'hui. »[33]

---

[32] Michel Foucault, *Surveiller et punir. Naissance de la prison*, Ed. Gallimard, (1975) 2007, page 227.

[33] Robert Castel, « Présent et généalogie du présent : une approche non évolutionniste du changement » *in, Au risque de Foucault*, Dominique Franche et *al* (dir.) Ed. Centre Georges Pompidou, Centre Michel Foucault, 1997, pp 161- 168, page 161.

# Chapitre II
# Marché mondial et ajustement structurel

> « À vrai dire, dans l'histoire passée, c'est aussi un fait parfaitement empirique qu'avec l'extension de l'activité au plan de l'histoire universelle, les individus ont été de plus en plus asservis à une puissance qui leur est étrangère (oppression qu'ils prenaient pour une tracasserie de ce qu'on appelle l'Esprit du monde) une puissance qui est devenue de plus en plus massive et se révèle en dernière instance être le marché mondial. » Karl Marx et F. Engels [1]

> « Les économistes insistent toujours sur l'importance de la rareté, la limitation des ressources, et le FMI (Fonds monétaire international) se présente volontiers en simple ''messager de la rareté'' : les pays ne peuvent pas vivre continuellement au-dessus de leurs moyens. On n'a pas besoin, bien sûr, d'une institution financière raffinée, peuplée d'économistes de haut niveau, pour leur dire de ne pas dépenser plus qu'ils ne gagnent. Mais les plans de réformes du FMI font bien autre chose que de s'assurer simplement que chaque pays vit en fonction de ses moyens. » Joseph E. Stiglitz [2]

La création des Institutions de Bretton Woods (IBW. Banque mondiale et Fonds monétaire international) en juillet 1944 marqua sans doute l'avènement d'une nouvelle ère dans l'économie mondiale. Créées pour soutenir la construction de l'Europe dévastée par les bombes de la Seconde Guerre mondiale, elles réalisent cette mission en octroyant des prêts à des pays de l'Europe occidentale, et, de proche en proche, elles servent d'infrastructure à l'économie capitaliste en régulant le système monétaire international, le marché mondial, en apportant aux firmes multinationales les bases juridiques et politiques. Certes, la crise mondiale de la décennie 1970 et notamment la fin de la convertibilité du dollar en or en 1971 avaient tant soit peu affaibli leur pouvoir, mais très vite elles reviennent sur le devant de la scène en finançant les plans d'ajustement structurel censés aider les pays en développement pauvres et endettés à équilibrer leur balance des

[1] Marx et Engels, *L'idéologie allemande*, Editions sociales, 1982, pages 98-99.
[2] Joseph E. Stiglitz, *La grande désillusion*, Ed. Fayard, Le livre de poche, 2002, page 76.

paiements, à stabiliser leur situation financière et monétaires en s'ouvrant à la finance et au marché international.

**Pour la bonne santé de la finance internationale, aidons-les à payer leur dette**

Au lendemain de la Seconde Guerre mondiale, les États-Unis d'Amérique et la Grande-Bretagne créèrent le Fonds monétaire international (FMI) et la Banque mondiale (BM) avec comme mission d'aider à reconstruire l'Europe en apportant à celle-ci les ressources nécessaires. Alors que la construction économique et politique des pays de l'Europe est en bonne voie, la Banque mondiale commença à s'intéresser aux pays du Sud en finançant des infrastructures en Amérique latine, en accordant des prêts concessionnels à des pays du Sud nouvellement indépendants. Quant au FMI, c'est suite à la crise économique des années 1970 qu'il commença à revoir ses mécanismes d'accès à ses fonds (conditionnalités) afin d'apporter son soutien à la crise économique qui secoua les pays du Sud. Car la situation économique de ces pays risquait de compromettre le marché mondial, le système monétaire international déjà très fragilisé par les deux chocs pétroliers des années 1970 et par la récession économique que traversèrent les pays industriels au cours de la même période.

Il fallait à tout prix éviter une crise du système financier international en aidant les pays du Sud à équilibrer leur balance de paiements pour qu'ils puissent, d'une part, continuer à exporter dans les pays développés les produits non pétroliers à des prix compétitifs, pour qu'ils puissent d'autre part, poursuivre les achats des produits manufacturés, pour qu'ils puissent enfin continuer à importer la technologie des pays du Nord tout en payant la dette que les dirigeants politiques de ces pays ont respectivement contractée dans les grandes banques privées américaines et européennes pour financer le développement de leur pays.

Interdépendance des marchés et ajustement structurel

La Banque mondiale comme le FMI avaient comme principale mission d'aider les pays de l'Europe dévastés par la Seconde Guerre mondiale à trouver une stabilité monétaire, un équilibre de la balance des paiements. Ainsi, en 1947, la BM accorda son premier plus grand prêt à la France : 250 millions de dollars en termes réels[3]. Mais le versement des fonds a été retardé, car, pour le département d'État américain, la France devait rectifier sa politique : les communistes ne devaient pas appartenir au gouvernement. Et, en mai 1947, lorsque ces derniers ont quitté le gouvernement de coalition, la BM a en effet versé les fonds promis[4]. D'autres prêts visant les mêmes objectifs furent signés avec les Pays-Bas, le Danemark et le Luxembourg.

**La Banque mondiale : une institution structurellement peu démocratique**

La Banque mondiale est un groupe constitué de cinq institutions : la Banque internationale pour la reconstruction et le développement (BIRD) ; l'Association internationale pour le développement (fondée en 1960, AID) ; la Société financière internationale (SFI, fondée en 1956) ; le Centre international de règlement des différends relatifs aux investissements (CIRDI, fondé en 1966) ; l'Agence multilatérale de garantie des investissements internationaux (AMGI fondée en 1988). Elle est composée de 184 pays membres. Pour être membre de la Banque mondiale et de ses filiales, il faut être membre du FMI. La Banque mondiale est régie par un Conseil des gouverneurs et un Conseil d'administration basé à Washington. Théoriquement, le Conseil des gouverneurs est l'instance souveraine, il se réunit une fois par an en Assemblée générale. Chaque État membre est représenté par un gouverneur (souvent le ministre des Finances ou le directeur de la Banque centrale du pays membre) avec un suppléant.

Basé sur le principe de la ***démocratie de copropriété***[1] et non sur celui de l'égalité un homme, une voix, le partage du pouvoir au sein de la Banque mondiale se fait en fonction de la richesse de chaque pays et non de façon égalitaire entre les États. Ainsi, chaque gouverneur dispose de 250 voix, auxquelles s'ajoute une voix par tranche de capital détenu, celui-ci étant proportionnel au niveau économique du pays. Concernant le Conseil des administrateurs, il est composé de 24 administrateurs qui se réunissent deux fois par semaine pour superviser la manière dont la Banque gère ses activités, autrement dit valider : les prêts et les garanties, les nouvelles stratégies politiques de l'institution, son budget. Les actionnaires les plus riches, à savoir la France, l'Allemagne, le Japon, le Royaume-Uni et les États-Unis désignent, chacun un administrateur alors que les autres pays sont représentés par des administrateurs (19) élus tous les deux ans par les groupes.

Plus le pays est riche, plus son pouvoir de décision est important. Étant le plus grand actionnaire, les États-Unis disposent de16,41 pour cent des voix, suivis par le Japon (7,87 pour cent), l'Allemagne (4,49 pour cent), le Royaume-Uni (4,31 pour cent) et la France (4,31 pour cent). Le reste des actions est réparti entre les autres pays membres. Comme le nombre de voix détenues est fonction des parts de capital (le principe est le même pour le FMI) donc du niveau économique de chaque État, les riches décident et imposent aux pauvres les politiques à suivre.

---

[3] ALacevich Michele, *L'économie politique de la Banque Mondiale. Les premières années*, Editions ESKA, 2011, page 66.

[4] Sur ce point, voir, Christian Chavagneaux, « La lutte contre la pauvreté. Les enjeux politiques d'un slogan », *Politique africaine*, n°82, 2001, pp 161-176.

Ainsi, les États-Unis étant le pays le plus endetté du monde, phénomène qui contribue largement à l'instabilité du système monétaire international. Mais ni la Banque mondiale ni le FMI ne se sont jamais pressés pour élaborer un programme politique financier pour les USA. De même, nous savons, avec les travaux de l'économiste Michel Mann, que la récession mondiale de 2008 est initialement une crise américaine qui a entraîné des déséquilibres des économies mondiales. Crise qui est due à l'hégémonie des USA et aux mécanismes permettant aux citoyens américains ordinaires d'emprunter d'énorme sommes d'argent à l'étranger à des taux d'intérêt négligeables, accumulant un niveau de dette insoutenable.[2]

Les USA s'autorisent des déficits importants, chose que la Banque mondiale et le FIM ne tolèrent pas aux pays en développement. Ces deux institutions travaillent essentiellement avec ces pays. Et le volume des prêts de la Banque mondiale ne cesse d'augmenter.

La Banque mondiale ne fait pas de dons, elle n'a pas pour vocation d'être une organisation à but lucratif, elle émet des obligations de premier ordre et autres titres d'emprunt achetés par les fonds de retraite, les compagnies d'assurances, les sociétés et autres banques et individus dans le monde pour financer ses plans. Elle accorde des prêts aux pays à revenus intermédiaires (théoriquement, les plus pauvres empruntent à sa filiale AID) qui peuvent payer des taux d'intérêt proches de ceux pratiqués sur le marché.

Concernant sa structure interne, elle est organisée en trois niveaux : - a) la branche financière s'occupe : de la gestion du capital de la Banque, de gérer ses capacités à mobiliser des fonds sur le marché financier international, de gérer ses importantes réserves de trésorerie - b) le centre des opérations qui met en œuvre les projets et les programmes dans le pays une fois que le prêt est validé. Ce centre veille particulièrement à la qualité et à l'impact des programmes financés par la Banque sur le développement économique du pays débiteur - c) le centre de documentation et de recherche qui produit et traite les données des activités de la Banque mondiale afin d'affiner ses politiques en contribuant au développement et à l'expansion de ses connaissances. En tout, la Banque mondiale emploie environ 10.000 personnes, comprenant des économistes, des sociologues, des environnementalistes, des analystes financiers, des anthropologues, des ingénieurs, etc.

Sources, Olivier Charnoz et Jean-Michel Severino, *L'aide publique au développement,* Ed. La Découverte, 2007. Banque mondiale, *Guide de la Banque mondiale destiné aux parlementaires*, 2005, Banque mondiale, Washington DC, 2005.

[1] Par ce terme, nous faisons référence aux règles qui régissent les groupes de copropriétés. Le poids d'un propriétaire en termes de voix est proportionnel à ses millièmes (mètres carrés).

[2] Michel Mann, « La fin est sans doute proche, mais pour qui ? » in *Le capitalisme a-t-il un avenir* ? Immanuel Wallerstein et *al* (dir.), Ed. La Découverte, 2016, pp 117-163.

À partir des années 1950, la BM commença à s'intéresser aux pays en développement. Elle intervient d'abord en Amérique latine en finançant des routes, des barrages et des ports.

Ensuite, dans les pays très pauvres nouvellement indépendants en leur accordant des prêts concessionnels par l'intermédiaire de sa filiale l'Association internationale de développement (IDA). Le thème de la pauvreté surgit à la Banque mondiale en 1970 lorsque son président de l'époque, McNamara (Ancien secrétaire de la Défense des USA et habile polémologue dont le savoir-faire influença la guerre du Vietnam), prononça son discours devant le Conseil des gouverneurs de la Banque en plaidant pour un accroissement de l'aide aux pays pauvres, un renforcement des capacités institutionnelles de ces pays pour que les populations puissent bénéficier de l'aide consentie. Mais, jusqu'au milieu des années 1980, les propos de ce discours restèrent à l'état d'incantation.

Quant au FMI, il est également composé de 184 pays membres et chacun a un « droit de vote reflétant sa participation financière aux organisations (''quote-part''). Les États-Unis disposent d'environ 17 % des droits de vote et sont seuls à disposer *de facto* d'un droit de véto. »[5] Jusqu'au début des années 1970, le FMI s'intéressait peu aux pays du Sud, mais, après l'effondrement du système monétaire international et les difficultés économiques des pays du Sud au cours des années 1970, il s'est défini un nouveau rôle : apporter des crédits aux pays en difficultés financières, il met ainsi en place des dispositifs permettant aux pays en développement de bénéficier de ses fonds : les mécanismes de facilité de financement compensatoire, les accords de confirmation et les accords élargis de crédits, Facilité d'ajustement structurel (FAS), devenus plus tard Facilité d'ajustement structurel renforcé (FASR).

En effet, dès le début des années 1970, l'élan du libéralisme économique d'après-guerre se brisa peu à peu. La croissance des échanges mondiaux, qui n'a cessé d'augmenter depuis la mise en place du plan Marshall, commença à s'essouffler, et l'économie mondiale entra dans une période de récession avec une détérioration du système monétaire international et des périodes d'inflation qui ne rassurèrent guère les marchés.

Le premier choc pétrolier de 1970 amplifia les pressions inflationnistes et précipita l'économie des pays industriels dans une rude récession dont les effets dévastateurs touchèrent également l'économie des pays non industrialisés. Le deuxième choc pétrolier (1978-1982) accentua les contraintes. Face à cette nouvelle situation

[5] Charnoz Olivier et Serverino J-M, *L'aide publique au développement*, op. cit., page 50-51.

l'OCDE, préconisa des politiques *d'ajustement positif* (qui deviendront plus tard politiques *d'ajustement structurel*).

Pour l'OCDE, la crise économique des années 1970 est le résultat des politiques macroéconomiques incohérentes menées jusqu'ici dans les différents pays. Ce sont ces politiques qui ont favorisé les détériorations constatées, « qui exacerbés par les deux crises pétrolières ont mené à une crise structurelle des économies »[6]. Pour sortir du cercle vicieux d'instabilité et de rigidité et entrer dans le cercle vertueux de stabilité macroéconomique et de flexibilité microéconomique, les experts de l'OCDE préconisent un programme d'ajustement aux nouvelles conditions de l'économie, qui, en laissant jouer dans toute la mesure du possible *les forces du marché,* entraîneront l'efficacité du secteur privé et la concurrence.

La dynamique du secteur privé, *les forces du marché,* sont les fers de lance de la croissance économique, et dans cette perspective, étant donné l'interdépendance des marchés mondiaux, on envisage l'application des programmes préconisés tant dans les économies des pays du Nord que dans ceux du Sud comme un préalable à la croissance économique mondiale.

L'ajustement des économies du Sud est capital, d'une part, parce que les exportations de ces pays dans les pays de l'OCDE sont importantes, elles jouent un rôle dans les mécanismes des prix, sur les revenus réels.

Cet ajustement est d'autre part nécessaire, car les pays du Sud importateurs de pétrole souffrent des deux chocs pétroliers. Contrairement aux pays industriels, ils n'ont pas su maîtriser leur consommation énergétique. Celle-ci n'a cessé d'augmenter alors que les termes de l'échange se dégradent, l'inflation a atteint un niveau critique, et l'horizon d'une éventuelle baisse reste invisible. Les déficits de leur balance des paiements ne cessent d'augmenter, ils ne peuvent pas solder les paiements internationaux. Leurs dettes qui ne cessent de s'élever risquent de compromettre le bon fonctionnement de l'économie mondiale, le système financier international.

Il fallait à tout prix éviter une crise du système financier international en aidant ces pays à payer leurs dettes en ajustant leurs économies.

Avant de voir plus précisément la mise en œuvre de ces politiques d'ajustement dans les pays en développement, leurs conséquences dans les évolutions économiques et sociales de ces pays, essayons de tracer

---

[6] OCDE, *Pourquoi des politiques d'ajustement positives* ? Recueil de document, 1978/79, page 16.

à grands traits les raisons politiques et économiques de cette écrasante dette qui limite considérablement la marge de manœuvre de ces pays à tout programme politique social et économique indépendant. Autrement dit, pourquoi ces pays se mirent à octroyer au cours des années 1970 de plus en plus de crédits jusqu'à se retrouver au milieu des années 1980 dans une position de cession de paiement ? Quelles étaient les institutions créditrices ? La réponse à ces questions nous permettra de mieux appréhender les politiques d'ajustement, car l'axe majeur de ces politiques, c'est la gestion de la dette de ces pays. Car, comme le dit si bien Severino J-M la croissance économique de ces derniers « n'est pas l'objectif fondamental des principaux joueurs du club des pays riches, au regard des enjeux du commerce et de la finance, et ce, tant que la croissance dans l'OCDE est acceptable politiquement. »[7]

Les fondements idéologiques et financiers de la dette

En effet, dans la conjoncture économique des années 1970, le surendettement des pays du Sud est un problème pour les pays industriels du Nord. D'abord, parce que cela produit des effets négatifs dans les transferts de ressources des pays en développement vers les pays industriels. Le poids de la dette engendre des effets de distorsion sur les structures économiques qui tendent à réduire les capacités d'autofinancement. Incapacités qui grèvent le prix de revient des produits exportables non pétroliers. L'endettement de ces pays menace ensuite l'équilibre financier des instituts créditeurs du Nord, c'est le processus d'achat massif de technologie « prête à porter » auprès des pays industriels qui risque de rompre. C'est enfin les profits des firmes du Nord qui ont investi dans le Sud, le paiement des services (assistance technique, consultations, assurance, transport), les capacités de rétribution des brevets et des licences que l'endettement remettait en question.

Mais qui sont ces pays qui n'arrivent pas à payer leur dette ? Qu'est-ce qu'on leur prêta plus exactement ?

La majorité de ces pays était sous la domination européenne et notamment française et anglaise. Lorsqu'ils ont accédé à l'indépendance dans les années 1950, 1960 et 1970, ils se lancèrent dans

[7] Severino J-M, « Refonder l'aide au développement au XXIe siècle », *Critique internationale* n°10 2001, page 85, pp 75-100.

des grands projets de reconstruction pour un développement économique autocentré. L'objectif étant de construire le plus rapidement possible les infrastructures de base, de mettre en place un système de service public que les anciens pays colonisateurs n'avaient jamais pris le temps de mettre sur pied. Mais très vite, deux paradigmes vont structurer ces projets : le « développementalisme » qui postule que le modèle occidental est la référence pour le progrès social et économique, que la modernisation est à la fois le moyen et la condition du développement, ce qui suppose une connaissance approfondie de tous les facteurs susceptibles de faire obstacle au développement. Soulignons en passant que ce paradigme assimile les institutions, les règles et les normes sociales à ces facteurs.

Le deuxième grand paradigme c'est l'évolutionnisme économique que les pays occidentaux ont érigé en modèle durant des siècles.

Le comparatisme est au centre de ce modèle, on compare les pays entre eux, en montrant ce qui leur est commun, ce qui les distingue en dégageant des régularités et des récurrences.

La démarche aboutit à des « lois de développement »[8] qui expliquent d'une part le développement des uns, le « retard » des autres, et, d'autre part, les efforts à consentir en matière d'investissement industriel pour entrer dans le cercle fermé des pays industriels et modernes. Dans cette perspective, le développement économique suit immanquablement des étapes dont Walt Rostow décrit avec brio la chronologie[9].

Ces deux paradigmes constituèrent la matrice du développement économique des pays du Sud nouvellement indépendants. Les nouveaux responsables politiques calquèrent leurs institutions sociopolitiques sur celles des anciens pays colonisateurs[10] et achetèrent à tout prix la technologie du Nord dans le but de combler « leurs manques », de rattraper « leurs retards ».

Le pouvoir colonial ne meurt pas parce que sa « singularité somatique »[11] a disparu. Il se perpétue à travers les nouveaux dispositifs

---

[8] Guichaoua André, Goussault Yves, *Sciences sociales et développement*, Ed. A. Colin, 1993, page 17.

[9] Sur ce point, voir, Walt. Rostow, *Les étapes de la croissance économique*, Ed. Seuil, 1963.

[10] Sur ce point, voir Bertrand Badie, *L'Etat importé. L'occidentalisation de l'ordre politique*, Ed. Fayard, 1992.

[11] En suivant M. Foucault, lorsqu'il montre que le pouvoir s'applique avec précision au *corps physique* de l'homme. Foucault utilise une expression pour décrire ce corps : celle de « singularité somatique ». Nous reprenons cette expression pour articuler nos propos en montrant que ce n'est pas parce que ceux qui incarnaient et portaient hier

de développement en général, à travers la façon dont la nouvelle élite gouvernementale envisage le politique en particulier.

Certes, ladite élite rejette le pouvoir colonial, elle le dénie, mais il reste le référentiel et son introspection est diffuse, l'intelligentsia politique est imprégnée.

Les pays en développement vont ainsi multiplier les projets, les plans quinquennaux dans la perspective de sortir du « sous-développement » le plus tôt possible. Ils achetèrent massivement des équipements industriels auprès des pays du Nord et réclamèrent à l'ONU en 1974 un Nouvel ordre économique international (NOEI) en sollicitant une augmentation de leurs ressources financières, un accès élargi aux marchés internationaux, une valorisation des matières premières.[12]

Le salut économique des pays en développement est dans le commerce élargi qui les cantonne dans la vente de leurs matières premières aux pays du Nord.

Progressistes et conservateurs sont d'accord, plus on dispose de capital et plus on pourra augmenter les importations technologiques et mieux on maîtrisera la technologie.

C'est le capital qui détermine le degré de la maîtrise technologique. Et si le capital n'est pas là, on ira le chercher là où il se trouve[13].

L'augmentation du prix du pétrole, la baisse sensible des prix des matières premières au cours des années 1970 entraînèrent une nette détérioration des termes de l'échange des pays en développement. Cette détérioration toucha plus particulièrement les pays importateurs de pétrole, ces derniers n'ayant plus les capitaux nécessaires aux importations technologiques.

Le développementalisme les a conduits dans une voie étroite : soit ils empruntent ces capitaux, soit ils transfèrent « clés en main » les équipements technologiques. Concrètement, ces deux possibilités convergent et forment le même postulat : La dépendance technologique

---

la « singularité somatique » coloniale (le pouvoir colonial) sont partis, que celui-ci est mort. Voir M. Foucault, *Le pouvoir psychiatrique, cours au Collège de France*, 1973-1974, Ed. Seuil, 2003, pages 46-57 notamment.

[12] Dans son livre *Le développement. Histoire d'une croyance occidentale*, Rist Gilbert analyse avec brio les conséquences « de ce nouvel ordre économique international ». Gilbert Rist, *Le développement. Histoire d'une croyance occidentale,* op. cit.

[13] Concernant l'histoire de ces transferts, voir Georges Corm, « L'endettement des pays en voie de développement : origine et mécanismes » in Dette et développement, J-C Sanchez Arnaud (dir.) Ed. PuliSud, 1982, pp 29-99.

crée la dépendance financière et inversement, dans la mesure où le transfert de technologie suppose un supplément de capital externe.

Pour la constitution de ces capitaux, les pays en développement ont recours à des prêts publics et privés. Les seconds ont été les plus nombreux, car, au cours des années 70-80, l'aide bilatérale n'a cessé de baisser et l'aide multilatérale progressait peu[14]. Par contre, les prêts privés progressèrent et permettaient, d'une part, à ces pays de maintenir leurs niveaux d'importation, d'obtenir des devis (eurodollars) indépendamment de la politique monétaire internationale que les pays développés tentaient de mettre en place depuis 1949.

Les prêts privés permettaient d'autre part, à ces pays, d'échapper aux contraintes que le FMI imposait aux pays en développement lorsqu'ils sollicitaient ses ressources. En effet, les conditions d'accès aux ressources du FMI varient selon les pays : *La conditionnalité* n'est pas la même selon que le pays demandeur est un pays développé du Nord, un pays du Sud exportateur ou importateur de pétrole. Dans le dernier cas, non seulement les conditions d'accès aux ressources du Fonds sont plus strictes, mais le pays devait également décrire au Fonds comment il comptait s'y prendre pour réduire son problème de balance des paiements.

Les pays en développement, exportateurs comme importateurs de pétrole, voyaient les conditions d'éligibilité du FMI comme des clauses qui limitaient considérablement leur marge de manœuvre lorsqu'ils voudraient changer leur politique économique interne.

Sous la pression du Groupe des vingt-quatre ministres chargé par le Groupe des 77 (pays en développement G77) de s'occuper des problèmes monétaires internationaux, le FMI infléchira *la conditionnalité* à ses ressources. D'abord, entre 1970 et 1975, il assouplit légèrement les conditions de financement compensatoire qu'il avait mises en place en 1963 pour financer la balance des paiements des pays en développement. Ensuite, en 1978, il introduit des nouvelles variables dans son système économétrique de conditionnalité qui facilita partiellement l'accès de ces mêmes pays à ses fonds.

Profitant de cet excès de générosité du FMI, les pays en développement vont octroyer des nouveaux crédits auprès du Fonds. Néanmoins, ces prêts sont marginaux, « entre 1953 et 1980, ils ne

---

[14] A ce propos, voir Hugon Philipe, *La crise financière en Afrique subsaharienne et l'intervention du Fonds monétaire international*, Les Cahiers du CERNEA, n°13, 1982.

représentaient que 1,4 % des apports financiers des pays en développement. »[15]

Malgré la hausse des taux d'intérêt des banques privées qui passèrent de 7 % à 13,7 % entre 1974 et 1980 pour atteindre 17 % en 1981[16], les pays du Sud financèrent majoritairement leur développement en octroyant des crédits dans les groupes financiers internationaux.

Ces pays sont ainsi devenus des débouchés efficaces pour le marché financier international, ils ouvrèrent aux banques privées internationales des nouvelles sphères d'investissement pour le capital accumulé fournissant ainsi des ressources financières aux pays industriels.

Et le champ d'action et d'investissement du marché financier international est immense. Ainsi le marché de l'eurodollar, créé en 1970 pour financer le déficit budgétaire des Etats-Unis est passé de 57 milliards de $ à 400 milliards de $ en huit années d'existence[17].

Dans les pays en développement, ces banques ont les capacités financières de prêter « n'importe quoi à n'importe qui (pour faire n'importe quoi) et les pays industriels s'accommodaient fort bien de l'inflation pour diminuer le coût réel des produits pétroliers. »[18]

Ces prêts sont fort onéreux pour les banques, car non seulement dans les pays en développement les contraintes juridico-administratives sont moins pesantes que dans les marchés domestiques, mais, dans ces pays, c'est également les institutions créditrices qui dictent les règles du jeu, dans la mesure où les autorités locales ont une faible maîtrise de leur espace financier. Celui-ci dépend à tous les niveaux de l'extérieur.

Les banques se mirent donc « à jongler avec les débits et les crédits, pratiquement sans se soucier des réserves, pour créer de plus en plus de surplus financiers. Les vieilles dettes en engendraient donc des nouvelles encore plus fortes. Le paiement de la dernière dette signifie

[15] Hériteau Marie- France, *Le Fonds monétaire international et les pays du tiers-monde*, Ed. PUF IDES, 1986 page 65.

[16] « Les versements d'intérêts sont passés de 17 milliards de $ en 1978 à 50 milliards de $ en 1982. Alors que les amortissements de 38 milliards de $ en 1978 atteignaient 59 milliards de $ en 1982 », Philippe Hugon, *La crise financière en Afrique subsaharienne et l'intervention du Fonds monétaire international*, op., cit. , page 10.

[17] Samuel Lichtensztejn et José M. Quijano, « La dette des pays sous-développés et le rôle des banques privées internationales » in *Dette et développement*, J-C Sanchez Arnaud (dir.), op. cite, page 161, pp 161- 174.

[18] Gilbert Rist, *Le développement. Histoire d'une croyance occidentale,* op.cit., page 280.

le début du prochain endettement »[19]. Ainsi pour les douze grandes banques américaines qui ont accordé des crédits aux pays en développement, leurs profits totaux après impôts sont passés de 17 % à 48 % entre 1970 et 1975[20].

Dans tous les pays en développement importateurs de pétrole, la dette a crû deux fois plus vite que le PNB national en termes réels entre 1973 et 1982, 19 % par an[21].

La dette à long terme de 46 pays d'Afrique subsaharienne est passée de 134,4 milliards à 178 milliards de $ entre 1982 et 1985. Soit près de 60 % du PNB. A cela il faut rajouter la dette à court terme et les crédits auprès du FMI[22].

À la fin de la décennie 70, la dette est « insoutenable », les charges de remboursement sont telles que ces pays doivent allouer une grande partie, voire la totalité de leurs recettes publiques au service de la dette. Dans cette position, ces pays n'ont aucune marge de liberté pour la mise en œuvre d'une politique économique et sociale endogène, ce qui place les bailleurs de fonds et notamment le FMI et la BM dans une position de domination[23].

Certes, le recours massif de crédits auprès des banques privées avait tant soit peu affaibli la position hégémonique du Fonds monétaire international, on voyait là la fin des négociations anglo-américaines de Bretton Woods. Mais « l'insoutenable » dette des pays en développement va redonner un nouvel élan au FMI.

En effet, dès 1976, les banques privées et notamment américaines commencèrent à ralentir les prêts aux pays en développement. Elles estimaient que les crédits à ces derniers comportaient des risques. Elles demandèrent à la communauté internationale par le biais du FMI une prise en compte de la question de la dette des pays en développement exigeant un rôle plus actif du FMI.

---

[19] Samuel Lichtensztejn et José M. Quijano, « La dette des pays sous-développés et le rôle des banques privées internationales », op. cit. pages 162 et 167.

[20] Abdelkader Sid Ahmed, « La conditionnalité des tirages sur le fonds monétaire internationale » in *Dette et développement*, J-C Sanchez Arnaud (dir.), op. cit, page 126. pp 103- 157.

[21] Philippe Hugon, *La crise financière en Afrique subsaharienne et l'intervention du Fonds monétaire international*, op.cit. , page 7.

[22] Ibid., page 7-8.

[23] A ce propos voir, Nadir Altinok et Tarik Lakhal, *La place de l'Etat en Afrique selon la Banque mondiale : De l'ajustement structurel à l'ajustement social. Les limites d'une politique néo-libérale « Amendée »*, Les Documents de travail de l'IREDU, DT 2007/3.

Pour les banques le rôle, du Fonds est déterminant, il est mieux placé qu'elles pour connaître, d'une part, « les performances passées et actuelles des économies nationales, les données liées au volume et à la structure de la dette extérieure »[24] et, d'autre part, pour imposer une discipline politique et économique aux pays débiteurs.

En 1977 le FMI va officiellement intégrer à son sein ces revendications, et les banques vont à leur tour appliquer le système de *conditionnalité* du Fonds. La coopération entre les banques commerciales et le FMI est officielle, plaçant ainsi ce dernier comme le pivot central du système financier international, le catalyseur des financements extérieurs.

Désormais, le programme que le FMI s'est assigné est à la marge de ses statuts initiaux, il n'est plus un stabilisateur de conjoncture qui n'apporte que des réponses techniques sans prendre position dans les systèmes politiques comme le souligne ses statuts[25]. À présent il propose un modèle politique et économique et veille à long terme à son application en fournissant des fonds aux pays en développement qui « mènent des politiques d'austérité (réduction des déficits, augmentation d'impôts ou hausse des taux d'intérêt entraînant une contraction de l'économie). »[26]

Et, dans la foulée, la Banque mondiale (BM) change également de stratégie. Après les prêts programmes (les aides projets à l'ajustement) elle privilégie désormais l'aide budgétaire et non les prêts pour projets (particuliers) comme ce fut le cas jusqu'ici.

Elle intervient ainsi dans la sphère politique des États membres en brandissant la section 10 de l'article IV de ses statuts : « La Banque et ses dirigeants n'interviendront pas dans les affaires politiques d'un État membre quelconque, ni ne se laisseront influencer dans leurs décisions par l'orientation politique de l'État membre (ou des États membres) en cause. Leurs décisions seront fondées exclusivement sur des considérations économiques, et seront impartialement pesées »[27].

---

[24] Abdelkader Sid Ahmed, « La conditionnalité des tirages sur le Fonds monétaire internationale » in *Dette et développement*, J-C Sanchez Arnaud (dir.), op. cit, page 126.

[25] Sur ce point, voir Christian Chavagnaux, « La lutte contre la pauvreté. Les enjeux politiques d'un slogan », Etudes africaines, n°82, pp 161-168, 2001.

[26] Joseph E. Stiglitz, *La grande désillusion*, Ed. Fayard, Le livre de poche, 2014 (1er éd 2003), page 42.

[27] Christian Chavagnaux, « La lutte contre la pauvreté. Les enjeux politiques d'un slogan », op.cit., page 162.

Désormais, les deux institutions (FMI et Banque mondiale) travaillent en étroite collaboration, leurs actions tendent même à se chevaucher[28]. La première s'occupe de la rentabilité des investissements privés et du développement des infrastructures, la seconde apporte les ressources nécessaires à la réduction des déséquilibres financiers en conditionnant son apport à la signature du pays en question avec la première institution.

À partir des années 1980, ces deux institutions interviennent tant au niveau de la conception des politiques de l'aide au développement qu'à leur application et la quasi-totalité de leurs activités « s'exercent aujourd'hui dans le monde en développement, ces institutions ont à leur tête des représentants du monde industrialisé (par coutume ou accord tacite, le FMI est toujours dirigé par un Européen, la Banque mondiale par un Américain). Les dirigeants sont choisis à huis clos, et l'on n'a jamais jugé nécessaire de leur demander la moindre expérience préalable du monde en développement. Les institutions internationales ne sont donc pas représentatives des nations qu'elles servent. »[29]

Peu représentatives, certes, il n'en demeure pas moins que ce sont elles qui définissent les caractéristiques de l'aide au développement, qui identifient les Nations récipiendaires, les insuffisances, les lacunes qu'il faut combler pour que ces pays puissent payer leurs dettes en s'ouvrant au marché de l'économie sans frontière, aux systèmes de la finance internationale.

Le soutien des Institutions de Bretton Woods (IBW FMI et Banque mondiale) aux pays en développement s'inscrit dans la perspective d'une consolidation du modèle économique dominant en exportant les concepts et les normes sous-jacents. Les politiques d'ajustement structurel des années 1980 et les nouveaux dispositifs qui viendront se substituer à ces dernières deux décennies plus tard permettront aux IBW de poursuivre ces objectifs.

## L'ajustement structurel : un levier politique pour le libéralisme économique

Les années 1980 sont celles de l'endettement et des ajustements structurels des économies des pays en développement. La dette

---

28 Par rapport à ces chevauchements, voir, notamment, Jean-Pierre Cling et François Roubaud, *La Banque mondiale*, Ed. La découverte, 2008.

29 Joseph E. Stiglitz, *La grande désillusion*, op.cit., page 51.

extérieure de ces pays préoccupe les institutions multilatérales et bilatérales de l'aide au développement. Plusieurs plans de rééchelonnement de la dette sont proposés. Pour les IBW, la mise en œuvre d'un programme d'ajustement structurel est nécessaire.

Nécessaire car le poids de la dette extérieure de ces pays paralyse l'efficacité de leurs économies, et ces dernières ne sont pas suffisamment tournées vers les exportations. L'investissement et la consommation reposent sur les importations, ce qui accroît considérablement le niveau de la demande globale par rapport à l'offre disponible. Excès qui est à l'origine de l'inflation galopante tant constatée.

Chacun de ces éléments produit des effets négatifs sur la balance des paiements et contribue au déséquilibre chronique des finances publiques.

Partant de cet diagnostique, les IBW s'unissent en conditionnant leur apport respectif à la mise en place d'un programme politico-économique structuré en deux parties : *la stabilisation* et *l'ajustement structurel*. *La stabilisation* signifiait la réduction des déséquilibres de la balance des paiements, la stabilisation de la situation financière et monétaire interne. Quant à *l'ajustement structurel,* il visait à soutenir la libéralisation du commerce en supprimant les contrôles en matière de prix, les subventions.

Les modalités d'action de chacune de ces mesures peuvent varier selon les pays et les situations économiques concrètes, néanmoins elles reposent sur la doctrine de *l'homo économicus* et *l'individualisme méthodologique* qui postulent la libre concurrence dans la détermination de la valeur des monnaies et des prix, car on envisage ici les agents sociaux comme des acteurs rationnels qui mesurent les coûts et les bénéfices de leurs actions[30]

Et, dans cette logique, l'État ne doit pas chercher à imposer *un contrôle des prix,* car cela aboutit à un découragement de la production des activités correspondantes. De même, lorsque l'État soutient des entreprises publiques déficitaires, ou subventionne telles ou telles activités qu'il juge nécessaires, il provoque ainsi des distorsions dans l'ensemble de l'économie en pratiquant injustement des prélèvements sur le secteur privé pour soutenir financièrement des secteurs peu productifs.

---

[30] A ce propos, voir notamment Liême Hoang-Ngoc, *Les théories économiques. Petit manuel hétérodoxe*, Ed. La Dispute, 2011.

L'État doit laisser faire *les forces du marché* en intervenant le moins possible dans les politiques sociales, en évitant toute réglementation anticoncurrentielle des marchés pour que le pays puisse bénéficier pleinement de la richesse et du « bien-être » global que le libéralisme des échanges est censé créer.

Dans cette logique la fonction première de l'État est de créer un environnement institutionnel et monétaire favorable au développement des activités du secteur privé. Développement qui favoriserait la hausse de l'épargne, les investissements et l'accès aux nouvelles technologies nécessaires au développement économique.

Dans cette perspective, on envisage l'ouverture des pays en développement au commerce et à la finance internationale comme une nécessité incontournable. Et on définit le progrès économique d'un pays par rapport à sa *compétitivité* sur le marché international, autrement dit sa capacité à vendre ses produits domestiques à l'étranger à des conditions avantageuses. Cette capacité suppose, d'une part, la satisfaction des investissements dans les activités d'importation et d'exportation, le paiement des services de la dette extérieure (Compétitivité prix), et, d'autre part de la *spécialisation* du pays en question sur le marché international. Vis-à-vis de ce marché chaque pays a, et doit avoir selon sa dotation, sa spécificité, laquelle il doit développer et maintenir (compétitivité hors prix ou structurelle).

Pour ce faire, il est nécessaire de rééquilibrer le déficit extérieur des pays qui sont sous ajustement structurel en limitant d'une part, les importations, en encourageant, d'autre part les exportations.

Les exportations représentent la pièce maîtresse de la croissance économique, elles sont au centre des programmes d'ajustement structurel. La promotion des exportations permet d'inscrire les économies des pays sous ajustement dans la pensée économique dominante, d'assurer le service de la dette de ces pays, d'obtenir les devises nécessaires pour le paiement de leurs importations. L'équilibre des paiements extérieurs suppose également l'équilibre du budget de la nation. L'État doit augmenter les recettes publiques en réduisant ses dépenses, en baissant les droits de douane, en orientant prioritairement ses investissements dans les secteurs porteurs de revenus et de devises permettant de répondre à la dette.

Dans la pratique, cette perspective économique se heurte à un certain nombre d'obstacles liés à l'histoire économique des pays en développement. L'infrastructure des entreprises privées et notamment celles de l'Afrique subsaharienne ne sont pas toujours adaptées aux exigences du marché extérieur. Le cloisonnement des marchés internes fait que ces entreprises connaissent peu les évolutions, les besoins du marché international. Et les prix de revient de certains produits (fixés à l'extérieur) ne sont pas toujours compétitifs sur le marché international.

Pour encourager les exportations et la compétitivité prix, les Institutions de Bretton Woods (IBW) préconisent la dévaluation de la monnaie. Celle-ci devient une condition de l'aide des organisations internationale et, la France se rallie aux prescriptions des IBW et, le 11 janvier 1994 à Dakar les chefs d'États des pays de la zone franc décidèrent de dévaluer aux taux de 50 % 13 pays d'Afrique continentaux et de 33 % les Comores[31].

La dévaluation est en harmonie avec la politique monétariste des IBW, avec le libéralisme des échanges dont l'ajustement structurel est le principal levier.

Parce qu'elle modifie les prix relatifs des produits nationaux et importés en baissant d'un côté les prix des premiers et de l'autre en haussant les prix des seconds. Les premiers devraient ainsi intéresser les clients étrangers et les seconds deviendraient moins compétitifs sur le marché domestique. Ce processus macroéconomique devrait en principe promouvoir les exportations et faire baisser les importations, et, à terme, le pays trouverait l'équilibre financier. Nombreuses sont les études qui montrent que la dévaluation n'a pas produit les effets escomptés, qu'elle a même entraîné par ailleurs une augmentation du prix de certains produits importés, et des effets négatifs par rapport à l'offre des produits manufacturés[32].

Suffit-il de trouver la bonne formule mathématique qui définit le bon taux de change pour relancer les exportations des pays en développement ?

Est-ce qu'on ne nie pas ainsi la spécificité économique de ces pays ? L'histoire politique et sociale singulière de ces derniers ? La dévaluation permet à elle seule aux petites entreprises, aux exploitants

---

[31] Dès le début des années 1980, certains pays de l'Afrique subsaharienne avaient déjà dévalué leur monnaie. Mesure impopulaire avec des implications sociales très fortes, plusieurs gouvernements d'Afrique ont toujours été réticents à la modification de la parité de leur propre monnaie. Voir Pierre Jacquemot et Elisa Assidon, *Politique de change et ajustement en Afrique,* Ministère de la Coopération et du Développement, Etudes et Documents, 1988.

[32] Sur ce point, voir, Denis Cogneau et Gérald Collange, *Les effets à moyen terme de la dévaluation des francs CFA. Une comparaison Cameroun/Côté d'Ivoire à partir d'un modèle micro-macro dynamique et financier*, Document de Travail du DIA, DT/97/11, 1997.

de produits de base de l'Afrique subsaharienne de bénéficier d'économies d'échelle ? D'autres mesures de stabilisation et de changement d'orientation du commerce international ne devraient-elles pas accompagner la dévaluation ?

Sans d'autres mesures accompagnatrices, que deviennent les populations les plus démunies de ces pays lorsque le marché international devient morose ? Que deviennent les paysans, les exploitants de tels ou tels produits destinés à l'exportation lorsque leurs recettes chutent brutalement parce qu'apparaissent sur le marché international des activités « de substitutions (le tournesol contre l'arachide par exemple) ou de succédané (la vanilline contre la vanille naturelle par exemple) ou encore par le changement des habitudes de consommation (les édulcorants en substitution au sucre par exemple.) »[33]

En privilégiant les mécanismes du marché juger plus efficaces que les interventions des pouvoirs publics, l'ajustement structurel prend-il suffisamment en compte la complexité des relations internationales ? Les critiques des politiques d'ajustement montrèrent que la spirale prix/salaire a créé des « nouveaux pauvres »[34] et le manque d'investissement dans le secteur socio-éducatif au profit des secteurs économiques directement rentables accroît la malnutrition, et les systèmes éducatifs et de santé n'ont cessé de se dégrader en Afrique Subsaharienne.

Ainsi, entre 1980 et 1984, l'UNICEF (Fonds des Nations unies pour l'enfance) lança dans plusieurs pays d'Afrique et d'Asie des enquêtes quantitatives. Ces enquêtes montrèrent le caractère récessif, « les coûts sociaux » élevés des programmes d'ajustement, et, en 1987 l'UNICEF plaida pour « un ajustement à visage humain ».[35]

Le retentissement international de *l'ajustement à visage humain* amena la Banque mondiale (BM) puis le FMI à infléchir leurs politiques en mettant du « social » dans leurs actions, puis une dose

[33] Pierre Jacquemot et Elisa Assidon, *Politique de change et ajustement en Afrique*, op. cit. , page 90.

[34] Sur ce point voir, *Libéralisation du secteur des cultures d'exportation en Afrique. Bilan*, Organisation des Nations Unies pour l'Alimentation et l'Agriculture (FAO), 1999.

[35] Cornia Giovanni, Andrea Richard Jolly et Frances Stewart, *L'Ajustement à visage humain : Protéger les groupes vulnérables et favoriser le croissance*, Ed. UNICEF-Economica, 1987.

« d'humanisme » dans leurs dispositifs en plaçant la lutte contre la pauvreté au centre de leurs politiques.

**Un vent d'humanisme venant du Nord**

Au niveau de la coopération internationale, la thèse de *l'ajustement à visage humain* donna en effet à la critique des programmes d'ajustement un écho. Et, très vite, les Institutions financières internationales (IFI) prennent en ligne de compte un certain nombre de revendications et notamment celle de placer la lutte contre la pauvreté au centre de l'aide au développement. La thèse de *l'ajustement à visage humain* travaille les nouvelles stratégies de l'aide internationale, car elle est en phase avec les politiques sociales mises en œuvre dans les pays développés et notamment en Europe à la fin des années 1970.

Ces politiques reposent sur une approche humaniste qui valorise les stratégies d'individualisation, la privatisation, la contractualisation et le ciblage des problèmes sociaux dont l'origine remonte à la « guerre contre la pauvreté » menée au États-Unis durant les années 1960 et 1970.

Plaçant l'individu et son « bien-être » au centre du débat et non le collectif, ladite approche transforme la problématique du progrès social et celle de la protection sociale des citoyens. Car elle envisage l'action publique comme une structure dont la vocation est non de lutter contre les inégalités sociales et économiques inhérentes aux systèmes sociaux, aux modes de production, mais de protéger les individus et notamment les plus démunis en mettant en œuvre des actions et des structures qui recensent leurs besoins primaires et secondaires, qui encadrent leur volonté de s'en sortir et d'accéder au « bien-être » en soutenant leur participation dans les projets et programmes ciblés. À partir du milieu des années 1980, cette approche est devenue une propédeutique dans l'aide au développement, elle est au centre de la critique des politiques d'ajustement. L'UNICEF a en fait un dogme et le Programme des Nations Unies pour le Développement (PNUD) lui donna un nouveau visage en élaborant en 1990 « l'indice du développement humain » (IDH)

Réajuster l'ajustement : l'humanisme de l'UNICEF

Dès la mise en œuvre des politiques d'ajustement, des ONG et des organisations internationales d'aide au développement tirèrent le signal d'alarme en dénonçant les méfaits de ces politiques.

Ces organismes montrèrent notamment que, dans le secteur de l'enseignement et de la santé la situation était alarmante. Dans beaucoup de pays d'Afrique subsaharienne « des décennies d'avancées sociales, marginales et prudentes, mais réelles ont été anéanties en quelques années ».[36] Des maladies et des épidémies qu'on croyait disparues ont réapparu. Abandonnés par l'État, les enseignants du primaire et du secondaire désertèrent leur classe cherchant d'autres emplois mieux rémunérés dans le secteur privé. Si les politiques d'ajustement ont permis à certains pays de réduire les déficits courants des balances de paiements et budgétaires, les progrès au niveau de la croissance sont faibles et la majorité des pays sous ajustement structurel ont connu une régression économique et sociale[37].

La Banque mondiale (BM) ne réagira que lorsque des organismes des Nations unies s'emparent de la critique : d'abord le Bureau international du travail (BIT), ensuite l'UNICEF.

Très vite, la BM reconnaîtra la légitimité des critiques formulées par l'UNICEF et considérera la thèse principale de *l'ajustement à visage* comme une doctrine. Les arguments de l'UNICEF dominèrent le discours critique des politiques d'ajustement structurel. Car ils s'inscrivent dans la *Realpolitik* en exigeant non pas l'absolution des politiques d'ajustement, mais la prise en considération d'un certain nombre de dimensions que les IBW n'auraient pas suffisamment envisagées : les conséquences sociales des politiques d'ajustement, la lutte contre la pauvreté.

Selon l'UNICEF, les prêts accordés sont principalement affectés à l'équilibre budgétaire, à promouvoir l'ouverture des pays au commerce mondial, en renforçant le secteur privé.

Le financement des programmes sociaux stagne, voire en diminution, et les conditions de vie des classes sociales les plus défavorisées ne cessent de se dégrader.

---

[36] Lautier Bruno, « L'ajusteur justifié ? Politique d'ajustement, emploi et dérégulation en Amérique latine », *Tiers monde*, n°117, janvier-mars, 1989, pp 9-37, page 10.

[37] Sur ce point, voir, Philippe Hugon, « Incidences des politiques d'ajustement », *Tiers Monde*, n°117, janvier-mars 1989, pp 59- 84.

Pour l'UNICEF, les causes de cette détérioration sont multiples, c'est d'abord le climat économique international des années 1980. Ensuite, les économies de ces pays souffrent de la baisse de la production des pays industriels et de la détérioration des termes de l'échange. Ces effets négatifs de la crise mondiale sur les économies de ces pays touchent plus particulièrement les populations les plus pauvres.

On retrouve là l'influence de deux axiomes économiques très chers aux experts de l'OCDE : la réciprocité des économies et des marchés mondiaux, d'une part, et, d'autre part la nécessité d'ajuster les économies pour favoriser la croissance. Pour l'UNICEF, il faut réajuster l'ajustement : « Nous reconnaissons que la cause primordiale des pressions économiques s'exercent de façon négative sur le sort de l'être humain dans la plupart des pays affectés est la situation de l'économie globale, sur les plans mondial et national, et non pas la politique d'ajustement en tant que telle. En effet, à défaut d'un ajustement sous une forme ou sous une autre, la situation serait souvent pire »[38]. C'est principalement la récession de l'économie mondiale des années 1980 qui expliquerait la dégradation des conditions de vie des pauvres, et la pauvreté s'est aggravée dans les pays en développement car les politiques envisagées pour réduire la crise économique ne comportaient aucun dispositif contre la pauvreté. Seul le redressement financier et l'équilibre de la balance des paiements extérieurs sont au centre de ces politiques.

*L'ajustement à visage humain* ne remet pas en cause ces mesures, il plaide davantage pour un réajustement en plaçant les besoins de l'homme au centre. Il faut humaniser ces mesures en privilégiant les besoins essentiels des populations les plus démunies, en soutenant la croissance, car la solution du problème social est dans le progrès économique.

Pour ce faire, *l'ajustement à visage humain* préconise des mesures macroéconomiques qui favorisent l'offre en combinant l'approche macro et microéconomie de façon à encourager les variables macroéconomiques qui renforcent la croissance en veillant à la répartition des revues, en soutenant prioritairement certains secteurs et notamment ceux qui ont trait aux besoins humains.

Cela implique de promouvoir la productivité en encourageant plus spécifiquement le secteur informel en favorisant la création de petites

---

[38] Giovanni Andréa Cornia, Richard Jolly, Frances Stewart, *L'ajustement à visage humain,* op.cit., page 6

entreprises tant dans l'agriculture que dans l'industrie et les services. Car, en période d'ajustement, les grandes industries, l'État, bref le secteur formel et codifié de l'économie crée peu d'emplois.

« Il s'ensuit que *l'octroi d'un soutien supplémentaire aux activités des petites entreprises, spécialement celles du secteur informel, est un élément essentiel de toute stratégie cherchant à protéger les revenus des groupes vulnérables durant le processus d'ajustement.* »[39]

Économie de proximité on postule ici que la richesse que produit le secteur informel est plus juste, mieux redistribuée, plus efficace que tout système étatique par essence bureaucratisé. Parce qu'il emploie davantage de personnes plus exposées à la précarité et à l'exclusion sociales, les effets de l'informel sur la pauvreté sont censés être plus importants.[40]

Même si sa productivité est plus faible par rapport à celle du secteur formel, elle est déterminante car elle est censée favoriser l'égalité des chances en donnant la possibilité aux plus pauvres de participer à l'effort productif.

Cette idée connaîtra un véritablement essor au cours des années 2000 avec la médiatisation considérable du microcrédit comme facteur supposé favoriser le micro-entrepreneuriat.

La participation des pauvres dans la lutte contre la pauvreté est un adage politiquement payant, car il agit sur les représentations sociales de la pauvreté en dévoilant la figure sociale du pauvre. Elle individualise la pauvreté par des actions qui visent directement les pauvres. On change ainsi de référentiel, l'objectif n'est pas de lutter *contre la pauvreté, mais contre les pauvres.* En faisant de la responsabilisation et de la participation des pauvres une propédeutique pour la lutte contre la pauvreté, *l'ajustement à visage humain* s'inscrit dans cette nouvelle dynamique. Et les programmes « ciblés » qu'il implore pendant l'ajustement vont dans ce sens : « Le *ciblage* est un autre moyen puissant de réduire les coûts d'un programme et d'élever l'efficacité de dépense sociale. En principe, la réalisation d'un ciblage efficace devrait être un aspect important des politiques sectorielles

---

[39] Ibid. page 248, c'est les auteurs qui soulignent.

[40] Sur ce point, voir, Nancy Benjamin, Mbay Ahmadou Aly (dir.) *Les entreprises informelles de l'Afrique de l'ouest francophone. Taille, productivité et institution*, Ed. Pearson, 2012.

tendant à protéger les groupes vulnérables en période d'ajustement. Mais il faut d'abord concevoir très soigneusement le ciblage. »[41]

Ces programmes ciblés ont comme objectifs principaux l'identification des populations les plus démunies, leurs besoins essentiels d'une part, et, d'autre part de recenser les secteurs dispendieux et peu nécessaires par rapport aux besoins jugés primordiaux afin de mieux orienter les ressources dans les services de base en améliorant la qualité des interventions, le suivi systématique de ces populations.

Cette volonté de cibler les populations les plus pauvres soulève un certain nombre de questions. Outre la stigmatisation sociale qu'elle engendre, on peut également se demander comment elle qualifie et identifie les besoins essentiels des populations. Peut-on hiérarchiser arbitrairement les besoins essentiels d'un individu, alors que ces derniers sont le résultat des relations mutuelles de deux structures dynamiques et complexes : la production et la consommation dont le développement est lié aux forces productives, aux conflits consécutifs aux rapports sociaux de classes ?

En classant les besoins essentiels en deux catégories comme le fait *l'ajustement à visage humain* : une première qui regrouperait les besoins fondamentaux et universels, une deuxième qualifiée de secondaire car c'est la culture qui les impulserait, on oublie l'importance des forces productives, d'une part, et d'autre part la domination qu'exerce la classe dominante dans la structuration des besoins de par ses modes d'existence socialement dominants.

La légitimité sociale d'un besoin dit secondaire peut transformer ce dernier en besoin vital. L'opposition besoins primaires, besoins secondaires, (ou besoins matériels et non matériels) est tautologique.

L'éducation scolaire est-elle un besoin primaire ou secondaire ? Elle est devenue, avec le temps, un besoin fondamental dans la mesure où, depuis quelques décennies, partout dans le monde, l'intégration sociale et professionnelle des individus dépend des titres scolaires acquis. Le rôle de l'éducation scolaire dans les structures sociales était tout à fait annexe lorsque l'origine sociale déterminait directement le niveau d'insertion social et professionnel, lorsque les savoirs s'apprenaient surtout sur le tas, par *le faire* et non dans des formes pédagogiques de

---

[41] Giovanni Andréa Cornia, Richard Jolly, Frances Stewart, *L'ajustement à visage humain*, op.cit., page 211. C'est les auteurs qui soulignent.

socialisation comme c'est le cas aujourd'hui dans tous les pays du monde.[42]

De même, dans beaucoup de sociétés, le travail est à la fois un besoin vital et secondaire, d'un côté il permet à l'individu de satisfaire ses besoins matériels de base, de l'autre, il lui permet d'affirmer son individualité dans le jeu social.

Suffit-il de manger à sa faim, d'être vacciné contre la rougeole, la poliomyélite pour être un *sujet* socialement autonome ? Cela est sans doute nécessaire mais pas suffisant.

La stratégie des besoins essentiels que défend l'UNICEF oublie les droits individuels qui sont aussi nécessaires pour répondre aux besoins fondamentaux[43]. Oubli qui fait passer sous silence les droits sociaux, la question des inégalités sociales.

L'indicateur composite de développement humain (IDH) du PNUD (Programme des Nations Unie pour le développement) élargie le champ des besoins fondamentaux des populations les plus démunies. Ces besoins ne se limitent pas ici aux biens et aux services nécessaires : vivres, abris, vêtements, soins de santé et approvisionnement en eau « s'y ajoutent la liberté politique, la jouissance des droits de l'homme et le respect de soi. La liberté est essentielle au développement humain conclus le PNUD. »[44]

« L'indice du développement humain du PNUD » : une critique consensuelle de l'économisme

En 1990, dans un rapport qui deviendra annuel un groupe d'experts du PNUD élaborèrent « l'indice du développement humain » (IDH). L'objectif est de publier chaque année un Rapport sur le développement humain (RDH) en classant les pays par niveau de développement.

Il s'agit d'élargir la gamme des indicateurs en proposant l'indicateur du développement humain (IDH) qui, pour chaque pays, combine trois variables : l'espérance de vie, le niveau d'alphabétisation, et le revenu

---

[42] A ce propos, voir houssen Zakaria , *Familles comoriennes face au collège. Entre l'école et la tradition*, Ed. L' Harmattan, 2001. Voir aussi Guy Vincent ( dir.) *L'éducation prisonnière de la forme scolaire,* Ed. PUL, 1994.

[43] Sur ce point, voir Pierre Sptiz, J. Galtung, R et *al*, *Il faut manger pour vivre. Controverses sur les besoins fondamentaux et le développement*, Cahiers de l'IUED-Genève, Ed.PUF, 1980.

[44] Programme des Nation unies pour le développement (PNUD) *Rapport mondial sur le développement humain 1990*, Ed. Economica, 1990, page 1.

par habitant. Ainsi défini le développement ne se limite pas au revenu, à la richesse, à « la production de biens et à l'accumulation de capital ou à la croissance du PIB »[45]. Le Rapport de 1991 y ajoute un auteur indicateur : l'Indicateur de liberté humaine (ILH) « Le développement humain est incomplet s'il ne comprend pas la liberté. Il convient donc logiquement de combiner l'IDH et l'ILH en indicateur global »[46].

Un pays peut donc avoir un revenu par habitant relativement satisfaisant tout en enregistrant des résultats nettement inférieurs en matière de développement humain.

C'est le cas par exemple du Brésil, qui, en 1990 « malgré un revenu de 2020 dollars, n'enregistre qu'une espérance de vie de 65 ans, et un taux d'alphabétisation des adultes de 78 %. En Arabie saoudite, où le revenu par habitant atteint 6200 dollars, l'espérance de vie ne dépasse pas 64 ans et le taux d'alphabétisation des adultes est de 87 %. […]. Le Sri Lanka, le Chili, le Cosa Rica, la Jamaïque, la Tanzanie et la Thaïlande, par exemple, affichent de bien meilleurs résultats en matière de développement humain que de revenu. »[47]

Dans cette perspective, l'augmentation du revenu est considérée comme un moyen et non comme une fin en soi. C'est la répartition du revenu global, sa contribution dans l'amélioration des conditions de vie de la population, sa capacité à recouvrir les besoins des secteurs sociaux définis comme prioritaires (éducation de base, santé, protection sociale, approvisionnement en eau etc.) qui lui donnent sens. Ainsi, on mesure d'abord le taux des dépenses publiques totales par rapport au PIB, en isolant la part qui est consacrée aux dépenses sociales. On examine ensuite quelle est la proportion des dépenses sociales qui est utilisée pour faire face aux priorités sociales. « La multiplication en chaîne de ces trois taux définit alors le taux des dépenses de développement humain qui, dans les meilleurs cas, se situe entre 5 et 10 %. Si les taux sont inférieurs à 3 %, il convient alors de restructurer les budgets publics, c'est-à-dire consacrer moins d'argent aux dépenses militaires, au maintien de l'ordre, aux entreprises publiques ou aux grands projets d'infrastructures et /ou freiner les dépenses concernant les grands hôpitaux et les universités, afin de réserver une part plus grande aux priorités sociales. »[48]

---

[45] Ibid, page 1.

[46] loc.cit.

[47] Ibid, page 3

[48] Rist Gilbert, *Le développement. Histoire d'une croyance occidentale*, op.cit., page 362.

Le rapport de 1990 classe les pays en trois catégories : les pays où l'IDH est faible (inférieur à 0.500), moyen (compris entre 0.501 et 0.790), enfin les pays à développement humain élevé (supérieur ou égal 0.800)[49].

Dans la première catégorie, on retrouve la plupart des pays d'Afrique subsaharienne excepté le Gabon, le Zimbabwe, le Botswana, l'Afrique du Sud qui font partie de la deuxième catégorie. Parmi les 46 pays faisant partie de la troisième catégorie, ce sont les pays de l'OCDE qui occupent les vingt premières places. En tête de liste la République Fédérale d'Allemagne, la Finlande, le Danemark, le Portugal suivis par le Canada, la Suisse. La France occupe le quatrième rang et les États d'Amérique la 17e loin de la Malaisie (5e) et du Mexique (10e).

La démarche est heuristique, au lieu de chercher à dresser une liste des besoins fondamentaux qui, par définition, serait fastidieuse, car elle dériverait nécessairement des principes du juste, des conditions de développement[50] et des rapports sociaux qui en découlent dans chaque pays envisagé. Le PNUD définit méthodiquement des priorités sociales en montrant les enjeux socio-économiques de ces priorités, comment les quantifier, comment calculer les sommes qui leur sont affectées par rapport à l'ensemble des dépenses publiques.

Ces indicateurs sont importants pour les pays en développement, ils permettent à ces derniers d'améliorer les conditions de vie des populations les plus défavorisées, en sachant la part des dépenses prioritaires par rapport au budget de l'État en examinant non seulement ce qui est fait, « ce qui doit être fait, mais également les moyens de le faire. »[51] Ils permettent également de déterminer la part de l'aide internationale allouée au développement humain prioritaire et aux pays donateurs d'évaluer leur action.

Ainsi, le rapport de 1991 montre que non seulement les pays donateurs n'ont pas atteint l'objectif fixé, celui de consacrer chacun 0.7¨ % du PNB à l'aide publique du développement, mais que le taux d'aide allouée au développement humain prioritaire varie également d'un pays à un autre. En 1989 ce taux était respectivement de 1.04 % pour la Norvège, de 0.97 % pour la Suède, de 0.94 % pour les Pays-Bas et le Danemark, de 0.44 % pour le Canada et de 0.15 % pour les États-Unis.

---

[49] PNUD *Rapport mondial sur le développement humain 1990,* pages 140-141.

[50] Sur ce point, voir, John Rawls, *Théorie de la justice*, Ed, Seuil, 2009.

[51] PNUD *Rapport mondial sur le développement humain 1990,* page 3.

L'IDH est utile pour les mesures statistiques du développement, combinant trois variables socio-économiques, il apporte des meilleures indications dans le domaine. Cependant, le choix des indicateurs pour le calcul est discutable.

En effet, pour les créateurs de l'IDH, le développement humain est constitué de trois dimensions : a- la possibilité de vivre longtemps et en bonne santé, b- la possibilité d'acquérir des connaissances et de participer à la vie de la communauté, c- l'accès aux ressources à un niveau de vie décent.

Chacune de ces trois dimensions est représentée par un indicateur : pour la première (la longévité), le PNUD a choisi comme indicateur l'espérance de vie. Pourquoi ce choix ? Pourquoi le choix ne s'est pas porté sur le taux de mortalité infantile (avant un an) par exemple, ou encore sur le nombre de médecins par habitants ou l'accès à l'eau potable ? Nous connaissons tous aujourd'hui l'impact de tels facteurs sur la santé des populations.

En y regardant de plus près, le choix s'est porté sur l'espérance de vie, car celle-ci est l'indicateur (voire le seul) où les écarts entre les pays développés et en développements sont relativement faibles. « L'écart entre l'espérance de vie des populations des régions développées et celle des régions les plus pauvres a considérablement diminué : de 23 années en 1950, 10 ans à peine en 2010. »[52]

Le choix de l'espérance de vie est à la fois pratique et doctrinal. Pratique parce qu'il permet de produire des éléments de comparaison en classant les États dans un tableau du premier au dernier. Et dans cette logique l'IDH n'est pas exempté d'évolutionnisme et de comparatisme.

On peut faire l'hypothèse que le PNUD n'a pas retenu la mortalité infantile comment indicateur parce qu'elle ne permet pas de comparer les pays entre eux, car non seulement les écarts entre pays en développement et pays développés sont relativement importants, mais elle ne permet également pas de distinguer les pays industrialisés entre eux.

Le choix des indicateurs de la deuxième dimension soulève également un certain nombre de questions. En effet, le niveau de connaissance est représenté par deux indicateurs : le taux d'alphabétisation de la population adulte et le nombre moyen d'années d'études chez les individus de plus de 25 ans.

---

[52] Observatoire des inégalités : « Les inégalités d'espérance de vie dans le monde », http://inegalites.fr/spip.php. article1423, consulté 10 janvier 2013.

Comment détermine-t-on ce premier taux ? Quels sont les critères retenus ? Suffit-il qu'un adulte fréquente ou ait fréquenté un centre d'alphabétisation pour le considérer comme ayant le niveau de connaissance requis ?

Quant au deuxième indicateur, le nombre moyen d'années d'études, celui-ci nous semble trop général pour permettre d'appréhender les politiques éducatives des pays envisagés, le rapport à la connaissance qu'entretiennent les individus considérés. Pour être plus précis, il faut distinguer taux de scolarisation et apprentissages. Car si le premier est en hausse dans beaucoup de pays en développement, les résultats sont moins brillants pour le deuxième. Suffit-il qu'un enfant ou un adolescent aille à l'école, écoute sagement son enseignant pour conclure qu'il a intériorisé les connaissances dispensées ? La réalité est plus complexe. Ainsi, en Inde, « une enquête nationale annuelle a montré qu'en 2008 96 % des enfants de 6 à 14 ans étaient scolarisés. Mais seulement 56 % des élèves étaient capables de lire un paragraphe de niveau CE1 et 19 % étaient incapables de déchiffrer plus d'un mot. Les résultats sont encore plus faibles en mathématiques. »[53]

Enfin, l'indicateur choisi pour représenter la troisième dimension à savoir le revenu est le PIB. Cet indicateur est sans doute celui qui soulève le plus de questions. Le PNUD considère la croissance « comme nécessaire mais pas suffisante pour assurer le développement humain. Malgré une croissance rapide du PNB ou un revenu par habitant élevé, le progrès peut faire défaut dans certaines sociétés. » [54] La démarche adoptée semble relativiser l'importance des agrégats économiques traditionnels et notamment le ratio PIB par habitant.

Néanmoins, l'analyse montre que le calcul de l'IDH est fondé sur le PIB. Certes, le PNUD parle d'un PIB réel ajusté « par la prise en compte du pouvoir d'achat, qui donne une indication plus précise de la capacité relative à acheter des marchandises et accéder aux ressources nécessaires pour jouir d'un niveau de vie convenable. »[55] Il n'en demeure pas moins que c'est le PIB qui est et qui reste l'indicateur de référence. Il est censé représenter le pouvoir de consommation. Ce qui soulève un certain nombre d'interrogations concernant le calcul de l'IDH. Les chiffres utilisés pour le revenu correspondent-ils à ce qu'ils

---

[53] Duflo Esther, *Le développement humain. Lutter contre la pauvreté* (I), Ed. Seuil, 2010, pages 28-29.
[54] PNUD, *Rapport mondial sur le développement humain 1990,* page 11.
[55] Ibid., page 13.

sont censés représenter (le pouvoir de consommation) ? Les données de base du PIB sont-elles exemptes d'erreurs ?

Le PNUD connaît aussi bien que quiconque les difficultés de certains pays en développement à produire des données fiables dans le domaine. Difficultés liées aux manques de moyens des organismes de planification, aux bureaux nationaux des statistiques.

Les données recensées ne sont donc pas exemptes d'erreurs de relevés et d'actualisation. Le manque de coordination entre les différents organismes statistiques qui traitent les données crée souvent un décalage dans le temps entre l'enregistrement des données et leur publication.

Ces problèmes ont amené le PNUD à reconnaître le caractère non exhaustif de l'IDH pour appréhender le développement : « Un système idéal de mesure et de contrôle du développement humain devrait inclure de nombreuses variables de manière à en fournir une image aussi complète que possible. Toutefois, cela est actuellement impossible en raison de l'absence de statistiques pertinentes comparables. »[56]

Il n'y a pas que les données économiques qui sont difficiles à recenser et notamment celles qui sont liées à la consommation, le PNUD reconnaît également son impuissance à quantifier les libertés politiques, les droits fondamentaux des individus : « Quantifier et mesurer des concepts tels que la liberté politique, la sécurité personnelle, les relations avec les autres et l'environnement soulève des problèmes conceptuels et méthodologiques encore plus complexes. Or, même si ces concepts ne peuvent être mesurés actuellement, les analyses du développement humain ne doivent pas les ignorer »[57].

Dans sa rhétorique le PNUD n'a certainement pas oublié les libertés individuelles, le droit à la protection, mais force est de constater que ces droits ne font pas partie des indicateurs retenus pour calculer l'IDH. Et le point de vue, selon lequel ils ne sont pas retenus parce qu'ils sont difficiles à collecter et à quantifier, n'est pas très convaincant.

Dans chaque rapport, le PNUD montre avec brio qu'il n'y a pas de corrélation systématique entre le revenu et l'espérance de vie, entre la richesse produite et le taux d'alphabétisation. Pourquoi ne pourrait-il pas aussi démontrer qu'il n'y a également pas de relations systématiques entre le revenu par habitant et les droits fondamentaux des individus ? Sans doute parce que la mise en perspective d'une telle

[56] Loc.cit.

[57] Ibid., page 13.

corrélation modifierait tant soit peu les cadres politiques qui façonnent les représentations que nous avons des grandes démocraties occidentales à commencer par les États-Unis.

Pourquoi depuis deux décennies le PNUD publie-t-il chaque année un rapport classant les performances économiques de chaque nation à travers un seul indicateur (IDH), alors qu'il connaît par ailleurs, les faiblesses, les impertinences des indicateurs de classement ?

Après l'échec des politiques d'ajustement structurel et les propositions *de l'ajustement à visage humain*, il fallait sans doute qu'un organisme international invente d'autres idées, d'autres concepts. La pérennité internationale du débat sur le développement, la légitimité sociale des organismes internationaux d'aide au développement en dépendaient. L'initiative revint au PNUD en présenta l'IDH comme un indice universel ou chaque année on améliore ses performances pour faire de lui un outil capable d'orienter les décisions politiques clés.

L'influence de l'IDH sur les pratiques et les théories de développement est certaine, d'abord parce que, de par sa méthode et les outils mobilisés, il est un instrument scientifique de mesure et de programmation que l'ensemble des organisations internationales ont adopté, ensuite parce qu'il a servi de base pour construire d'autres indicateurs. À titre d'exemple, on peut citer : l'indicateur de « gouvernance favorable aux pauvres », « le sexospécifique », celui de participation des femmes (IPE).[58] Ces indicateurs travaillent le débat socio-économique en mettant la thématique de la lutte contre la pauvreté, le « bien-être » au centre.

Et dans cette perspective, l'IDH du PNUD s'inscrit dans l'approche humaniste et individualiste qui gouverne, dès le début des années 1970, les théories de la régulation sociale, les actions politiques relatives au développement. Il partage ainsi la même matrice que *l'ajustement à visage humain.*

## L'individu plutôt que l'égalité : une propédeutique

De prime abord nombreux sont les éléments qui distinguent l'IDH de *l'ajustement à visage humain*. D'un côté, l'objectif est d'humaniser les mesures macroéconomiques du FMI et de la BM en n'y apportant un

---

[58] Concernant ces indicateurs voir, PNUD, *Mesurer la gouvernance démocratique. Cadre pour la sélection d'indicateurs favorables aux pauvres et sensibles au genre*, mai 2006.

ensemble de propositions. De l'autre, il s'agit principalement de développer un outil scientifique de mesure et de planification capable d'orienter les décisions économiques et politiques. Mais, au-delà de ces différences manifestes, il existe des liens, des invariants entre les deux approches que l'analyse de l'évolution des politiques sociales dans les pays développés met en lumière. Car les idées qui structurent ces deux approches ne tombent pas du ciel, elles sont consécutives aux rapports sociaux, aux forces productives et politiques correspondant à la période où elles ont émergé. Autrement dit, elles énoncent un traitement politique de la question sociale apparu au début des années 1960 aux États-Unis pour se répandre au cours des décennies suivantes en Europe, puis dans les pays en développement à travers les dispositifs d'aide au développement.

En disant que ces deux approches sont traversées par les rapports sociaux correspondant à la période de leur invention et qu'elles ont ainsi gardé les traces de leur origine sociale[59], on ne nie pas l'intelligence, le long travail nécessaire à l'invention des concepts et des théories. Dire cela, c'est reconnaître que le scientifique, le chercheur est soumis à des lois objectives qui déterminent ses objets de recherche, qu'il est engagé dans une aventure définie du dehors par les forces économiques et politiques. C'est reconnaître l'impact du champ politique et social sur la démarche et la construction des outils scientifiques, le pouvoir de ce même champ à légitimer une science, voire même à mettre en question une science, comme le dit Foucault : « Ce n'est pas au nom d'une pratique politique qu'on peut juger la scientificité d'une science (à moins que celle-ci ne prétende d'une manière ou d'une autre être une théorie politique). Mais, au nom d'une pratique politique, on peut mettre en question le mode d'existence et de fonctionnement d'une science. »[60]

Ainsi, à plusieurs reprises, nous avons vu plus haut que la notion de « bien-être » est une valeur centrale tant dans les critiques de *l'ajustement à visage humain*, que dans l'IDH. Dans un cas comme dans l'autre, il est un instrument permettant de qualifier et de mesurer la pauvreté en mobilisant une approche *ex-post*, ou *ex-ant* ou les deux simultanément.

---

[59] Dans *Comment pensent les institutions*, M. Douglas montre que les théories scientifiques gardent toujours leur origine sociale. Marly Douglas, *Comment pensent les institutions* Ed. La Découverte (1999) 2004.

[60] M Foucault, *Dits et écrits 1954-1968,* tome I, Ed. Gallimard, 1994, page 691.

Dans cette perspective, l'État a comme principale mission de soutenir les initiatives privées et publiques qui favorisent ce « bien-être » en protégeant plus spécifiquement les plus pauvres en mettant en œuvre des dispositifs permettant aux plus pauvres de supporter leur pauvreté en devenant moins pauvres.

Par rapport à la problématique du progrès social et de la protection sociale des citoyens, il y a là un changement d'*épistèmè*[61]. Il s'agit moins pour l'État de construire une société égalitaire et solidaire en luttant contre les inégalités sociales que de protéger les populations que le train du « bien-être » et de la croissance économique a laissées sur le quai en mettant en place des dispositifs sociaux de subsistance : budget minimum de pauvreté, seuil de pauvreté, revenu minimum garanti.

Cette façon d'envisager le rôle de l'État et des pouvoirs public est nouvelle, elle fait d'abord son apparition aux États-Unis, ensuite en Europe occidentale pour se répandre enfin dans les pays en développement drapée du nec plus ultra des concepts humanistes.

En effet, sous la présidence de John Kennedy (1960-1963), son administration met en place un vaste plan de « Guerre contre la pauvreté ». Ses successeurs, Lyndon Johnson (1963-1968), puis Richard Nixon (1968-1974) prolongèrent de façon novatrice ce programme.

Le processus s'est renforcé dans l'ensemble des pays riches avec la montée du chômage de masse due principalement à la crise économique des années 1970, et du capitalisme industriel qui met de plus en plus l'accent sur la flexibilité du travail. Le taux du chômage n'a cessé de grimper, les pays industriels découvrent ainsi la pauvreté.

Disons-le avec force, la pauvreté n'est pas un phénomène nouveau, comme le souligne Marx dans le *Capital*[62], elle fait partie intégrante de l'évolution des pays riches et moins riches, car elle est d'ordre social, le produit direct du mode de production capitalistique. Certes, jusqu'à la fin des années 1950, on en parlait moins, d'une part, parce que le terme même de pauvreté ne faisait pas partie du référentiel des politiques sociales des pays européens[63], d'autre part dès la fin de la

---

[61] Il faut envisager ici le terme d'épistémè tel que le définit Foucault, il désigne un ensemble de rapports entre les sciences ou entre les différents discours scientifiques correspondant à une époque historique donnée. Voir M. Foucault, *L'archéologie du savoir*. Voir, également, Judith Ravel, *Expérience de la pensée. Michel Foucault*, Paris, Ed. Bordas.

[62] Karl Marx, *Le Capital*, Editions sociales, 1960, notamment le livre I.

[63] A ce propos, voir, Michel Autès, *Les paradoxes du travail social*, Ed. Dunod, 1999.

deuxième Guerre mondiale et jusqu'au milieu des années 1960 dans tous les pays développés, « les politiques sociales sont de mieux en mieux intégrées aux politiques économiques. Le terme d'''Etat-providence'', ''d'État social'' et de *Welfare State*, peu utilisés avant-guerre, deviennent d'un emploi courant. La philosophie libérale, selon laquelle seuls les plus vulnérables doivent être protégés et selon laquelle chacun doit veiller à s'assurer contre les coups du sort est abandonnée. »[64]

En effet, à partir de la deuxième moitié des années 1960 la vision libérale, les études universitaires notamment d'origine anglo-saxonne, qui décrivent la pauvreté comme phénomène social résiduel dont la genèse serait indépendante des structures politiques et économiques, se généralisent[65]. Des hommes politiques, des journalistes se les approprient pour imposer cette nouvelle conception de la pauvreté dans les représentations sociales, dans les politiques sociales en montrant que la misère a envahi les grandes villes, et les formes élémentaires de la pauvreté urbaine (la mendicité dans la rue, l'absence de logement, les files d'attente devant les lieux de distribution de l'aide alimentaire) prouvent que la pauvreté est un phénomène récent et d'une grande ampleur, que vis-à-vis des valeurs démocratiques, elle est un « scandale ».

De par ce travail de propagande et de sensibilisation, la thématique de la pauvreté intègre les préoccupations sociales du moment et très vite elle devient un problème social à combattre.[66]

Certes, dès 1949, des sociologues et des économistes travaillant pour gouvernement fédéral des États-Unis publièrent des données statistiques montrant la situation économique difficile de beaucoup d'Américains et fixèrent « à 4 millions le nombre de familles vivant avec moins de 1000 dollars par an et 5,5, millions le nombre de familles vivant avec un revenu inférieur à 2000 dollars »,[67] mais il fallu attendre

---

[64] François-Xavier Merrien, *L'État-providence*, Ed. PUF, 2007, page 53. C'est l'auteur qui souligne.

[65] A ce propos, voir John Kenneth Galbraith, *Théorie de la Pauvreté*, traduit de l'anglais par Daniel Blanchard, Ed. Gallimard, 1980.

[66] " Un problème social n'est pas seulement le résultat d'un mauvais fonctionnement de la société, il suppose un véritable " travail " social au sens de Durkheim, dont les deux étapes essentielles sont la reconnaissance et la légitimation du "problème" comme tel (…)" Lenoir Rémi et *al*, *Initiation à la pratique sociologique*, Ed. Dunod, 1989, page 77.

[67] Romain Huret, *La fin de la pauvreté ? Les experts sociaux en guerre contre la pauvreté aux Etats-Unis (1945-1974)*, édition EHESS, 2008, page 31.

le début des années 1960 pour que la situation économique de ces familles soit reconnue comme telle pour engager ensuite des mesures législatives visant à éliminer la pauvreté. Ainsi, en 1964, on « fit état d'un seuil de pauvreté arbitrairement fixé à 3000 dollars par an ».[68] On donna à ce seuil une réalité économique en le reliant au principe d'un budget familial minimum correspondant aux dépenses alimentaires de base (variables selon la taille de la famille et son lieu de résidence rural ou urbain).

Pour calculer ces dépenses, on définit d'abord un ratio minimal des différents aliments jugés comme nécessaires à chacun, puis l'on estime les prix des denrées correspondantes. Le montant des dépenses alimentaires représente l'essentiel du budget minimum de pauvreté et le volume des autres dépenses est calculé à l'aune de celui-ci. La méthode du seuil de pauvreté prévaut dans toutes les études cherchant à dénombrer les pauvres et à décrire leur situation.[69]

Elle influence tant les recherches et les dispositifs de la « guerre contre la pauvreté » car elle s'articule autour du concept de *pauvreté absolue*. Concept où l'on envisage la pauvreté comme la conséquence du comportement individuel, l'incapacité à s'adapter au changement, ou encore comme un dysfonctionnement du système et non comme un problème lié aux fondements mêmes du système.

Phénomène individuel et moral, on suppose ici qu'on pourra éradiquer le fléau en hissant les classes sociales défavorisées au-dessus du seuil de pauvreté, en donnant la possibilité de s'en sortir à celles et ceux qui en ont « la volonté ».

Ce principe est un des pivots stratégiques de « la guerre contre la pauvreté » menée aux États-Unis entre 1962 et 1974 : « La pauvreté est un phénomène essentiellement individuel et sa disparition ne peut être que la conséquence d'une pluralité d'actions individuelles. [...] La lutte contre la pauvreté ne doit être pas imposée par le gouvernement fédéral, elle doit être menée par les pauvres eux-mêmes, par les pauvres ''volontaires ''. »[70]

Aux États Unis ce principe n'a jamais perdu son ardeur, il façonne encore les représentations sociales de la pauvreté. Ainsi selon une enquête de 2006 « 71% des Américains estiment que les pauvres

---

[68] Lionel Stoleru, *Vaincre la pauvreté dans les pays riches*, Ed. Flammarion, 1974, page 26.

[69] A ce propos voir, Serge Milano, *La pauvreté en France*, Ed. Le Sycomore, 1982.

[70] Jean-marie Chevalier, *La pauvreté aux Etats-Unis*, Ed. PUF, 1971, page 47 et suivantes.

pourraient échapper à la pauvreté s'ils faisaient assez d'efforts. »[71] Phénomène individuel que l'on peut combattre en responsabilisant les pauvres. Dans cette perspective les pouvoirs publics ont comme mission principale de faire respecter *le statu quo* en assurant l'ordre économique et la reproduction sociale en mettant en place des structures spécifiques dont l'objectif est de responsabiliser les pauvres, d'encadrer leur effort, « leur volonté » de s'en sortir en les faisant participer le plus possible tant dans la conception des dispositifs qu'à leur réalisation. La responsabilité individuelle est considérée comme l'investissement le plus sûr pour vaincre la pauvreté. Et, dès le milieu des années 1970, cette nouvelle approche s'imposa au Nord de l'Europe.

Et, en 1974 le Conseil de l'Europe rédige son *premier programme de lutte contre la pauvreté* en demandant aux neuf pays membres (Belgique, France, Italie, Luxembourg, Pays-Bas, Allemagne de l'Ouest, Irlande, Royaume-Uni, Danemark) d'établir respectivement un « projet pilote » sur les questions relatives à la pauvreté. Concernant la construction de ces projets, le Conseil précise un certain nombre de critères : premièrement, le caractère innovant des projets et leur impact sur l'évolution des politiques au niveau national. « Deuxièmement, il est essentiel que tous les projets encouragés par la communauté fassent participer les personnes concernées elles-mêmes à l'exécution du projet et, dans toute la mesure du possible, également à sa participation. » [72]

Une décennie après, la Communauté s'élargit, le nombre des États membres passa de 9 à 12 (La Grèce, l'Espagne et le Portugal intègrent la Communauté) et les statistiques des personnes jugées comme pauvres s'affinent, passant de 30 millions environ au milieu des années 1970 à 44 millions en 1985 soit 14 % de la population totale que comptait la communauté[73]. La Commission lança son deuxième *programme communautaire de lutte contre la pauvreté* en gardant, d'une part, la définition de la pauvreté telle qu'elle avait été définie dans le premier programme : « La définition de la pauvreté adaptée dans la

[71] Alberto Alesine et Edward L. Glaeser, *Combattre les inégalités et la pauvreté. Les Etats-Unis face à l'Europe*, Ed. Flammarion, 2006, pages 13-14.

[72] Commission des communautés européennes, « Communication de la commission au Conseil, Programme de projet et de recherche pilotes pour combattre la pauvreté établie conformément à la Résolution du Conseil du 21 janvier 1974 concernant un programme d'action sociale ». SEC (74) 5224 FINAI, Bruxelles, janvier 1975, page 4.

[73] Europe Sociale, *La lutte contre la pauvreté*, Supplément 2/89, Commission des Communautés européennes. Direction générale de l'emploi, des affaires sociales et de l'éducation, 1989, page 1.

décision des ministres pour le deuxième programme est la même que pour le premier : ''on entend, par personnes pauvres, les individus, les familles et les groupes de personnes dont les ressources (matérielles, culturelles et sociales) sont si faibles qu'ils sont exclus des modes de vie minimaux acceptables dans l'État membre dans lequel ils vivent'' ».[74] Et, d'autre part, la stratégie qui consiste à faire participer les pauvres dans cette lutte comme le préconise le premier programme : « Dans la décision autorisant le [2e] programme, le Conseil mentionne expressément deux critères pour la sélection des projet-action. Tout d'abord, ils doivent tester et mettre au point des nouvelles méthodes pour venir en aide aux pauvres. Deuxièmement, les méthodes doivent être élaborées et appliquées dans la mesure du possible avec la *participation* des personnes concernées. »[75]

Ces deux plans annoncèrent de profondes mutations dans la politique sociale des pays de la Communauté européenne : le diptyque participation-responsabilisation et lutte contre la pauvreté est devenu une pièce maîtresse dans la technologie politique de la question sociale.

Très vite, cette dialectique va également structurer les programmes d'aide aux pays en développement que l'Union européenne est en train d'esquisser. Ainsi, « L'article 130 du traité de Maastricht fait de la lutte contre la pauvreté une obligation de coopération [...] Les principes d'appropriation, de responsabilité démocratique, de transparence et de participation sont hautement valorisés par la Commission européenne. »[76]

On valorise tant ces valeurs parce qu'elles sont en accord avec *la théorie du capital humain* en plein essor qui postule que chaque individu est détenteur d'un stock de savoir-faire composé de deux éléments : un capital intellectuel et un capital santé. Que c'est l'accroissement de ce capital et son entretien par la responsabilisation des acteurs qui permettent de vaincre la pauvreté, de sortir du sous-développement.

Au-delà d'une trop évidente discontinuité, il y a une continuité plus secrète qui lie la responsabilité individuelle comme mode de régulation de la question sociale à *la théorie du capital humain*. La méthode

---

[74] Ibid., page 32.

[75] Ibid., page 32. C'est l'auteur qui souligne en italique.

[76] Jean-Pierre Cling, Mireille Razafindrakoto, François Roubaud, « Un processus participatif pour établir de nouvelles relations entre acteurs », in *Les nouvelles stratégies internationales de lutte contre la pauvreté*, 2e éditions, Ed. IRD Economica, 2003, pp 169-198, page 185.

employée, les termes utilisés sont certes différents, mais, dans un cas comme dans l'autre, on vise la même réalité : investir sur l'Homme en le responsabilisant.

Cette idée est une propédeutique dans les programmes contre l'analphabétisme, la pauvreté, la maladie, l'insécurité de l'emploi. Dans l'ombre, elle a également influencé l'esprit du *droit d'ingérence humanitaire* inventé en 1987 à Paris[77]. En effet, les protagonistes de ce droit disent revendiquer « contre une mauvaise interprétation de la souveraineté des États, le droit d'intervention humanitaire auprès des hommes en péril. Des hommes et non des peuples [la différence est politiquement pertinente, on l'aura notée] »[78].

Ce nouveau droit international scelle les contours juridiques de l'individu *responsable et participant* promu comme l'avenir de l'homme. Un individu dont les droits sociaux sont de moins en moins acquis, mais dépendent de plus en plus de ses capacités individuelles, de sa « volonté » à s'inscrire dans les normes sociales en vigueur. Quant à ses droits formels, ils ne relèvent pas seulement de l'autorité de l'État dont il est le ressortissant, mais surtout de l'opinion publique internationale. Opinion que le *droit d'ingérence humanitaire* s'assigne à mobiliser à l'aide d'images tapageuses s'il juge que les droits fondamentaux, la vie des individus est menacée : « L'information et l'action humanitaire sont les remèdes contre les douleurs extrêmes existantes. Sans image, pas d'indignation : le malheur ne frappe que les malheureux. La main des secours et des fraternités ne peut alors se tendre vers eux. L'ennemi essentiel des dictateurs et des sous-développements reste la photographie et les sursauts qu'elle déclenche.

---

[77] La notion de *droit d'ingérence humanitaire* synthétise les travaux d'un colloque intitulé « Droit et morale humanitaire» tenu en 1987 sous l'égide de la Faculté de droit de Paris-Sud et de l'association Médecins du Monde dont B. Kouchner était le président. Ont participé, à ce colloque, des juristes, des médecins, des philosophes et des hommes politiques dont le président de la République F. Mitterrand et son Premier ministre J. Chirac. Un an après ce colloque, à l'initiative de la France, « l'Assemblé générale de l'O.N.U. adaptait la résolution 43/131 intitulée : "Assistance humanitaire aux victimes des catastrophes naturelles et situations d'urgence du même ordre ». Mario Bettati, « Le droit d'ingérence : sens et portée *», Le débat*, novembre-décembre 1991, N°67, pp 4-15, page 10.

[78] Bernard Kouchner « La loi de l'oppression minimale » in *Le Devoir d'ingérence. Peut-on les laisser mourir* ? B. Kouchner, Mario Bettati (dir.), Editions Denoël, 1987, pp 17-22, page 22. C'est nous qui précisons.

Acceptons-la sans s'y résigner : c'est la loi du tapage. Et servons-nous d'elles. »[79]

En faisant de la question des droits de l'homme un problème transfrontalier *le droit d'ingérence humanitaire* a reconfiguré la notion de souveraineté nationale en y introduisant un nouveau dispositif dans le champ de l'aide internationale qui change sa perception et ses modalités d'action sur le terrain : les médias et notamment la télévision.

L'aide internationale ne peut exister sans les images chocs, ses moyens et son efficacité sur le terrain sont assujettis à l'indignation compassionnelle qu'éprouve l'opinion publique des pays développés (les donateurs) devant les images tapageuses de la misère, de la guerre que diffuse en boucle la télévision. Ainsi, « l'aide américaine aux victimes de catastrophe dépend dans une large mesure de l'occurrence d'autres événements médiatiques lors de la catastrophe et non des besoins des victimes. Les décisions d'aide sont guidées par la couverture médiatique des catastrophes, laquelle est évincée par de nouveaux sujets médiatiques. Les catastrophes étant plus ou moins médiatiques, certains désastres, tels que les tremblements de terre reçoivent beaucoup d'attention, au contraire des famines. »[80]

Cette médiatisation est politiquement payante, elle permet d'abord de lutter contre les effets de la fatigue de l'aide dans les pays développés en « mondialisant » la question de la pauvreté[81]. Elle renforce ensuite les processus d'individualisation de l'aide au développement, car la compassion méconnaît le général. Une de ses vertus, c'est sa faculté à particulariser la souffrance, même si elle est éloignée dans le temps et dans l'espace.[82]

Parce qu'elle s'exprime essentiellement en termes de séparation entre ceux qui souffrent et ceux qui ne souffrent pas, (et non en termes de classes, favorisés et défavorisés, petits et grands), la compassion relègue en arrière-plan la question des inégalités, de l'injustice sociale pour focaliser le débat sur *l'agir*. Elle ne peut donc alléger la souffrance humaine, car comme le montre Hannah Arendt elle esquive la loi et la politique qui la produisent pour « prêter sa voix à la souffrance elle-

---

[79] Bernard. Kouchner, « Le mouvement humanitaire », *Le débat*, novembre-décembre 1991, N°67, pp 30-39, page 35.
[80] Savensson Jakob, « Capacités d'absorption et contraintes de décaissement », Revue d'économie du développement, n°2 2006, vol 14, pp 43-68, page 46.
[81] A ce propos voir, Michel Chossudovsky, *La mondialisation de la pauvreté*, , Montréal, Les éditions écosociété, 1998.
[82] Sur ce point, voir, Myriam Revault, *L'homme compassionnel*, Ed. Seuil, 2008.

même, pour exiger une action directe et rapide. »[83] Submergée par l'émotion, l'indignation compassionnelle précède la compréhension, elle travaille l'aide internationale et les dispositifs de la politique sociale s'individualisent, la pauvreté et la participation des pauvres deviennent un mode de gouvernement. Et, dès la fin des années 1980, les bailleurs multilatéraux changèrent leurs technologies politiques en infléchissant dans leur action ce mode de gouvernement en inscrivant la lutte contre la pauvreté dans leurs stratégies politiques et économiques

[83] Hannah Arendt, *Essai sur la Révolution*, traduit de l'anglais par Michel Chrestien, Ed. Gallimard, 1967, page 124.

# Chapitre III
# Les nouvelles références de l'aide au développement

> De nombreux bailleurs traditionnels du monde dit occidental sont confrontés à des sérieuses difficultés financières qui ne peuvent que conduire à s'interroger sur la capacité de financement de l'APD (Aide publique au développement) comme le confirment les prévisions récentes du Comité d'aide au développement (CAD) de l'Organisation de coopération et de développement économiques (OCDE) (...) Mais au-delà des conséquences de cette crise financière, il apparaît que c'est l'ensemble du régime international de l'aide qui se transforme. Le terme de ''crise'' de l'APD a souvent été utilisé (...) Si crise il y a, elle semble donc durer et la période présente se caractérise par une mutation du régime de l'aide, de plus en plus complexe. Cette mutation se manifeste par une augmentation du nombre des acteurs de l'aide et par des frontières entre le public et le privé qui s'estompent. Les objectifs assignés à l'aide par ces acteurs multiples s'empilent, brouillant les messages divers qu'ils souhaitent transmettre aux populations tant du Nord que du Sud. De ce fait, les références évoluent. D'un point de vue plus technique, apparaissent de nouveaux outils de financement et de gestion. Dès lors, plus que jamais, l'analyse ne saurait se limiter à une approche quantitative et financière de l'aide. Jean-Jacques Gabas et Michel Vernières[1]

Dès la fin des années 1980 et jusqu'au milieu des années 1990, l'aide publique au développement traversa de sérieuses difficultés. D'un côté, les études qui attaquent ses fondements théoriques et ses modalités pratiques ne cessent de gagner du terrain au profit de l'approche humaniste, d'une économie durable centrée sur l'Homme. De l'autre, sa légitimité est mise à mal, d'une part, par les problèmes chroniques des pays de l'Afrique subsaharienne engendrés par l'endettement croissant et, d'autre part, par la crise financière que traversent les pays d'Amérique latine, et de l'Asie du Sud-Est au cours de ladite période. Qui plus est, ces effets négatifs se conjuguent avec les difficultés économiques et les politiques d'austérité budgétaires mises en œuvre

[1] Jean-Jacques Gabas et Michel Vernières, « Les transformations dans le système de l'aide internationale » Techniques financières et développement (TDF), n°105 décembre 2011, pp 5-12, pages 4-5.

par de nombreux pays européens : les donateurs. Les flux de l'aide au développement enregistrent ainsi une chute.

Face à ce contexte défavorable à l'aide publique au développement les Institutions financières internationales réagissent. La Banque mondiale (BM) admet les critiques en reconnaissant « les coûts sociaux élevés » des programmes d'ajustement, l'importance d'infléchir le discours de la lutte contre la pauvreté dans ses objectifs. Mais elle défend par ailleurs les programmes d'ajustement en montrant, que s'ils n'ont pas produit les faits escomptés, c'est parce que les autorités locales n'ont pas pu les mettre en œuvre pour des raisons politiques et d'appropriation liées à la complexité intrinsèque de programmes et par une situation économique mondiale peu favorable. Pour la BM, il est nécessaire de poursuivre les programmes d'ajustement en luttant contre les « coûts sociaux » qu'ils engendrent en mettant la lutte contre la pauvreté au centre des dispositifs. Aux yeux de la Banque, il n'y a pas d'incompatibilité entre ces programmes et la lutte contre la pauvreté. Car ces programmes visent la croissance et, sans celle-ci, la lutte contre la pauvreté n'est qu'une duperie.

Ainsi, parallèlement aux programmes d'ajustement, la Banque soutient des projets visant à compenser les effets néfastes liés aux programmes d'ajustement, à financer des dispositifs permettant de mieux appréhender la pauvreté. Et, de proche en proche, elle défend l'idée selon laquelle l'aide internationale au développement peut efficacement lutter contre la pauvreté si elle est soutenue par des « bonnes pratiques » politiques et économiques favorisant la croissance, si elle est assujettie à des objectifs clairs et quantifiables. Cette idée connaîtra ses lettres de noblesse lorsque l'ONU ratifie en 2000 les Objectifs du millénaire pour le développement (OMD) dont la réduction de la pauvreté dans le monde est la matrice. Ces objectifs transformèrent non seulement les modalités pratiques de l'aide publique au développement mais également ses références. Désormais, l'aide au développement est soumise à des objectifs, elle doit être performante, efficace pour relancer la croissance. Les travaux du Comité d'aide au développement (CDA) de l'OCDE s'inscrivent dans cette perspective et influencent différentes manifestations internationales de l'aide au développement. Et, en 2005, l'ensemble des bailleurs multilatéraux, bilatéraux et les pays en développement approuvent les principes de la Déclaration de Paris qui les engagent à une responsabilité mutuelle, à une gestion de l'aide basée sur des résultats.

## La Banque mondiale face à la critique

Dès la publication de *l'ajustement à visage humain*, la Banque mondiale (BM) réagira à la critique en reconnaissant, d'une part, les « coûts sociaux » des programmes d'ajustement et, d'autre part, la lutte contre la pauvreté comment un objectif fondamental à poursuivre. Dans un premier temps, elle montrera que ces coûts ont été inévitables, car les programmes d'ajustement exigent des sacrifices, que sur le court terme il y a des « perdants et des gagnants », que la conjoncture économique mondiale a entravé la bonne marche des mesures entreprises, et que sans l'ajustement, la situation aurait été pire, car dès le milieu des années 1980, la Banque a mis en œuvre des dispositifs servant à protéger les plus pauvres, les victimes de l'ajustement. Dans un second temps, elle fera en effet de la lutte contre la pauvreté son nouveau cheval de bataille en créant des dispositifs, des méthodes d'enquête lui permettant de mieux connaître les ménages les plus « pauvres » pour mieux poursuivre les programmes en cours en imposant à la communauté internationale la lutte contre la pauvreté comme matrice de l'aide publique au développement, comme la colonne vertébrale des OMD que l'ONU s'apprête à ratifier (en 2000).

### Pour la Banque mondiale « Pire aurait été la situation » sans l'ajustement

En plaçant la lutte contre la pauvreté au centre de ses objectifs politiques, cela n'implique pas que la Banque mondiale (BM) a abandonné la doctrine libérale qu'elle a toujours défendue, qu'elle remet en cause les plans d'ajustement structurel. Pour la BM, si on admet que l'objectif de l'ajustement c'est la croissance il n'y a donc pas d'incompatibilité entre cet objectif et la lutte contre la pauvreté. Sans la croissance économique, cette lutte est assurément vaine.

Pourquoi, dans certaines régions, la pauvreté a-t-elle reculé et pas dans d'autres demande-t-elle ? Et elle affirme : « les chances du succès de la lutte contre la pauvreté dépendent de la réponse à cette question [...] Bien que les données soient rares, ce que l'on sait montre que la pauvreté a reculé là où les résultats économiques ont été bons. »[2] Autrement dit, il est nécessaire de poursuivre les programmes

[2] Banque mondiale, Rapport sur le développement dans le monde 1990, *La pauvreté*, Washington D.C, 1990 pages 10 et 11.

d'ajustement en se préoccupant davantage des « coûts sociaux » en mettant en place des dispositifs qui protègent les populations les plus pauvres des effets négatifs inhérents à l'ajustement.

Dans son rapport sur *le développement dans le monde* de 1990 consacré à l'analyse de la pauvreté, la BM montra que ces effets ont été inévitables, voire nécessaires. Car l'équilibre budgétaire, l'accroissement des exportations, la promotion des entreprises privées supposent des « sacrifices » à court terme : « A court terme, l'ajustement risque de créer des difficultés, et cela pour deux raisons. Tout d'abord, le processus est souvent lent et inégal : les entreprises et les marchés du travail mettent du temps à s'adapter et, dans l'intervalle, le chômage ou le sous-emploi peuvent s'aggraver et les revenus du travail baisser. »[3]

Et, pendant l'ajustement, il y a des « gagnants et des perdants ». Ainsi, les pauvres ruraux qui cultivent la terre bénéficient davantage de la dynamique des exportations que les pauvres des régions urbains qui ne possèdent rien. De même, « en pratiquant une tarification sélective dans certains secteurs comme la santé et l'éducation, il est possible d'améliorer l'efficacité des programmes sociaux tout en agissant en faveur des pauvres. »[4]

La BM défend sa politique en montrant que la pauvreté est causée par un ensemble d'éléments complexes dont l'ajustement n'est pas le seul responsable. Et elle justifie sa politique en identifiant trois générations de programmes d'ajustement :

Pour la Banque, les premiers programmes (1980 à 1984) ont, d'une part, mis l'accent sur la correction des déséquilibres macroéconomiques et, d'autre part, sur la compression de la demande globale au moyen de politiques monétaires et budgétaires, et enfin sur des mesures visant à stimuler l'offre à moyen et à long termes. Pour la Banque, sans ces efforts, la situation aurait été pire. Certes, ces efforts n'ont pas permis de soutenir la croissance future, souligne la Banque, et cela non pas parce que les mesures préconisées ont été inappropriées, mais parce que des chocs extérieurs (ralentissement de la croissance dans les pays industriels, hausse des taux d'intérêt dans les marchés financiers internationaux, baisse des termes de l'échange etc...) ont entravé ces efforts, et les responsables gouvernementaux ne se sont pas approprié

---

[3] Ibid., page 119.

[4] Bruno Sarrasin, *Ajustement structurel et lutte contre la pauvreté en Afrique. La Banque mondiale face à la critique*, 1999, Ed. L'Harmattan page 58.

les programmes d'ajustement pour mettre en œuvre les bonnes mesures. Soit parce qu'ils les jugeaient trop complexes et ambitieux, soit pour des raisons politiques :

« L'ajustement place les dirigeants politiques devant un dilemme. La politique à mettre en place se traduit souvent par des pertes pour l'électorat. Parfois permanentes lorsqu'elles réduisent, par exemple, les transferts ou les gains de monopoles. Elles impliquent aussi un arbitrage entre le présent et le futur. Arbitrage particulièrement difficile pour des politiciens qui ont des électeurs à gagner, des groupes d'intérêts à satisfaire et des coups d'États à éviter. »[5]

Les seconds programmes (1984-86) correspondant à un ensemble de *programmes d'action sociale* mis en œuvre parallèlement aux politiques d'ajustement. Pour la Banque, ces programmes d'action ont permis d'atténuer les effets négatifs de l'ajustement sur les pauvres en assistant les personnes licenciées du secteur public, d'une part, et d'autre part, de protéger les « groupes cibles », c'est-à-dire celles et ceux qui subissent durement les effets de l'ajustement par des mesures de compensation touchant la consommation pour leur assurer le « minimum de nourriture ». Selon la Banque, ces actions ont touché un grand nombre de personnes à côté d'une grande pauvreté causée par d'autres facteurs que l'ajustement.

La réponse de la BM à la critique est subtile, elle s'appuie sur cette dernière pour mieux la devancer, car la critique ne dénonce pas les fondements du système, mais surtout ses effets négatifs sur les plus démunis. Avec les moyens dont elle dispose, la Banque subtilise l'approche humaniste à la page aux contours très larges qui fonde la critique, pour montrer qu'elle peut ostensiblement poursuivre sa double vocation : celle d'une institution financière et celle d'organisme d'aide au développement qui conçoit les programmes et veille à leur application dans une optique de normalisation du modèle économique dominant.

Les programmes de la troisième génération (1988-992), nommés « Dimensions sociales à l'ajustement », vont en effet lui permettre d'axer l'ajustement sur des priorités économiques en développement des dispositifs, une méthodologie visant à connaître les États pauvres pour mieux les gouverner.

[5] Banque mondiale, Rapport sur le développement dans le monde 1990, *La pauvreté,* op.cit., page 133 encadré 7.6.

## Connaître pour mieux gouverner : « Les dimensions sociales de l'ajustement »

En 1988 la Banque mondiale (BM), le PNUD, la Banque africaine de développement (BAD) et d'autres bailleurs de fonds, bilatéraux et multilatéraux, parrainent le projet *Dimensions sociales de l'ajustement* (DSA). Et tous les pays d'Afrique à faible revenu et surendettés participent au projet.

Les programmes d'ajustement entrent ainsi dans une troisième phase mettant davantage « l'accent sur un ajustement orienté vers la pauvreté, en faisant participer plus activement les populations pauvres au processus de croissance.»[6]

Le projet mise, d'une part, sur « le capital humain » des ménages grâce à des programmes d'éducation, de santé et de nutrition, sur des programmes qui développent les moyens de production et les outils de travail des ménages pauvres pour leur permettre d'accroître leurs revenus. Et, d'autre part, sur la promotion de l'emploi salarié et notamment les actifs urbains et les travailleurs ruraux qui ne trouvent pas de débouchés dans le secteur agricole.

C'est la BM, le PNUD et la BAD qui sont chargés de l'exécution du projet en question. Cependant, sa mise en œuvre nécessite préalablement la conception et la réalisation de ce que Foucault appelle « une technologie de la population »[7] servant à connaître les populations pour mieux les gouverner.

Ce faisant, en 1990 la Banque créa en son sein la division Pauvreté et politique sociale (qui remplaça *l'unité dimensions sociale de l'ajustement* crée en 1988) dont la mission est de donner, aux organismes de planification, aux responsables des gouvernements locaux, des indications, des conseils méthodologiques d'enquête visant : 1- à produire des bases de données sur les conditions de vie des ménages, 2 - à réaliser des études opérationnelles sur les DSA ; 3 - à élaborer des enquêtes qualitatives et quantitatives portant sur les évolutions des programmes d'action.[8]

---

[6] Banque Mondiale, *Les dimensions sociales de l'ajustement en Afrique. Programme d'action*, Washington D.C., 1990, page 4.

[7] Michel Foucault, *Dits et écrits*, Ed. Gallimard, 1994, tome III, page 18.

[8] Concernant ces différents points, voir Jean-Luc Dubois, *Réfléchir pour mesurer. Innovation méthodologique pour la collecte et l'analyse d'informations statistiques, Les dimensions sociales de l'ajustement en Afrique subsaharienne*, document de travail n°7, 1994, Banque mondiale Washington D.C.

L'objectif est fixé : recueillir des données permettant de comprendre les principaux traits de la réalité socio-économique des ménages et notamment des plus pauvres afin de pouvoir gérer correctement les programmes d'action pour que les instruments macroéconomiques adoptés deviennent des structures politiques qui déterminent le travail des instances de décision et d'exécution du pouvoir.

Partant de cet objectif et du cadre théorique sous-jacent, la démarche est structurée en deux parties. La première consiste à renforcer les compétences des institutions et notamment celles des organismes de planification et de la statistique pour le bon déroulement de la collecte des données auprès des ménages, pour l'analyse et la mise place des programmes.

La deuxième définit les niveaux socio-économiques relatifs aux enquêtes :

- Le niveau microéconomique : ce sont les ménages. Les données recueillies visent ici à appréhender les situations de pauvreté, à catégoriser les groupes sociaux pour étudier leur comportement.
- Le niveau méso-économique : ce sont les infrastructures sociales : les établissements scolaires, les centres de santé, le système de communication, les routes, le système de distribution commerciale et les marchés. Les données recueillies doivent permettre d'analyser les effets de la politique macroéconomique sur ces systèmes. Par exemple, quelles sont les conséquences de la réduction budgétaire par rapport à la construction des établissements scolaires, de santé, compte tenu des besoins des populations ? Quels sont les effets de la hausse des prix sur le fonctionnement de ces systèmes ?
- Enfin, le niveau macroéconomique. A ce niveau, les investigations sont centrées sur les mesures mises en œuvre dans le cadre de l'ajustement. À partir des données recueillies dans les niveaux précédents, l'objectif ici est, d'évaluer l'impact de ces mesures sur les ménages pour améliorer l'efficacité des actions et en élaborer d'autres si nécessaire.

Pour la récolte des données, la méthode utilisée varie selon le niveau et les objectifs en termes d'analyse et d'observation propres à chaque niveau. Ainsi, pour les ménages, on a, d'un côté, l'enquête prioritaire, c'est une enquête légère, comprenant peu de questions et effectuée auprès d'un grand échantillon sur une courte période. De l'autre, l'enquête intégrale, où l'on observe un petit échantillon de ménages pendant une année en utilisant un petit questionnaire détaillé avec de nombreuses variables qualitatives utiles pour expliquer les comportements.

Pour le niveau méso-économique, la méthode consiste à réaliser des enquêtes dites « communautaires » qui décrivent d'abord les équipements collectifs disponibles (écoles, centres de santé, routes, infrastructures économiques, moyens de transport, marchés et comment se forment les prix). Les informations obtenues sont ensuite croisées avec celles de l'enquête intégrale dans la perspective de mesurer l'impact du méso sur le microéconomique (le comportement des ménages).

Quant au niveau macroéconomique, à l'aide des variables obtenues dans l'enquête intégrale (ou prioritaire), on classe les ménages en trois catégories : « ceux qui connaissent une extrême pauvreté, ceux qui vivent dans une pauvreté relative et les non pauvres. »[9] À partir de ces « profils de pauvreté », on évalue l'impact des politiques macroéconomiques sur les ménages pour élaborer d'autres actions, une politique sociale générale. En d'autres termes, les résultats des enquêtes micro peuvent et doivent influencer la macro.

Est-ce le cas dans la pratique ? La réalité constatée sur le terrain oriente-t- elle les directives, les plans macroéconomiques élaborés dans les bureaux d'études de Washington ?

Selon une étude d'évaluation réalisée en 1992 (soit à la fin du programme DSA) sous l'égide de la BM, la réponse est non : « Les auteurs de l'évaluation ont retenu que l'analyse de la politique économique dirigée par les politiques s'est développée et a persisté au niveau macroéconomique, et que l'analyse au niveau microéconomique a permis d'importants instruments de politique de contrôle, mais que les liens entre les deux niveaux (macro et micro), surtout par rapport aux classes socio-économiques, sont très difficiles à établir. »[10]

Les liens entre ces deux niveaux sont difficiles à établir, et le micro influence peu la structure du macro. Car, dans plusieurs pays, lesdits niveaux sont conçus et fonctionnent de façon autonome, les différents niveaux étant souvent répartis dans des projets différents et gérer par des organismes différents.

---

[9] Jean-Luc Dubois, « L'expérience du programmes Dimensions sociales de l'ajustement. Approches méthodologiques et réflexion », www.horizon.documentaire.ird.fr/exl-doc/pleins…4/sci 010006240.pdf, pp 381-402 page 388, consulté le 12 janvier 2014.

[10] Banque mondiale, Département technique, région Afrique (Findings) *La Dimension Sociale de l'Ajustement : une Evaluation Générale*, décembre 1993 page 2.

Outre ces problèmes institutionnels, le temps alloué aux enquêtés auprès des ménages ne permet pas d'approfondir l'analyse de certaines variables mobilisées dans les enquêtes intégrales et prioritaires et notamment la variable revenu. L'analyse de celle-ci nécessite des enquêtes relativement longues. En analysant le revenu sur une année comme le suggère *le plan d'action* du projet DSA, on néglige la variable temps. Pendant combien de temps telle ou telle famille vit et doit vivre avec un faible revenu ? Comment fait-elle lorsque ce dernier baisse, alors que les besoins domestiques augmentent ?

Le temps est un élément fondamental pour appréhender les structures sociales de la pauvreté dans la mesure où une des caractéristiques des ménages pauvres c'est l'irrégularité des revenus autant dans leur montant que dans le temps.

En 1990, le projet DSA est arrivé à terme. A-t-il permis de réduire la pauvreté en luttant contre les effets négatifs de l'ajustement ? La réponse est non, puisque à la même période, la Banque mondiale (BM) publia des données montrant que « près de la moitié de la population mondiale vit avec moins de 2 dollars par jour et un cinquième avec moins de 1 dollar par jour, montant considéré habituellement comme le seuil de la pauvreté absolue. Dans le cas de l'Afrique subsaharienne, 47% de la population vivent en dessous de ce dernier seuil. »[11]

Cependant, à l'aune de la stratégie politique de la Banque, le projet DSA est loin d'être un échec. Car, il a d'une part, permis à la BM de prendre en considération la critique qui lui a été adressée en mettant du social dans ses programmes pour élaborer des outils méthodologiques d'enquête (enquêtes communautaires, enquêtes intégrales auprès des ménages, enquêtes de satisfaction etc.…) toujours mobilisables.

Ce projet a, d'autre part, permis une extension de l'approche humaniste dont la lutte contre pauvreté est l'emblème en réunissant autour de la même table plusieurs bailleurs. Ainsi selon le rapport d'évaluation du programme DSA précité, ce programme a non seulement eu peu d'impact sur les groupes cibles, mais son influence sur les capacités de création d'une politique sociale au niveau national a été également moindre. Ladite évaluation souligne que le programme (DSA) a surtout permis de « porter la préoccupation de la pauvreté au niveau de la communauté internationale, et a encouragé des débats au

[11] Sur ce point, voir Jean-Pierre Cling, « Une analyse critique du discours de la Banque mondiale sur la lutte contre la pauvreté » in *Les Nouvelles stratégies internationales de lutte contre la pauvreté*, op.cit., pp 25-56.

niveau de la politique de la Banque mondiale et des donneurs (…) Le programme a également favorisé la coordination entre les donneurs pour la mobilisation des ressources pour le compte des programmes contre la pauvreté. »[12]

La BM a su ainsi imposer la thématique de la lutte contre la pauvreté à l'ensemble des agences d'aide au développement. Car, comme le souligne J-D Naudet, les Institutions de Bretton Woods (IBW) ont en effet « cette formidable capacité de pouvoir mobiliser l'ensemble de la communauté internationale, les autres bailleurs comme les pays receveurs, autour des initiatives qu'elles définissent. »[13]

Ainsi, en 1996, l'ONU proclama *1996 année internationale de l'éradication de la pauvreté*, et en 1999, les IBW placent la lutte contre la pauvreté au centre de l'Initiative de la réduction de la dette des pays pauvres très endettés (PPTE). Et les pays à bas revenus désireux de bénéficier des fonds de ces deux organismes ou d'un allégement de la dette dans le cadre de l'Initiative PTTE doivent désormais rédiger, sous l'égide de la Banque mondiale un programme de lutte contre la pauvreté dénommée en français *Document stratégique de réduction de la pauvreté* (DSRP). Et en 2000 l'ONU acte les « Objectifs du millénaire pour le développement (OMD) en faisant de la lutte contre la pauvreté l'axe central.

Ces objectifs ont modifié l'approche et les modalités pratiques de l'aide au développement. L'approche n'est plus basée sur des objectifs directs à court et à moyen termes, mais sur le long terme, sur la transformation des structures politiques et étatiques des pays récipiendaires.

La volonté de transformer ces structures amena la Banque à revoir sa façon d'envisager l'État.

### Quand la Banque réhabilite l'État

Deux évènements majeurs inextricablement liés ont amené les Institutions de Bretton Woods (IBW) à revoir leurs politiques en matière d'aide au développement, et notamment le rôle que peut et doit jouer l'État dans les pays sous-programme d'ajustement. Le premier, c'est la montée en puissance de la critique à l'égard des accords d'ajustement

[12] Banque mondiale, Département technique, région Afrique (Findings) *La Dimension Sociale de l'Ajustement : une Evaluation Générale*, op.cit., page 4.

[13] Jean-David Naudet, « Réduire la dette ou réformer l'aide ? », in *Les nouvelles stratégies internationales de lutte contre la pauvreté*, op.cit., pp 249- 270, page 268.

structurel et du consensus de Washington. Le second, c'est la fin de la guerre froide.

**Le consensus de Washington ou la négation de l'autorité publique**

Le mur de Berlin vient de tomber, les pays de l'Europe de l'Est se libèrent des griffes de Moscou, l'Armée rouge a perdu l'Afghanistan, en Chine, l'armée fait face à des manifestants réclamant plus de démocratie, plus de liberté. On est en 1989, la guerre froide touche à sa fin, le système capitaliste triomphe. C'est dans ce contexte que l'économiste britannique John Williamson énumérera, dans un article intitulé « Consensus de Washington », dix propositions que les pays d'Amérique latine pourraient adopter pour sortir de la crise de l'endettement en favorisant l'expansion de l'économie de marché dans la région par les investissements privés.

Très vite, ces propositions deviennent un modèle économique pour l'ensemble des pays en développement et résument les stratégies des Institution financières internationales (IFI). Visant la croissance économique et la libre concurrence par la promotion de politiques économiques restrictives, ces propositions peuvent être divisées en deux catégories : I- les mesures de stabilisation. II- les mesures structurelles.

I- les mesures de stabilisation : ces mesures visent l'équilibre budgétaire, car des déficits budgétaires trop importants sont sources d'inflation et d'un déséquilibre de la balance des paiements. Ce qui implique une réduction drastique des dépenses publiques et des subventions. Pour attirer les capitaux internationaux, on préconise dans cette approche de laisser le marché déterminer les taux d'intérêt. De même, pour soutenir la croissance, il est nécessaire de favoriser les exportations tout en maintenant l'équilibre de la balance des transactions. Pour cela on recommande de dévaluer la monnaie.

II- les mesures structurelles : dans cette partie, on a, d'un côté, les mesures qui visent à limiter, voire à supprimer toutes les réglementations qui freinent les initiatives privées, la libre concurrence, abolir les barrières tarifaires et non tarifaires, dans la mesure où on suppose que ces dernières tendent à freiner l'entrée des investissements directs étrangers (IDE). De l'autre côté, celles visant à encourager les privatisations, car on prétend que les entreprises privées sont mieux gérées que les entreprises publiques. Il s'agit aussi d'élargir l'assiette fiscale en généralisant la TVA, de réduire les taux d'imposition marginaux (tranche d'imposition de chaque contribuable) Enfin, les mesures dont l'objectif est de renforcer les droits de propriété en stimulant la création privée de richesse, le secteur informel.

En lisant ces propositions, force est de constater la confiance aveugle que le « Consensus de Washington » accorde au marché. Non seulement toute intervention du pouvoir public est bannie, mais on sous-estime également le rôle que l'État peut jouer pour promouvoir la croissance, l'impact de ses institutions dans la circulation des flux commerciaux et financiers. Nombreuses ont été les voix qui dénoncèrent la vision très étroite de l'État qu'enferme le « Consensus de Washington » et plaidèrent pour un post-consensus plus élargi. L'échec cuisant des programmes d'ajustement amena les IFI à prendre en considération la critique, toutefois en ne changeant ni le

contenu desdites propositions, ni la base théorique qui les fonde, mais en y ajoutant d'autres propositions et notamment « la bonne gouvernance ».
Source : Jeremy Clift, « Au-delà du Consensus de Washington » Finance et Développement, Septembre 2003.
Éric Berr et François Combarnous, « L'impact du consensus de Washington sur les pays en développement : une évaluation empirique » Centre d'économie du développement IFReDE-GRES Université de Bordeaux IV, 2004

En effet, les IBW ne pouvaient rester indifférentes face à la montée de la critique contre les politiques d'ajustement, car cette critique tend à accroître la fatigue de l'aide dans les pays développés en maculant l'image des organismes internationaux d'aide au développement. Et une des forces des institutions de Bretton Woods, et notamment de la BM c'est leur capacité à prendre en compte la critique qui leur est adressée pour mieux la neutraliser afin d'élargir leur champ d'activité.

Ainsi, très tôt, elle créa en son sein des structures indépendantes dont l'activité principale et d'évaluer, de critiquer ses programmes et ses activités. Nous pensons d'une part au *Département de l'évaluation des opérations* (DEO) créé en 1973 qui changea de nom en 2006 pour devenir *le Groupe d'évaluation indépendante* (GEI). Nous pensons, d'autre part, au *Panel d'inspection* créé en 1993 après un débat houleux entre les missionnaires de la Banque et ses administrateurs.[14]

Après la fin de la guerre froide symbolisée par la chute du mur de Berlin, les IBW devaient réagir en changeant leur politique, leur mode d'intervention dans la mesure où, désormais, le néolibéralisme que la BM a toujours défendu opiniâtrement n'a plus d'adversaire. Il reste selon les idées du ciel de charmants intellectuels : « la seule aspiration politique cohérente qui relie différentes régions et cultures tout autour de la terre »,[15] à présent il faut améliorer son cadre en gardant ses fondements pour conquérir d'autres espaces et notamment les pays nouvellement indépendants de l'ex-bloc soviétiques. Dans cette reconfiguration de la politique mondiale, les IBW devaient reformuler leurs politiques, leurs stratégiques d'intervention.

Au sein des IBW, l'idée selon laquelle on ne peut pas changer l'économie, sans changer la politique, sans intervenir dans les structures étatiques progressa peu à peu, et, dans son rapport sur *le développement*

[14] Pour une sociogenèse de ces dispositifs, voir Céline Germond-Duret, *Banque mondiale, peuples autochtones et normalisation*, op.cit.
[15] Francis Fukuyama, *La fin de l'histoire et le dernier homme*, Ed. Flammarion, 1992, page 14.

*dans le monde* de 1997 intitulé *l'État dans un monde en mutation*, la Banque mondiale jeta les bases de cette réflexion en postulant : « que l'État et le marché sont complémentaires, puisqu'il incombe au premier de mettre en place les bases institutionnelles nécessaires au fonctionnement du second. En outre, pour attirer l'investissement privé, la crédibilité du gouvernement, c'est-à-dire la prévisibilité des règles et politiques publiques et la constance de leur application, peut être aussi importante que leurs contenus. »[16]

Cette reconnaissance de l'État n'est ni une « volte-face » des IBW par rapport aux politiques qu'elles ont suivies jusque-là, ni une rupture avec le modèle économique néolibéral qu'elles ont toujours soutenu où l'on privilégie les forces du marché et non les politiques sociales de redistribution.[17]

L'État, que la BM revêt de réhabiliter, est un État *efficace* qui assure, d'un côté, la bonne gestion des ressources consenties en ciblant et en délimitant ses actions, de l'autre l'avènement d'un système juridique et politique favorable au développement d'institutions permettant aux marchés de prospérer.

En devenant la pierre angulaire de l'aide au développement, l'axe stratégique des OMD, la lutte contre la pauvreté permet en effet à la BM de transformer l'architecture institutionnelle des États des pays en développement en instaurant des réformes institutionnelles censées favoriser la croissance économique. L'impact de ces réformes est d'autant plus important que ces dernières font désormais partie des critères d'accès au fonds. Le niveau élevé de pauvreté d'un pays n'est qu'un critère parmi d'autres pour allouer l'aide. L'essentiel est de mettre en œuvre les réformes jugées nécessaires pour la lutte contre la pauvreté,[18] les structures institutionnelles pour la bonne gestion de l'aide.

Ainsi, si, jusqu'aux années 1980, la Banque avait une vision non interventionniste, et appréhendait l'État principalement sous l'angle de

---

[16] Banque mondiale, Rapport sur le développement dans le monde, *L'Etat dans un monde en mutation*, Résumé, Washington D.C., 1997, page 4.

[17] Sur ce point, voir Bonnie Campbell, *La banque mondiale. Un Etat efficace : pour faire quoi ? A propos de l'Etat dans un monde en mutation. Rapport sur le Développement dans le Monde 1997 de la Banque mondiale*, la Revue Québécoise de Droit International, vol. 10, 1999, pp.189-199.

[18] Bonnie Campbell, (dir.), « Stratégie de lutte contre la pauvreté et espaces politiques : quelques interrogations » *in Qu'allons-nous faire des pauvres ?* Ed. L'Harmattan, 2005, pp 13-45, page 16.

la gestion technique des ressources publiques[19], dès le milieu des années 1990, l'organisation des structures étatiques, les idées qui sous-tendent ces dernières, les pratiques des agents sont au centre de ses analyses. Dans son étude sur les réformes et les modalités de l'aide au développement en Afrique subsaharienne Paolo De Renzio montre brillamment que : « l'intervention des bailleurs ne s'exerce plus par le seul biais de la conditionnalité et de l'ajustement, mais, très largement, au travers d'une implication plus soutenue dans les institutions de l'État et d'un recours aux intéressements financiers. »[20]

Au nom de l'efficacité de l'État et l'aide au développement, les bailleurs de fonds financent des programmes, développent des instruments de contrôle et d'évaluation qui tendent non seulement à transformer les structures institutionnelles, mais également les catégories à partir desquelles les autorités locales envisagent l'État en général, le politique en particulier.

## L'efficacité de l'aide

Dès le début des années 1990, les références et les énoncées qui structurent l'aide au développement se transforment peu à peu. La question de l'efficacité de l'aide est au cœur des réflexions des agences internationales de coopération pour le développement. Cette préoccupation tient à un certain nombre de raisons. D'abord, la crise de légitimité qu'a connue l'aide publique au développement (APD) au cours des années 1990, la reconfiguration de la politique internationale marquée par la chute du bloc soviétique, l'endettement chronique des pays de l'Afrique subsaharienne, la crise économique que traversèrent les pays de l'Asie du Sud-Est au milieu des années 1990. Ensuite, la montée en puissance des théories humanistes dans le champ de la politique de développement symbolisée par le consensus international autour des OMD. Consensus qui relança les volumes de l'aide, la problématique d'une gestion de l'aide axée sur les résultats et sur des procédures politico-administratives définies dans la Déclaration de Paris de 2005.

---

[19] Vision que souligne le Haut Conseil de la Coopération Internationale dans son rapport, *Gouvernance démocratique et coopération internationale*, République française, Première ministre, septembre 2002.

[20] Paolo De Renzio, « Aide publique, budget et '' redevabilité' : un article de synthèse », *Afrique contemporaine*, n°223-224, 2007, pp 135-159, page 146.

L'harmonisation de l'aide

Au cours des années 1990, les volumes de l'APD sont en baisse, les fonds octroyés aux pays demandeurs passent de 58 milliards de dollars ($US) en 1991 à 44 milliards de dollars ($US) en 1995.[21] Le large consensus autour des OMD a sans doute permis d'arrêter cette baisse, et, dès la fin des années 1990, l'APD repart à la hausse avec 52,3 milliards de dollars américains ($ US) en 2002 pour atteindre le record historique de 106,7 milliards de dollars américain ($US) en 2005[22].

Cet accroissement n'est pas négligeable, cependant, il faut souligne que les pays créanciers comptabilisent en APD les allégements de dette (capital et intérêts), du coup, les 3/4 de cet accroissement proviennent d'allégements de dette qui comportent très peu d'argent frais.[23]

Il faut également souligner, que depuis 2004, les pays du Comité d'aide au développement (CAD) de l'OCDE peuvent également comptabiliser en APD les dépenses liées à l'accueil des réfugiés, des demandeurs d'asile et les frais d'écolage des étudiants provenant de pays en développement. Ces dépenses ne correspondent pas à un transfert réel de ressources, mais permettent aux donateurs de « gonfler » les chiffres de l'APD[24]. On est bien loin de l'engagement pris par les pays riches de consacrer 0,7% de leur revenu national brut (RNB) à l'aide publique au développement.

De décennie en décennie cet engagement semble relever du mythe, les pays membres du CAD s'interrogent sur leurs capacités à financier l'APD, sur l'efficacité de l'aide.[25]

Et l'opinion publique des pays donateurs, abreuvée par le discours misérabiliste et par les images de crises dans les pays du Sud que leur présentent sans cesse les médias, s'interroge également sur les finalités de l'aide et des objectifs poursuivis.

La question de l'efficacité de l'aide devait d'abord rassurer les contribuables des pays développés qui financent l'aide en leur

---

[21] Concernant ces chiffres, voir les statistiques de l'OCED, www.oecd.org/fr/cad/stats/35857047.pd, consulté 14 novembre 2015.

[22] Bernard Contamin *et al,* «Les nouvelles logiques de l'aide publique au développement : entre rationalisation pragmatique et logiques institutionnelles. », L'actualité économique, 2008, pp 155-178, page 157.

[23] Loc.cit.

[24] Loc.cit.

[25] A ce propos, voir OCDE, *Harmoniser l'aide pour renforcer son efficacité.* Lignes directrices et ouvrages de référence du CAD 2003.

présentant à grands frais le bien-fondé de l'aide, les résultats obtenus jusqu'ici, les nouveaux engagements, les moyens mobilisés pour y parvenir.

Ainsi, dès 2006, le G8 insista sur la nécessité de rendre des comptes et, lors du G8 de 2011, la qualité, les résultats de l'aide, la transparence des objectifs poursuivis ont été au centre des discussions : « Le G8 s'est engagé dans une nouvelle voie : celle de la transparence et du suivi de ses engagements. Il porte une attention particulière à la qualité de l'aide ainsi qu'à ses résultats. Dès 2006, les pays du G8 ont reconnu l'importance de rendre compte des progrès accomplis au regard des engagements pris par les chefs d'État et de gouvernement. Depuis, le G8 a réalisé d'importants progrès sur la voie de la transparence. »[26]

La question de l'efficacité de l'aide devait ensuite montrer aux pessimistes, qui soulignent non seulement l'inefficacité de l'aide, mais également les éventuelles conséquences négatives qu'engendrerait un accroissement de l'aide dans les économies des pays bénéficiaires (intensification de la dépendance, déséquilibre macroéconomique, affaiblissement des incitations à la réforme et corruption flagrante)[27] qu'au contraire l'aide est efficace, qu'elle a des effets positifs sur la croissance économique et permet de lutter contre la pauvreté si elle est conditionnée à des politiques économiques de qualité.

Par qualité, on entend une maîtrise de l'inflation, de l'équilibre budgétaire, la mise en œuvre d'une politique d'ouverture au commerce international. Et, dans les pays qui souffrent de « mauvaises politiques », les instruments de l'aide et notamment les programmes d'ordre financier doivent permettre d'imposer « les bonnes politiques économiques » qui favorisent la croissance. Pour les défenseurs de l'aide publique au développement, l'essentiel c'est la mise en place de ces politiques, ce sont elles qui permettent de lutter contre la pauvreté.

L'idée selon laquelle l'aide a et peut avoir des effets positifs sur la croissance oriente désormais les politiques de l'aide au développement. Les critères de pauvreté sont secondaires pour l'allocation de l'aide. L'essentiel, ce sont les performances politiques et techniques de l'aide, son efficacité à générer de la croissance. Pour ce faire, le Comité d'aide au développement (CAD) publia en 1999 un document qui propose d'augmenter les volumes de l'aide, d'intensifier son efficacité en

[26] G8 France 2011, Nouveau monde nouvelles idées, *Rapport de Deauville sur la redevabilité*, page 2.

[27] Sur ce point, voir Paolo De Renzio, « Aide publique, budget et '' redevabilité' : un article de synthèse » op.cit.

encourageant les dispositifs de partenariat entre donneurs et bénéficiaires.[28]

Les idées de ce document ont été au centre de la Conférence internationale sur le financement du développement qui s'est tenue à Monterrey (Mexique) en 2002. Elles ont également nourri la pensée de la *Déclaration de Rome* sur l'harmonisation de l'aide. Et la *Déclaration de Paris* de 2005[29] a approfondi les réflexions en définissant une méthode de l'efficacité de l'aide basée sur trois principes clés : *l'appropriation*, *l'alignement* et *l'harmonisation.*

*L'appropriation* signifie que les pays bénéficiaires de l'aide ont une réelle maîtrise dans l'élaboration, le suivi de leurs stratégies nationales de développement, et assurent la coordination de l'action à l'appui du développement. Cela suppose que les partenaires extérieurs n'interviennent pas dans la sphère de décision budgétaire et d'allocation de crédits.

Le principe de *l'alignement* oblige les bailleurs et les donneurs « à faire reposer l'ensemble de leur soutien, les politiques à suivre et les programmes de coopération pour le développement sur les stratégies nationales de développement des pays partenaires et les rapports périodiques sur l'avancement de l'exécution de ces stratégies. »[30] Ce principe est censé organiser les conditions et les procédures de l'aide en déterminant un cadre de référence auquel tous les donneurs devraient se référer. « Tous les donneurs ne sont pas pour autant tenus d'imposer des conditions identiques, mais les conditions appliquées par chaque donneur doivent être dérivées d'un cadre commun rationnel ayant pour objectif l'obtention de résultats durables. »[31] Quant à *l'harmonisation* elle engage les bailleurs à élaborer une charte commune en vue d'appliquer les mêmes dispositifs, les mêmes procédures de planification, de financement, de décaissement, de suivi et d'évaluation de l'aide afin de mettre fin à la fragmentation, source d'inefficacité de l'aide. L'harmonisation n'exclut pas le partage des tâches entre bailleurs, au contraire, elle encourage la complémentarité, la responsabilisation des différents acteurs en favorisant la synergie.

---

[28] OCDE/CAD, *Le rôle de la coopération pour le développement à l'aube XXIème siècle,* Paris, OCDE, 1999.

[29] Voir Déclaration de Paris sur l'efficacité de l'aide au développement et programme d'Accra, 2005/2008.

[30] Ibid., page 4 de la partie II « Engagement de partenaires ».

[31] Loc.cit.

Ces trois principes sont censés accroître l'efficacité de l'aide en facilitant l'intégration des interventions des bailleurs dans les priorités nationales définies dans le cadre des documents stratégiques réduction de lutte la pauvreté (DSRP), de réduire les charges liées à l'allocation de l'aide afin d'améliorer le travail des bailleurs en harmonisant leur action.

Responsabilité et redevabilité

La Déclaration de Paris a accentué le processus de transformation de l'aide publique au développement amorcé au début des années 1990. Désormais, l'aide est de plus en plus assujettie à des procédures administratives et juridiques quantifiables qui engagent tant les donneurs que les bénéficiaires. Du côté des donneurs, ils sont sommés de respecter un certain nombre de mesures : d'abord « d'utiliser dans toute la mesure du possible les systèmes et procédures des pays partenaires. Lorsqu'il n'est pas possible d'utiliser les systèmes des pays partenaires, il convient de prévoir des garde-fous et autres mesures de sauvegarde qui contribuent à consolider, et non à affaiblir, les systèmes et procédures des pays partenaires ».[32] Ensuite d'harmoniser leurs interventions en diminuant le nombre et le poids de leurs conditionnalités, le nombre d'interlocuteurs, les charges liées à la gestion et la mise en œuvre des projets en prenant en considération le contexte particulier des pays bénéficiaires. Enfin, de mettre en œuvre un cadre commun d'évaluation des performances des systèmes institutionnelle des pays bénéficiaires.

Du côté des bénéficiaires, ils s'engagent à utiliser les ressources consenties de façon transparente pour appuyer leurs programmes nationaux (DSRP) en mettant en œuvre des réformes politiques et administratives permettant : 1- aux bailleurs de s'appuyer sur les systèmes institutionnels locaux, les circuits financiers nationaux afin qu'ils puissent octroyer l'aide de manière transparente en augmentant l'aide budgétaire globale.[33] Car, contrairement à l'aide projet,[34] l'aide

[32] Loc.cit.

[33] L'aide budgétaire globale (ou directe) finance le budget de l'Etat, elle est directement versée au Trésor public du pays bénéficiaire sans que le ou les donneurs prédéfinissent les dépenses. Elle est décaissable selon certaines modalités que nous décrivons en détail au chapitre V.

[34] L'aide projet peut prendre selon les pays concernés et les bénéficiaires plusieurs formes : - des dons accordées aux pays les plus pauvres, - des prêts à des conditions

budgétaire globale est censée permettre à l'État bénéficiaire d'exercer de manière effective ses responsabilités et aux donneurs d'avoir des données fiables sur les budgets à un coût abordable en collectant les informations relatives à l'exécution du budget que les États receveurs de l'aide sont sommés de publier de façon claire et transparente.

2- d'élargir les mécanismes institutionnels de la « redevabilité »[35] de l'aide et notamment les structures qui rendent les gouvernants redevables devant leur population de la gestion de l'aide pour que ces dernières se mobilisent autour des projets de développement que mène l'État.

La mise en œuvre de ces réformes soumet l'ensemble des administrations des États bénéficiaires à des procédures bureaucratiques intenses et complexes. En effet, les réformes ne touchent pas un secteur, mais la totalité de l'appareil étatique d'abord parce que les objectifs assignés à l'aide au développement sont nombreux et reliés entre eux par des relations d'interdépendance (sans être exhaustif, on peut citer : lutte contre la corruption, égalité homme/femme, éducation pour tous, Etat de droit, sécurité interne et externe, lutte contre le réchauffement de la planète, lutte contre le terrorisme etc..), ensuite parce que chaque programme d'aide est multidimensionnel, comme l'est chaque OMD, la lutte contre la pauvreté.

Et, dans cette perspective, l'efficacité de l'aide est un programme total de transformation institutionnel et cognitif, elle impose à chaque composant administratif et aux agents qui y travaillent un mode de gestion, des pratiques spécifiquement axées sur les résultats.

---

très favorables accordés aux Etats ou à des entreprises avec l'aval des Etats dans les pays à revenu intermédiaire - des prêts accordés à des entreprises ou à des banques, sans l'aval des Etats, à conditions améliorées ou à des conditions proches de celles du marché.

[35] Le terme de redevabilité de l'aide est une traduction du terme anglophone *accountablility.* A partir des années 1990 il sera de plus en plus utilisé en renvoyant alternativement à deux notions : responsabilité et reddition de compte. La Déclaration de Paris utilise tour à tour ces deux notions. Sur ce point voir AFD, « Le défi de la ''redevabilité'' des agences de développement dans leur pays et face à leurs pairs. Etude comparative », Expost, Série Notes méthodologique, n°40, 2010. Voir aussi Jean-David Naudet, « Les réformes de l'aide au développement, perspective de la nouvelle gestion publique », op.cit.

Sur ce point, la Déclaration de Paris s'inscrit dans l'esprit néolibéral du *Forum des partenaires au développement* organisé par le Comité d'aide au développement (CAD) de l'OCDE en 2002.[36]

En effet, la Déclaration de Paris stipule que : « les pays partenaires et les donneurs s'engagent conjointement à : unir leurs efforts dans le cadre d'une approche participative afin de renforcer les capacités des pays à instaurer *une gestion axée sur les résultats et de susciter une demande plus forte à cet effet* ».[37]

À l'instar du marché, l'aide doit être performante, produire des résultats tangibles pour optimiser les ressources consenties dans la perspective de stimuler la croissance. Les structures étatiques deviennent ainsi des unités managériales autonomes structurées par des objectifs précis et quantifiables et les programmes d'aide des « produits mangeables »[38] soumis à des évaluations permettant d'apprécier l'efficience, les performances des services chargés du suivi, le degré de redevabilité de ces derniers et de responsabilité des managers (ou chefs de projet). De proche en proche l'aide est totalement vidée de ses dimensions politiques, ce qui prime c'est sa technicité, la gestion bureaucratique des programmes. Chemin faisant, la problématique de l'aide « ne porte pas donc pas sur les stratégies des bailleurs, le cœur économique des programmes »[39] mais plus spécifiquement *sur le comment, volens nolens,* traduire ces derniers ? Quels sont les moyens techniques et financiers à mobiliser pour y parvenir à moindre coût ? Et, le cas échéant pourquoi telle ou telle réforme n'aboutit pas ? Quels sont le ou les facteurs internes qui l'entravent ?

Dans cette démarche l'évaluation de l'aide est une pièce maîtresse, car elle permet d'évaluer les structures politiques, les modes de fonctionnement des institutions des pays bénéficiaires pour infléchir, dans leur programme politique, des mesures de contrôle et de programmation des cycles budgétaires. On peut ainsi envisager

---

[36] Voir OCDE *Forum des partenaires au développement organisé par le CAD. Pour une gestion axée sur les résultats du développement et l'efficacité de l'aide*, 2002.

[37] *Déclaration de Paris sur l'efficacité de l'aide au développement et programme d'Accra,* op.cit., page 9.

[38] Concernant cette approche, voir Jean-David Naudet, « Les réformes de l'aide au développement, perspective de la nouvelle gestion publique », op.cit.

[39] Bonnie Campbell, « Bonne gouvernance, réformes institutionnelles et stratégies de réduction de la pauvreté : sur quel agenda de développement ? » in *Gouvernance et appropriation locale du développement. Au-delà des modèles importés*, Jacques Fisette et Marc Raffinot (dir.) Ed. Presses de l'Université d'Ottawa, 2010, pp 34-56, page 36.

l'évaluation comme un instrument de contrôle et d'assujettissement d'abord parce qu'elle ne décrit pas seulement comment sont les choses, et pourquoi elles sont ce qu'elles sont, mais les informations et les données qu'elle met en exergue doivent surtout orienter les actions, éclairer les réformes. Ainsi, le CAD précise dans un document qui définit les *normes de qualité pour l'évaluation du développement* qu'« une évaluation de qualité doit être dotée d'analyses crédibles et utiles pour *renforcer la redevabilité en matière de résultats* du développement, contribuer à tirer des enseignements, ou encore les deux à la fois (...) Les nouvelles modalités de l'aide, le consensus sur les objectifs de développement et les engagements pris de la Déclaration de Paris sur l'efficacité de l'aide (...) *modifient la façon dont les partenaires au développement abordent les défis globaux.* Dans ce contexte, l'évaluation a un rôle important à jouer *pour étayer les décisions politiques (...) La façon dont est conçue l'évaluation de la coopération* au développement doit refléter ce nouveau contexte (...) »[40]

Elle est ensuite un outil de contrôle et d'intervention politiques, car elle consolide la légitimité, les usages d'un autre dispositif consécutif à la Déclaration de Paris : le renforcement des capacités des pays récipiendaires et notamment le renforcement des capacités institutionnelles et humaines des administrations.

Normatives et formatives, les évaluations des politiques de développement sont conçues dans la perspective de renforcer les stratégies des bailleurs, et, à partir des années 1990, chacun des organismes de la coopération internationale a créé en son sein un organe dédié à l'évaluation et à la production de ses mécanismes. Ainsi, des centaines d'évaluations sont menées chaque année[41]. D'un côté, on évalue les systèmes politiques des pays bénéficiaires, l'impact des injonctions des bailleurs dans ces systèmes, de l'autre, la pertinence des outils censés favoriser la mise en œuvre des réformes en cours en évaluant, d'une part, comment les organismes de la coopération internationale se les approprient et les mettent en œuvre, et d'autre part, les effets que produisent ces mêmes outils dans les institutions étatiques des pays receveurs, enfin, comment les autorités locales s'approprient les idées qui structurent lesdits outils.

---

[40] OCDE, *Normes de qualité pour l'évaluation du développement*, Lignes directrices et ouvrages de référence du CAD, 2010, avant-propos page 1.
[41] Sur ce point, voir Jean-David Naudet, loc. cit.

La question de l'efficacité de l'aide a fait de l'évaluation un dispositif éminemment politique[42] de transformation institutionnelle et d'apprentissage. Elle maximise les stratégies politiques et économiques des bailleurs de fonds en impulsant les conceptions néolibérales, les principes du *New Public Management* dans les modalités pratiques de l'aide publique au développement. Principes qui prônent une gestion de l'aide basée sur des résultats, la redevabilité, la participation de la société civile dans la prise des décisions.

La société civile contre l'État : une antinomie

En effet, la notion de société civile a acquis un droit de cité, « partout où il est question d'évaluer les chances de notre monde politique et les menaces qu'il affronte, on rencontre l'idée assez élusive, de ''société civile' ».[43] Elle ne dispose pas d'une définition officielle, mais elle est abondamment utilisée par les hommes politiques, les journalistes et par les agents qui travaillent pour le développement en signifiant une structure de coordination fonctionnelle et d'articulation entre la société et l'État. Elle renvoie à l'idée d'une séparation entre ces deux instances, d'où, sans doute, ses connotations multiformes et ses contours indéfinissables, car non seulement cette séparation est relativement récente, mais elle est sociologiquement et politiquement antinomique.

Récente et antinomique, dans la mesure où, jusqu'à la fin des années 1980, État et société civile se confondaient La notion de société s'inscrit dans une longue tradition philosophique dont on ne pourrait retracer ici les différentes étapes qui jalonnent son histoire. Il est par contre nécessaire de tracer à grands traits sa configuration historique, quitte à caricaturer celle-ci. Cela permet d'échapper au piège que nous tend « le capitalisme rapide »[44], qui nous présente sans cesse les concepts comme des éléments sans ancrages qui nous tomberaient du ciel, où seul compteraient les usages.

La société civile signifiait la civilisation, le civilisé, une cité organisée, politiquement constituée qui obéit à des lois et non au culte, à la pensée céleste, aux particularismes religieux et familiaux. C'est

---

42 Charlotte Boisteau, « L'évaluation, un outil au service de l'efficacité du développement », *Sociologies pratiques*, n°27 ; 2013, pp 125-132

43 Sunil Khilnani, « ''La société civile''une résurgence », Critique internationale, n°10, 2001, pp 38-50, page 38.

44 Nous empruntons ce terme à Eva Illouz, dans, *Les sentiments du capitalisme*, Ed. Seuil, 2006, page 156.

dans cette perspective qu'Aristote et Platon la définissent : « il n'existe de société civile qu'une société organisée par une constitution, une *politeia.* »[45]

Hegel est le premier philosophe à distinguer société civile et État en donnant la primauté au second. Il nomma « société civile la sphère de la satisfaction des besoins par le travail, régulée par le droit et les corporations. Pour lui, la société civile n'est pas dans une contradiction antagonique avec l'État, mais elle est une partie, et ne peut exister sans lui. »[46]

Marx renverse la perspective en montrant que l'État vient de la société civile, que celle-ci est un foyer où règnent les inégalités entre les hommes en termes de conditions de vie, de travail et d'éducation. Et, en engendrant l'État, elle n'abolit pas ces inégalités, bien au contraire elle les structure en donnant à l'État sa forme. Pour Marx, la séparation de l'État et de la société civile est illusoire. Celle-ci n'est pas un espace distinct, sans contradiction. Elle devance l'État, mais, de par son évolution, elle est intrinsèquement liée à celui-ci, et elle est aussi un champ de lutte entre les classes sociales qui la compose.[47]

Durant une longue période, le concept de société civile influença peu le débat politique, sa place est relativement marginale dans les idées politiques et philosophiques qui animent l'Europe en pleine construction après la débâcle de la Seconde Guerre mondiale. À partir du début des années 1960 des théoriciens du développement comme Clifford Greertz la mobilisent pour analyser par contraste les sociétés de nombreux États africains en montrant notamment les difficultés que le centre (l'État ou le pouvoir) éprouve pour exercer une hégémonie sur le périphérique.[48] Mais c'est surtout à la fin des années 1980, avec la forte mobilisation d'intellectuels contre les régimes autoritaires de l'Est de l'Europe, et notamment contre le Parti-Etat communiste polonais, que la notion de société civile fut mobilisée. Elle est mise en avant en signifiant non pas un rejet du politique au nom du social, ou davantage d'économie de marché, mais comme une force sociale contre l'État

---

[45] Dominique Colas, *Le Glaive et le Fléau. Généalogie du fanatisme et de la société civile*, Ed. Grasset, 1992, page 53.

[46] Ibid., page 30.

[47] Sur ces différents points, voir Marx et Engels, *L'idéologie allemande*, op. cit, voir également Marx, *Critiques du droit politique hégélien*, traduit par A. Baraquin, Ed. Sociales, 1975.

[48] Concernant l'influence de ces théoriciens, voir notamment *Le Glaive et le Fléau. Généalogie du fanatisme et de la société civile,* op.cit.

totalitaire, une instance politique pour l'affirmation des droits politiques, des droits de l'homme et du citoyen.

À partir du début des années 1990, le terme de société civile s'est popularisé et les activités qu'elle suppose n'ont cessé de croître. Et, dans beaucoup de pays, les organisations dites de la société civile commencèrent à voir le jour : associations communautaires, religieuses, coopérations, associations de défense des consommateurs, organisations non gouvernementales (ONG), etc.

Le processus s'est accéléré avec les bouleversements économiques et sociaux engendrés par l'extraordinaire expansion de l'économie de marché, où non seulement la montée en puissance des institutions supra-étiques a disqualifié le politique en général, les partis politiques traditionnels en particulier, mais a également distendu les liens sociaux basés sur l'appartenance de l'Etat-nation. Ces transformations ont renforcé la légitimité du concept de société civile en lui assignant plusieurs significations.

Pour certains, elle est un moyen pour redynamiser les relations de la vie publique que le développement des institutions supra-étatiques tend à distendre. Pour d'autres, elle signifie une émancipation des libertés civiles et politiques qui débouche : - sur le respect des droits fondamentaux que l'État tend à usurper, - sur une large représentativité des citoyens dans les organes qui gèrent les questions relatives à la vie quotidienne, - sur l'engagement des populations dans les projets que mène l'État à travers leur implication dans les organismes dits de la société civile.

Pour d'autres encore, elle est un « forum civique » tenu ici et là pour court-circuiter tel ou tel projet gouvernemental ou infragouvernemental, ou au contraire amener un État, ou telle ou telle institution supra-étatique à prendre en considération tel ou tel projet, telle ou telle mesure politique. Durant ces vingt dernières années, l'espace politique de ces forums n'a cessé de croître, et les idées qu'ils véhiculent sont devenues transnationales avec le développement des réseaux informatiques. Les Institutions Financière internationales (IFI) devaient prendre en considération ces idées en élaborant en leur sein des voies de communication avec la société civile. Ainsi, c'est sous la pression des altermondialistes que les IFI ont lancée en 1996 le programme d'allégement de la dette des pays pauvres et très endettés[49] (PPTE). De même, depuis quelques années maintenant, chaque année, la Banque mondiale et le Fonds monétaire international (FMI) organisent conjointement avec les organisations de la société civile les *Réunions du printemps* avec comme objectifs de développer et d'approfondir les relations entre les Institutions de Bretton Woods et la société civile afin d'accroître l'engagement civique et la responsabilité sociale de ces institutions dans leurs actions.[50]

Outre ces engagements, les bailleurs de fonds multilatéraux soutiennent techniquement et financièrement la société civile. La Banque mondiale a ainsi créé le Fonds d'appui à la société civile (FASC).[51] Les bailleurs soutiennent la société civile, d'abord parce qu'elle est pour eux un moyen efficace pour accélérer le processus de développement en affectant directement l'aide aux populations par le biais des associations régionales ou communautaires, ou par le biais des ONG locales supposées plus proches des populations que les institutions étatiques présumées bureaucratiques éloignées des citoyens. Ils soutiennent ensuite la société civile, car celle-ci renforcerait les processus démocratiques par l'implication des populations dans les décisions politiques et économiques qui engagent la vie collective. Implication qui est censée responsabiliser les populations et consolider les mécanismes de la redevabilité des gouvernants envers leurs citoyens.

Des tels objectifs instrumentalisent l'ensemble des organisations communautaires et notamment les ONG locales. Les bailleurs font de ces dernières des organes servant d'infrastructures à leur politique, des instruments pour la mise œuvre des projets qu'ils financent. Ils détournent les ONG locales de toute doctrine d'émancipation politique pour les cantonner dans le champ du développement en œuvrant selon les conceptions et les règles qu'élaborent les bailleurs.

---

[49] A ce propos, voir Jan Aart Scholte, « Société civile et gouvernance mondiale » in *Gouvernance mondiale Rapport de synthèse* Pierre Jacquet, Jean Pisani-Ferry et Laurence Tubiana (dir.), Ed. La Documentation Française 2002, pp 211- 228.

[50] Banque mondiale, *Relations de la Banque mondiale avec la société civile. Bilan des exercices 2007-2009, Résumé analytique.* Washington D.C., 2009.

[51] Le Fonds d'appui à la société civile (FASC) est un programme de micro-subventions destiné aux efforts des organisations de la société civile pour promouvoir la participation citoyenne aux activités de développement des pays. Voir *Bulletin du FMI* de décembre 2007.

Dans son analyse sur « *Les rhétoriques de la Banque mondiale et les ONG du Nord face aux réalités* » Odile Castel montre que les ONG du Sud (locales) ne forment pas un bloc monolithique comme le présupposent la Banque mondiale et les ONG du Nord. Elle distingue deux types d'ONG locales : les ONG militantes et les ONG de services.

« Les ONG de services cherchent à assister et à rendre des services aux populations. Elles s'imposent sur le terrain économique, social et sanitaire, et environnemental par la mise en œuvre de projets de développement pour la prise en charge soit des classes moyennes urbaines paupérisées, soit des populations pauvres des campagnes. Les ONG militantes recherchent la mobilisation sociale sur des thèmes et visent à modifier l'ordre des choses, en se positionnant comme des instances critiques d'impulsion et de proposition. Leurs domaines privilégiés sont la défense des droits de l'Homme, des droits sociaux et économiques et la défense de l'environnement naturel. »[52]

Les observations montrent qu'au Sud, et notamment en Afrique subsaharienne, on compte plus d'ONG de services que d'ONG militantes. Et ceci pour plusieurs raisons : d'abord, le discours apolitique des bailleurs de fonds.[53] En effet ces derniers refusent de prendre en compte toute dimension politique en stipulant que leurs statuts leur interdisent expressément d'intervenir dans le domaine politique. Ils ne peuvent donc pas apporter leur aide à des associations, à des organisations locales qui font tant soit peu de la politique ou qui mènent des activités extra-économiques. C'est particulièrement le cas pour la Banque mondiale et FMI.

Leur soutien est fondé sur des considérations économiques. Et, à ce titre, ils soutiennent davantage les ONG de services, car leur travail est plus technique, moins politique.

Moins politique au niveau de l'émancipation citoyenne, mais très politique concernant les idées que défendent les bailleurs. Car, si on admet que *le politique,* c'est à la fois les moyens techniques, financiers et les savoirs de gouvernement de la *polis,* en concevant et finançant des plans économiques, des programmes de décentralisation, des

---

[52] Odile Castel, « Bonne gouvernance versus démocratique : les rhétoriques de la Banque mondiale et des ONG du Nord face aux réalités » dans https ://halshs.archives-ouvertes.fr/file/index/FrB-Castel2_texte_pour publiction.do., page 6, article consulté 21/09/2015.

[53] Concernant ce discours, voir les travaux de Béatrice Hibou et notamment, « Banque mondiale : les méfaits du catéchisme économique. L'exemple de l'Afrique subsaharienne », Les Etudes du CERI, n°39 mars 1998.

projets anti-corruption, etc les bailleurs font bel et bien de la politique, *leur politique*.

La focalisation du débat sur l'efficacité de l'aide au développement et les techniques administratives et managériales qui en découlent tend ensuite à favoriser les ONG de services, car, comme nous l'avons vu plus haut, la question de l'efficacité de l'aide dépolitise les questions liées à celle-ci. La problématique est essentiellement centrée sur la gestion technique des résultats. L'émancipation politique, l'approche critique n'ont pas droit au chapitre.

Prioritairement financées par les bailleurs, les ONG de services disposent de plus de moyens tant au niveau technique qu'humain, elles intègrent peu à peu dans leur structure les principes de gestion que diffuse *le New Public Management*. Modernes, elles élargissent leur champ d'action et s'imposent dans l'arène du développement local en dépolitisant leurs actions, renforçant ainsi les nouvelles stratégies des IFI dont le concept de « bonne gouvernance » est la matrice.

Dans le chapitre qui suit, nous analysons tour à tour comment ce concept s'est imposé dans le champ de la politique de développement, comment les bailleurs de fonds multilatéraux se l'approprient pour imposer leurs réformes en faisant de ce concept un instrument de contrôle budgétaire et de gouvernementalité ainsi que Foucault définit cette dernière :

« Par ''gouvernementalité'', j'entends l'ensemble constitué par les institutions, les procédures, analyses et réflexions, les calculs et les tactiques qui permettent d'exercer cette forme bien spécifique, bien complexe de pouvoir, qui a pour cible principale la population, pour forme majeure le savoir, l'économie politique, pour instrument technique essentiel les dispositifs de sécurité (…) »[54]

---

[54] M. Foucault, *Dits et écrits*, tome 3, op.cit., page 655.

# Chapitre IV
# La gouvernance contre la démocratie

> « La bonne gouvernance commande de gérer les affaires publiques comme si leur traitement ne devait pas différer sensiblement de celui des affaires privées. En simplifiant, elle vise dans l'absolu à abolir la distinction publique/privée, pour ne plus réserver à l'État, aux groupes d'États ou aux organisations qui commencent à en tenir lieu maintenant, que le rôle d'agents régulateurs (...) En tant que tendance sinon comme réalité déjà patente, rôle de simple agent régulateur de l'ancienne puissance publique se trouve justifiée par la croyance que, dans tous les domaines, les sociétés ou les relations entre pays se trouvent régies par les mécanismes d'auto-ajustement apparentés à ceux du marché sur le plan économique. Il ne s'agit plus en somme pour l'agent régulateur que de réglementer la concurrence et de confondre les tricheurs. (...) Selon la logique de la gouvernance, les décisions ne sont plus le produit d'un débat et d'une délibération. Elles sont le résultat de négociations, voire de marchandages et de trocs entre les différentes parties (...) La gouvernance est un mode de gestion qui tend à se codifier au regard de normes ou de ''codes de conduite'' négociés plutôt que les lois votées en vertu du principe majoritaire, ou issues d'une tradition jurisprudentielle illustrée par la *Common Law.* » G. Hermet et A. Kazancigil [1]

> (...) Les flux commerciaux et financiers échappent de plus en plus à tout contrôle. Plus généralement, l'action collective institutionnalisée fut délégitimée dans le passage conceptuel du ''gouvernement'' à la ''gouvernance''. Peter Wagner[2]

Au début des années 1990 les Institutions financières internationales (IFI) et notamment la Banque mondiale s'approprient le concept de gouvernance en plein essor en lui conférant une signification technique et économique visant la bonne gestion des services publics. Cette approche de la gouvernance amène la Banque à revoir sa position vis-

[1] G. Hermet et A. Kazancigil (dir.), *La gouvernance. Un concept et ses applications*, Ed. Karthala, 2005, pages 9-10.
[2] Peter Wagner, *Sauver le progrès. Comment rendre l'avenir à nouveau désirable*, Ed. La Découverte, 2016, page 137.

à-vis des institutions étatiques, la place de l'État dans les pays débiteurs. Elle reconnaît le rôle de l'autorité publique pour la mise en place des processus démocratiques, des structures institutionnelles et juridiques nécessaires au bon fonctionnement du marché.

La gouvernance désigne ainsi la qualité, la bonne gestion de ces institutions. Elle devient un critère d'octroi de l'aide pour les IFI, car, pour ces derniers, la croissance passe indiscutablement par l'amélioration des structures étatiques. La Banque mondiale inscrit l'évaluation de ces dernières dans ses stratégies d'allocation de l'aide en élaborant en son sein des indicateurs de bonne gouvernance permettant d'apprécier la qualité, les performances de ces institutions en affectant prioritairement son apport financier et celui de sa filiale, l'Association internationale pour le développement (AID), aux bons élèves.

Très vite, d'autres bailleurs conditionnent leur aide en se basant sur des indicateurs de bonne gouvernance que produit la Banque mondiale. Des institutions privées, des agences de notation se mirent à leur tour à élaborer des indicateurs de bonne gouvernance dont la diffusion influence les Investissements directs étrangers (IDE), et les marchés financiers. Ainsi, l'espace politique du concept de bonne gouvernance s'élargit et les utilisateurs de ses indicateurs ne cessent d'augmenter. Les critères de pauvreté deviennent secondaires pour l'allocation de l'aide, ce qui prime, c'est la bonne gestion, les performances des institutions que mesurent les indicateurs de bonne gouvernance de la Banque mondiale. Face à cette hégémonie la Commission de l'Union européenne et le PNUD ont élaboré leurs indicateurs de bonne gouvernance. La démarche est différente de celle de la Banque mondiale. Il ne s'agit pas de produire des indicateurs pour sélectionner les pays pour l'octroi de l'aide, mais d'aider ces derniers à produire leurs propres indicateurs de bonne gouvernance. Cependant, comme nous allons le voir, la démarche adoptée tant par la Commission de l'Union européenne que par le PNUD soulève de nombreuses questions.

### Les métamorphoses de la gouvernance

À l'instar de la notion de société civile, le concept de gouvernance fait aujourd'hui partie du langage courant. Notion très ancienne, elle est utilisée en France sous l'Ancien Régime et se répand peu à peu partout en Europe. Jusqu'au milieu du XXe siècle elle est synonyme de « gouverner » ou de « gouvernement », elle évoquait une réflexion philosophico-politique et juridique pour l'exercice du pouvoir, et enferme les savoirs théoriques et pratiques attentifs à la gestion du bien public, à l'exercice de la justice. À partir des années 1937, ses références et ses énoncés changèrent de signification.

C'est moins les savoirs philosophiques et juridiques visant l'exercice du pouvoir étatique qui la caractérisent comme *jadis*, que les principes qui régissent les firmes, les mécanismes propres au marché économique, l'analyse des relations que nouent les agents à l'intérieur des entreprises, les effets qu'engendrent ces derniers au niveau de la production.

Par les savoirs, et les procédés techniques qu'elle enferme, elle vise à soutenir l'efficacité du marché économique, à éclairer le fonctionnement des institutions étatiques pour que l'autorité publique puisse engager les réformes nécessaires à l'expansion du marché, prendre les mesures correctives lorsque ce dernier est défaillant.[3] Les modes de fonctionnement des entreprises, les relations de pouvoir à l'intérieur et à l'extérieur de l'entreprise peuvent et doivent éclairer le politique. Bien implantée dans le paysage économique, politique des États-Unis d'Amérique et dans les grandes universités de ce pays, cette nouvelle approche de la gouvernance gagnera l'Europe et connaîtra un franc succès avec l'arrivée de M. Thatcher au pouvoir. Et les Institutions financières internationale (IFI) la mobilisent dans le cadre des programmes d'ajustement structurel, mais c'est surtout au début des années 1990 que la Banque mondiale et le FMI la placeront au centre de leur stratégie en reconsidérant leur façon d'envisager le rôle de l'État dans les pays débiteurs.

## Les figures politiques de la gouvernance

Selon le Haut Conseil de la coopération internationale (HCCI), la notion de gouvernance est apparue dans la technologie politique de la BM en 1989[4]. À partir de cette date, cette notion va en effet s'imposer dans le discours du développement international en recouvrant « une multitude de contenus qui varient selon les stratégies propres aux différents intervenants, bailleurs de fonds, aux ONG, institutions

---

[3] Sur ce point, voir David Eloy, « La gouvernance des Institutions Financières Internationale. Le règne de l'ambiguïté » *Techniques Financières et Développement*, n°75, juin 2004, pp 28-33.

[4] Voir le Rapport du Haut Conseil de la coopération internationale, *Gouvernance démocratique et coopération internationale* », op.cit.

financières, etc., mais ces contenus sont en évolution constante à l'intérieur même de ces organismes. »[5]

Le terme est commun, c'est son sens et ses contenus qui varient d'un organisme à un autre autour d'un noyau dur. Cet invariant autour duquel gravitent les variations tant constatées ne tombe pas du ciel. Comme tout concept, c'est une construction sociale, une réalité qui s'imposait dans le champ politique, « le marché linguistique »[6], avec ses règles et ses pratiques d'usages desquelles on peut appréhender les évolutions historiques.

Schématiquement, on distingue trois grandes périodes correspondant à chacune à une définition, à des pratiques différentes du concept de gouvernance.

La première et la plus ancienne remonte à l'Ancien Régime, déjà, à cette époque, le terme de gouvernance est utilisé en France, il est alors synonyme de « gouverner » ou de « gouvernement », il signifie avant tout l'idée de pouvoir hiérarchique, l'idée d'un État centralisé qui impose souverainement son pouvoir pour l'unité politique et territoriale, l'intérêt général. C'est donc une réflexion philosophico-politique et juridique sur l'exercice du pouvoir et de l'autorité de l'État. Dans cette approche, on envisage ce dernier comme un tout, un système unifié.

Cette approche deviendra progressivement dans toute l'Europe le vecteur et la matrice des savoirs pratiques de gouvernement en évolution servant à mieux connaître les gouvernés pour mieux rationaliser l'exercice du pouvoir.

Jusqu'au milieu du XX^e^ siècle, le terme de gouvernance est associé à ces savoirs pratiques « attentifs à la gestion de l'impôt ou à une conduite raisonnée de la justice, en relation avec une observation de la société et une toute première comptabilité des personnes et des biens. Des mercantilistes aux physiocrates, de l'économie politique à la statistique, ces savoirs ou sciences de gouvernement recherchent l'optimisation des richesses collectives. »[7]

---

[5] Bonnie Campbell, « Bonne gouvernance, réformes institutionnelles et stratégie de réduction de la pauvreté : sur quel agenda de développement » *in Gouvernance et appropriation locale du développement. Au-delà des modèles importés*, op.cit., page 35, pp 35- 56.

[6] Concernant la notion de « marché linguistique », voir P. Bourdieu, *Langage et pouvoir symbolique*, Ed.Fayard, 2001.

[7] Jean-Pierre Gaudin, *Pourquoi la gouvernance*, Ed. Presses de Sciences Po, page 28, 2002.

À partir de 1937, le terme de gouvernance va progressivement rentrer dans sa deuxième phase en prenant un tout autre sens, et dès lors, ses contenus ne cesseront d'évoluer en perdant peu à peu ses principes philosophiques et juridiques originaires au profit des théories des entreprises et des mécanismes du marché.

Cette deuxième période débuta aux États-Unis avec les travaux de Ronald Coase. Ce dernier mobilisa le concept de gouvernance dans la perspective d'étudier les relations de coopération internes à l'entreprise dans l'optique d'éliminer les coûts de transaction. L'économiste Oliver Williamson ( Prix Nobel d'économie en 2009) prolongea cette analyse en postulant que toute transaction économique engendre des coûts préalables à sa réalisation : coûts liés à la recherche d'informations, à la négociation, à la vérification, à la définition de norme de qualité, aux « défaillances du marché », à la prévention de l'opportunisme des autres agents, etc.[8]

Ainsi, certaines transactions se déroulant sur le marché peuvent engendrer des coûts de transaction très importants. Dans cette démarche, on interprète dans des termes strictement économiques les relations sociales.

La gouvernance c'est précisément l'étude de ces relations, elle est un laboratoire permettant d'appréhender le politique en observant les modes de fonctionnement, les relations de pouvoir à l'intérieur et à l'extérieur de l'entreprise. Ce sont donc les structures et les mécanismes des firmes ou du marché qui éclairent le politique. Et on envisage cette dernière comme un processus d'articulation et de gestion complexe entre deux entités interdépendantes : le marché (privé) et l'État.

Cette approche de la gouvernance connaîtra son heure de gloire tant sur le plan académique que politique au début des années 1980 avec l'arrivée de M. Thatcher au pouvoir qui mit en place une politique de réductions drastiques des prérogatives des gouvernements locaux ainsi que la privatisation des services publics et la déconcentration des administrations centrales au profit d'agences locales. Avec ces privatisations et ces démantèlements des services publics, l'État n'est plus en effet ni le producteur, ni le garant de l'ordre social. Le niveau national a perdu son importance au profit des niveaux supra et infranational.[9]

---

[8] Voir Liêm Hoang-Ngoc, *Les théories économiques. Petit manuel hétérodoxe*, op.cit.

[9] Concernant ce point, on lira avec intérêt l'article d'Isabelle Hellenkamp, « La gouvernance urbaine », in *Jeux de gouvernance. Regard et réflexion sur un concept*, Marc Hufty et *al* (dir.), Ed. Karthala, 2007, pp 70- 84.

Cette mutation n'implique évidemment pas la disparition de l'État, mais sa transformation. Désormais, ce dernier doit non seulement compter sur le local dans l'exercice du pouvoir, mais à l'instar de la « gouvernance d'entreprise », il doit également faciliter ce processus en mettant en place un ensemble de règles de gestion susceptibles d'encourager les initiatives locales, l'essor des institutions favorables au marché.

Dans cette perspective, la gouvernance se réduit à la mise en œuvre de pratiques de gestion des services publics. Elle est synonyme de techniques managériales permettant de lutter contre « l'obésité » de l'État en favorisant la décentralisation, la promotion d'acteurs non étatique dans la gestion des affaires publiques.

Cette démarche est en rupture avec la doctrine où « la gouvernance repose sur la qualité d'exécution des fonctions régaliennes de l'État dans sa capacité à dynamiser l'économie, à la stabiliser, à redistribuer les ressources sous une forme permettant d'atténuer les inégalités de revenus. »[10] La gouvernance implique ici un État gestionnaire, un État moins interventionniste laissant les mécanismes du marché s'autoréguler.

Ainsi, dans son rapport sur le développement dans le monde de 1989 intitulé *L'Afrique subsaharienne. De la crise à une croissance durable*, la BM montre que les échecs des programmes d'ajustement structurel sont à chercher non pas dans la faisabilité politique de ces programmes, mais dans les capacités de gestion des services publics des pays récipiendaires.

Les référentiels de ce discours sont et restent toujours techniques et économiques : C'est la faible capacité technique de ces pays, le manque de transparence des décisions et d'engagement des autorités locales ; bref, « la mauvaise gouvernance » des services publics qui empêche de promouvoir les réformes de l'État, l'intensification des mécanismes de l'économie de marché jugés nécessaires pour le « bien-être » de la collectivité.

L'argument est subtil, il permet, d'une part, aux Institutions de Bretton Woods (IBW) de se dédouaner de toutes responsabilités et, d'autre part, d'élargir leurs champs d'action en justifiant leur intervention au nom de la gouvernance et de l'efficacité de l'aide.

---

[10] Gaoussou Diarra et Partick Plane, *La Banque mondiale et la genèse de la notion de bonne gouvernance*, Monde en développement, n°158, page 52, pp 51-70.

Pour ce faire, dès le milieu des années 1990, les Institutions financières international (IBW) vont redéfinir le concept de gouvernance en reconsidérant leurs façons d'envisager l'État, son rôle et ses domaines d'intervention en revoyant progressivement *le consensus de Washington* (voir plus haut encadré). On parlera alors de *Washington plus*, ou de *consensus de Washington augmenté*, et la notion de gouvernance entre ainsi dans sa troisième et dernière phase où l'on confère à l'État un rôle de régulation du système économique, le rôle d'animateur de projet.

Dans cette phase, il appartient à l'État de mettre en place les structures institutionnelles et juridiques permettant le bon fonctionnement des marchés en garantissant de manière effective les droits de propriété et le jeu de la libre concurrence. Le terme de gouvernance signifie alors une gestion efficace du service public faisant référence à un ensemble de règles et de principes auxquels un gouvernement doit se conformer.

On peut ainsi envisager la gouvernance comme une forme de « gouvernementabilité » dont l'analyse *socio-logique* permet d'appréhender, d'une part, les modes d'influences, les stratégies que mettent en œuvre les IBW pour imposer leurs programmes et, d'autre part les savoirs que diffusent ces dernières auprès des autorités locales pour mieux exercer leur pouvoir de contrôle dans le champ politique et économique des pays sous programmes.

## La gouvernance, une métaphore de la politique néolibérale

Si la conception de la gouvernance qu'adoptent à présent les IBW réhabilite l'État, la Banque mondiale appréhende néanmoins l'État à travers les lunettes de la théorie des entreprises tel que nous l'avons décrit plus haut. Elle situe la gouvernance sur un plan technico-administratif et managérial, puisque c'est la gestion efficace des ressources économiques, la qualité des institutions qui sont centre.

La gouvernance devient ainsi un ensemble de procédés permettant d'insérer le politique dans l'économie, pour envisager le politique comme la bonne gestion des structures à travers lesquelles s'exerce le pouvoir, à travers lesquelles s'opère le partage équitable des bénéfices. Dès lors, ce qui prime c'est l'analyse des règles et des valeurs qui fondent les institutions, car la relance économique passe inéluctablement par l'amélioration de la qualité des structures institutionnelles.

Ainsi, selon une étude du FMI de 2003, « Si la qualité moyenne des institutions en Afrique subsaharienne rattrapait celle des pays asiatiques en développement, le revenu par habitant de la région s'élèverait de 80% passant environ 800 dollars à plus de 1400 dollars. Les gains potentiels pour l'Afrique subsaharienne continuent d'augmenter fortement à mesure que les institutions s'améliorent. Le revenu régional serait multiplié par 2 et demi si le renforcement des institutions permettait d'aligner leur qualité sur la moyenne de tous les pays étudiés. »[11]

Outre ce lien positif entre la qualité des institutions et le niveau du PIB par habitant, ladite étude montre également que « les institutions ont un effet marqué sur l'instabilité de la croissance, (…) plus la qualité des institutions est élevée, moins la croissance est instable. »[12]

Plus précisément, comment, définit-on ici les institutions, sont-elles toutes logées à la même enseigne ou certaines sont-elles plus déterminantes que d'autres ?

La définition que confère aux institutions la *Nouvelle économie institutionnelle* (NEI) très prisée par les organismes internationaux d'aide au développement apporte des éléments de réponse à ces questions. En effet, la NEI définit les institutions comment étant : l'ensemble des règles formelles et informelles (systèmes de valeurs et croyances, représentations, normes sociales, etc.) qui régissent les interactions humaines.[13] Les formelles sont : a) les règles politiques et juridiques qui définissent la place et le fonctionnement des appareils de l'État, la structure hiérarchique des fonctionnaires, b) les règles juridiques et économiques relatives aux droits de propriété essentielles pour le bon fonctionnement du marché, enfin c) les contrats écrits entre individus reflétant leur accord.

Quant aux informelles, elles trouvent leur origine dans la culture : ce sont notamment les coutumes, les conventions, les normes sociales et la religion.

Dans cet ordre d'idées, ce sont les premières (les formelles) qui intéressent les Institutions de Bretton Woods (IBW) et la définition que le FMI confère aux institutions illustre parfaitement cela : « les

---

[11] Hali Edison, *Qualité des institutions et résultats économiques. Un lien vraiment étroit ?* Finances et Développement, juin 2003, page 35, pp 35-37.

[12] Ibid., page 36.

[13] Sur ce point, voir Badara Dioubaté, *La Banque mondiale et les pays en développement. De l'ajustement structurel à la Bonne gouvernance*, Ed. L'Harmattan, 2008. Et notamment le chapitre IV.

institutions sont définies en référence à la protection des droits de propriété, à l'application équitable des lois et règlements et à la corruption. »[14] Ce sont les formelles qui prédominent, autrement dit le droit de propriété, la promulgation et le respect des lois et des règlements qui régissent les échanges économiques.

Les informelles comptent peu, autrement dit, les dimensions de la structure sociale interne comptent peu, voire pas du tout. Car il s'agit principalement de mettre en place une politique gouvernementale qui incite les entreprises nationales et internationales à investir sans crainte, en mettant en place non pas des structures de protection des droits fondamentaux des populations en luttant contre les inégalités sociales, mais de protéger les plus démunis par des « filets de sécurité »[15] adossés aux profils de pauvreté qu'élaborent les experts de la Banque mondiale et « les sociologues aux pieds nus ».[16] Profils qui distinguent : les pauvres des plus pauvres, les vulnérables des précaires, les pauvres vulnérables et les pauvres non vulnérables, etc.

La gouvernance, c'est d'une part, la conception et la mise en œuvre des mesures économiques et monétaires relatives à cette politique gouvernementale, c'est, d'autre part, la bonne gestion des structures administratives servant à cette politique. Elle est une métaphore de cette dernière, elle permet de mettre ensemble dans un seul *package* ces mesures politiques et administratives, les savoirs autoproclamés scientifiques permettant d'imposer ces mesures en évaluant périodiquement leur degré d'efficacité.

## Les « indicateurs de bonne gouvernance » de la Banque mondiale

Les mesures politiques, économiques et administratives qui sous-tendent le concept de gouvernance ne pourraient être effectives sans un instrument permettant de les imposer en vérifiant d'un côté leur applicabilité et de l'autre leur degré d'efficacité. Pour ce faire la Banque mondiale (BM) élabora les indicateurs de bonne gouvernance censés mesurer la qualité du cadre politique et institutionnel des pays débiteurs : le *Country Policy and Institutional Assessment* (CPIA) que

[14] Daniel Kaufmann, et *al, Gestion des affaires publiques. De l'évaluation à l'action,* Finances et Développement, Juin 2000, page 10, pp 10-13.

[15] Bruno Lautier, *La Banque mondiale et sa lutte contre la pauvreté : Sous la morale la politique*, op.cit.

[16] Concernant « les sociologues experts aux pieds nus », voir Claude Javeau, *Des impostures sociologiques*, Ed. Le Bord de l'Eau, 2014.

certains auteurs traduisent en français par « évaluation politique et institutionnelle. » (EPIP)

Le CPIA n'est pas nouveau, la Banque l'a créé en 1977 suite à la critique qui montrait qu'elle soutenait des gouvernements peu légitimes en aidant davantage les autorités de ces États que les populations. Le CPIA devait donc permettre d'évaluer la structure politique et institutionnelle des débiteurs de la Banque et celle de sa filiale, l'Association internationale de développement (AID). En 1998, la Banque procéda à une restructuration du CPIA en mettant en place une base de données de celui-ci, et, trois ans plus tard, les indicateurs du CPIA passèrent de 20 à 16, classés en quatre grands domaines :

• **Domaine A : La gestion macroéconomique**
– maîtrise de l'inflation et des déséquilibres macroéconomiques
– politique budgétaire
– gestion de la dette publique

• **Domaine B : Les politiques structurelles**
– commerce extérieur
– secteur financier
– environnement juridique des affaires

• **Domaine C : Les politiques sociales**
– égalité des sexes
– équité dans l'usage des ressources publiques
– renforcement du capital humain
– protection sociale et protection des travailleurs
– politique pour l'environnement

•**Domaine D : Gestion du secteur public et institutions**
– droits de propriété et gouvernance par les règles
– qualité de la gestion budgétaire et financière
– efficacité de la mobilisation fiscale
– qualité de l'administration
– transparence, responsabilité et corruption dans le secteur public.

À partir de ces indicateurs qu'elle a élaborés en son sein, la BM évalue les performances économiques, politiques et sociales des pays en attribuant une note sur une échelle allant de 1 (note la plus faible) à 6 (note la plus élevée) pour chaque indicateur. Comme certains domaines ont plus d'indicateurs que d'autres, c'est le cas par exemple des domaines C et D composés de cinq indicateurs alors que les domaines A et B n'en ont que trois, les indicateurs sont pondérés afin d'obtenir quatre notations, une pour chaque domaine symbolisée par une lettre (B.C.D.F les deux dernières symbolisant les mauvaises performances).

Depuis plus de vingt ans, la BM loue ses fonds et ceux de sa filiale l'AID en se basant du CPIA qu'elle a habilement construit. Dans cette logique, la confusion des rôles est totale. La Banque mondiale (BM) est à la fois le monarque qui dicte les règles du jeu, le juge d'application des peines et la directrice des prisons. Outre cette confusion qui affecte nécessaire les analyses du CPIA, le processus de qualification du CPIA pose également question. Celui-ci repose sur la seule appréciation des fonctionnaires de la BM.

En effet, l'élaboration du CPIA est divisée en plusieurs étapes, la première est celle de la catégorisation des pays où la BM classe les pays en fonction du PNB par habitant pour déterminer les pays qui peuvent emprunter soit auprès d'elle soit auprès de sa filiale l'AID.

Malgré quelques exceptions, la règle veut que les moins pauvres empruntent auprès de la première institution et les plus pauvres auprès de la seconde.

La deuxième phase a pour objet de s'assurer de la cohérence du classement d'une part, et d'autre part, l'analyse des pays éligibles aux prêts de la BM et de l'AID. Ces pays sont scrupuleusement analysés par les fonctionnaires de la BM dans les pays en question « en remplissant toutes les grilles du questionnaire du CPIA, accompagnées de justifications écrites expliquant les raisons de leurs notations. Une fois les questionnaires et les justifications de tous les pays remplis, ils sont examinés par les économistes en chef régionaux et par des experts sectoriels hors de la région concernée. Finalement, une réunion est organisée avec les représentants des régions et des départements centraux de la Banque mondiale pour fixer les scores des pays de l'échantillon et obtenir l'ensemble des notations. »[16]

Le processus ne s'arrête pas à ces deux phases, il y en a une troisième qui est une phase d'évaluation. Celle-ci est comparable à la seconde, excepté qu'ici l'analyse est élargie, elle touche tous les pays inclus dans le CPIA. À nouveau, les agents de la BM remplissent toutes les grilles du questionnaire « qui porte sur une large gamme de résultats concernant les politiques et les institutions. Ensuite, ils rédigent les justifications

---

[16] Voir Carol Charles et *al*, *Comment matérialiser la bonne gouvernance ? Les enjeux de la construction de gouvernance illustrés par les approches de la Banque mondiale, de la Commission européenne et du PUND*, Institut de recherche sur la gouvernance (IRG) 2007-2008, page 69.

de leurs appréciations qui sont révisées par l'économiste en chef régional. »[18]

Élaboré par les agents de la BM chargés de programmes dans un pays, le CPIA présente plusieurs travers à tel point qu'on peut légitimement se demander s'il mesure réellement la qualité des institutions, ou plutôt les capacités institutionnelles des pays à mettre en œuvre la politique, les recommandations de la Banque. Qui plus est, les économistes en chef de la BM recadrent les opinions des agents évaluateurs.

Autres inconvénients et non des moindres, non seulement les documents justifiant les notations des agents évaluateurs ne sont pas publiés, ce qui rend la compréhension et l'analyse des notes et des classements qui en découle extrêmement difficiles, mais les résultats du CPIA publiés sont également globaux et synthétiques.

La BM publie « le classement *relatif*, (qui situe les performances des uns par rapport aux autres) des tableaux de performances concernant les quatre groupes d'indicateurs [et] non les notations selon les seize critères. »[19]

Il faut souligner que la publication de ces tableaux est récente, jusqu'en 2000 les résultats du CPIA étaient confidentiels, seul le personnel de la BM pouvait y accéder. La BM commença à les publier en 2001, et, à partir de 2004, la publication deviendra annuelle suite à un débat qui a lieu en 2003 au sein de la Banque. Débat qui opposa les partisans d'une publication rapide impliquant les pays tiers dans la construction des indicateurs, et les opposants farouches à toute publication incluant des représentants des États très pauvres craignant que de telles publications diminuent la capacité d'attirer des investisseurs étrangers ou autres capitaux.

En 2004 la BM publia les classements et les critères du CPIA des pays éligibles pour l'aide de l'AID (autrement dit des pays les plus pauvres), mais pas les évaluations et les justifications.

Depuis, la Banque n'a cessé d'améliorer les techniques rendant les résultats du CPIA plus compréhensibles et objectifs. Cependant, c'est toujours les fonctionnaires de la Banque qui remplissent le questionnaire relatif au CPIA (questionnaire qui est amendé tous les ans par la Banque) et les justifications de notation ne sont pas publiées.

---

[18] Ibid., page 69.

[19] Jean Merckaert, « La dictature de la ''bonne gouvernance'' ou l'impasse des indicateurs de performance politique », Techniques Financières et Développement TDF, n°75, juin 2004, pp 16-27, page 17.

La BM reconnaît par ailleurs que la méthodologie du CPIA n'est pas assez objective et robuste, et le FMI considère que « le CPIA ne donne aucune indication prospective, son utilisation pour l'allocation de prêts repose donc sur une hypothèse ô combien fragile d'une stabilité dans la ''performance'' institutionnelle et politique. »[20]

Malgré ce manque de transparence et d'objectivité que la BM reconnaît elle-même, les indicateurs de bonne gouvernance de la BM dominent le champ de la politique de l'aide au développement.

Réduisant plusieurs informations, la complexité sociale et politique d'un pays à un seul chiffre par an, le CPIA séduit. Il séduit davantage car, nous avons une forte tendance à croire que les chiffres reflètent des réalités précises. Tendance dont l'épistémologue des sciences Nicolas Bouleau montre la dangerosité dans son récent ouvrage consacré à la modélisation :

« La modélisation se fait passer pour science et opère socialement trop souvent ainsi. Beaucoup de mathématiques, de données, de calculs, donc c'est scientifique. Ce piège, d'une efficacité redoutable, fonctionne si remarquablement que cela devient dangereux. »[21]

La BM renforce cette tendance pour mieux gouverner en mettant à la disposition du public des données relatives à la gouvernance de 212 pays en faisant la publicité du site internet dédié à ces données.

Avec un budget annuel estimé à 1,5 million de dollars, la BM collecte les données du CPIA[22], et les révise chaque année en classant les 81 pays les plus pauvres de la planète afin de louer ses ressources.

Les besoins d'un pays estimés au moyen du revenu par habitant ne sont plus les seuls critères d'affectation des prêts et des dons, désormais, la politique poursuivie, la gestion des institutions et les idées qui structurent ces dernières essentiellement évaluées grâce aux critères du CPIA sont les facteurs les plus déterminants. Les pays les mieux classés dans le baromètre du CPIA se voient attribuer plus de ressources que les moins bons.

Pire, encore les plus pauvres et mal notés ne peuvent plus prétendre à certaines aides, c'est le cas du fonds de développement bilatéral *Millenium Challenge Account* (MCM) mis en place par les États-Unis en 2004. Pour qu'un pays puisse en bénéficier, il faudra qu'il se situe au-

[20] Ibid., page 19.
[21] Nicolas Bouleau, *La modélisation critique*, éditions Quae, 2014, page 11.
[22] Voir Carol Charles et *al*, *Comment matérialiser la bonne gouvernance ?* op.cit.

dessus de la médiane pour au moins la moitié des 16 indicateurs du CPIA.[23]

L'influence du CPIA ne cesse de croître, d'abord parce que d'autres donateurs bilatéraux conditionnent leurs aides en se basant sur les données de la bonne gouvernance que produit chaque année la BM. Ainsi, vu les relations particulières que la France a toujours entretenues avec ses ex-colonies et notamment d'Afrique, l'aide qu'elle alloue aux pays en développement n'est pas assujettie à des critères de conditionnalité directe, mais, en 2004, elle a été rappelée à l'ordre lors de l'examen de l'aide française par le Comité d'aide au développement (CAD) de l'OCDE. Il lui a été recommandé d'établir des priorités pour l'octroi de son aide en prenant en compte : « le niveau de pauvreté et les besoins en termes de réalisation des objectifs du millénaire pour le développement (OMD), la mise en place des politiques sociales et économiques saines, ***la bonne gouvernance''***. Le gouvernement français n'est pas resté insensible à cette critique. (…) On note, dans le relevé des conclusions de la réunion du Comité interministériel de la coopération internationale et du développement (CICID) en juillet 2004, le souhait d'une programmation de l'aide plus sélective ''en fonction de la capacité des États à gérer l'aide internationale. Les critères d'évaluation dépendront de *la gouvernance* de l'État (…)''. »[24]

Le CPIA domine ensuite le champ parce que d'autres organismes privés ont emboîté le pas à la BM en produisant leurs propres indicateurs de bonne gouvernance.

Le nombre de ces organismes ne cesse d'augmenter et les indicateurs qu'ils produisent sont innombrables, à tel point que certains auteurs parlent d'une jungle d'indicateurs où les utilisateurs (d'indicateurs de bonne gouvernance) ont du mal à se frayer un chemin.[25] Citons les plus connus. Outre le CPIA qu'on vient de décrire, on a :

1-**Les indicateurs de gouvernance** que produit chaque année l'Institut de la BM connu sous le nom « d'indicateurs KKZ » (initiales

---

[23] Sur ce point, voir Razfindrakoto Mireille et Roubaud François, *Dans quelle mesure peut-on se fier à l'opinion des experts ? Une expérience basée sur les enquêtes en Afrique francophone*, IRD, DIAL, 7e journée scientifique du réseau économique et développement de l'agence universitaire de la Francophonie, Paris septembre 2006.

[24] Rapport du Comité d'analyse économique, *La France et l'aide publique au développement,* coordonné par Cohen, Sylviane Guillaumont Jeanneney et al, 2006, page 99-100.

[25] voir notamment C. Arndt, C. P. Oman, *Les indicateurs de gouvernance, Usages et abus*, OCDE, Etudes du Centre de développement, 2006

des trois économistes de l'Institut de la Banque mondiale, Kaufmann, Kraay & Zoido-Lobaton). Lancé en 1998, c'est un travail de compilation de plusieurs indicateurs qui couvre 207 pays : obligation de rendre des comptes (responsabilité); capacité du gouvernement à formuler et mettre en œuvre de façon effective des politiques adéquates (crédibilité et efficacité du gouvernement) ; réglementation économique/politique ; respect par les citoyens et l'État des institutions qui régissent les interactions entre eux (état de droit) ; contrôle de la corruption (ICC).

2- **L'indicateur risque pays** constitué de plusieurs critères : défaut de paiement d'un État, dévaluation, troubles politiques, crise bancaire (exemple crise mexicaine de 1994, crise asiatique en 1997, crise russe en 1998) ou conflit armé. Il existe plusieurs organismes spécialisés dans la notation du risque pays qui évaluent 140 pays en diffusant leurs notes à travers des communiqués de presse ou dans des publications, sur des sites internet. Ces organismes sont : des journaux financiers tels que : Economist Intelligence Unit, Institutional Investor (IICR), ou des agences de notation comme Fitch Rating, Moody's et Standard & Poor's (S&P) ou encore des compagnies d'assurances du commerce qui s'intéressent au risque commercial et politique, comme, par exemple, la Compagnie française d'assurances du Commerce Extérieur (COFACE).

3- **Les indicateurs de la « Freedom House »**, organisation américaine privée financée en grande partie par deux fondations libérales : « la Lynde and Harry Bradley Foundation et la Smith Richardson Foundation. La première fondation prône le laisser-faire capitaliste, la déréglementation des marchés et les privatisations, la seconde défend les intérêts américains dans les débats internationaux. »[26] La « Freedom House » classe chaque année 192 pays en fonction de trois critères : « libre », « partiellement libre » ou « non libre »

4- **L'Indice de perception de la corruption** (IPC) publié annuellement par Transparency International qui couvre159 pays.

Bénéficiant d'une large diffusion dans différents pays, au fil des années, la production et l'analyse de ces indicateurs sont devenues une spécialité académique. On les étudie dans les universités, certains laboratoires universitaires en ont fait leurs spécialités, et les

[26] Cindy Duc et Emmanuelle Lavallée, *Les bases de données sur la gouvernance*, Université Paris-Dauphine, EURIsCO, 2004, page 7.

intellectuels organiques toujours pressés s'en emparent pour dresser des tableaux souvent sombres des structures sociales et institutionnelles des pays en développement. Ces indicateurs sont également devenus des composants essentiels dans la prise des décisions stratégiques des entreprises en termes d'investissement, d'exportation et de partenariat.

Ils influencent les Investissements directs étrangers (IDE), et les marchés financiers sont sensibles aux informations qu'ils véhiculent.

Intéressons-nous un instant aux méthodes que mobilisent ces organismes pour produire ces indicateurs convoités tant par le milieu académique que par les marchés. Sont-ils aussi objectifs et précis que le prétendent les producteurs et les utilisateurs ?

Pour construire ces indicateurs, ces organismes utilisent principalement deux sources : 1- des enquêtes auprès des experts internationaux et des chefs d'entreprise, en d'autres termes auprès d'individus censés bien connaître la réalité du pays qu'ils évaluent.

2- des enquêtes auprès des ménages. Ces dernières sont toutefois minimes par rapport aux premières, on estime qu'elles sont coûteuses à élaborer et difficiles à mettre œuvre, elles sont donc peu financées.

En revanche les premières sont les plus nombreuses et le traitement, l'interprétation des données relativement rapides, car les jugements des experts enquêtés divergent peu entre eux dans la mesure où « les experts d'une source donnée peuvent recourir explicitement ou implicitement, par connaissance mutuelle, à d'autres sources. »[27] Par exemple les experts qu'Economist Intelligence Unit ou Institutional Investor mobilisent pour construire lesdits indicateurs peuvent affiner leur propre jugement en fonction des informations qu'ils ont retenues de l'Indice de perception de la corruption (IPC) que publie chaque année Transparency International. Indice qui est lui-même traversé par les informations des « indicateurs KKZ » et notamment l'Indice Contrôle de la corruption (ICC).

« Consciente de ce problème, l'équipe de la Banque mondiale a adopté une procédure conservatoire qui consiste à éliminer des indicateurs agrégés, les sources déclarant explicitement s'inspirer d'autres sources existantes. Cette stratégie n'est cependant clairement pas à même de purger l'ensemble des effets d'hystérésis mentionnés plus haut. »[28]

---

[27] Razfindrakoto Mireille et Roubaud François, *Dans quelle mesure peut-on se fier à l'opinion des experts ? Une expérience basée sur les enquêtes en Afrique francophone,* op.cit., page 5.

[28] Ibid., page 5.

Le fait que deux organismes différents peuvent recourir aux mêmes experts accentue ces phénomènes de « contamination ». Qui plus est, l'environnement économique, la trajectoire sociale et professionnelle des experts enquêtés influencent sans doute leur jugement. Ainsi, un pays peut avoir des performances démocratiques moyennes, voire très faibles, mais sera bien noté par les experts et les chefs d'entreprise car ses performances économiques sont élevées.

Force est de constater les nombreux biais que comportent ces indicateurs, et cela appelle quelques remarques : la première est que toute enquête a ses propres biais, c'est une loi à laquelle aucune enquêté ne peut échapper. Par contre, le ou les enquêteurs peuvent les contrôler, les signaler pour minimiser les dérives liées aux usages sociaux des données que l'enquête met en exergue. Ce qui est contestable ici, ce n'est donc pas le fait que les indicateurs cités comportent des biais, mais, comme le signale Oman et Arndt c'est qu'on ne les spécifie pas, pire, qu'on les cache.[29] Ainsi conçus, ces indicateurs comportent « le danger d'être utilisés de manière peu scrupuleuse, les utilisateurs n'étant pas conscients de la perte de précision au niveau de l'information (...) »[30]

La deuxième remarque découle logiquement de la première, comme toute enquête comporte des biais, ceux qui sont inhérents aux indicateurs dûment cités ne peuvent s'expliquer par le seul fait que ces derniers reposent sur des évaluations d'opinions.

Notre démarche s'accommode fort mal avec la *doxa parasociologique* qui postule que l'enquête quantitative (ou statistique) produirait des indicateurs et des mesures objectives et l'enquête qualitative (basée sur des entretiens recueillant des points de vue, des discours sur les pratiques, des observations *sur le faire*) fournirait une vision plus subjective, des données difficilement quantifiables.

L'enquête quantitative, comme l'enquête qualitative, comporte à la fois des facteurs objectifs et subjectifs, et la seconde produis autant que la première de données et de mesures tangibles, si elle est soumise à un objet et à un terrain adéquatement construis.

Ce n'est donc pas la subjectivité inhérente à toute enquête qui rend les indicateurs qui nous intéressent ici réfutables, mais parce que les biais intrinsèques à ces derniers ne sont pas explicitement cités, d'une

---

[29] Sur ce point, voir Charles Oman et Christiane Arndt, *La mesure de la gouvernance*, op. cit.

[30] Carol Charles et *al*, *Comment matérialiser la bonne gouvernance ?* op.cit., page 71.

part, et d'autre part, parce que les enquêtes auprès des ménages sont peu mobilisées dans les évaluations servant à produire ces indicateurs, comme nous l'avons signalé plus haut.

La voix des ménages pèse peu dans les calculs statistiques des scores, la méthode utilisée privilégie la cohérence des scores en négligeant les évaluations des ménages qui diffèrent ou qui, par hypothèse peuvent différer de celles des experts et des chefs d'entreprise qui, elles, tendent à s'accorder entre elles.

Dans cette perspective, les indicateurs de gouvernance que nous venons d'énumérer ne mesurent pas les problèmes spécifiques de gouvernance que rencontrent les populations, mais bel et bien la capacité des gouvernements locaux à adapter leurs institutions aux politiques néolibérales que prône la Banque mondiale. Deux organismes ont élaboré un ensemble d'indicateurs de gouvernance pour mieux connaître la situation institutionnelle des pays partenaires afin de les aider à améliorer la qualité de leurs institutions en définissant, d'un commun accord des domaines d'intervention, des objectifs précis : La Commission européenne et le PNUD.

### Les « profils de gouvernance » de la Commission de l'Union européenne et le « projet des indicateurs de gouvernance » du PNUD

Face à l'hégémonie des indicateurs de bonne gouvernance de la BM et de son Institut, la Commission européenne et le PNUD ont élaboré à leur tour des indicateurs de bonne gouvernance. Contrairement à la BM pour la Commission européenne et le PNUD l'objectif visé n'est pas de produire des indicateurs de gouvernance servant à conditionner leur aide.

Concernant la première institution, il s'agit d'élaborer en commun accord avec les pays partenaires des indicateurs servant à diagnostiquer la gouvernance politique et démocratique des pays dans la perspective de définir des domaines de coopération nécessaires à la réalisation des OMD, au renforcement des processus démocratiques. Quant au PNUD, de par son mandat, son aide n'est pas assujettie à des critères de conditionnalité directe. Il loue son aide à tout pays requérant. Et son projet d'indicateur de gouvernance ne propose pas des indicateurs clés en main, mais une assistance technique et financière, des outils méthodologiques permettant aux gouvernements locaux de produire leur propre indicateur de gouvernance pour mesurer les progrès accomplis et ceux qui restent à accomplir dans le cadre des plans de développement nationaux.

### Les « profils de gouvernance » de la Commission européenne : des indicateurs européocentriques

C'est dans le cadre du *Consensus européen pour le développement* que la Commission européenne élabora « les profils de gouvernance ». Présenté en 2006 par la Commission européenne aux représentants des gouvernements des États membres et au Conseil économique et social, le document cadre de ce *Consensus* est divisé en deux volets.

Le premier définit les objectifs et les principes communs de la coopération au développement en réaffirmant la volonté de l'UE de lutter contre la pauvreté dans le monde en favorisant le partenariat, en fournissant une aide plus importante et plus efficace, de promouvoir la cohérence des politiques pour le développement.

Le deuxième intitulé *la politique de développement de la Communauté européenne*, expose les stratégies que la Communauté mettra en œuvre pour la réalisation des principes dûment cités.[31]

Les profils de gouvernance font partie de ces stratégies, et la Commission les a mis en œuvre en 2008 lors de la première phase du programme du 10e Fonds européen du développement (FED 2008-2013). Ils couvrent les 77 pays de l'ACP (Afrique, Caraïbes, Pacifique) de la Convention de Cotonou.

**La Convention de Cotonou**

En juin 2000, l'Union européenne et 77 États d'Afrique, Caraïbes et Pacifique (ACP) ont signé l'Accord dit de Cotonou. D'une validité de 20 ans, ces accords remplacent ceux de Lomé qui organisaient depuis 1977 les relations commerciales et de coopération entre les pays ACP et l'Union européenne. Pour la Commission, il fallait modifier les accords de Lomé, car ils n'ont pas permis d'assurer le décollage économique des pays de l'ACP. La part de ces pays dans le commerce international s'est réduite et leur situation économique s'est dégradée. La Convention de Cotonou a comme objectif d'adapter le partenariat de l'Union européenne à la nouvelle donne internationale résultant de l'effondrement du bloc communiste qui a fait disparaître l'enjeu géopolitique que représentaient certains pays, de permettre aux États membre de l'ACP de s'ouvrir aux nouvelles règles du système du commerce international par l'accès aux nouvelles technologies et par la formation de personnel qualifié. De légitimer l'aide publique au développement en renforçant la dimension politique, la

---

[31] *Le Consensus européen pour le développement*, www. eurpapa.eu/dévelopment/body/development/edp, consulté le 12/07/2015, page 2.

lutte contre la corruption, une approche participative de l'aide centrée sur la lutte contre la pauvreté.
Source : Commission européenne. Développement et coopération, *L'accord de Cotonou et le cadre financier pluriannuel 2014-2020.*

La Commission envisage ces profils comme des instruments de diagnostic servant à déterminer « les principales contraintes qui affectent les domaines relevant de la gouvernance au sens large, à déterminer des domaines de coopération spécifiques (faiblesses) et à fixer des critères de référence et des objectifs de réformes (engagement des autorités nationales) ou des indicateurs de performance sectoriels si la gouvernance est un domaine de concentration. »[32]

De fait, contrairement au CPIA de la BM, « les profils de gouvernance » de la Commission couvrent moins de domaines, d'abord parce que la Commission estime que certaines questions liées à la gouvernance sont traitées dans d'autres documents connexes de la Commission, mais font également partie des indicateurs du Objectifs de millénaire pour le développement (OMD), ensuite, parce que, pour la Commission, il est peu pertinent de créer d'autres indicateurs. Qu'au contraire il est nécessaire d'harmoniser les approches entre les bailleurs de fonds pour accroître l'efficacité de l'aide comme le stipule *la Déclaration de Paris* de 2005.

Dans cette perspective, la Commission a élaboré sept profils dont trois s'inspirent directement des indicateurs de l'Institut de la Banque mondiale (les indicateurs KKZ), d'une part, et d'autre part, des analyses faites par Transparency International concernant l'Indice de perception de la corruption (IPC) évoqué plus haut. Les quatre autres sont : *gouvernance sociale, sécurité intérieure et extérieure, intégration régionale et politique internationale, qualité du dialogue et partenariat.*[33]

L'élaboration des profils se déroule en trois grandes étapes : 1- La Commission et les États membres remplissent les profils pour chaque pays partenaire de l'ACP, en spécifiant les positions de l'UE en matière de coopération et d'aide.

2- Les pays partenaires élaborent respectivement un plan d'action qui stipule les engagements du gouvernant, les réformes que l'État

---

[32] Commission européenne, « La gouvernance dans le consensus européen pour le développement : vers une approche harmonisée au sein de l'Union européenne », Document de travail, eur-lex.europa.eu, consulté le 13/07/2015, page 12.
[33] Ibid., page 13.

compte mettre en œuvre, les problèmes qui lui semblent les plus pertinents.

3- La Commission évalue ensuite ce plan d'après les critères suivants : la pertinence, l'ambition et la crédibilité et « chaque problème a une pondération de 1 à 4 points, sachant que le poids total de tous les problèmes est de 100%. De cette manière, la Commission établit une liste des problèmes mis en relief par un État partenaire et la compare à celle relevée par la Commission et les États membres à la base des profils. Si les problèmes indiqués dans les plans d'action correspondent à ceux dégagés par la Commission, le pays reçoit une aide supplémentaire afin de soutenir ses efforts dans le domaine de la promotion de la gouvernance démocratique. »[34]

Contrairement aux indicateurs de la Banque mondiale (BM) qui servent à conditionner l'aide, les profils de la Commission posent un diagnostic qui permet d'apprécier les engagements d'un pays partenaire, les réformes poursuivis par l'État, les problèmes politiques et institutionnels qui freinent l'élan de ces réformes. Les profils permettent ainsi de déterminer des domaines de coopération avec le pays partenaire et de promouvoir les réformes.

Toutefois, le rôle du pays partenaire dans la définition de ces domaines est moindre, d'abord parce que c'est la Commission et les États membres qui remplissent les profils, ensuite parce que c'est la Commission qui décide, selon *sa grille de lecture,* si les problèmes que tel ou tel pays partenaire a mentionnés dans son plan d'action sont pertinents pour qu'il puisse bénéficier de la deuxième tranche de l'aide, la tranche incitative (la première étant attribuée « d'office »).

Dans cette logique, les profils de gouvernance sont des facteurs permettant de déterminer l'attribution (ou pas) des fonds en imposant aux pays partenaires des réformes.

Face à l'hégémonie des indicateurs de bonne gouvernance de la BM et de son Institut, l'Union européenne (UE) devait à son tour élaborer les siens pour que les pays membres s'y réfèrent pour conditionner leurs aides. Au nom de la *Déclaration de Paris* de 2005, la Commission a adossé ses profils sur des indicateurs existants en y associant des valeurs *européocentriques* qu'elle juge comme « internationalement reconnues »[35], donc universelles. À travers ses profils, la Commission conditionne son aide en imposant aux pays partenaires des normes et

[34] Carol Charles et *al*, *Comment matérialiser la bonne gouvernance ?* op.cit., page 84.
[35] Ibid., page 73.

des valeurs que la Confédération européenne des ONG dénonce la présence dans les profils.[36]

Le « projet des indicateurs de gouvernance » du PNUD : un programme semé d'embûches

Contrairement à la Banque mondiale et la Commission de l'Union européenne, le Programme des Nations Unies pour le développement (PNUD) « n'a pas mis en place de système d'indice de la gouvernance permettant de classer les pays selon leurs performances, à l'instar de l'Indicateur du développement humain (IDH). »[37]

Conformément à son mandat, il alloue son aide à tout pays requérant. Son soutien n'est donc pas assujetti à des critères de conditionnalité directe. Ainsi, depuis 2002, à travers son centre de gouvernance d'Oslo et ses bureaux implantés dans 166 pays, dont 133 en développement, le PNUD soutient un peu plus de quarante pays en développement à mesurer et à contrôler les processus de gouvernance, à développer des indicateurs nationaux de gouvernance.

Sa démarche est différente de celle de la BM et de la Commission de l'UE, car outre le fait que l'affectation de son aide n'est pas soumise à des critères de conditionnalité directe, son objectif n'est pas uniquement d'aider les gouvernements locaux à contrôler et à mesurer la qualité de leurs institutions à l'aune d'indicateurs dont la marque de fabrique vient d'ailleurs.

Il soutient, d'une part, les pays partenaires à s'approprier les indicateurs et les évaluations que produisent les différents partenaires au développement, à ratifier et à respecter les traités internationaux et notamment ceux concernant les droits de l'homme et du citoyen, les conventions de l'aide internationale. Il appuie, d'autre part, les pays partenaires à produire leurs propres indicateurs de gouvernance.

La démarche est endogène et s'articule autour de trois axes « L'appropriation nationale, le développement de capacités, l'harmonisation. »[38] *L'appropriation nationale* signifie que c'est la société civile et les élus qui définissent ensemble les indicateurs, les

---

[36] Loc., cit.

[37] PNUD, *Appui aux évaluations de la gouvernance parrainées par les pays*. Note pratique février 2009, page 3.

[38] Concernant ces trois axes, voir OCDE, « Développer des capacités pour évaluer la gouvernance démocratique : le programme mondial du PNUD », *Revue de l'OCDE sur le développement*, 2009, N°10, pp 229-244, page 235.

évaluations, « les questions à aborder et la manière de les traiter. »[39] Quant au *développement des capacités,* il engage les gouvernements locaux à saisir les évaluations de gouvernance comme moyen pour développer les capacités à produire et à utiliser les données statistiques, à « stimuler et soutenir les processus participatifs nationaux et locaux d'évaluation et de suivi de la gouvernance en mettant fortement l'accent sur le développement des capacités de collecte, d'analyse et de diffusion des données. »[40]

Enfin, *l'harmonisation* suppose l'intégration des évaluations de gouvernance dans les programmes de développement nationaux, voire dans « les documents de stratégie pour la réduction de la pauvreté, les rapports d'avancement vers les OMD ou les programmes locaux de développement. »[41]

Pour aider les pays, et notamment les plus pauvres à produire leurs propres indicateurs de gouvernance en intégrant les problèmes liés à la pauvreté Le PNUD a élaboré un *Cadre pour la sélection d'indicateurs favorables aux pauvres et sensibles au genre*.[42]

L'expression « favorables aux pauvres vise à mieux cibler et axer les indicateurs sur ceux qui vivent en pauvreté »[43] pour mettre rapidement en place des politiques de croissance permettant aux pauvres d'accroître leurs revenus (*croissance pro pauvre*).

Concernant le genre, il s'agit de générer un ou des indicateurs reflétant les expériences, les intérêts différents des femmes et des hommes en général, et des hommes et des femmes pauvres en particulier.

À travers ce cadre, le PNUD ne propose pas des énoncés performatifs pour la construction d'un panel d'indicateurs comme le font les autres bailleurs, mais un programme d'assistance, des outils permettant aux gouvernements locaux de produire et de sélectionner des indicateurs servant à mesurer les progrès accomplis dans les plans de développement nationaux. Et, dans cette perspective, le PNUD soutient les bureaux de statistiques locaux à réaliser des enquêtes auprès des ménages, à développer leur propre système d'évaluation.

---

[39] Ibid., page 235.
[40] Loc.cit.,
[41] loc., ct.,
[42] PUND, *Mesurer la gouvernance démocratique. Cadre pour la sélection d'indicateurs favorables aux pauvres et sensibles au genre*, mais 2006.
[43] Ibid., page 8.

Ce soutien n'est pas que financier, c'est aussi les conseils d'utilisation des différents outils méthodologiques élaborés par différentes institutions, et notamment :

1- le laboratoire de recherche de l'Université Paris Dauphine DIAL, (Développement, institution et analyse de long terme, rattaché à l'Institut de recherche pour le Développement IRD), qui dans ses enquêtes relatives à la démocratie, à la gouvernance et à la corruption dans les pays en développement, a développé une méthode novatrice et robuste qui contraste les opinions des experts étrangers et nationaux avec celles de la population.[44]

2- les instruments de l'IDEA (Institute for Democray and Electoral Assistance) tel que la méthodologie de l'International IDEA en matière de démocratie, qui ne détermine pas des indicateurs, mais un cadre global d'évaluation, et des questions de recherche couvrant les aspects de la démocratie et sa progression.[45]

3- le Mécanisme africain d'évaluation par les pairs (MAEP) du Nouveau partenariat pour le développement de l'Afrique (NEPAD).

**Le Nouveau partenariat pour le développement de l'Afrique (NEPAD)**

Le NEPAD est un programme de développement conçu par cinq chefs d'État africains (Afrique du Sud, Algérie, Égypte, Nigeria, Sénégal) présenté au sommet du groupe des huit (G8) de Gênes en 2001. Il est devenu un programme de l'Union africaine et reconnu comme tel par les bailleurs bilatéraux et multilatéraux. Il est composé de trois axes : 1- Les conditions préalables indispensables au développement (paix, gouvernance politique, droit de l'homme, gouvernance économique, coopération et intégration régionales) 2- Les secteurs prioritaires (infrastructures, nouvelles technologies de l'information, santé, éducation, agriculture, accès aux marchés) 3- La mobilisation des ressources. Le document souligne également l'importance des OMD et s'engage à y parvenir, et sa structure interne est fondée sur les principes très chers aux Institutions de Bretton Woods : Bonne gouvernance, appropriation, régulation des marchés par des institutions efficaces. Le Mécanisme africain d'évaluation par les pairs (MEEP) est sa clé de voûte.

---

[44] Concernant ces enquêtes, voir, notamment, Javier Herrera, Mireille Razafindrakoto, François Roubaud, *Gouvernance, Démocratie et Lutte contre la pauvreté : enseignements tirés des enquêtes auprès des ménages en Afrique sub-saharienne et en Amérique latine*, DIAL, document de travail, DT/2005. Voir également des mêmes auteurs, *Dans quelle mesure peut-on se fier à l'opinion des experts ? Une expérience basée sur les enquêtes en Afrique francophone,* op.cit.

[45] Concernant cette méthode, voir *Evaluation de la démocratie : les fondamentaux du Cadre d'Evaluation d'International IDEA*, www.idea.int/publications/sod/upload/demo. Consulté le 1/08/2015.

Source : Sandrine Mesplé-Somps, « Le Nouveau partenariat pour le développement de l'Afrique. Trois éléments de critique », in *Gouvernance et appropriation locale de développement*, Jacques Fisette et Marc Raffinot (dir.), op. cit., pp 87-106.

Le mécanisme africain d'évaluation par les pairs (MAEP) est un Programme accepté d'un commun accord et adopté par les Etats membres de l'Union africaine afin de promouvoir et de renforcer les normes de gouvernance. C'est un mécanisme d'autoévaluation qui « prévoit des contrôles périodiques portant sur les politiques et les pratiques en cours dans les pays participants afin de constater les progrès enregistrés dans la réalisation des objectifs et des critères de conformité convenus d'un commun accord dans les quatre domaines d'intérêt suivants : démocratie et gouvernance politique, gouvernance et gestion économique, gouvernance institutionnelle et développement socio-économique. »[46]

4- L'Afro Baromètre produit une série d'enquêtes comparatives sur l'opinion de la population sur la démocratie, les conditions économiques et la société civile en Afrique. Essentiellement financé par des organismes européens et notamment par : l'Agence Suédoise de Coopération Internationale au Développement, le Fonds de développement *Millenium Challenge Account* (MCM) Américain, l'université de Michigan, le ministère des Affaires étrangères des Pays-Bas, le ministère du développement international du Royaume-Uni, le ministère des Affaires étrangères du Danemark, l'Afro Baromètre compile les résultats des enquêtes menées dans 18 pays pour obtenir des résultats par pays, ainsi que des résultats comparatifs, entre pays, sur les différents aspects liés à la démocratie et aux conditions économiques. Ces résultats sont cités dans la presse internationale, et sont utilisés comme source de données par d'autres organismes producteurs d'indicateurs de gouvernance.

Le PNUD recommande vivement l'utilisation des instruments et des méthodes ci-dessous, car, selon lui, elle favoriserait l'analyse et la sélection des indicateurs nationaux. Leurs analyses intègrent les dimensions sociales de la *cité*, les problèmes spécifiques des populations, et notamment des plus pauvres. De telles analyses permettent d'identifier les problèmes de gouvernance que rencontrent les populations les plus pauvres.

[46] PNUD, *Appui aux évaluations de la gouvernance parraines par les pays,* op.cit., page 10.

Le PNUD privilégie les processus d'évaluation endogène, car selon lui ces derniers placent l'homme et non l'économie au centre des préoccupations. D'ailleurs, le PNUD réfute le terme de « bonne gouvernance » qui est trop normatif à ses yeux, il préfère celui de « gouvernance démocratique » ou encore de « projet des indicateurs de gouvernance » qui sous-tend un processus participatif impliquant la population et les élus dans les mécanismes de décisions politiques, dans les instances de sélection et d'évaluation des indicateurs qui doivent orienter l'action publique.

Si l'objectif est noble, sa réalisation soulève néanmoins un certain nombre de questions d'ordre pratique et théorique. D'abord, est-ce que ces pays ont les capacités de mettre en œuvre des processus transparents, participatifs et inclusifs au niveau national et local pour sélectionner les indicateurs sur lesquels les décideurs politiques vont s'appuyer pour mettre en œuvre les réformes nécessaires ? Le PNUD a-t-il les moyens de vérifier et de suivre pas à pas la mise en application des indicateurs sélectionnés par les acteurs locaux ?

Apparemment non : « Pour ce qui est du contrôle au niveau de l'utilisation des indicateurs par les acteurs locaux, le PNUD possède des mécanismes de suivi régulier. Malheureusement, il est évident que, dans la pratique ce suivi ne peut pas toujours être mis en place de manière optimale et ce pour des raisons financières car les mécanismes de contrôle coûtent cher. »[47]

Ensuite, sur quelle base choisit-on les individus qui vont représenter les citoyens dans les instances de sélection des indicateurs ? Dans ces instances, ce sont les représentants d'ONG locales, de syndicats qui seront présents ? Ou encore des organismes socialement constitués telles les associations de femmes, les associations de quartiers etc. Dans un cas comme dans l'autre, les études relatives à ces représentations montrent que « l'expression de ''gouvernance démocratique'' est à manier avec prudence, puisqu'il n'est pas question ici de la participation des citoyens, mais de celle de partenaires organisés, exprimant des intérêts sectoriels. »[48]

Dans ce sens, « la gouvernance démocratique » du PNUD renforce bel et bien les politiques sectorielles en fragmentant les processus sociopolitiques qui mènent à la démocratie politique. Elle dépolitise

---

[47] Carol Charles et *al*, *Comment matérialiser la bonne gouvernance ?* op.cit., page 80.

[48] A. Kazancigil, « La gouvernance et la souveraineté de l'Etat », in *La gouvernance. Un concept et ses applications,* Guy Hermet et *al* (dir.), Ed.Karthala, 2005, pp 49-66, page 58.

l'engagement citoyen par la technicisation des débats et des procédures mises en œuvre dans les instances de sélection des indicateurs.[49]

Il est enfin difficile de suivre la voie de « la gouvernance démocratique » du PNUD, car la position de ce dernier, concernant l'évaluation et les indicateurs des autres bailleurs, est ambivalente ; d'un côté, il dénonce ces indicateurs, l'impertinence des données recueillies :

« Ces données sont, certes une source d'informations très riche pour diverses analyses ; cependant, elles ne permettent pas d'identifier les institutions ou les cadres institutionnels particuliers qui, dans un pays donné, sont à l'origine des problèmes de gouvernance, ni les solutions opérationnelles de ces problèmes, ni les processus susceptibles d'améliorer les performances. »[50] De l'autre, il les légitimise en élaborant non seulement un guide de l'utilisateur de ces derniers en spécifiant trois « règles d'or »[51] que l'utilisateur doit respecter, mais montre également que les bailleurs ont des raisons légitimes de mener ces évaluations par rapport à leur propre agenda et leur portefeuille d'aide spécifique.[52]

Fidèle aux valeurs humanistes de *l'ajustement à visage humain,* le PNUD cherche à transformer les pratiques d'évaluation, les indicateurs que produisent les grands organismes d'aide au développement sans toucher aux fondements institutionnels, aux rapports de pouvoir de ces derniers. Comme si ces pratiques étaient indépendantes des processus, des idées fondatrices de ces organismes. À l'instar de « l'Indice du développement humain (IDH) », la critique qui fonde les analyses du « projet d'indicateurs de gouvernance » du PNUD est consensuelle. Elle est prisonnière de la houle de la « bonne gouvernance » de la BM qui emporte au passage tous les navires de l'aide au développement.

[49] Concernant cette dépolitisation, voir Michèle Leclerc-Olivier, « Le pouvoir local peut-il être public ? » in *Affaire Locales. De l'espace communautaire à l'espace public politique*, Michèle Leclerc-Olivier (dir.), Ed. Karthala-Gemdev, 2006, pp 215-241.

[50] OCDE « Développer des capacités pour évaluer la gouvernance démocratique : le programme mondial du PNUD », op.cit., page 230.

[51] Voir, PNUD, *Indicateurs de gouvernance : Guide de l'utilisateur*, 2e édition, 2006.

[52] A ce propos , voir PNUD, *Appui aux évaluations de la gouvernance parrainées par les pays*, op.cit.

### La gouvernance, c'est « la bonne gouvernance » de la Banque mondiale

La Banque mondiale, le PNUD et la Commission de l'Union européenne, chacune de ces trois institutions envisage et utilise les indicateurs de gouvernance de façon qui lui est propre. L'histoire et les statuts propres à chacune peuvent sans doute expliquer ces variations. D'un côté, on a une institution financière qui finance des projets qu'elle a lui-même élaborés en son sein, dont l'aide qu'elle alloue est constituée de prêts à forte conditionnalité : La BM. Pour cette dernière l'essentiel est comment imposer aux gouvernements locaux les indicateurs du CPIA pour mesurer la qualité des institutions afin de déterminer l'allocation de l'aide.

De l'autre, le PNUD qui est une agence du système des Nations unies consacrée au développement qui soutient les pays requérant sans conditionnalité directe en apportant aide et assistance technique pour promouvoir la démocratie en renforçant les réformes institutionnelles à travers les processus de la gouvernance démocratique qu'il soutient.

Enfin, la Commission de l'Union européenne dont la fonction principale est de mettre en œuvre les textes réglementaires de la politique communautaire. Comme le PNUD son aide n'est pas assujettie à des critères de conditionnalité directe, mais, sélectionne les pays en soutenant davantage les États membres de l'Accord de Cotonou qui ont su mettre en place les réformes qu'elle préconise.

Cependant, derrière ces différences consécutives aux principes fondateurs de chaque institution, il y a un accord explicite ou implicite sur ce à quoi la gouvernance doit servir : à la mise en place d'un secteur public efficace, un système juridique fiable, un cadre politique prévisible et transparent favorable au développement de l'économie de marché et à la concurrence pure et parfaite.

Ces différents éléments forment la matrice sur laquelle reposent les différentes définitions que chaque institut confère indépendamment à la notion de gouvernance et à ses indicateurs.

Ainsi, pour la Banque mondiale (BM), la bonne gouvernance est la manière avec laquelle le pouvoir est exercé dans la gestion publique des ressources économiques et sociales.

La définition de l'Institut de la BM mobilise les mêmes éléments : « Nous entendons par ''gouvernance'' les traditions et les institutions au travers desquelles s'exerce l'autorité dans un pays. Cela englobe 1) le processus par lequel les gouvernants sont choisis, rendus responsables, contrôlés et remplacés ; 2) la capacité des gouvernants à gérer efficacement les ressources et à formuler et appliquer de saines politiques et réglementations ; et 3) le respect des citoyens et de l'État pour les institutions régissant leurs interactions économiques et sociales. »[53]

La définition du PNUD est similaire, excepté qu'ici on n'emploie pas le terme de citoyens, mais de société civile. « La gouvernance est le système de valeurs, de politiques et d'institutions par lequel une société gère ses affaires économiques, politiques et sociales par le biais d'interactions au sein de l'État, la société civile et le secteur privé et entre ces différentes entités. »[54] Pour le FMI, « La gouvernance est une vaste notion qui englobe tous les aspects de la gestion des affaires d'un pays, notamment la politique économique, le cadre réglementaire et l'état de droit. »[55]

Quant à l'Union européenne, en raison de sa coopération avec les pays membres de l'Accord de Cotonou, elle définit les principes qui sont à la base de la bonne gouvernance. Ces principes sont : l'obligation de rendre compte, la transparence, l'efficience et l'efficacité, la réceptivité, la prospective et la primauté du droit.[56]

À travers ces différentes définitions, force est de constater les convergences entre elles. La notion de gouvernance sert et doit servir à mettre en place des réformes (capacités de bonne gestion, état de droit, structure institutionnelle servant d'interface entre l'État et la société civile, système juridique, etc.) en élaborant des politiques d'évaluation.

D'où l'enjeu des indicateurs de gouvernance, car celle-ci est multidimensionnelle. Ainsi pour le PNUD « il n'existe pas d'indicateur de gouvernance unique, capable de saisir les subtilités et la complexité des situations nationales, de manière à permettre une comparaison globale sans valeur agréée. L'utilisation d'un seul indicateur permettra rarement de refléter la situation globale d'un pays. (Règle d'or n°1 du guide de l'utilisateur des indicateurs de gouvernance du PNUD) ».[57]

---

[53] Daniel Kaufmann, Aart Kraay et Pablo Zoido-Lobatón, « Gestion des affaires publiques. De l'évaluation à l'action », Finances et Développement, Juin 2000, page 1.

[54] PNUD, *Indicateurs de gouvernance : Guide de l'utilisateur*, op.cit., page 6.

[55] Voir Le FMI et la bonne gouvernance, Fiches Techniques, mars 2014, www.imf.org/external/np/exr/facts/fre., consulté le 14/09/2015.

[56] Voir *Accord de Cotonou*, et, également *Le consensus européen de développement*, sur www.eur-lex.europa.eu.

[57] PNUD, *Indicateurs de gouvernance : Guide de l'utilisateur*, op.cit., page 12

Notion opérationnelle et multidimensionnelle, chaque bailleur de fonds se l'approprie selon son histoire, ses intérêts et la couleur des relations qu'il entretient avec le pays récipiendaire pour la mettre en acte. Ses modalités pratiques, la manière d'envisager et d'utiliser ses indicateurs varient d'un organisme, d'un bailleur de fonds à un autre, mais tous poursuivent les mêmes objectifs : mettre en place des réformes politiques et institutionnelles qui favorisent le développement économique, la réalisation des Objectifs du millénaire pour le développement (OMD). Pour l'ensemble des organisations d'aide au développement, cette réalisation fait consensus. Et, dans ce sens, il est vrai que la gouvernance est inévitablement la bonne gouvernance[58] de la BM, et cela pour plusieurs raisons.

Premièrement, la Banque mondiale est le premier grand bailleur international à faire de la lutte contre la pauvreté son cheval de bataille en élaborant des programmes qu'elle finance, en développant des outils, des concepts pour appréhender la pauvreté que l'ensemble des organismes d'aide au développement se sont peu à peu appropriée pour faire de la lutte contre la pauvreté la colonne vertébrale des OMD.

Sur les huit OMD, six font explicitement référence à l'éradication de la pauvreté, au développement humain. Sur ce point, la stratégie politique de la BM a été payante.

Ensuite, la BM est également la première institution d'aide au développement à avoir élaboré des indicateurs pour systématiser l'allocation de l'aide en modifiant les critères de son ancien dispositif : le CIPA (le *Country Policy and Institutional Assessment*). Et, à présent, les critères de celui-ci constituent le noyau dur à partir duquel gravitent les autres indicateurs que produisent les autres organismes d'aide au développement. Ce faisant, la « bonne gouvernance » de la Banque mondiale est devenue un processus de normalisation dont les prêts qu'elle consacre à son rayonnement ne cessent de croître, représentant en 1996 25% du total des prêts.[59]

Ce processus est devenu une priorité pour la Banque, car, si un des signes de la révolution néolibérale du début des années 1990 est la hausse significative des investissements directs étrangers (IDE), dont les

---

[58] A ce propos, voir Jean Fabre Meisel, Ould Aoudia, *Conception de la gouvernance, Regards croisés de la Banque mondiale, de la commission européenne et du PNUD*, Institut de recherche sur la gouvernance (IRG) 2007-2008, page 16. C'est nous qui précisons.

[59] Sur ce point, voir Charles Oman et Christiane Arndt, *La mesure de la gouvernance*, OCDE, Centre de développement de l'OCDE, op.cit.

flux mondiaux ont connu une progression de 9% pour atteindre 1452 milliards de dollars en 2013,[60] cette révolution s'est accompagnée d'un mouvement de normalisation des politiques économiques et des stratégies organisationnelles des marchés dont le rôle des grands Institutions financières internationale a été déterminant en diffusant à grands frais des unités de mesures, des indicateurs, des *process*.[61]

Ce mouvement d'homogénéisation s'est amplifié avec le développement de la finance internationale qu'on appelle improprement investisseur institutionnel, autrement dit les organismes basés dans les pays de l'OCDE qui gèrent de façon collective les capitaux que leur confient des épargnants individuels ou d'autres organisations qui peuvent être soit des compagnies d'assurances, ou des fonds de pension, ou encore des banques dans leurs activités d'investissement.[62]

L'uniformisation des économies est un des grands enjeux du capitalisme contemporain, car, avec la chute du mur de Berlin, l'esprit du capitalisme et ses modalités d'exportation ont changé. Avant l'éclatement du bloc soviétique, un régime pouvait être corrompu, tyrannique, il était considéré comme bon, et les pays occidentaux le soutenaient financièrement et militairement s'il était du bon côté du rideau de fer, s'il formait une base arrière contre le communisme. Et « l'aide au développement a été essentiellement perçue par les maîtres politiques comme un instrument de maîtrise de la contagion communiste. Le but était clair : il fallait soutenir les régimes anticommunistes, ou éviter que les régimes socialistes du Tiers-monde ne fassent allégeance totale à l'Union soviétique (...) Les organismes multilatéraux furent encouragés à fermer les yeux sur les défaillances de politique économique des ''alliés'' et à se montrer intraitables envers les autres. »[63] Ce qui comptait, ce n'était pas la corruption, et la question de la démocratie et des droits de l'homme était secondaire pour les grandes puissances occidentales. Disons-le en passant, ces pratiques n'ont pas disparu avec la chute du mur de Berlin. Les dispositifs de la

---

[60] Sur ces flux, voir, notamment, *Le dico du commerce international*, sur www-glossaire.com, consulté le 12/07/2014

[61] Concernant le développement et l'impact de ces mesures et ces *process, voir,* Saskia Sassen, *La globalisation. Une sociologie*, Ed. Gallimard, 2009.

[62] Voir Ariel Mendez, *Vers une globalisation des Ressources Humaines* ? Cahiers Française, N°333, pp 38-43.

[63] Jean-Michel Severino, « Refonder l'aide au développement au XXIe siècle », *Critique internationale* n°10, 2001, pp 75-99, page 81.

lutte contre la pauvreté, de la lutte contre la corruption sont et restent des instruments aux mains des IFI pour imposer le néolibéralisme. L'ex vice-président de la Banque mondiale, Stiglitz, montre par exemple qu'en matière de lutte contre la corruption il y a deux poids, deux mesures : « La Banque mondiale et le FMI s'étaient prononcés contre tout prêt aux États corrompus, mais ce n'était qu'une apparence : il y avait deux poids, deux mesures. Tandis que de petits pays non stratégiques comme le Kenya s'étaient vu interdire de prêt pour corruption, la Russie, où la corruption opérait à une échelle infiniment supérieure, recevait sans cesse de l'argent. »[64]

La corruption est tolérable si elle est les prémisses du libéralisme. Et, dans cette perspective, la notion de gouvernance est heuristique, elle permet d'imposer aux pays en développement des réformes politiques, administratives et juridiques en faisant, de la lutte contre la corruption, contre la pauvreté, et de l'efficacité de l'aide consentie, des instruments de contrôle et de gestion en faisant entrer la classe dirigeante de ces Nations à l'école de la « gouvernance d'entreprise ».

**Conclusion**

Dans les chapitres précédents, nous avons vu, d'une part, les transformations qu'a connu l'aide publique au développement, les stratégies politiques et les techniques qui sous-tendent ces transformations et, d'autre part, les situations économiques et politiques qui ont favorisé ces mutations. À présent, il s'agira de resserrer la focale de nos objectifs en orientant davantage notre attention sur les modes de fonctionnement de l'APD, ses pratiques effectives.

Autrement dit, comment fonctionne celle-ci ? Comment les bailleurs mettent-ils en œuvre les nouveaux outils de gestion de l'APD dont nous avons commencé à cerner les principaux traits ? Comment les autorités locales conçoivent ces instruments et se les approprient ?

Pour ce faire, nous circonscrivons nos analyses sur un espace sociopolitique : l'Union des Comores en centrant notre investigation sur 5 axes :

- l'Initiative d'allégement de la dette des pays pauvres et très endettés (PPTE) assortie de l'obligation de ces pays d'élaborer respectivement un Document stratégique de réduction de la pauvreté (DSRP).

---

[64] Joseph E. Stiglitz, *La grande désillusion*, op.cit., page 241.

- le processus de bureaucratisation et de gestion des finances publiques qu'a entraîné cette Initiative (PPTE) dans les administrations des pays bénéficiaires.

- enfin, sur deux domaines clés de l'APD : la coopération internationale d'aide aux processus politiques de décentralisation et aux systèmes éducatifs.

Chemin faisant, nous parviendrons à peindre un tableau de l'APD qui laisse voir des formes sociohistoriques permettant de saisir les objectifs de l'APD, ses instruments de transformation, comment fonctionnent ces derniers. Pour dégager ces formes générales la démarche s'inscrit dans la sociologie critique et recourt à toutes les ressources critiques des autres sciences humaines en envisageant les phénomènes de l'aide au développement de façon transversale et non en les emprisonnant dans des frontières disciplinaires qui tendent à bloquer les analyses, la curiosité intellectuelle.

# Chapitre V
# Document stratégique pour la réduction de la pauvreté et allègement de la dette

« Il faut nuancer une définition de l'aide par des objectifs économiques qui n'ont jamais constitué qu'une partie de son fondement. Régulièrement, les fonds sont engagés dans les États en développement pour ''contenir'', ''stabiliser'', voire ''acheter'' des situations, des règlements politiques ou des populations. » Jean-Michel Severino. [1]

« Une offre multilatérale concentrée permettrait une plus grande efficacité de l'aide par une standardisation des procédures et une meilleure organisation du travail. Malgré ces arguments, l'aide bilatérale résiste. Tout d'abord, parce que les considérations politiques et géostratégiques sont redevenues primordiales dans les critères d'attribution de l'aide. Comme l'atteste notamment l'APD des États Unis. Ensuite, parce que l'approche bilatérale est souvent l'héritière d'une histoire commune où se sont tissés des liens forts entre donateurs et bénéficiaires qu'il est parfois difficile de rompre. » Bernard Contamin et *al* [2].

Il s'agit à présent d'enclencher notre parachute théorique et méthodologique et de descendre sur terre pour mieux appréhender la réalité de l'APD sur le terrain. Comment les bailleurs de fonds contextualisent leurs politiques, les réformes qu'ils financent ? Nous verrons les transformations tant institutionnelles que cognitives qu'engendrent ces réformes en recueillant les points de vue des autorités locales.

En circonscrivant nos investigations auprès de l'Union des Comores, nous pourrons voir comment ces réformes prennent en effet forme et s'enracinent dans le paysage politique et institutionnel de ce pays, le sens que les autorités de ce pays confèrent à ces réformes.

---

[1] Jean-Michel Severino, « Refonder l'aide au développement au XXIe siècle », *Critique internationale* n°10, 2001, pp 75-99, page 81.

[2] Bernard Contamin, et *al*, « Les nouvelles logiques de l'aide publique au développement : entre rationalisation, pragmatisme et logiques institutionnelles », L'actualité économique, vol, 84, N°2, 2008, pp 155-178. Page 163.

L'Union des Comores pourra ainsi nous servir d'idéal-type pour discerner les principaux traits qui caractérisent l'aide publique au développement, ses conséquences dans l'organisation sociopolitique des pays bénéficiaires et notamment ceux de l'Afrique subsaharienne.

L'Union des Comores pourra en effet jouer ce rôle, car, si les modalités d'enracinement de ces réformes et le sens que les autorités locales confèrent à ces dernières varient effectivement d'un pays à un autre, il existe néanmoins des invariants, à commencer par le fait que la plupart des pays demandeurs de l'aide, et notamment ceux d'Afrique subsaharienne, ont connu au cours de leur histoire la domination coloniale. Celle-ci a dessiné la forme qu'a prise la modernité politique dans ces pays, qui plus est, les anciennes puissances coloniales exercent toujours et encore une influence dans l'organisation politique et institutionnelle.

Ainsi, la France a toujours su ralentir les politiques d'ajustement structurel dans ses ex-colonies en apportant son soutien à des régimes peu démocratiques et mal gérés.[3]

Aux Comores, elle finança des régimes despotiques, des présidents putschistes, des séparatistes. À partir des années 1990, sa domination sur l'archipel changea de visage, car, partout en Afrique subsaharienne, les États ont entamé des réformes politiques et économiques favorisant le multipartisme, des élections libres et démocratiques. Et, sur la scène internationale, les institutions supra-étatiques exercent de plus en plus d'influence. Elles reconfigurent les politiques économiques et sociale des États, et, dès la fin des années 1990, les politiques de coopération s'uniformisent autour des Objectifs du millénaire pour le développement et la lutte contre la pauvreté.

La coopération franco-comorienne s'inscrit dans cette nouvelle dynamique. Elle vise, à travers le Document cadre de partenariat (DCP) qui définit ses actions, à soutenir la poursuite des programmes des bailleurs multilatéraux, l'apurement de la dette de l'Union des Comores.

Le soutien, que la France mena tambour battant au cours du début des années 2000 pour que l'Union des Comores puisse accéder au processus d'allégement de la dette dans le cadre de l'Initiative PPTE, s'inscrit dans cette logique. Logique qui fonde les nouvelles stratégies qu'elle déploie pour défendre ses intérêts aux Comores et dans la zone.

---

[3] Sur ce point, voir Jean-Michel Severino « Refonder l'aide au développement au XXI siècle », *Critique internationale*, op.cit.

## Les Comores et les Institutions de Bretton Woods : un cas d'école

En effet, c'est n'est qu'en 1986 que la République fédérale islamique des Comores, désormais Union des Comores, ratifia les accords d'ajustement structurel avec le FMI et la Banque mondiale. L'application de ces accords est jalonnée de périodes d'interruptions et de reprises qui rendirent les négociations de ce pays avec les Institutions de Bretton Woods (IBW) difficiles et aléatoires. Jusqu'au début des années 1990, les Comores pouvaient en effet, bon gré mal gré, tourner le dos aux ressources des IBW en évitant ainsi les politiques d'austérités qu'implique l'octroi de ces ressources en se contentant de l'aide bilatérale de l'ancienne puissance coloniale. Mais, à partir des années 1990, la politique de coopération de l'ancienne puissance coloniale change peu à peu. D'abord, pour des raisons conjoncturelles, ensuite, parce qu'elle devait, d'un côté, respecter les directives de la Commission de l'Union européenne en matière de coopération et de politique internationale, de l'autre, celles des Institutions financières internationale et du Comité de l'aide au développement de l'OCDE dont elle est membre.

Prise dans le piège Mahorais (Mayotte), elle ne peut pas lâcher l'Union des Comores, elle soutient le maintien de ce dernier dans la Communauté internationale en favorisant son accès au processus de l'allégement de sa dette dans le cadre de l'Initiative PPTTE dans la perspective d'apaiser la crise politique, économique et institutionnelle que traverse l'Union des Comores dont les conséquences s'étendent dans la région ultrapériphérique (RUP) de l'Union européenne : Mayotte.

L'analyse de l'engagement des autorités comoriennes dans le processus PPTTE et dans l'élaboration du Document stratégique de la lutte contre la pauvreté (DSRP) qui scelle cet engagement est primordiale. D'abord, parce qu'elle décrit les conditions sociopolitiques qui ont favorisé l'enracinement de ce processus dans le paysage politique et institutionnel dudit pays. Elle permet ensuite d'entrevoir les instruments, les concepts et les méthodes que les bailleurs de fonds mobilisent pour imposer les réformes en cours, les stratégies qu'ils déploient pour pérenniser leur politique. Ainsi, entre 2000 et 2003, les 34 pays d'Afrique qui se sont engagés dans le processus PPTTE devaient non seulement pendant 10 ans respecter scrupuleusement les assertions de la Banque mondiale et du FIM en exécutant les réformes néolibérales sous-jacentes à ce processus. Mais, après ces 10 années, la plupart de ces pays dont les Comores se sont également engagés dans un nouveau processus dénommé : Stratégie de croissance accélérée et de développement durable (SCA2D) pour la période 2015-2019. L'objectif de celui-ci est de consolider les réformes entreprises au début des années 2000 dans le cadre du Document stratégique de réduction de la pauvreté (DSRP).

Les dénominatifs changent, mais le cadre et les objectifs poursuivis sont les mêmes. C'est dans cette perspective que nous nous intéressons plus ici au DSRP qu'à la nouvelle Stratégie de croissance accélerée et de développement durable (SCA2D), car celle-ci n'est que l'ombre inerte du DSRP.

### Technique d'abat-jour diplomatique et coups d'État à rebondissements multiples

Jusqu'à la fin des années 1980, la France fut le principal bailleur des Comores, au niveau international le pays subissait la technique de l'abat-jour diplomatique de l'ancienne puissance coloniale. C'est elle qui organise l'agenda de la politique extérieur de l'archipel en veillant aux informations, aux images que l'opinion publique internationale perçoit des coups d'État à rebondissements multiples qu'elle gère de part et d'autre depuis l'accession des Comores à l'indépendance en juillet 1975.

Ainsi, en 1978, Bob Denard et ses mercenaires installent Ahmed Abdallah au pouvoir par un coup d'État en assassinant le président Ali Solihi qui avait pris le pouvoir par les armes trois ans plus tôt en chassant Ahmed Abdallah. La France a soutenu, *volens nolens,* le nouveau régime despotique d'Ahmed Abdallah en finançant par des prêts les infrastructures routières et portuaires, en injectant de la liquidité au Trésor pour les arriérés de paiement des fonctionnaires, en finançant la Garde présidentielle (GP) de Bob Denard.

Mais très vite, la GP devient un État dans l'État, les largesses de la France ne suffisent plus à Bob Denard qui intervient désormais non seulement dans l'action gouvernementale, mais aussi dans le secteur économique en créant des entreprises privées dont toutes les charges sont aux frais de l'État comorien.

En quête de pouvoir, Bob Denard se tourne vers l'Afrique qui finance la Garde présidentielle et ses mercenaires. Moroni a servi de plaque tournante à un trafic d'armes pour le mouvement de Résistance nationale du Mozambique (RNM). La piste Denard a été évoquée dans le meurtre à Paris au printemps 1988 de Dulcie Septembre, la représentante du Congrès national africain ANC.[4]

Au niveau international, le pays est de plus en plus marginalisé et la France est montrée du doigt. Sur le plan économique, c'est le marasme, l'aide extérieure est en baisse, les prix des produits d'exportation sont en chute libre, et la charge de la dette (extérieure) qui est de 30% du PIB entraîne la stagnation de celui-ci et donc une diminution du PIB réel par habitant.

Les dépenses courantes de l'État sont supérieures aux recettes.[5] Les caisses du Trésor sont vides et les arriérés de paiement des fonctionnaires s'accumulent.

En 1985, Bob Denard et ses mercenaires prétextent un putsch et mettent en prisons et torture les membres du Front démocratique (FD), seul mouvement structuré et bien ancré chez les jeunes qui osaient défier le pouvoir en place.[6]

Le pays traverse une crise économique et politique sans précédent et les manœuvres de la Garde présidentielle embarrassent l'ancienne puissance coloniale qui ne peut pas lâcher Moroni, d'une part parce qu'elle s'est empêtrée à Mayotte et, d'autre part, parce que dans cette partie de l'océan Indien elle exerce et a toujours exercé une position hégémonique que les chancelleries et les palais présidentiels de la planète respectent sans vergogne.

Elle est donc sommée d'aider Ahmed Abdallah en écartant Bob Denard qui salit son image, et en 1988, le Président des Comores est reçu à Paris pour relancer les PAS (Programmes d'ajustement structurel) que les Comores ont ratifiés deux ans auparavant.

*Comme je te disais la dernière fois, les programmes d'ajustement structurel n'ont pas commencé en 1990 avec le président* Djohar, *c'est bien avant. C'est nous qui avons commencé les négociations avec le FMI et la BM. J'étais au Plan* (Direction Générale du Plan et de l'aménagement du territoire), *à cette période le Plan était à la*

---

[4] Francis Soler et *al.* « Union des Comores - Bilans annuels de 1983 à 2013 », *L'état du monde*, La Découverte, 2013.

[5] Sur ce point, voir PUND, *Comores. Développement humain durable et élimination de la pauvreté. Eléments pour une stratégie nationale*, Paris, Editions Frison-Roche, 1997.

[6] Concernant ce mouvement, voir notamment, Ahmed Ouledi, *L'association des stagiaires et étudiants comoriens* (ASEC), Ed. Komedit, 2012. Voir également, Idriss Mohamed Chanfi, *Fragments d'expérience. Parcours d'un révolutionnaire comorien*, Ed. Coelacanthe, 2014.

*présidence. Je connais bien ce dossier, je me souviens bien. On est partis à Paris, je faisais partie de la délégation. On est partis avec le président, les négociations ont été difficiles, car le projet qu'on devait signer n'était pas facile, beaucoup de contraintes. Il faut savoir que, depuis 1986, on ait sous programme d'ajustement. Et là on nous demandait d'aller encore plus loin. Le président se posait des questions sur les conséquences de la diminution des fonctionnaires et les ponctions sur les salaires. Pour lui ce programme était difficile à appliquer. Attention, c'était un président qui avait de la personnalité, du charisme, il osait dire non à la France. On est partis avec le principe qu'un représentant du FMI viendrait à Moroni et voir avec le PNUD et le service de la coopération de l'ambassade* (de France à Moroni) *comment relancer le programme en tenant compte de la spécificité des Comores, qui est un pays très pauvre. On connaissait bien les conséquences des PASs* (programmes d'ajustement structurel), *en Afrique ce n'était pas simple à appliquer, des régimes sont tombés, on était méfiants.* **KL. Conseiller technique ministère des Relations extérieure.**

En juillet 1989, un programme d'ajustement visant à stimuler l'investissement et la croissance est mis en place, quatre mois plus tard, Ahmed Abdallah est assassiné par Bob Denard et ses gardes. Le président de la Cour suprême, Saïd Mohamed Djohar, assura l'intérim. Après un mois de tractations entre la France et l'Afrique du Sud, les deux pays trouvèrent un accord pour chasser des Comores Bob Denard et sa bande de mercenaires.

Dans la foulée des élections présidentielles sont organisées et, en mars 1990, Saïd Mohamed Djohar est élu président au terme d'un scrutin à deux tours. Sitôt installé au pouvoir, il reçoit à Moroni (juin 1990) François Mitterrand qui promet une augmentation de l'aide budgétaire de la France si l'État comorien fait des efforts d'assainissement économique. Cette visite relance les accords avec les Institutions de Bretton Woods (IBW) qui étaient jusque-là au point mort.

Un programme d'ajustement structurel, visant principalement l'équilibre macroéconomique, la gestion économique et financière de l'État, est ratifié en 1991.

Le nouveau gouvernement a cependant du mal à appliquer les mesures consécutives à ce programme. D'abord, parce que Saïd Mohamed Djohar n'arrive pas à trouver une majorité politique stable, ensuite, parce que la situation économique se dégrade de jour en jour et que les manifestations des fonctionnaires réclamant leurs arriérés de salaires se multiplient. Quant aux Institutions de Bretton Woods (IBW), elles dénoncent l'incapacité des autorités à réduire les dépenses publiques, à collecter les taxes pour augmenter les recettes de l'État. La poursuite du programme d'ajustement est compromise.

Après un énième remaniement ministériel, en juillet 1992, Caabi Elyachourout Mohamed est nommé ministre des Finances. Dans son livre autobiographique paru en 2006, il écrit « on me confia le portefeuille de ministre de l'Économie, des Finances et du Plan. J'avais comme mission, la reprise des négociations avec les institutions de Bretton Woods pour un programme d'ajustement structurel. Je me retrouvais *donc désigné comme le chirurgien qui mettrait le pays sous perfusion du FMI et de la Banque mondiale*. Les graves manquements de la gestion économique et financière de l'État avaient conduit à une baisse des investissements de nos principaux bailleurs de fonds et à un arrêt de la croissance économique. Il fallait régler la question des arriérés de salaires qui s'élevaient à sept mois (...) Il était nécessaire de régler les échéances de la dette extérieure, les maigres ressources du pays n'arrivant plus à supporter le service annuel. Il nous fallut limiter les dépenses publiques et augmenter les recettes de l'État, restructurer les entreprises publiques, etc. (...) Un travail titanesque, une potion, qui pour l'avaler, supposait un courage et une détermination à toute épreuve. Nous avons dû, hélas, procéder au licenciement d'un grand nombre d'employés, à des ponctions sur le salaire de personnes dont le pouvoir d'achat était déjà très bas. *Le sort des nombreux salariés qui allaient passer sous les fourches des institutions financières internationales me touchait tout particulièrement.* »[7]

Pour encourager ce travail de désétatisation, Paris a octroyé une aide budgétaire « permettant de payer trois mois d'arriérés de salaires, le FMI a consenti un crédit et un rééchelonnement de certains prêts au titre de la dette extérieure suite à la table ronde des bailleurs de Fonds de Djedda »[8] et l'Association Internationale de Développement (IDA filiale de la Banque mondiale) finança la première phase (1993-1999) du fonds d'appui au développement communautaire (FADC) à hauteur de 8,5 millions de dollars US.

Ce travail a permis de réduire le déficit budgétaire en licenciant des fonctionnaires, cependant, l'endettement demeure toujours important, quant au PIB réel par tête, il ne fait que baisser.

[7] Caabi Elyachourout Mohamed, *Aimons les Comores*, Océan Editions, Ile de La Réunion 2006, page 16-17. C'est nous qui soulignons.
[8] Ibid., page 18.

Les difficultés économiques sont profondes puisqu'elles cumulent avec la dévaluation de 33% du franc comorien intervenue en 1994 qui a provoqué une hausse des prix rendant les produits de première nécessité inaccessibles pour beaucoup de Comoriens.

La situation économique a atteint un seuil critique entraînant le pays dans une période d'instabilité et d'agitation politiques et sociales. Pressé par une dette extérieure estimée à 185 millions de dollars US en 1990 dont les créanciers doutent des capacités de remboursement du débiteur, Saïd Mohamed Djohar peut difficilement compter sur une aide des bailleurs traditionnels des Comores, et les voyages qu'il effectue sans cesse au Moyen-Orient ne rassurent guère ces derniers et notamment la France.

Les relations entre Moroni et Paris sont tendues, la décision du Premier ministre français Édouard Balladur, d'instaurer un visa (en janvier 1995) pour les Comoriens se rendant à Mayotte complexifia davantage la situation. La classe politique comorienne organisa une manifestation officielle contre ce visa, dénonçant le processus de départementalisation de Mayotte en gestation. Du côté de l'Elysée, François Mitterrand tente de rassurer les autorités comoriennes en montrant que ce processus n'est pas à l'ordre du jour, mais à l'Hôtel Matignon on voit les choses différemment. Pour le Premier ministre E. Balladur (qui se prépare à la candidature des élections présidentielles de 1995 en se positionnant bien à droite de l'échiquier politique contre son ami de trente ans J. Chirac), cette départementalisation est nécessaire. Et son ministre du Budget, Nicolas Sarkozy le soutient. Ensemble, ils encouragèrent la départementalisation de l'île de Mayotte. Et en septembre 1995, Saïd Mohamed Djohar est évincé du pouvoir par un coup d'État organisé par Bob Denard et ses mercenaires, les accords avec les IBW sont de nouveau suspendus.

### Séparatisme et crise institutionnelle

Écarté du pouvoir par Bob Denard, Saïd Mohamed Djohar est exilé à l'île de la Réunion, son Premier ministre, Caabi Elyachourout (nommé à ce poste en avril 1995. En quittant le ministère des Finances en 1993, il occupa le poste de conseiller chargé des Affaires économiques auprès du président), assura l'intérim en mettant en place un nouveau gouvernement dans la perspective d'organiser des élections présidentielles.

Et, en mars 1996, Mohamed Taki est élu président et reçoit une délégation du FMI et de la BM qui souhaitent une relance des négociations de l'ajustement structurel.

En 1997, avec l'appui de la Coopération française, un programme de surveillance de 6 mois est signé avec les institutions de Bretton Woods. Il s'agissait d'honorer les arriérés de la dette extérieure en améliorant les recettes des droits de douane et des impôts, en continuant le travail de démantèlement de la fonction publique.

Sans marge de manœuvre financière le gouvernement de Mohamed Taki est confronté à de graves problèmes sociopolitiques. D'un côté, les agents de la fonction publique ont entamé en janvier 1997 une grève violemment réprimée par l'armée, de l'autre, le pays est plongé dans le noir. L'électricité est devenue une denrée rare, le pays vit au rythme des délestages. Et en juillet 1997, l'île d'Anjouan fait sécession en désignant un président et un gouvernement qui administre l'île.

Le président des Comores, Mohamed Taki tenta de « libérer » l'île d'Anjouan en envoyant un commando militaire, l'opération s'est soldée par un échec. Certains de ces militaires sont morts et d'autres faits prisonniers par les milices anjouanaises. Confortés par ce succès militaire les séparatistes avalisent la sécession en organisant un référendum à Anjouan.

En décembre 1997, l'OUA (Organisation de l'unité africaine) tente d'apaiser la situation en organisant à Addis Abeba des pourparlers entre les différents protagonistes, mais les séparatistes anjouanais campent sur leurs positions et adoptent en 1998 par référendum une constitution « pour leur Île ».

Sur le plan politique, le pays est au bord de l'implosion et, au niveau économique, la mission du FMI qui s'est rendu à Moroni en février 1998 a relevé plusieurs problèmes (hausse des dépenses salariales, absence d'engagement politique dans le contrôle des dépenses et manque de rigueur dans la discipline fiscale) s'ajoutant à la faiblesse des activités économiques de l'archipel. Ces dernières ont, en outre, été handicapées par l'effondrement de l'approvisionnement en électricité. [9]

Les difficultés ne sont pas que conjoncturelles, elles sont également structurelles, car c'est tout le système institutionnel et gouvernemental qui est paralysé avec la sécession anjouanaise. Et le décès brutal du

---

[9] Francis Soler et *al*, « Union des Comores - Bilans annuels de 1983 à 2013 », *L'état du monde*, op.cit.

président Mohamed Taki en novembre 1998 attise les idées sécessionnistes accentuant ainsi la crise institutionnelle.

*A partir de 1997 avec la séparation de l'île d'Anjouan, la situation économique était devenue difficile. Au niveau politique, les partis s'entredéchiraient, certains ont joué avec le feu, ils alimentaient à leur profit le sentiment anti-anjouanais. Si tu disais quelque chose, on disait ha tu dis ça parce que tu es de la Grande Comore, ou parce que tu es Anjouanais. Non, c'était difficile, c'était toute l'administration qui était bloquée, il n'y avait aucun projet en marche, les Anjouanais qui travaillaient à la Grande Comore avaient déserté, et les Grand comoriens qui étaient à Anjouan étaient partis. Les institutions étaient en lambeaux et la situation est devenue encore plus difficile après la mort subite de Taki.* **SD. Conseiller au ministère de l'Economie et des Finances.**

En effet, cinq mois après la mort du président Mohamed Taki le chef de l'état-major, le colonel Assoumani Azali, prend le pouvoir par un coup d'État. Les instances internationales et notamment l'OUA et l'Union européenne refusèrent de reconnaître ce nouveau régime.

La Banque mondiale a par contre maintenu ses relations avec le gouvernement du président putschiste Assoumani Azali et a négocié les arriérés de paiement de la dette extérieure de l'archipel. Et, lorsque ce dernier a honoré ces arriérés (au début de l'année 1999), la Banque mondiale (BM) déclara les Comores à nouveau éligibles pour un décaissement de crédits en leur faveur. C'est une tradition de la BM, la fin d'un crédit suppose toujours le début d'un autre.

Les Comores sont donc éligibles pour un autre crédit, mais la situation politique rend le déblocage des fonds promis difficile et aléatoire. Car, d'un côté, l'OUA refuse toujours de reconnaître le régime du président Assoumani Azali, reprochant à ce dernier d'être arrivé au pouvoir par un putsch, de l'autre, le nouveau gouvernement n'arrive pas à trouver une solution à la crise séparatiste qui paralyse toutes les activités économiques, la bonne marche des institutions étatiques.

En 2001 (février), avec l'aide de l'OUA, le gouvernement d'Assoumani Azali, les autorités d'Anjouan et les partis d'opposition trouvent un accord à la crise séparatiste en créant d'une part un Nouvel ensemble comorien (NEC) et, d'autre part, un organisme tripartite dans lequel siègent des représentants de chaque île (Anjouan, Mohéli, Grande Comore) chargés du suivi des accords du NEC et de l'élaboration d'une nouvelle constitution qui sera avalisée par référendum.

Une fois ce processus institutionnel lancé, on organisa à Paris une conférence réunissant les donateurs de l'archipel, et à la fin de l'année 2001, une nouvelle constitution baptisée *Union des Comores* est adoptée. Celle-ci est fédérale, d'un côté, chaque île (Anjouan, Mohéli, Grande Comore) a son président, son gouvernement, et, de l'autre, un président et un gouvernement de l'Union. « Chaque île établit librement sa loi fondamentale dans le respect de la constitution de l'Union (...) Le droit de l'Union prime le droit des îles, il est exécutoire sur l'ensemble du territoire des Comores. (...) Les îles jouissent de l'autonomie financière. Elles élaborent et gèrent librement leur budget selon les principes applicables en matière de gestion des finances publiques (...) La Présidence est tournante entre les îles. Le président et les Vice-Présidents sont élus ensemble au suffrage universel direct majoritaire à un tour pour un mandat de quatre ans renouvelable dans les respects de la tournante entre les îles. Une élection primaire est organisée dans l'île, laquelle échoit la présidence et seuls les trois candidats ayant obtenu le plus grand nombre de suffrages exprimés peuvent se présenter. »[10] La nouvelle constitution prévoit également une assemblée pour chaque île et un parlement pour l'Union. La complexité institutionnelle de la nouvelle Constitution est flagrante.

Les premières élections à la présidence de l'Union incombent à la Grande Comore. Pour se présenter à ces élections le Président sortant, Assoumani Azali démissionne de ses fonctions laissant en place un gouvernement d'Union nationale de transition. En mars 2002, Azali fera partie des trois candidats sélectionnés lors des élections primaires à la présidence de l'Union.

Sans surprise, il gagne ces élections puisque ses deux adversaires ont finalement fait le choix de boycotter le scrutin. Cette victoire est fortement contestée par l'opposition, et la commission nationale électorale refuse de l'homologuer prétextant des irrégularités.

Le pays entre de nouveau dans une période d'agitation et d'instabilité politico-institutionnelle, l'OUA intervient en mettant en place une nouvelle commission électorale qui valide la victoire d'Azali. Et, en mai 2002, une mission du FMI se rend à Moroni.

Cependant, la poursuite des accords avec les institutions de Bretton Woods reste difficile, car la gangrène séparatiste ronge toujours le pays.

---

[10] Union des Comores, *Unité-Solidarité-Développement. Constitution de l'Union*, Préambule, Ed. KOMOR Graphie Express, 2001, Tire II ART 7-8-9-10-11 et Titre III ART 13.

Les relations entre le gouvernement de l'Union et les îles autonomes sont difficiles et ne cessent de se dégrader. A Anjouan, le Président de l'île agit sans concertation avec les autorités de l'Union, à la Grande Comore la question de la répartition des recettes fiscales oppose le Président de l'île et le Président de l'Union. L'agenda électoral, prévoyant des scrutins pour les assemblées des trois îles en avril 2003 et des législatives pour le parlement de l'Union en mai 2003, est hypothétique.[11]

En décembre 2003, sous l'égide de l'Union africaine le gouvernement de l'Union et les présidents des îles autonomes signent enfin un accord de réconciliation et, quelques mois plus tard, le processus des élections législatif est engagé. Entre-temps, les partenaires des Comores se retrouvent à Paris pour la création d'un fonds fiduciaire destiné à appuyer les accords de réconciliation, les élections législatives, et négocient l'entrée de l'archipel dans le processus PPTE. (L'Initiative de la réduction de la dette des pays pauvres très endettés).

En 2004, les élections législatives ont lieu, chaque île a désormais son parlement et l'Union son assemblée. Les relations entre les Comores et la communauté internationale se sont normalisées. Paris a promis aux autorités comoriennes la tenue d'une conférence des bailleurs de fonds des Comores en 2005 à l'île Maurice suivie d'une réduction de la dette, si l'archipel respecte ses engagements envers le FMI, si le processus de réconciliation nationale suit son cours.

## Le piège Mahorais et la refonte de la coopération franco-comorienne

Le processus de réconciliation national est fragile, l'architecture institutionnelle de la nouvelle Constitution est trop complexe. Elle est peu constituante, elle renvoie sans cesse la question de la répartition des pouvoirs, de l'équilibre financier entre l'Union et les îles à des improbables lois organiques. Elle ne peut donc éradiquer la nécrose séparatiste, assurer une stabilité politique et institutionnelle. Le séparatisme sévit toujours en empruntant des nouveaux habitats. Ainsi, en mai 2007, lors des élections pour la présidence des îles les conflits de compétences entre les pouvoirs exécutifs des îles et ceux de l'Union éclatent de nouveau.

---

[11] Francis Soler et *al*, « Union des Comores - Bilans annuels de 1983 à 2013 », *L'état du monde*, op.cit.

Le président sortant de l'île d'Anjouan Mohamed Bacar s'autoproclama réélu et confisqua le pouvoir, et le pays entra encore une fois dans une crise politique et institutionnelle. Au bout d'un an de crise, les trois îles seront à nouveau réunifiées après l'intervention de l'armée comorienne appuyée par des forces de l'Union africaine sur l'île d'Anjouan.

Et, en janvier 2009, une autre crise surgit lorsque le président Sambi, élu en 2006, présenta un projet de loi visant à modifier la constitution de 2001 par voie référendaire. L'opposition cria au scandale et dénonça les méfaits de ce référendum. La Cours constitutionnelle annula le projet de loi du Président Sambi pour vice de forme. En avril 2009, ce dernier prend un nouveau décret fixant en mai 2009 un référendum pour la révision de la constitution de 2001. Et, le 17 mai, la révision constitutionnelle a été approuvée par référendum (93, 98% des suffrages exprimés) et modifia quelque peu la Constitution en instaurant notamment le quinquennat.

Pour le Président Sambi, ce nouvel dispositif est rétroactif, il prolonge d'un an son mandat. L'opposition dénonça cette rétroactivité et des manifestations eurent lieu à l'île de Mohéli qui devait hériter de la présidence tournante en 2010.

Grâce à la médiation de l'Union africaine et du Groupe de Travail de Haut Niveau (GTHN) de la Coopération française, un « Accord sur la gestion de la période intérimaire »[12] a été conclu entre les différents partis, et des élections furent organisées en décembre 2010 desquelles Ikiliou Dhoinime fut élu président de l'Union en acceptant de prendre ses fonctions qu'en mai 2011, approuvant *de facto* la prolongation du mandat de son prédécesseur.

Depuis, la situation est relativement calme, mais reste fragile, car non seulement le séparatisme menace toujours l'unité du pays, mais la départementalisation de Mayotte affaiblie également la cohésion nationale. Qui plus est, selon la constitution de 2001 Mayotte fait partie intégrante de l'Union, et, à ce titre, des hommes politiques réclament sa réintégration, et proposent pour les élections présidentielles de l'Union de 2016 l'idée d'une liste de candidats mahorais pour le premier tour de ces élections.

---

[12] Concernant cet accord et le Groupe de Travail de Haut Niveau, voir le rapport de M. Renaud Muselier (Député) *au nom de la Commission des Affaires étrangères sur le projet de loi n°3598, autorisant l'approbation de l'accord entre le gouvernement de la République française et le gouvernement de l'Union des Comores instituant un partenariat de défense.* Assemblée nationale le 16 novembre 2011.

Mais la France s'est toujours opposée à une telle idée, et, dans le rapport de l'Assemblée nationale française datant de novembre 2011 précité, l'auteur précise que l'organisation d'un premier tour à Mayotte avec une liste de candidats mahorais n'est pas « réaliste »[13]. Il soutient entre les lignes la position d'hommes politiques locaux qui proposent soit de mettre purement et simplement fin à l'élection « tournante », soit de sauter le tour de Mayotte.

Si « la tournante » est un processus institutionnel complexe qui tend en effet à favoriser l'esprit du séparatisme, son abrogation ne peut pas être un subterfuge pour évacuer *la question mahoraise* du débat politique. Car le problème mahorais fragilise autant la cohésion nationale que la Constitution de 2001. Sur le plan historique et archéologique, l'Union des Comores est une structure politique et sociale à quatre axes interdépendants, en devenant « une vache à trois pattes »[14], la structure est intrinsèquement instable, ce qui renforce le « néo-patrimonial »[15], « la politique du ventre »[16] comme modes de régulation politique et institutionnelle.

La logique prédatrice[17] de l'État comorien inquiète la France, car nombreux sont les évènements qui montrent que quand les trois îles de l'Union sont enrhumées, la quatrième (Mayotte) tousse fortement. Consciente de ce phénomène d'ordre historique et anthropologique qu'aucune structure ne peut endiguer la contagion, l'ancienne puissance coloniale a fait de la *question mahoraise* l'axe principal de la coopération franco-comorienne[18]. Elle apporte son aide pour renforcer la cohésion nationale au sein de l'Union en soutenant des réformes administratives et institutionnelles, en mettant en œuvre des dispositifs visant à lutter contre les élans séparatistes qui s'expriment ponctuellement.

Cependant ce soutien, est peu efficient parce qu'il s'attaque aux symptômes et non aux nombreuses causes des dysfonctionnements

---

13 Loc. cit.

14 Abdou-Djabir, *Les Comores. Un Etat en construction*, Ed. L'Harmattan, 1993, page 117.

15 Concernant « L'Etat néo-patrimonial » voir J.F Médard (dir.), *Etats d'Afrique noire*, Ed. Karthala, 1993.

16 « La politique du ventre » comme mode d'organisation sociopolitique, voir J-F Bayard, *La politique du ventre,* op.cit.

17 Par rapport à la logique de « L'Etat prédateur », voir D. Darbon « L'Etat prédateur », Politique africaine, n°39 septembre 1990, pp 37-45.

18 Sur ce point, voir le rapport de M. Renaud Muselier (Député*) au nom de la Commission des Affaires étrangères sur le projet de loi n°3598...* op.cit.

institutionnels, aux racines de l'anomie politique et territoriale et notamment la question de l'intégration de Mayotte dans l'Union des Comores.

Il est difficile d'envisager un équilibre institutionnel, une adhésion de la population de l'Union aux valeurs que diffuse l'État comorien sans une réponse viable à la *question Mahoraise*, qui plus est, la départementalisation de cette île n'est pas reconnue par les différentes instances internationales et régionales : ONU, OUA, la Commission de l'Océan Indien (CIO). Et les images macabres de Comoriens qui meurent en mer parce qu'ils tentent de rejoindre Mayotte dans des embarcations de fortune créent une charge émotionnelle dans la conscience collective qui crispe la coopération franco-comorienne.

Les effets de l'aide de la coopération française sont ensuite difficiles à apprécier dans la mesure où celle-ci n'est plus directe, elle est disparate, et apporte peu de réponses immédiates aux problèmes que connaissent les populations et notamment les plus démunies. Car cette aide s'inscrit dans une perspective plus large, celle de la lutte contre la pauvreté et la réalisation des OMD dont le plan d'action et de programmation est le Document cadre de partenariat (DCP) qui relate la politique française en matière d'aide.

Ainsi, en novembre 2006, l'Union des Comores signa un DCP couvrant la période 2006-2010. Et, à la fin de cette période, le Document a été renouvelé d'une année (2011-2012), puis reconduit d'une année (2013-2014).

En regardant de plus près le DCP force est de constater que ce Document n'est ni plus ni moins que le prolongement de la Déclaration de Paris. Il est un instrument politique servant d'une part à transformer l'aide de la coopération française en l'alignant sur le consensus international de la lutte contre la pauvreté et sur la réalisation des OMD et, d'autre part, à conditionner l'octroi de l'aide française « à l'existence préalable d'un accord avec le Fonds monétaire international (FMI). »[19]

Le soutien qu'apporte la coopération française à travers le DCP vise avant tout la poursuite des programmes en cours avec les Institutions de Bretton Woods (IBW), l'apurement des arriérés de la dette de ces pays à égard de ces institutions.

[19] Vincent Geronimi, « Le temps de la normalisation ? Big Push et trappe à pauvres » in *Savoirs et politiques de développement. Questions en débat à l'aube du XXIe siècle*, Vincent Geronimi et *al* (dir.), Ed. Karthala, 2008, pp 65-87, page 68.

Ainsi, à la demande des autorités comoriennes et de l'ambassade de France à Moroni, une évaluation du DCP des Comores a été réalisée en 2012 par une société privée de conseil belge nommée ADE (Aide à la décision économique). L'évaluation souligne que non seulement les financements prévus pour la réalisation du DCP n'ont été que partiellement engagés en raison d'une mise en œuvre des projets plus lente que prévu, mais aussi que ce qui importe dans la coopération franco-comorienne c'est : « Le maintien de l'Union des Comores dans la communauté internationale et, dans ce but la poursuite des interventions du FMI. »[20]

C'est dans cette perspective que le DCP des Comores de 2011-2012 a été reconduit pour une année (2013-2014). Car, au-delà de cette date le cadre de l'aide, de la coopération française pour l'Union des Comores « se formulera conjointement avec la délégation de l'Union européenne et sur la base du futur document stratégique de l'Union des Comores en cours d'élaboration. »[21]

### Élaboration et contenu du Documents stratégique de réduction de la pauvreté (DSRP)

Contrairement aux programmes d'ajustement structurel, le DSRP est en principe un processus *endogène* validé par les institutions de Bretton Woods. Il se veut moins « bureaucratique », plus « démocratique ». Plus démocratique, car, de par sa configuration, il est un processus essentiellement « participatif ». Non seulement il invite les gouvernants de chacun des pays les plus pauvres et très endettés à concevoir et entreprendre eux-mêmes des dispositifs sociaux, politiques et économiques pour réduire la pauvreté, mais il demande également aux autorités locales de mettre en œuvre des actions visant à faire participer l'ensemble de la population et notamment les plus pauvres à la conception et à la réalisation desdits dispositifs. Ces actions sont nombreuses, c'est d'abord des enquêtes qualitatives et quantitatives concernant l'état de la pauvreté, c'est aussi l'implication de la société civile dans la construction et la validation du processus DSRP.

---

[20] ADE, *Evaluation du Document cadre de partenariat « France-Union des Comores » (2006-2010),* Rapport final, septembre 2012, page 13.

[21] République Française, ministère des Affaires étrangères, chargé du Développement, *Document cadre de partenariat entre la France et l'Union des Comores* 2013-2014, Paris, le 20 juin 2013, page 5.

Parce que les États bénéficiaires n'ont ni les moyens matériels, ni les capacités humaines pour mettre en œuvre ces actions de participation et de validation du processus DSRP, les bailleurs financent ces actions. L'élaboration du DSRP tend ainsi à devenir un processus *exogène* et qui plus est, ce sont les bailleurs, et notamment la Banque mondiale qui ont le dernier mot concernant la validité du Document.

Le DSRP : vous avez dit participatif ?

Comme l'exigent les Institutions financières internationales (IFI) de tous les pays à bas revenus qui souhaitent bénéficier d'un allégement de la dette dans le cadre de l'Initiative des pays pauvres très endettés (PPTE), les Comores ont élaboré un DSRP (DSRP, c'est l'intitulé que la Banque mondiale (BM) donne à ce document dans le cadre de son programme ''Cadre de développement intégré CDI''. Mais le titre que les autorités locales donnent au document peut varier d'un pays à un autre. Au Mali, par exemple, le Document est nommé *Cadre de stratégie pour la croissance et la réduction de la pauvreté* et, Au Mozambique, *Plan d'Action pour la réduction absolue de la pauvreté*. Aux Comores, tantôt il porte le nom de DSRP, tantôt celui de *Stratégies de croissance et de réduction de la pauvreté,* SCRP).

En principe, l'élaboration du DSRP est participative, elle associe les bailleurs de fonds, les autorités locales et l'ensemble des acteurs sociaux du pays en question. Théoriquement, les bailleurs n'interviennent pas dans le choix des axes qui structurent le document, leur rôle est principalement de soutenir le processus et sa mise en œuvre.

*Le DSRP dit quoi ? C'est à nous et eux les bailleurs de fonds qui mettent en œuvre les programmes de développement. Avec le DSRP c'est le fameux consensus de Washington qui a été rompu où l'on fondait le modèle de développement à Washington et à Paris et on arrivait ici en disant :*

*« Monsieur le Ministre voilà le programme, et je vous donne un peu d'argent et essayez de faire quelque chose pour votre population ». Maintenant, ça a changé, car on a constaté que ça n'a pas produit le développement. Désormais, on participe, on fixe les priorités, on ne peut pas le faire sans nous. Ce n'est ni à Paris, ni à Washington qu'on va nous dire ce qu'il faut faire. Ceux qui sont confrontés au développement ont leur mot à dire et les bailleurs en tiennent compte. On ne va pas dire ah, ah, c'est la faute du Blanc non, non ! C'est fini,*

*on a notre part de responsabilité. Vous n'avez pas les moyens, on va vous les donner en fonction des priorités que vous avez vous-mêmes fixées* et de résultats tangibles. *Voilà comment on travaille maintenant. C'est un travail long et difficile qui touche tous les ministères. S'il est bien fait, les programmes et les budgets sont là, sinon on n'a rien et c'est de notre faute.* **ALP Délégué Commissaire Général au Plan (désormais CGP).**

La démarche est certes participative, mais le Cadre de développement intégré (CDI) élaboré par la BM impose les différents axes qui structurent les DSRP :

- Poursuivre les politiques macroéconomiques envisagées pour soutenir une croissance *pro-pauvres*.
- Améliorer la gouvernance
- Favoriser des politiques et des programmes sectoriels appropriés
- Développer un dispositif permettant d'évaluer le coût des financements pour les programmes proposés.[22]

Le DSRP est un programme global sur trois ans suivi d'un plan d'action avec un calendrier permettant de hiérarchiser les priorités, de mesurer les résultats obtenus par rapport aux objectifs fixés.

Chaque axe stratégique vise plusieurs objectifs, ainsi la participation des autorités locales dans l'élaboration, le suivi du Document doit à assurer la bonne compréhension, « l'appropriation » par ces derniers des normes, des idées cadres qui structurent le processus. Quant à la participation des agents de la société civile, elle vise l'émancipation de structures communautaires et sectorielles qui contribuent à la construction de la *cité* avec un droit de contrôle sur les affaires publiques. L'avènement de ces structures dont les agents sont issus de la société civile est censé développer à son tour le principe de « responsabilité démocratique, la bonne gouvernance. »[23]

Dans tous les pays qui se sont engagés dans le processus DSRP (entre 2000 et 2003, 58 pays se sont engagés : 35 pays d'Afrique, 4 d'Amérique centrale et du Sud, 15 pays d'Asie et 4 de l'Europe de

[22] Sur ce point, voir notamment, Bonnie Campbell, « Bonne gouvernance, réformes institutionnelles et stratégies de réduction de la pauvreté : sur quel agenda de développement » in *Gouvernance et appropriation locale du développement. Au-delà des modèles importés*, op.cit., pp 35-56.

[23] Union des Comores. Présidence de l'Union, Commissaire général au plan, *Document de stratégie de croissance et de réduction de la pauvreté,* Document intérimaire, iuin 2003.

l'Est), c'est à l'État récipiendaire d'entreprendre les actions favorisant la participation.

Ainsi aux Comores, c'est le Commissariat général au plan (CGP) qui est chargé de l'élaboration et du suivi du DSRP.

**Pouvoirs et prérogatives du Commissariat Général au plan (CGP)**

Aux Comores, le CGP joue un rôle déterminant dans l'organisation de l'aide au développement, dans les accords, le suivi et la signature des prêts avec les bailleurs. La Constitution comorienne autorise le président à négocier et à ratifier les traités et les accords internationaux en matière d'endettement public. Ce dernier délègue ce pouvoir à son ministre des Finances. Et les différents ministères initient les projets d'emprunt en les soumettant au CGP, qui évalue et vérifie si le ou les projets à financer sont en cohérence avec la politique économique nationale, le programme des investissements publics et le DSRP.

Lorsqu'un ministère initie un projet et que le CGP donne un avis favorable, ce dernier mène des recherches pour trouver les ressources pour financer le projet en question. Lorsque le CGP trouve un bailleur il contacte le ministère des Relations extérieures (MdRE), et les négociations du prêt avec le bailleur de fonds se déroule avec une équipe composée par des membres du CGP, du MdRE, de la Cellule de réformes économiques et financières (CREF) et du ministère initiateur dudit projet.

Le projet de prêt est ensuite soumis au Comité national de la dette publique (CNDP) qui apprécie l'offre de financement en s'assurant que les exigences de *concessionnalité*** sont respectées. Si c'est le cas la convention est signée par le ministère des Finances. Dans le cas contraire, une demande de renégociation est formulée.

Concernant les décaissements des fonds le rôle du CGP est aussi important. Le ministère concerné formule une demande de décaissement auprès du CGP, et ce dernier transmet cette demande au bailleur qui verse les fonds sur le compte de la Banque centrale des Comores (BCC) à la Banque de France (Bdf). Le BCC verse enfin les fonds sur le compte bénéficiaire du projet en lui signifiant un avis de crédit.

Source, ***outils d'évaluation de la performance en matière de gestion de la dette*** (DeMPA) Union des Comores juin 2011.

** Concessionnalité : La concessionnalité correspond soit à une annulation d'une partie des créances, soit à un rééchelonnement de la dette sur une longue période à un taux d'intérêt inférieur au taux de marché approprié. On parle de concessionnalité lorsque le traitement de la dette se traduit par une diminution de sa valeur actuelle nette.

Encadré, par les agents du PNUD aux Comores et par un expert canadien dépêché à Moroni par la BM, les agents du Plan ont mis en œuvre un dispositif institutionnel composé de trois entités servant à l'élaboration du Document : a) le comité technique, b) les comités d'orientation, c) le comité de coordination et de suivi.

*Le DSRP c'est un processus lancé en 2001, c'était nouveau, nouveau pour nous. Comment on a procédé ? On avait recruté un bureau d'étude canadien dénommé IDEA international. IDEA international qui a travaillé pour le même sujet au Bénin, au Mali, dans beaucoup de pays. C'était un financement PNUD. Le processus, on l'a lancé par le biais d'un projet PNUD. Un projet de « Renforcement des capacités nationales en matière d'élaboration de stratégies de lutte contre la pauvreté et de suivi des conférences internationales ». C'était ça la dénomination initiale, du premier projet qu'on a lancé en 2001. Donc, avec ce bureau d'études et le PNUD, on a élaboré la méthodologie des activités, et on a mis en place un dispositif institutionnel. Ce dispositif institutionnel comprenait essentiellement un comité technique, ce comité technique était essentiellement basé au Plan. Au départ, ce comité comprenait essentiellement des gens très expérimentés du Plan, du PNUD. C'était essentiellement eux au départ. Et après on a créé le comité de coordination et de suivi qui englobe les différents départements sectoriels. Donc il y a les structures centrales et les structures au niveau des îles. Chaque île avait son comité d'orientation. Dans le comité d'orientation, il y avait des représentants des institutions et des représentants de la société civile, du secteur privé.*
**IB. Ministère de l'Economie et des Finances.**

C'est « le comité technique » essentiellement composé par des hauts cadres du Plan et par des consultants internationaux qui dessina l'architecture du Document en interprétant les assertions des institutions de Bretton Woods (IBW) à l'aune des réalités socio-économiques du pays. Une fois l'architecture définie, le Plan organisa des « Ateliers » de travail réunissant les cadres et les techniciens des différents départements ministériels dans l'optique d'entériner le Document en déterminant précisément le budget nécessaire pour chaque axe stratégique préalablement défini.

*Attends, attends, parce que cette histoire de « comité technique », ça ne s'est pas passé comme ça. On dit beaucoup de choses là-dessus, mais il faut remonter à l'origine pendant le régime du président Azali* (2002-2006) *parce que c'est à cette période que ça a commencé. Il y a eu une grosse erreur dès le départ. Parce qu'on nous a réunis, nous les hauts cadres de la fonction publique, les techniciens dans un hôtel, on s'est vus pendant plus une semaine. Il y avait plusieurs techniciens, les cadres dirigeants, selon les profils des uns et des autres on a constitué des groupes de travail. Alors, quand on a commencé à travailler on croyait au départ qu'on allait construire un projet qui nous servirait de base. Mais non, non, on nous a envoyé un expert européen naturalisé canadien, mais il nous a mis dans l'embarras. Pourquoi je dis ça : au lieu de définir des projets, par exemple, un projet sur l'éducation, sur la santé, par exemple, sur l'adduction d'eau, les différents secteurs quoi, on nous a dit de définir des enveloppes pour chaque secteur. Donc, on a mis la charrue avant les bœufs. Il fallait d'abord construire des projets, voir ensuite comment les rendre bancables et puis faire les additions, savoir ce qu'il fallait pour chaque secteur, mais non, on nous a demandé de définir des enveloppes budgétaires. Bon, on fait notre travail, on a lu le document qu'on nous a présenté et on a défini les montants des différentes enveloppes. Je crois que le tout a été estimé à 400 millions de dollars, si je ne me trompe pas.* **SP. Ministère de l'Economie et des finances.**

Le « comité technique » a défini le cadre général du DSRP, et l'expertise des cadres et des techniciens de la fonction publique a légitimé le travail effectué par ce comité faisant dudit Document un programme collectif qui engage tous les ministères.

Pour sa mise en œuvre on a réuni tour à tour les « comités d'orientation » présents dans chaque île (un par île) où siégeaient, d'une part, les membres du « comité technique » et, d'autre part, les représentant de la société civile et du secteur privé dans la perspective de mobiliser les acteurs de développement dans l'île afin « de faciliter et d'orienter les travaux techniques .»[24] Autrement dit, il s'agissait dans ces ateliers de traduire au niveau de chaque île les directives du « comité technique » en y impliquant les représentants des organisations de la société civile et du secteur privé. C'est un travail sur la *forme* et non sur le *fond*, car l'architecture du Document et son contenu sont donnés et les procédures d'élaboration non négociables.[25]

Et, dans cette perspective, la participation de la société civile dans l'élaboration du DSRP est une fiction théorique. D'abord parce que, malgré l'importance de la notion de société civile dans le processus, celle-ci n'a pas fait l'objet d'une définition précise. Elle est un concept valise dont les définitions varient selon les auteurs.

---

[24] Union des Comores. Présidence de l'Union, Commissaire général au plan, *Document de stratégie de croissance et de réduction de la pauvreté,* op.cit., page 10.

[25] Concernant l'influence des IFI dans les procédures d'élaboration des DSRP, voir Bernard Contamin, Julien Milanesi et *al*, « Les nouvelles logiques de l'aide publique au développement : entre rationalisation, pragmatisme et logiques institutionnelles », L'actualité économique, vol, 84, N°2, 2008, pp 155-178.

La société civile, c'est autant les ONG locales que l'association du patronat, l'association des enseignants, des fonctionnaires à la retraite, des cultivateurs, des pêcheurs, des consommateurs, des jeunes, des femmes entrepreneurs, etc. La société civile, c'est tout sauf l'État.

*Chez nous, c'est maintenant qu'il commence à y avoir des structures de la société civile, il y a la société des consommateurs, l'association des femmes, bon, il y a beaucoup maintenant. Mais à l'époque, quand on a commencé le DSRP en 2000/2001, bon on prenait comme société civile les partis politiques, en plus à l'époque il ne fallait pas que le DSRP soit perçu comme un document stratégique du gouvernement, donc les gens de l'opposition étaient très, très représentés dans les comités. Je me rappelais bien que Monsieur* X (il cite le nom d'un représentant politique nationalement connu*) était très actif, il a même présidé les comités d'orientation. On est partis ensemble à Mohéli et Anjouan. Bon, il y avait aussi des gens des ONG, qui n'étaient pas politiques. On regardait dans le secteur de la santé ou de l'éducation les éléments, les personnes les plus pertinentes, qui pouvaient s'impliquer. On ne pouvait pas mettre les gens de la santé et de l'agriculture ensemble, ce n'est pas leur domaine. Maintenant, il est vrai on ne peut pas dire que c'est la société civile qui a mis en place les axes stratégiques. Il fallait faire des propositions. Par contre, en plein débat, il ressortait des choses intéressantes. Mais bon, de toute façon, quand tu regardes bien tous les DSRP du monde se ressemblent, on retrouve la même chose : l'agriculture, l'éducation, la santé, le plus important c'est ce qu'on met à l'intérieur*. **SI. Délégué CGP.**

Fiction théorique ensuite parce que, comme vient de le souligner notre interlocuteur, aux Comores, les organismes de la société civile et du secteur privé sont récents et peu nombreux. Le concept même de société civile est nouveau, il a fait son apparition dans le discours et la technologie politiques du pays au début des années 1990 avec l'avènement du multipartisme et le roulis de la *démocratie participation,* d'une part, et, d'autre part, avec le développement des idées de la décentralisation que l'Union européenne a toujours soutenues dans le cadre du Projet de coopération décentralisée (PCD) en mettant en place des actions favorisant l'émergence d'associations dans les différents districts. D'autres associations ont vu le jour avec la mise en place en 2010/2011 de la Maison des organisations de la société civile (MOSC), également financée par l'Union européenne dans le cadre du Fonds européen de développement (FED).

Il existe aujourd'hui des organisations de la société civile, mais leur légitimité et leurs capacités organisationnelles sont difficiles à apprécier.

*La participation de la société civile en tant que telle... ici la société civile n'est pas vraiment... elle existe au niveau des associations dans plusieurs secteurs, mais très rares sont les professionnelles, il n'y a que des bénévolats ici et là. Les présidents chacun à son boulot, parfois ils sont au chômage, ils ne se préoccupent pas de la survie de l'association. Souvent ces associations n'ont même pas de bureau, elles ne sont pas visibles. Ce sont des politiciens qui prennent ça comme espace politique. Tu as quelques structures par exemple dans le domaine de l'éducation l'association Maeecha qui maintenant s'est professionnalisée, elle est visible, elle a son bureau, il y a des permanents, elle a une adresse, des salariés. Mais une structure comme ça, il n'y en a pas beaucoup.* **IS. Conseiller, Direction du Plan aménagement du territoire.**

Est-ce que l'Association Entreprendre au féminin aux Comores (EFOICOM) représente les intérêts et les besoins de ce groupe ? A-t-elle les capacités organisationnelles et analytiques pour remplir ses objectifs, énoncer ses besoins, défendre ses intérêts en participant au dialogue national ?

*Au niveau de la société civile plus spécifiquement, nous avons fait une étude il y a trois ans. L'objectif était de comprendre justement les contraintes qui pèsent, qui freinent la participation de la société civile. Il y a des problèmes à tous les niveaux : problèmes de financement, problèmes de compréhension des principes de base. Pourquoi, parce qu'il y a des principes de base. Vous le savez bien... des principes de base selon lesquels, lorsqu'un être humain vient participer à un processus, il doit les avoir... On ne peut pas comprendre le DSRP, le suivre, si on ne connaît pas ces notions de base. Donc, on est souvent confronté à un problème : Une personne vient nous voir disant qu'elle est une personne de la société civile. Par exemple, une structure qui représente les femmes. Mais on n'a pas toujours la conviction qu'elle représente bien la structure en question, qu'elle est la voix de la structure. Est-ce qu'elle a consulté les membres avant de venir nous voir ? Après nous avoir vus est-ce qu'elle consultera les membres ? Est-ce qu'il y a un feedback ? Tout ça, tout le monde l'a reconnu dans l'étude que nous avons menée. On a constaté le phénomène dans chaque île.* **TJS. CGP.**

Aux Comores, la société civile a du mal à trouver sa place, elle est balbutiante, elle ne joue pas le rôle qui lui est dévolu, il est nécessaire d'encourager son expansion. Cependant, il serait politiquement naïf de penser que des dispositifs importés, tels que le DSRP, le PCD, pourraient contribuer à son développement. L'apport de ces dispositifs phagocyte sa construction, car on oppose ici société civile et État. Et, dans cette opposition, on envisage la société civile comme un ensemble d'institutions précises distinctes de l'État dont l'objectif est d'accélérer le développement en court-circuitant l'État, d'une part, et, d'autre part, en jouant le rôle de caisse de résonance pour les revendications que l'État n'entendrait pas. Dans cette approche substantialiste, on oublie au passage deux choses qui nous semblent fondamentales :

- a) la société civile présuppose un État de droit, elle ne peut se développer et accomplir ses missions que dans un territoire constitutionnellement bien défini, ou les administrés partageant les valeurs politiques que l'État revendique en faisant régulièrement la publicité (publicité au sens qu'Habermas confère à cette notion : publiquement visible[26]). - b) dans les pays où l'État est faible, où l'État est un quasi-État, la société civile trouve difficilement sa place et les plus démunis sont abandonnés à leur sort.[27]

« La voix » des pauvres : construction sociale d'une catégorie

Dans la logique du DSRP, la participation ne signifie pas seulement l'implication de la société civile, elle suppose également la prise en considération de « la voix » des populations et notamment des plus démunis dans le processus d'élaboration. Pour ce faire, des enquêtes sociologiques visant à mieux connaître les caractéristiques objectives de ces dernières ont été menées dans les trois îles de l'Union des Comores. L'objectif est de produire des données permettant d'orienter les axes stratégiques du DSRP en fonction des réalités socio-économiques de chaque île et des groupes sociaux qui y vivent.

Ces enquêtes s'inscrivent dans la démarche théorique des enquêtes intégrales et prioritaires développées dans le cadre du projet *Dimensions sociales à l'Ajustement* évoqué au second chapitre. On postule ici qu'il faut donner « la voix » aux pauvres, car ils sont « des

---

[26] Sur ce point, voir Jürgen Habermas, *L'espace Public, Archéologie de la publicité comme dimension de la société bourgeoise*, Ed. Payot, 1988.

[27] A ce propos, voir Sunil Khilnani, « "La société civile", une résurgence», op.cit.

experts » de la pauvreté. Ils sont les seuls à mieux connaître l'origine, les causes multidimensionnelles de la pauvreté que les enquêtes quantitatives traditionnelles ont du mal à appréhender.

Il s'agit, d'une part, d'appréhender la perception de la pauvreté en saisissant la ou les définitions, les causes, les difficultés rencontrées, comment s'en sortir, les stratégies mises en œuvre, la distance et la proximité des pauvres avec les différentes institutions. Il s'agit, d'autre part, de saisir la pauvreté monétaire et non monétaire en produisant des profils de pauvreté pour chaque île. Dans cette perspective deux enquêtes ont été menées aux Comores, la première intitulée, *Enquête sur les perceptions du bien-être et de la pauvreté* (EPP) a été réalisée en 2002, la seconde, nommée *Enquête intégrale auprès des ménages* (EIM) en 2005.

*a) Enquête sur les perceptions du bien-être et de la pauvreté* (EPP)

Cette enquête a été réalisée par la Direction de la Statistique du Commissariat général au plan (CGP) avec la collaboration d'un cabinet d'audit international nommé IDEA International et du PNUD. Pour la construction des données, deux méthodes ont été mobilisées :

1- La méthode des groupes focalisés (GF)

2- La méthode des préférences révélées (PR)[28] (ou de vote individuel pondéré).

S'agissant de la première, la démarche consiste à réunir des personnes (entre 10 à 20) choisies selon des critères socio-démographiques pour discuter d'un thème spécifique sous la supervision d'un ou plusieurs chercheurs. Elle est communément appelée entretien collectif, et il s'agit de recueillir les points de vue des acteurs ici présents sans chercher ni à les influencer, ni à obtenir un accord entre eux.

Plus spécifiquement aux Comores, les critères retenus pour la constitution des groupes ont été : L'île, l'âge (jeune et vieux), le genre (homme et femme), et le type de village (favorisé ou défavorisé). Quatre groupes par village/quartier ont été retenus. 4 villages et 4 quartiers (favorisés/défavorisés) dans l'île de Mwali; 6 villages et 6 quartiers

[28] Union des Comores. Service de la Présidence de la République. Commissaire Général au Plan, Programme des Nations Unies pour le développement (PNUD), Projet COI/01/001. *Enquête sur les perceptions du bien-être et de la pauvreté* ( EPP) version préliminaire 2 juillet 2002. Enquête réalisée par la Direction de la Statistique avec la collaboration de l'Institut IDEA international. Page 3.

(favorisés/défavorisés) dans l'île de Ndzuwani; 10 villages et 6 quartiers (favorisés/défavorisés) dans l'île de Ngazidja.

Dans chaque village/quartier, 12 à 15 participants par groupe sociodémographique ont été sélectionnés, soit cinq groupes : 1 groupe de jeunes femmes (18-35 ans) ; 1 groupe de jeunes hommes (18-35 ans) ; 1 groupe de femmes âgées (36-60 ans) ; 1 groupe d'hommes âgés (36-60 ans).

En tout, 2160 personnes ont participé aux « groupes focalisés » : 960 à Ngazidja (Grande Comore), 720 à Ndzuwani (Anjouan) et 480 à Mwali (Mohéli). Et les thèmes des discussions dans chaque groupe ont été : *le bien-être, la pauvreté, la satisfaction des besoins alimentaires, l'accès aux services sociaux de base, l'accès aux opportunités économiques.*

Concernant la deuxième méthode, celle des « préférences révélées (PR) », adossée aux méthodes expérimentales de la psychosociologie, plus précisément celles de la dynamique des groupes[29], elle permet de classer les opinions d'un groupe pour faire ressortir les points les plus importants dans l'optique d'une prise de décision qui engage le groupe. Très utilisée par les entreprises dont la vocation est d'étudier le comportement, les préférences des consommateurs afin d'intégrer les valeurs individuelles dans des analyses économiques plus larges, elle connaît aujourd'hui un degré de développement et de sophistication tel qu'elle est à la base du modèle économétrique des *indicateurs de politique économique révélée* très à la page dans les théories économiques du développement que la Banque mondiale (BM) utilise pour évaluer les politiques des pays et proposer des indicateurs quantitatifs de politique économique.[30]

Concernant cette méthode dans ladite enquête on a utilisé « une série d'images représentatives des déterminants importants du bien-être identifiés par les populations lors des GF (groupes focalisés). Les images ont été confectionnées suite à l'analyse de contenu de l'enquête GF. L'enquête se déroule à la façon d'un jeu où le participant est appelé à choisir par ordre de priorité les images qui sont susceptibles

[29] Concernant la psychologie des groupes et ses évolutions, voir, Serge Moscovici., (dir.) *Psychologie sociale*, Ed. PUF, 1992.

[30] A ce propos, voir Michaël Goujon, « Les indicateurs de politique économique révélée : une présentation générale de la méthode », FERDI, document de travail, juillet, 2009.

d'accroître le plus son niveau de bien-être. La première image choisie reçoit le score le plus élevé et la dernière le score le plus bas. »[31]

Pour l'échantillon, on a sélectionné dans chaque village/quartier hui individus, soit 32 personnes par village, pour un total de 1152 personnes, 512 à Ngazidja, 284 à Ndzouani et 256 à Mwali.

L'*Enquête sur les perceptions du bien-être et de la pauvreté* (EPP) montre d'autres aspects de la pauvreté que ceux liés au revenu et à la consommation. Elle montre, par exemple que le pauvre c'est celui qui n'a pas d'enfants, c'est celui qui habite dans une maison « en paille. » Le pauvre, c'est également celui qui n'arrive pas à subvenir aux besoins de la scolarité de ces enfants. L'éducation des enfants est un aspect important dans la perception de la pauvreté, et varie d'une île à une autre. Ainsi à la Grande Comore et à Mohéli, elle occupe le premier rang, alors qu'à Anjouan elle vient en troisième position après le logement. De même on apprend que la population de « Ngazidja se distingue de celle des deux autres îles au niveau de l'importance accordée aux infrastructures routières et au ''grand mariage'' comme dimension du bien-être. »[32]

Concernant les causes de la pauvreté, celle-ci est perçue comme la conséquence de plusieurs facteurs, notamment le manque d'éducation classé au premier rang dans toutes les îles, puis le chômage, ensuite la paresse. Quant aux moyens pour s'en sortir, l'emploi occupe le premier rang suivi par l'éducation.

*L'Enquête intégrale auprès des ménages* (EIM) de 2005 met également en évidence l'éducation et l'instruction comme dimensions du bien-être.

### *b) L'enquête intégrale auprès des ménages* (EIM) de 2005

Partant du principe que les enquêtes menées aux Comores jusqu'ici « sont anciennes, conceptuelles incertaines, statistiquement fragiles, et insuffisantes au niveau communautaire pour appréhender la pauvreté et ses multidimensions »[33] *l'enquête intégrale auprès des ménages* (EIM)

[31] *Enquête sur les perceptions du bien-être et de la pauvreté* ( EPP), op.cit., pages 5-6, Le document ne montre pas ces images.

[32] Ibid., page 11.

[33] Jean-Pierre Lachaud, ministère du Plan et de l'Aménagement du territoire. Programme des Nations unies pour le Développement. *Pauvreté, inégalité et marché du travail dans l'Union des Comores. Eléments d'analyse fondés sur L'enquête intégrale auprès des ménages de 2004*, février 2005, version 2.0, page 4.

se donne comme objectif d'apporter des instruments complémentaires permettant, d'une part, de dresser des profils de pauvreté pour chaque île, de dégager des indicateurs fiables de bien-être des ménages en termes monétaires et non monétaire et, d'autre part, de développer des analyses qui consolideront les politiques économiques et sociales, une meilleure appréhension de la pauvreté dans tous les différents secteurs institutionnels en renforçant la collaboration et la coordination entre ces derniers. L'enquête EMI s'assigne à apporter des outils conceptuels, méthodologiques et techniques permettant de voir le pauvre, la pauvreté, sous un nouveau jour.

Les données de l'enquête proviennent de 2987 ménages, soit : 1391 à la Grande Comore, 1212 à Anjouan et 384 à Mohéli.[34]

La méthode utilisée pour la construction des données est le questionnaire fermé avec trois questionnaires : - un questionnaire auprès des ménages, - un questionnaire communautaire et un sur les prix.

Le questionnaire auprès des ménages a été administré en deux fois, décalées d'une semaine. L'objectif visé est d'identifier les ménages, d'étudier leur comportement pour saisir les situations de pauvreté et d'élaborer des profils de pauvreté et des lignes de pauvreté pour chaque île. Pour ce faire, on a d'abord construit un groupe de référence censé avoir toutes les caractéristiques des ménages les plus pauvres. Pour construire ce dernier et sa structure de consommation alimentaire on a d'une part, déterminé les dépenses nominales par tête, et d'autre part, choisi le ménage censé posséder les caractéristiques moyennes (taille, âge, statut matrimonial, éducation du chef de famille, nationalité des 20% les plus pauvres)[35].

On a ensuite défini un panier de biens de référence (le panier de la ménagère) adossé aux besoins nutritionnels journaliers que définissent chaque année les organismes internationaux compétents (l'Organisation mondiale des Nations unies pour l'alimentation et l'agriculture FAO, l'Organisation mondiale de la santé OMS.)

On a enfin évalué dans chaque île le prix du panier de biens sélectionnés. « Selon cette approche, en 2004, les lignes nominales de pauvreté alimentaire sont de 182 248, 139 510 et 151 226 FC (franc comorien) par tête et par an, respectivement, à Ngazidja, Ndzouani et

---

[34] Ibid., page 5.

[35] Loc.cit.

Mwali. »[36] On a également calculé des dépenses non alimentaires en définissant un bien « ''non alimentaire de base'' comme étant celui que l'on souhaite suffisamment pour renoncer au bien ''alimentaire de base'' En d'autres termes, il s'agit de déterminer le niveau des dépenses non alimentaires impliquant une substitution en termes de biens de base inhérents à la ligne de pauvreté alimentaire. »[37] Il en ressort que les besoins alimentaires chez les ménages les plus pauvres sont importants.

En combinant le niveau de vie des ménages, la localisation, le statut économique et le sexe du chef de ménage, l'enquête relève le même phénomène. 64,7% des dépenses des ménages pauvres sont consacrées à l'alimentation, contre 60,8% pour les riches. L'enquête relève également des écarts de pauvreté entre les îles et entre les milieux (urbain et rural). Ainsi la pauvreté en termes de ménages et d'individus est plus élevée à Anjouan et à Mohéli qu'à la Grande Comore.

Pour l'auteur de l'enquête, ces résultats sont certes pertinents, mais insuffisants pour saisir toutes les dimensions de la pauvreté, et notamment le parcours des pauvres dans le temps, car ces résultats sont fondés sur une approche *ex post*. L'auteur de l'enquête préconise donc l'approche *ex ante* en mobilisant « le concept de vulnérabilité ». Autrement dit, la capacité des individus, ou des ménages à prévoir et à anticiper les événements pour protéger leur « bien-être » lorsqu'ils sont confrontés à un risque ou à des situations défavorables.[38] En mobilisant ce concept, l'enquête a établi six profils de pauvreté aux Comores :

- ***Ménages pauvres durables*** : ménages dont la consommation par tête actuelle et estimée inférieures au seuil de pauvreté.

- ***Ménages pauvres transitoires et involutifs*** : ménages pauvres et fortement vulnérables. Ici la consommation par tête actuelle est inférieure au seuil de pauvreté, et celle estimée est supérieure ou égale au seuil de pauvreté.

Quant à la probabilité de pauvreté (vulnérabilité) elle est supérieure ou égale à 0,4, sachant qu'on envisage qu'un ménage qui a une probabilité de moins de 40 pour cent d'être pauvre à court terme peut être qualifié de « faiblement vulnérable ».

- ***Ménages pauvres transitoires et évolutifs*** : ce sont des ménages pauvres mais faiblement vulnérables. Et la consommation par tête

---

[36] Jean-Pierre Lachaud, Ministère du Plan et de l'Aménagement du Territoire, *Pauvreté, inégalité et marché du travail dans l'Union des Comores*, op.cit., page 9.

[37] Loc., cit.

[38] A ce propos, voir Hélène Thomas, Les *vulnérables. La démocratie contre les pauvres*, op., cit, notamment le chapitre 2.

actuelle est inférieure au seuil de pauvreté et celle estimée est supérieure ou égale au seuil de pauvreté. La vulnérabilité (probabilité de pauvreté) est inférieure à 0,4.

- ***Ménages non pauvres vulnérables et précaires*** : ménages non pauvres et très vulnérables. Ici la consommation par tête actuelle est supérieure au seuil de pauvreté et celle estimé inférieure au seuil de pauvreté. Quant à la vulnérabilité, elle est supérieure ou égale à 0,4.

- ***Ménages non pauvres mais vulnérables*** : ici, la consommation par tête actuelle estimée est supérieure au seuil de pauvreté et la vulnérabilité supérieure ou égale à 0,4.

- ***Ménages non pauvres et non vulnérables*** : ce sont des ménages dont la consommation par tête actuelle estimée est supérieure au seuil de pauvreté et la vulnérabilité est inférieure à 0,4.

Ces profils montrent qu'aux Comores la vulnérabilité est un phénomène aussi répandu que la pauvreté. Ainsi, 47,8 pour cent des ménages non pauvres ont 40% de chances de devenir pauvres dans un avenir proche. Et les 46,9% des plus pauvres ont le même pourcentage de chance de le demeurer à court terme. « Dans ces conditions, a priori, les politiques de lutte contre la pauvreté peuvent apparaître restrictives en termes de progrès social, dans la mesure où elles ne prennent que partiellement en compte le risque de privations, le risque moyen de pauvreté identique au ratio de pauvreté. Certes, ce résultat dépend du seuil de vulnérabilité adopté dans la recherche ».[39]

En effet, la démarche adoptée pour construire ces profils soulève un certain nombre de questions, d'un côté, on souligne la faiblesse de la démarche *ex-post* de l'autre, on mobilise ses outils pour construire lesdits profils. Ces derniers reposent en effet sur les calculs *du coût des besoins* qui se réfère à un groupe construit pour les besoins de l'enquête. Groupe censé avoir toutes les caractéristiques des ménages les plus pauvres.

Existe-t-il un groupe ou un individu qui puisse avoir toutes les caractéristiques de la pauvreté ? Alors que nous savons tous que les logiques sociales et communautaires confèrent à la notion de pauvreté une dimension relative inévitable.

On a toujours des bonnes raisons de se considérer relativement plus pauvres que son voisin de gauche, ou relativement plus riche que lui,

---

[39] Jean-Pierre Lachaud, ministère du Plan et de l'Aménagement du territoire, *Pauvreté, inégalité et marché du travail dans l'Union des Comores*, op.cit., pages 25-26.

sachant pertinemment que le voisin de droite est plus riche. On est toujours pauvre relativement parlant.

Quoique très riches en informations, les résultats de l'*Enquête sur les perceptions du bien-être et de la pauvreté* (EPP) soulèvent également des questions. D'abord, comment interpréter les discussions issues des différents « groupes focalisés (GF) » ? Les idées retenues pour l'orientation des décisions sont celles du groupe ? Ou bien celles d'une ou deux personnes membres du groupe ? Sans tomber dans un *structuralo-fonctionnalisme* primaire où l'on envisage la société ou le groupe comme un tout homogène et cohérent, il est néanmoins admis que le groupe, petit soit-il, engendre des effets sur ses membres. On sait aussi qu'on ne pense pas de la même manière seul ou en groupe. Ainsi, lorsqu'on réunit un groupe d'individus et qu'on leur demande de s'exprimer sur un sujet donné, il y aura toujours des personnes plus audacieuses que d'autres pour imposer implicitement ou explicitement leurs opinions pour faire de celles-ci la norme du groupe. Nous savons également qu'en groupe nous avons tendance à tempérer nos jugements pour éviter d'être différents des autres, nous connaissons, enfin le sentiment de peur que certaines personnes éprouvent lorsqu'elles doivent parler devant un groupe. Par-dessus tout elles craignent d'être en désaccord, d'être mal jugées, de « dire des bêtises » et d'être rejetées.

Par *intellocentrisme,* on peut penser que c'est donné à tout le monde d'énumérer les stratégies possibles pour sortir de la pauvreté ou encore pourquoi certaines personnes ne peuvent pas sortir de la pauvreté ? Mais de telles questions peuvent s'avérer difficiles pour certaines personnes, car cela suppose des capacités d'abstraction, du recul par rapport à soi que tout le monde n'a pas et notamment celles et ceux qui n'ont jamais été tant soit peu scolarisés.

Au-delà de ces problèmes méthodologiques, en lisant minutieusement le DSRP intérimaire (de 2003), force est de constater le peu d'impact des résultats de l'enquête EPP sur l'élaboration du Document. Certes, au début du document, on annonce que l'enquête EPP est une étude qualitative significative qui a permis de saisir les différents aspects de la pauvreté aux Comores en élaborant des profils de pauvreté qui ont permis de mieux orienter les axes de la stratégie de croissance et de réduction de la pauvreté.

Et, dans le chapitre IV, on décrit tour à tour la démarche participative, son importance à l'aune des objectifs visés, les différentes étapes de l'enquête EPP, ses principaux résultats îles par îles, région par région. Mais, lorsque passe au chapitre VI consacré aux objectifs, aux principes et aux axes stratégiques et leurs déterminants force est de constater qu'on n'évoque plus l'enquête EPP. C'est d'autres paramètres qui entrent en jeu :

« Conformément aux principes et à l'orientation retenus, la SCRP (DSRP) retient cinq axes stratégiques :

1- Créer les conditions d'un développement économique durable, c'est-à-dire un cadre macro-incitatif de l'activité économique.

2- Relancer le secteur privé, source essentielle de création de valeur ajoutée, d'emploi et de revenus (...).

3- Développer les filières agroalimentaires, principal secteur d'activité qui assure la couverture des besoins alimentaire fondamentaux et occupe la majeure partie des pauvres.

4- Renforcer la gouvernance, la justice, et la sécurité, conditions d'un développement politique caractérisée par la stabilité (...).

5- Développer le capital humain, condition pour améliorer l'emploi, la productivité, la compétitivité et les revenus des populations pauvres. »[40]

Ces axes ne sont pas spécifiques au DSRP des Comores, ils sont consécutifs aux *stratégies d'assistance-pays* (CAS) définies par la Banque mondiale (BM) dans le cadre de l'élaboration *des* DSRPs. Un DSRP qui ne les intégrerait pas n'obtiendrait pas l'approbation de la Banque.

Ces derniers ne découlent donc pas des réalités socio-économiques du pays que les enquêtes de terrain mettent tant soit peu en lumière. Et les profils de pauvreté que dessinent ces enquêtes apparaissent comme un exercice de style imposé de l'extérieur servant à justifier le bien-fondé du DSRP, mais sans rapport avec son élaboration, voire même avec les phénomènes qu'ils sont censés mesurer. Ainsi conçu, en mars 2004 le DSRP « intérimaire » des Comores est validé par Banque mondiale qui reconnaît ainsi que le Document est le résultat d'un long processus participatif. Le pays obtient ainsi *sa* conférence des bailleurs que l'ancienne puissance coloniale lui avait promise un an auparavant.

---

40 Union des Comores. Présidence de l'Union, Commissaire général au Plan, *Document de stratégie de croissance et de réduction de la pauvreté,* loc cit., page 52

La conférence de Maurice de 2005 : un don de la France pour le colonel Azalie ?

En décembre 2005, les autorités comoriennes se rendirent à Port-au-Prince (Maurice) pour la conférence des bailleurs de fonds organisée en faveur de leur pays.

L'objectif de celle-ci est de préparer la qualification de l'Union des Comores pour un allégement de sa dette extérieure dans le cadre de l'initiative PPTE, de mobiliser les fonds pour la mise en application de la politique néolibérale que sous-tend le DSRP.

*La conférence de Maurice, c'était une table ronde qui a permis de mobiliser des ressources, suite à la réunion de Paris qui a permis également de mobiliser des ressources pour lancer le processus de réconciliation nationale. Il fallait trouver des ressources, mobiliser des financements pour que le DSRP soit effectif. C'était l'objectif de la conférence de Maurice.* **TJS CGP**

Comme document de base à cette conférence, les agents du Commissariat général au plan (CGP) ont actualisé le DSRP intérimaire de 2003 en le dotant d'un plan d'action couvrant la période 2006-2009.

*Vous le savez très bien, on ne peut pas aller dans une conférence internationale sans un document cadre. Et, en 2005, le document cadre qu'on avait c'était le DSRP intérimaire donc nous l'avons actualisé, ça a servi de base pour aller à l'Île Maurice. Il fallait présenter à nos partenaires, à nos bailleurs un modèle de développement, leur montrer qu'on a un programme, des axes stratégiques de développement.* **SI. Délégué CGP**

« Sept axes stratégiques » structurent ce plan d'action, le premier est : « la création des conditions d'un développement économique durable, par la réforme *des finances publiques*, le développement et la réhabilitation des infrastructures économiques et de communication et la relance du secteur de l'énergie. Le budget pour la période 2006-2009 se situe à 70 milliards de francs comoriens, dont 65 milliards à rechercher. Le second axe est : la *relance du secteur privé* en mettant l'accent sur les secteurs, notamment la promotion de l'agriculture, la pêche, l'élevage, du tourisme, et *la microfinance*. Un budget de 22,2 milliards à rechercher presque en totalité. Troisième : le Renforcement de *la gouvernance et de la justice*, en consolidant les institutions nationales et en garantissant l'accès à une justice équitable à tous. (7,1 milliards dont 2,7 milliards à rechercher) Le quatrième : Amélioration de l'état sanitaire de la population, à travers la lutte contre les maladies prioritaires, la santé maternelle, la prévention en matière de VIH/SIDA et d'IST, et la gestion efficace du système de santé. (11,4 milliards dont 10,1 milliards à rechercher) Le cinquième : Promotion de l'éducation et la formation professionnelle en *vue d'améliorer le capital humain.* (13,8 milliards dont 5,6 milliards à rechercher), le sixième : Promotion d'un environnement sain et durable. (18,9 milliards dont 16,2 milliards à rechercher). Le septième : Renforcement de la sécurité et la lutte contre le terrorisme. (5 milliards dont 4,1 milliards à rechercher) ».[41]

De cette conférence les autorités, comoriennes espéraient obtenir des bailleurs 300 millions de dollars pour financier ces différents axes, ces derniers leur ont promis un peu plus de 50%, soit 200 millions de dollars. C'est la France qui obtient la palme d'or des promesses, elle s'est engagée à verser 65 millions d'euros et l'Ile Maurice a promis de donner 30 millions. Les autres partenaires s'étaient engagés à soutenir le développement socio-économique des Comores en intervenant dans les différents axes stratégiques présentés.

Pour le président des Comores, Azali (2002-2006), cette conférence fut un succès, elle : « vient traduit l'engagement de la communauté internationale à soutenir le développement de l'Union des Comores, afin de consolider les acquis de la réconciliation nationale, pérenniser les nouvelles institutions et les rendre capables de porter, dans la paix, l'unité et la dignité (…) Honorable assistance, vous venez de m'offrir le meilleur des cadeaux, qui puisse permettre à mon pays, de s'engager résolument dans la voie du développement et du bien-être. »[42]

Effectivement, la voie est tracée, ce sont les idées politiques que la Banque mondiale infléchit dans l'économie de l'Union des Comores à travers le Document stratégique de réduction de la pauvreté qui structurent la voie du développement.

*L'esprit du DSRP est celui-ci : pas de programme économique en dehors du DSRP. Celui-ci contient l'ensemble des réformes et notre vision sociale et politique pour les dix prochaines années, voire pour les 20 prochaines années. Ce document est très important pour nous, c'est un document cadre, les mesures économiques et sociales ne se dispersent pas à gauche et à droite, elles sont concentrées dans le même*

[41] Voir *conférence des bailleurs de fonds en faveur de l'Union des Comores* http://www.lexpress.mu/display article.php? news id=5569, article consulté le 10/04/2014. Page 1-2.

[42] Allocution du président de l'Union des Comores Azali Assoumani, lors de la cérémonie de clôture des travaux de la conférence, cité par www.lexpress.mu/display article.php?. Consulté le 10/04/2015. Page 2.

*document. Chaque bailleur, ou chaque personne qui veut faire quelque chose dans notre pays s'y réfère, s'inspire des recommandations. On ne peut pas être hors DSRP. S'il manque des choses, eh bien, il faut les rajouter, mais on ne peut pas développer des programmes hors DSRP.* **BAU. Ministère de l'Economie et des Finances. Service de la dette.**

En effet, tout le monde s'y réfère, ainsi, après le régime d'Azali, le nouveau gouvernement du président Sambi (2006-2011) a poursuivi les accords avec les Institutions de Bretton Woods (IBW) en continuant la réalisation du DSRP intérimaire. Et, en 2007 les Comores ont été qualifiées pour un allégement de la dette dans le cadre de l'initiative PPTE. Cette qualification implique la poursuite des programmes en cours et, dans cette perspective, les autorités comoriennes ont adopté en 2009 la version finale du DSRP-I pour une période de quatre ans (2010-2014).

Pour financer DSRP-I, les autorités comoriennes ont organisé, à Doha (au Qatar) en 2009 sous les auspices du gouvernement du Qatar et de la coopération française une conférence réunissant la Ligue des États Arabes, la Banque islamique de développement et les Nations unies.[43]

*La conférence de Doha, c'est un peu le prolongement de la conférence de Maurice. Dans la méthodologie des conférences internationales, après la conférence de Maurice, on devait organiser des conférences régionales, des conférences sectorielles pour mobiliser des ressources additionnelles. Parce que Maurice c'était avant tout politique. Maurice ça nous a permis de renouer avec la communauté internationale. On venait d'une crise séparatiste, constitutionnelle etc. .... Il fallait renouer avec la communauté internationale. Nous sommes allés avec notre premier DSRP intérimaire actualisé, il fallait mobiliser des ressources pour cette stratégie. C'est le premier point. Le second point, est-ce qu'on a pu tout mobiliser ? Parce qu'à l'Île Maurice on est partis avec un budget de 400 000000$, on a eu 200 000000 d'annonce, là, il fallait mobiliser des fonds additionnels pour pouvoir atteindre cet objectif. Il fallait imaginer d'autres conférences, d'où la conférence de Doha. Bon, il y a des gens qui ne comprennent toujours pas, mais la logique c'est ça. Il fallait mobiliser plus de ressources. Le hasard faisait qu'on avait un président proche des États arabes, on a dit qu'on avait besoin de ressources. Des ressources par rapport à quoi,*

[43] Concernant cette conférence voir République Française, ministère des affaires étrangères et européennes, Direction générale de la mondialisation, du développement et des partenaires, ''*Evaluation du document Cadre de partenariat France-Union des Comores '' (2006-2010), Rapport final*, septembre 2010, page 9.

*par rapport à un cadre qui est là, le DSRP. Donc, comme on était dans la logique du DSRP final, on est partis avec le final. Donc les projets présentés à Doha sont en ligne directe avec les axes stratégiques du DSRP. C'est ça l'idée.* **SI. Délégué CGP.**

En effet, à Maurice, c'est le DSRP intérimaire qui a servi de document cadre à la conférence, à Doha c'est le DSRP-I (final). Rassurons-nous, il n'y a pas de différence entre les deux documents, le second est issu du premier, l'esprit est le même et la structure identique.

*Comme tu le sais, dans le DSRP, il y a deux volets. Le DSRP, c'est le programme national, le programme de développement, c'est aussi un instrument de mobilisation de ressources dans le cadre des PPTE. Donc, il y a des phases qui sont un peu dictées. Entre l'intérimaire et le complet ou le final comme on dit, c'est une question d'évolution par rapport au programme. C'est-à-dire que, normalement on doit avoir un DSRP intérimaire pour avoir un programme avec le FMI. Exécuter l'intérimaire au bout d'une année ou deux ans en mettant en œuvre le programme. Donc, le DSRP intérimaire est resté intérimaire de nom parce qu'on ne pouvait pas passer au final sans passer par l'intérimaire. C'est un processus qui nous associe avec les IBW, donc pour avancer dans le processus il fallait faire le DSRP intérimaire, puis final. Mais quand tu regardes les deux c'est pareil. Comme tu le sais, le pays a connu des hauts et des bas dans ses relations avec les institutions de Bretton Woods, on a donc eu le temps de faire un vrai DSRP, une vraie stratégie, on l'appelait intérimaire, mais ça n'a rien d'intérimaire, c'était un vrai DSRP.* **IY. Conseiller ministère de l'Economie et des Finances.**

En 2010, le conseil d'administration du FMI et le Conseil d'administration de la Banque mondiale (BM) et de l'Association internationale de développement (IDA) ont décidé que les Comores sont habilitées à bénéficier de l'initiative PPTE renforcée et accèdent ainsi au « Point de Décision » de cette initiative avec une réduction de dette d'environ 144,8 millions de dollars.[44]

À ce stade, cette réduction n'est pas intégrale et les 144, 8 millions de dollars évoqués sont calculés de façon à rendre le paiement de la dette du pays (estimé à 285,9 millions de dollars en 2009 arriérés compris) « soutenable. »

---

[44] Sur ce point voir, communiqué de presse n°10/140 du 9 avril 2010, Département des relations extérieures du FMI.

La réduction sera définitive au « Point d'achèvement », c'est-à-dire à la fin du processus. Avant le « Point d'achèvement », il y a « la période de transition » : le pays doit d'abord mettre en œuvre des programmes et négocier des réformes avec les IBW durant un certain temps, ensuite réaliser les principales mesures du DSRP en cours. C'est à la fin de cette période que l'allégement de la dette sera définitive et irrévocable comme le spécifie un document de la Banque mondiale : « En concertation avec les institutions de Bretton Woods, et les principaux créanciers, les autorités comoriennes ont convenu d'un ensemble de conditions liées au Point d'achèvement flottant de l'Initiative PPTE renforcée, tout en s'inspirant des priorités de la Stratégie intérimaire de réduction de la pauvreté aux Comores (DSRP-I) en cours. Outre les exigences standards de mise en œuvre du DSRP et de stabilité macroéconomique, les déclencheurs du Point d'Achèvement englobent des mesures de politiques visant la gestion des finances publiques et la gouvernance (...) à soutenir la croissance ; et à accroître la capacité de la gestion de la dette [autrement dit la capacité à rembourser la dette] (...) En supposant que le DSRP-I soit intégralement mis en œuvre dans les délais, il est prévu que les Comores atteindront le Point d'Achèvement de l'initiative PPTE d'ici décembre 2012. »[45]

Comme prévu, en décembre 2012, le Conseil d'administration du FMI déclara que les Comores avaient atteint « le point d'achèvement » dans le cadre de l'Initiative renforcée en faveur des pays pauvres très endettés. Et en mars 2013 le nouveau président des Comores Ikiliou Dhoinine (2011-2016) a reçu à Moroni une délégation du FMI. A la sortie de cette rencontre, le représentant de cette mission Harry Trines a exprimé devant les journalistes « toute sa confiance au gouvernement comorien de poursuivre et terminer le programme avec les institutions financières internationales pour apurer la dette extérieure des Comores. Les Comores sont dans la bonne voie même s'il reste beaucoup d'obligations à remplir" a-t-il indiqué. »[46]

En effet, les obligations sont nombreuses et l'assujettissement continu, car, malgré le versement intégral de l'allégement de la dette au titre de l'Initiative PPTE et de l'Initiative d'allégement de la dette multilatérale (IADM), les Comores resteront surendettées jusqu'en

[45] Banque Mondiale, « Union des Comores. Document relatif au Point de décision au titre de l'initiative PPTTE renforcée », page 2. C'est nous qui précisions.
[46] Cité par le journal des Comores *Alwatwan* du 21 mars 2013.

2030[47]. D'un côté, les autorités comoriennes doivent poursuivre les réformes sous-jacentes au DSRP-I en mettant en œuvre les axes macroéconomiques de la « Stratégie de Croissance et de développement Durables (SCA2D) » qu'elles viennent de ratifier avec les bailleurs de fonds dans le cadre du « Contrat de désendettement et de développement (C2D) ». De l'autre, respecter les plans budgétaires que leur imposent les Institutions de Bretton Woods (IBW) au nom de l'efficacité de l'aide et de la bonne gestion de la dette.

Le prochain chapitre aborde plus précisément ce dernier point, il décrit les instruments politiques et techniques que mobilisent les Institutions Financières Internationales pour mieux contrôler les politiques de gestion des finances publiques des pays récipiendaires pour que ces derniers gèrent le mieux possible la dette.

[47] Sur ce point voir, Union des Comores, *Outil d'évaluation de la performance en matière de gestion de la dette*
(DeMPA), juin 2011, Edité par la Banque Mondiale.

# Chapitre VI
# Bureaucratisation et technicisation de l'aide

> « Dans la politique aussi, la bureaucratisation est inspirée du privé, et pas seulement au niveau des images et du langage. Les questions purement économiques et managériales sont depuis longtemps au cœur du politique. Ce qui fait la nouveauté de la bureaucratisation néolibérale, c'est la conception de ces notions directement issue du monde entrepreneurial et la définition de ce qui doit être observé et scruté, car mesurable, largement dicté par des intérêts privés [...] L'une des expressions les plus poussées de cette bureaucratisation concerne certainement la ''construction du consensus''. Le consensus est promu comme une technique de gouvernement, une règle de procédure, un mode de gestion. Son objectif est l'efficacité dans les décisions qui doivent être prises rapidement, sans contestation et sans usage de la contrainte. L'activité de '*'consensus building*'' a ainsi été développée par des entreprises de la ''résolution des conflits'' et elle a été ''vendue'' avec succès aux organismes internationaux, par exemple au FMI, à la Banque mondiale, à l'OCED (...) » Béatrice Hibou. [1]

Le consensus international autour des OMD a en effet transformé les objectifs, et les procédures de l'aide au développement. Celle-ci est désormais soumise à des objectifs à atteindre selon un calendrier précis. Du côté des bailleurs, leurs actions doivent être efficaces, ciblées et rentables. Le fruit d'un travail qualitatif et quantitatif effectué dans un cadre politique préalablement défini et sur des données quantifiables. Du côté des bénéficiaires ils doivent non seulement justifier leurs besoins, leurs priorités selon des procédures standardisées permettant aux donneurs de programmer leurs politiques, leurs actions, mais ils doivent également produire des rapports, des données statistiques qui relatent de façon claire et transparente les activités menées, les résultats obtenus jusqu'ici, la gestion financière des programmes sectoriels et de la dette.

Au nom de l'efficacité et de la redevabilité de l'aide, la production statistique fonctionne en effet comme un langage de vérité tant chez les

[1] Béatrice Hibou, *La Bureaucratisation du monde. A l'ère néolibérale*, Ed, La Découverte, 2012, pages 71 et 72.

donneurs que chez les bénéficiaires. Elle permet aux seconds d'obtenir l'aide en affichant les résultats obtenus, les stratégies mobilisées pour y parvenir, et aux premiers d'accroître l'efficacité de ces stratégies en infléchissant, dans les structures administratives des pays bénéficiaires, des techniques de gestion et de contrôle des finances publiques permettant de mieux gérer la dette de ces pays.

## La politique des grands nombres

La lutte contre la pauvreté est la colonne vertébrale des Objectifs du millénaire pour le Développement (OMD) ratifiés en septembre 2000 par les Etats membres de l'ONU et validés par l'ensemble des organisations de coopération bilatérale, également approuvés avec beaucoup de réticence par un grand nombre d'organisations non gouvernementales.[2] Elle est l'instrument privilégié de l'aide internationale, le catalyseur de l'Aide publique au développement (APD) financée par les pays membres du Comité de l'aide au développement (CAD) de l'OCDE. Ce consensus international a non seulement renforcé la position hégémonique des Institutions de Bretton Woods (IBW) en matière de réflexion sur le développement, mais a également modifié tant la manière d'envisager l'APD que ses procédures opérationnelles. À l'image du marché, celle-ci doit être efficiente en affichant ses résultats, des objectifs quantifiables, les moyens financiers et techniques pour y parvenir dans le cadre d'un projet résultant d'un consensus entre donneurs et bénéficiaires. Dès lors, les modalités pratiques de l'aide se complexifient et le débat est centré sur « les bonnes pratiques » de l'aide et non sur ses finalités de développement économique et social.

### Le primat des chiffres

Parce que la production statistique crée des effets de vérités et des catégories d'interprétation du monde, les pays bénéficiaires de l'aide sont sommés de justifier leur action en affichant dans des tableaux statistiques les résultats, les progrès accomplis. Pour le Comité de l'aide au développement (CAD), la production de ces tableaux est

[2] Sur ce point, voir, Frédéric Lapeyre « Objectifs du millénaire pour le développement : outils de développement ou cheval de Troie des politiques néolibérales ? », www.cetri.be/objecti-du-millenaire-pour-le-82, consulté le 10 mai 2014.

fondamentale, car « un travail analytique de qualité est essentiel à l'élaboration de politiques et de programmes bien ciblés. Les donneurs doivent avoir la certitude que les politiques que leur action soutient se fondent sur des informations pertinentes. À mesure que s'imposait l'idée selon laquelle une politique devait être élaborée à partir de données concrètes, les travaux analytiques se sont imposés. »[3]

*Non personne ne conteste les objectifs du DSRP, ni les politiciens, ni les intellectuels. Le problème, c'est comment faire pour rendre effectif ses objectifs ? Où trouver l'argent pour financer ses projets ? Des fois, l'argent et là, mais il faut savoir le décaisser. Tu sais, les procédures de la Banque mondiale et de l'Union européenne* [UE] *sont très complexes. Même si la personne a un doctorat de je ne sais quoi, si elle ne connaît pas les procédures des Nations unie, de l'UE ,eh bien, elle ne peut pas faire grand-chose. Ce sont des procédures compliquées, il y a des outils informatiques qu'il faut savoir utiliser, des formulaires à remplir, des dossiers à constituer dans des délais bien précis. C'est ça notre problème. On manque de personnes capables de manager les programmes et si on trouve la personne, eh ben.... Elle ne connaît pas ces procédures. Et si tu ne connais pas ces procédures, à la fin de l'année tu peux te retrouver dans une situation où tu n'as pas pu décaisser un sou. Et ce n'est pas la faute de l'UE, ou de la Banque mondiale. Ce n'est pas la faute de la personne [*l'agent local*] non plus, non. Elle n'a pas pu s'approprier les procédures. Et l'UE ne peut pas changer les procédures pour les beaux yeux du fonctionnaire comorien...* (il rit encore et encore).

*Non, ce sont des procédures qui ont été validées par le Conseil de l'Union européenne. Quand j'étais au ministère de l'Éducation nationale, on avait un projet avec l'UE, on avait commencé le projet, un matin je reçois un coup de téléphone et on me dit ha que c'est fini. Ah oui et pourquoi? C'est fini, oui c'est fini et pourquoi . On a dépassé les délais, on n'avait pas respecté toutes les procédures. Comment faire ? Avec l'argent qui restait, l'UE a refait un nouveau projet pour réhabiliter les collèges, alors que le projet initial ce n'était pas ça.* **SLH. Direction de la Statistique, ministère de l'Economie et des Finances.**

Pour les bailleurs, ces données sont nécessaires, elles nourrissent les analyses statistiques qui fondent les programmes, les projets et les mesures adoptés. Elles sont la preuve de l'efficacité de l'aide.

---

[3] OCDE, *Harmoniser l'aide pour renforcer son efficacité,* op.cit., page 36.

*Techniquement, les partenaires ne peuvent pas concevoir un programme sans des données fiables, objectives, palpables. Et* c'est ça, c'est *le problème des pays moyennement avancés, à commencer par le nôtre. Des fois, on dit que dans tel ou tel village les gens tombent tout le temps malades, et les partenaires nous demandent combien d'hommes, de femmes, d'enfants ? Mais on n'a rien comme données et eux, ils* [les partenaires] *disent ah bon, mais comment ça se fait ? Et comment on va faire ? Et quand les données existent elles datent, elles ne sont pas d'actualité. Là-dessus on a un vrai problème avec les programmes. Dans la logique de nos partenaires c'est un préalable de savoir : comment était la situation avant et comment elle est maintenant. Or, souvent, on ne sait pas comment était la situation initiale, alors on agit comment ça. Ça, c'est, un vrai problème, ça nous prive de pas mal d'aide, tout le monde sait qu'on est pauvres, mais on ne peut pas le montrer chiffres à l'appui.*

*Dans la mise en œuvre du DSRP, il fallait faire des enquêtes lourdes, or, le gouvernement n'a pas les moyens de les réaliser. Au Plan ils sont gentils, mais là par exemple il faut faire le recensement général de la population de 2013. C'est une enquête importante, car on peut tirer beaucoup d'informations, mais ça ne se fait pas en claquant les doigts. Il faut préparer cette enquête, il fallait le mettre en œuvre dès 2010. Et là on est en septembre 2012 rien n'est lancé.* **BAU. Ministère de l'Economie et des Finances. Service de la dette.**

Face à ces capacités limitées, les bailleurs produisent eux-mêmes ces données en finançant des enquêtes, c'est la stratégie la plus ancienne et toujours en vigueur. Désormais, il en existe deux autres : la première est celle que décrit N. Diallo Rozenn à propos du Mozambique. Ici, les bailleurs créent des « enclaves administratives » pour le suivi et l'analyse des programmes en formulant des recommandations, des indicateurs politiques adossés aux données que produisent ces « enclaves »[4]. La deuxième consiste à mettre sur pied des entités autonomes permanentes à l'intérieur des administrations locales chargées du Plan et de la statistique pour la production et l'analyse de ces données.

*Par rapport aux données il y a incontestablement une faiblesse que tout le monde reconnaît. Avec l'aide des bailleurs de fonds le gouvernement va mettre en place une Direction des statistiques. C'est*

---

[4] N. Diallo Rozenn, « Les paradoxes du régime de l'aide, entre injonctions internationales et logiques nationales. Le cas d'une enclave bureaucratique au Mozambique », *Mondes en développement*, 2014/1, n° 165, p. 51-63.

*une unité distincte de la Direction nationale des statistiques, ça sera une entité différente, son travail est de mettre en place une base de données. Bon, on a la Direction Nationale des statistiques, qui produit des indicateurs qui ont beaucoup servi dans l'élaboration du DSRP. Nous avons aussi le programme d'investissement public, il y a aussi la Direction de coordination de projets. C'est un document Excel. Chaque mois, ou chaque trimestre, ou à chaque fin d'année on envoie des courriers, des questionnaires aux différents organismes ministériels, à tous les porteurs de projets pour qu'ils décrivent les projets en cours, ou ils en sont, les montants qui vont être mobilisés à la fin de l'année, tout ça quoi. Et on met tout ça sur un tableau Excel. À chaque trimestre on voit ce qui a été fait. On a une vision de ce qui a été décaissé : C'est ce qu'on appelle le programme d'investissement. On est conscient pour le moment que ce n'est pas vraiment un outil adapté à la prise de décision parce qu'un tableau Excel..... c'est... c'est... C'est pour ça que la Direction des Statistiques que je vous ai parlé tout à l'heure est importante. C'est un outil pour la prise des décisions, pour la recherche, l'évaluation. Vous aurez tous les projets qui ont été faits et en cours qui concernent par exemple la santé, l'éducation, vous aurez les montants décaissés, la date, quand l'activité a commencé. Vous tapez par exemple France, vous aurez tous les projets financés par la France. Ce sont les partenaires qui vont la* [La Direction des statistiques] *mettre en place et la nourrir. Parce que tout ça, ça demande beaucoup de capacités, des moyens financiers, il faut former les gens qui vont faire la saisie des données et recruter des statisticiens de haut niveau.* **TJS. CGP.**

Ces « enclaves » et ces entités font partie des nouveaux instruments techniques et méthodologiques de l'efficacité de l'aide. Les données qu'elles produisent permettent d'améliorer les fonctions de base au niveau de la gestion de la dette, de mieux contrôler les politiques économiques locales et notamment la gestion des finances publiques, de réviser ces politiques selon des objectifs macroéconomiques bien précis.

L'appui budgétaire fait à présent partie de ces instruments, car, selon de la Banque mondiale (BM), il est devenu « un mode de plus en plus important d'aide au développement, auquel les bailleurs de fonds bilatéraux et les Institutions Financières Internationales (IFI) prêtent de plus en plus attention. »[5]

L'aide budgétaire : une technique de transformation et d'apprentissage par l'action

On peut sans doute envisager l'aide budgétaire comme un instrument conçu pour l'efficacité de l'aide, comme un outil de contrôler pour la gestion des finances publiques des pays récipiendaires. D'abord, parce que ses critères d'éligibilité et d'allocation sont adossés aux principes de la *Déclaration de Paris*. Ils favorisent la mise en œuvre des indicateurs de progrès qui sous-tendent cette *Déclaration*. Ensuite, parce qu'elle permet aux bailleurs de fonds d'avoir une vue générale et précise sur tous les revenus, les dépenses prévues pour mieux gérer et planifier les programmes.

Ainsi, dès le début des années 2000, le niveau de financement budgétaire des bailleurs de fonds bilatéraux et celui des IFI augment de plus en plus.

L'aide budgétaire représente désormais 28% de l'APD brute totale.[6] À ce propos lors d'une conférence sur l'aide au développement organisée par le Sénat français, une représentante de la Banque mondiale dira : « l'aide projet dans les secteurs de la santé et de l'alimentation, et probablement à terme en matière de lutte contre le sida et d'infrastructures communales, a globalement diminué au profit de l'aide budgétaire sectorielle. »[7] De son côté, la Commission de l'Union européenne a décidé en 2008 de faire passer le niveau de ses financements budgétaires de 20% à 50%.[8] Et la Banque africaine de développement (BAD) a également augmenté son niveau de

---

[5] Banque mondiale, Banque africaine de développement, *La prestation de l'aide budgétaire dans les situations de fragilité : une approche commune de la Banque mondiale et de la Banque africaine de développement,* 2008, pages 5-6.

[6] Sur ce point, voir Bernard Contamin et *al*, « Les nouvelles logiques de l'aide publique au développement : entre pragmatisme et logiques institutionnelles », op.cit., page 171.

[7] Voir Benu Bidani, « L'aide des institutions multilatérales et de la Commission européenne », www.senat.fr , article consulté le 20/02/14.

[8] Sur ce point, voir Louis Michel, Commission européenne au développement et à l'aide humanitaire, *L'aide budgétaire. « Et si on essayait le respect et la confiance »*, 2008.

financement d'aide budgétaire passant de 15% à 52% entre 2006 et 2011.[9]

Pour sa mise en œuvre, l'aide budgétaire peut être globale ou sectorielle, dans un cas comme dans l'autre, les fonds sont fournis en devises étrangères et mis à la disposition de l'État bénéficiaire par l'intermédiaire de sa Banque centrale qui les convertit en monnaie nationale et les verse ensuite au Trésor public.[10]

Dans le cas de l'aide budgétaire globale, le gouvernement utilise les fonds soit pour rembourser des dettes, soit pour assurer ou augmenter la dépense budgétaire. Dans le cas de l'aide budgétaire sectorielle, les fonds servent soit à financer telle ou telle partie du budget général, soit ils sont affectés à tel ou tel poste budgétaire sectoriel : le budget de l'Education nationale, de la protection de l'environnement, de la justice etc.

Dans un cas comme dans l'autre, l'octroi des fonds est soumis à un certain nombre de conditions. La Banque mondiale accorde un appui budgétaire après une évaluation de la politique économique et institutionnelle du pays, notamment son engagement et son niveau d'appropriation à l'aune des programmes signés antérieurement avec la Banque.[11] Quant à l'Union européenne et la Banque africaine de développement (BAD), elles exigent respectivement l'élaboration d'un document stratégique de réduction de la pauvreté, « un cadre macroéconomique viable comportant un programme du FMI en bonne voie de réalisation. »[12]

Les critères d'éligibilité de ces trois institutions convergent, ils concourent à l'établissement d'un cadre commun permettant d'éviter la duplication des actions sur le terrain.

*Je pense qu'un des aspects positifs du DSRP, c'est qu'avec le DSRP on a des priorités très claires que nos bailleurs vont pouvoir prendre en compte. Des priorités divisées en différents secteurs. Chaque partenaire peut facilement identifier un secteur et s'en occuper.*

*Parce qu'avant, les partenaires avaient tendance à faire tous la même chose. Pendant un moment, tout le monde a fait de l'éducation,*

---

[9] A ce propos, voir Ferdinand Bakoup, *Promouvoir les réformes économiques dans les pays en développement. Repenser l'aide budgétaire,* Banque africaine de développement, 2013.

[10] Olivier Charoz et Jean-Michel Serverno, *L'aide publique au développement*, op.cit.

[11] voir Banque mondiale, Banque africaine de développement, *La prestation de l'aide budgétaire dans les situations de fragilité,* op. cit.

[12] Ibid, page 9.

*après c'est la santé, les routes. Ce n'est pas très logique, enfin pas logique pour nous. Tu prends par exemple les routes, quand on dit qu'on veut 100Km de route chaque année, donc chaque année il faudrait 20km ou 50 pour Anjouan, ou Mohéli et voilà et, ça coûte tant, tout est détaillé. Pour la santé, pareil, il nous faudrait tels nombre de postes de santé chaque année. Il nous faudrait tels ou tels équipements et ça coûte tant d'argent. L'éducation pareil. Donc, c'est vraiment quelque chose de concret dans lesquels bailleurs, les financiers peuvent facilement se retrouver. Le DSRP, c'est un programme de développement, clair auquel tous les partenaires doivent se référer. Avant, les partenaires ne signaient les accords de développement qu'avec les affaires étrangères et dans ces accords la France venait avec sa politique, l'Union européenne avec la sienne, la Banque mondiale et le PNUD avec la leur, et ils signaient aux Affaires étrangères. Avec le DSRP, ça change, il y a d'autres instances qui interviennent soit en amont soit en aval : il y a le Commissariat général au Plan, les comités techniques, les comités d'orientation, des représentants de la société civile, c'est important la société civile elle a son mot à dire, et les partenaires en tiennent compte.* **SD. Conseiller au ministère de l'économie et des Finances.**

La répartition et la coordination des actions entre les bailleurs permettent également de fédérer les points de vue politiques en créant ce que certains auteurs appellent le « ''cartel des donneurs'', du fait d'une réduction de la concurrence entre eux. »[13] Réduction qui favorise l'impulsion des réformes en instaurant des nouvelles pratiques dans les administrations publiques à travers le renforcement des capacités.

Ainsi conçue, l'aide budgétaire n'est pas seulement un transfert de ressources, elle est pour la Banque mondiale un excellent moyen « ''d'apprendre progressivement par l'action''. À l'exception de quelques gros investissements concentrés, l'assistance internationale octroyée par le biais de l'aide budgétaire permettrait à de nouveaux gouvernements de s'acquitter de leurs fonctions les plus importantes, à savoir : fixer des priorités, effectuer des choix difficiles et gérer les dépenses. »[14]

---

[13] Raffinot Marc, « Aide extérieure et appropriation locale des politiques de développement : le cas des pays africains à faibles revenus », In *Gouvernance et appropriation local du développement. Au-delà des modèles importés*, Jacques Fisette et Raffinot (dir.) op.cit., page 64.

[14] voire Banque mondiale, Banque africaine de développement, *La prestation de l'aide budgétaire dans les situations de fragilité,* op.cit., Page 16.

*Je pense que les choses avancent, bien sûr pas comme on voudrait, il y a encore quelques obstacles liés à l'histoire de notre administration, à nos mentalités, mais globalement les choses avancent peu à peu. Nous faisons pas mal d'efforts qui sont d'ailleurs récompensés par les bailleurs. L'arrivée de notre pays au point de décision des accords PPTE est un bel exemple* [il sourit]. *On est arrivés là parce qu'on a été rigoureux sur le plan économique. La dette extérieure diminue peu à peu. On a un plan stratégique budgétaire clair, approuvé par nos partenaires. Bon eux aussi* [les partenaires], *ils font des efforts. Il y a un vrai dialogue entre eux et nous. Ce qui n'était pas le cas avant. À présent, ils nous écoutent, leurs objectifs sont clairs, bien référencés. C'est plus clair pour nous, on peut mieux travailler, réaliser les réformes nécessaires au décollage économique de notre pays.*

*Non, leurs demandes sont plus claires qu'avant. Chacun ne vient pas avec ses exigences comme avant. Regarde le* PNUD, l'UNICEF, l'OMS… *Désormais, ils forment la même entité : le système des Nation unies* [SNU] *aux Comores, et tous leurs bureaux sont au même endroit. Ça paraît simple comme ça, mais c'est très important pour nous. Quand on va là-bas* [au siège des SNU] *c'est plus simple, on a le même interlocuteur. Maintenant, il y a un vrai travail de partenariat, ils* [les bailleurs] *nous apportent beaucoup de choses et pas que sur le plan financier, mais aussi sur le plan humain, sur le plan de la dextérité.*
**YBN. Service de la dette, cellule économique auprès de la Présidence de l'UNION.**

Qu'elle soit globale ou sectorielle, l'aide budgétaire exerce une influence multisectorielle directe et indirecte. Directement versée au budget du pays bénéficiaire, elle fait ainsi partie des processus budgétaires des finances publiques, par conséquent, elle influence directement la politique économique et financière du pays.

Indirecte parce qu'elle ne vise pas un secteur donné, ni à aider à atteindre un niveau bien défini, mais à réformer les systèmes de gestion des finances publiques en général en soutenant notamment la mise en place de nouveaux dispositifs dans l'administration, les changements des pratiques des agents en particulier.

Les évaluations réalisées en amont pour l'éligibilité d'un appui budgétaire et celles réalisées en aval pour le suivi du ou des programmes financés tendent à renforcer cette influence. Car les premières ne mesurent pas les capacités institutionnelles à recevoir, et les faiblesses constatées dans la gestion des finances publiques « n'empêchent pas le lancement d'un programme d'aide budgétaire, si la volonté de réformes et ces dernières sont jugées satisfaisantes. »[15] Et les secondes enquêtes, celles réalisées en aval ont comme objectifs de prescrire des grilles de lecture, des schèmes de pensée pour la gestion, la planification des finances publiques à travers les techniques d'évaluation.

Mainmise sur les finances publiques

Nous avons vu au chapitre III que, dès le début des années 2000, l'efficacité de l'aide est une question qui préoccupe l'ensemble des agences du développement. À la suite de la Conférence de Monterrey, *La Déclaration de Paris* de 2005 apporte une réponse à cette question en proposant une méthode, des techniques visant à harmoniser la politique et les actions des bailleurs, à mieux contrôler les ressources consenties en orientant les politiques économiques et financières des pays récipiendaires. Dans cette perspective, les agences multilatérales ont promu une technique de contrôle et de gouvernement : l'évaluation des finances publiques.

L'évaluation de la gestion des ressources mobilisées est envisagée comme un vecteur d'efficacité.[16] Elle permet non seulement de mesurer les résultats, la redevabilité de l'aide, mais aussi d'imposer aux pays bénéficiaires des outils, un cadre organisationnel pour appréhender les stratégies économiques et notamment les finances publiques. L'évaluation fait désormais partie intégrante de l'aide, voire même des dispositifs politiques du développement.

Pour ce faire, la Banque mondiale (BM) a élaboré différents instruments :

- *l'évaluation de la redevabilité financière dans les pays.*
- *l'examen des dépenses publiques.*
- *les rapports analytiques sur la passation des marchés dans un pays.*[17]

Dès 1998 le FMI, avait déjà construit le *Code de bonnes pratiques en matière de transparence de finances publiques,* et, en 2001, il publia *un*

[15] Louis Michel, *L'aide budgétaire. « Et si on essayait le respect et la confiance,* » op.cit., page 26.

[16] A ce propos, voir Charlotte Boisteau, « L'évaluation, un outil au service de l'efficacité du développement », Sociologies pratiques, n°27, 2013, pp 152-132.

[17] Voir Banque mondiale, *Manuel de gestion des dépenses publiques*, 1998, traduit en français en 2000, dans la collection de la Banque, « Pratiques de pointe en Management public ».

*Manuel sur la transparence des finances publiques* suivi d'un questionnaire permettant à chaque pays d'évaluer la transparence de ses finances publiques.[18] La même année, la BM et le FMI publièrent conjointement *les Directives pour la gestion de la dette publique.*

En 2003, les Institutions de Bretton Woods (IBW) et la Commission européenne révisèrent ces directives et développèrent un nouvel outil : *l'évaluation des dépenses publiques et responsabilité financière* (PEFA) qui sert à présent à mesurer la performance en gestion des finances publiques. Très vite, les usages de cet outil (PEFA) ont permis de promouvoir un autre instrument : *l'évaluation de la performance en matière de gestion de la dette* (DeMPA).[19]

Le PEFA est composé de huit indicateurs c'est-à-dire les systèmes en matière de gestion que ledit outil évalue. Chaque indicateur est associé à un ou plusieurs éléments (dimensions) propres au système à évaluer la ou les performances. Le PEFA a sept indicateurs pour 30 dimensions. Quant au DeMPA, il est composé de 15 indicateurs pour 35 éléments (dimensions) :

---

[18] Voir FMI, *Par quels moyens le FMI encourage-t-il la transparence des finances publiques*, 2007.

[19] Banque mondiale, département des opérations bancaires et de la gestion de la dette (TRE-BDM), *Guide d'utilisation de l'outil d'évaluation de la performance en matière de gestion de la dette* (DeMPA), modifié en décembre 2009.

| PEFA<br>Indicateurs Dimensions | | DeMPA<br>Indicateurs Dimensions | |
|---|---|---|---|
| **1. Crédibilité du budget** | **PI.1.** Dépenses par rapport au budget initialement approuvé.<br>**PI.2.** Composition des dépenses réelles par rapport au budget.<br>**PI.3.** Recettes intérieures réelles par rapport au budget initialement approuvé.<br>**PI.4.** Stock et suivi des arriérés de paiements sur les dépenses. | **IPD-1.**<br>**Le cadre juridique** | - Existence, l'ouverture et la substance du cadre juridique. |
| | | **IPD-2.**<br>**Structure de gestion.** | - La structure administrative établie pour les emprunts et les transactions ayant un rapport avec la dette de l'administration centrale.<br>- La structure administrative de la préparation et de l'émission des garanties de prêts de l'administration centrale. |
| **2. Exhaustivitées et transparence** | **PI.5.** Classification du budget.<br>**PI.**6. Exhaustivité des informations contenues dans la documentation budgétaire.<br>**PI.7.** Importance des opérations non rapporté de l'administration centrale<br>**PI.8.** Transparence des relations intergouvernementales.<br>**PI.9.** Surveillance du risque budgétaire global imputable aux autres entités du secteur public.<br>**PI.10**. Accès du public aux principales informations budgétaires | **IPD-3.**<br>**Stratégie de gestion de la dette.** | - La qualité du document de stratégie de gestion de la dette.<br>- Le processus de prise de décision, la mise à jour et la publication de la stratégie de gestion dette. |
| | | **IPD-4.**<br>**Évaluation des opérations de gestion de la dette.** | - Degré de divulgation de l'information dans un rapport annuel ou un autre rapport équivalent sur : a) les activités de gestion de la dette de l'administration centrale. b) l'évaluation des résultats par comparaisons aux objectifs établis et sur la conformité des actions à la stratégie de gestion la dette de l'administration centrale. |

| | | | |
|---|---|---|---|
| **3. Budgétisation basée sur les politiques publiques** | **PI.11.** Caractères organisés et participatifs du processus annuel de préparation du budget.<br>**P1.12**. Perspectives pluriannuelles dans la planification budgétaire et la politique des dépenses publiques. | **IPD-5.**<br>**Audit.** | - Fréquence des audits internes et externes des activités, principes et opérations de la dette de l'administration centrale, et publication des rapports des audits externes.<br>- Degré de détermination à agir sur la base des conclusions des audits internes et externes. |
| **4. Prévisibilité et contrôle du budget** | **PI.13**. Transparence de l'assujettissement et des obligations des contribuables<br>**PI.14.** Efficacité des mesures d'immatriculation des contribuables et de l'évaluation de l'impôt, des taxes et des droits de douane.<br>**PI.15**. Efficacité du recouvrement des contribuables fiscales et douanières.<br>**PI.16**. Prévisibilité de la disponibilité des fonds pour l'engagement des dépenses.<br>**PI.17.** Suivi et gestion de la trésorerie, des dettes et des garanties. | **IPD-6.**<br>**Coordination avec la politique budgétaire** | - Coordination avec la politique budgétaire par le biais de la présentation dans des délais satisfaisants de prévisions détaillées sur le service total de la dette de l'administration centrale dans différents scénarios.<br>- Disponibilité de données sur les variables macroéconomiques essentielles d'analyses de la viabilité de la dette, et fréquence avec laquelle cette analyse est réalisée. |

| | | | |
|---|---|---|---|
| | **PI.18.** Efficacité des contrôles internes des états de paie.<br>**PI.19**. Mise en concurrence, utilisation optimale des ressources et contrôle de la passation des marchés publics.<br>**PI.20**. Efficacité des contrôles internes des dépenses non salariales.<br>**PI. 21.** Efficacité du système de vérification interne. | **IPD-7**<br>**Coordination avec la politique monétaire.** | - Délimitation claire entre les opérations de la politique monétaire et les transactions de la dette.<br>- Coordination par le biais d'échanges réguliers d'informations sur les transactions en cours et futures relatives à la dette et sur les flux de la trésorerie de l'administration centrale avec la banque centrale.<br>- Hauteur et plafond pour l'accès direct aux concours de la banque centrale. |
| **5. Comptabilité, enregistrement de l'information et rapport financiers** | **PI.22**. Régularité et respect des délais pour les opérations de rapprochement des comptes.<br>**PI.23**. Disponibilité des informations sur les ressources reçues par les unités de prestations de services primaires.<br>**PI.24**. Qualité et respect des délais des rapports d'exécution budgétaire produits en cours d'année.<br>**PI.25**. Qualité et respect des délais des rapports des états financiers annuels. | **IPD-8.**<br>**Endettement intérieur.** | - Mesure dans laquelle les mécanismes du marché sont utilisés pour émettre des titres de la dette, publication d'un plan de financement pour les bons et les obligations du Trésor et préparation d'un plan annuel pour l'intégralité des emprunts en monnaie nationale sur le marché intérieur, ventilé entre le marché institutionnel et le marché des particuliers.<br>- Disponibilité et qualité des procédures écrites pour les emprunts en monnaie nationale sur le marché intérieur. |
| **. Surveillance et vérification externes** | **PI.26**. Étendue, nature et suivi de la vérification externe.<br>**PI.27**. Examen de la loi de finances annuelle par le pouvoir législatif. | **IPD-9.**<br>**Endettement extérieur.** | - Mesure dans laquelle il est procédé à une évaluation des conditions d'emprunt les plus avantageuses ou efficaces au plan des coûts (prêteur ou source de financement, monnaie, taux d'intérêt et échéances).<br>- Disponibilité et qualité des procédures écrites établies pour les emprunts extérieurs.<br>- Disponibilité et degré de participation des conseillers juridiques avant la signature du contrat de prêt. |
| **7. Pratiques des bailleurs** | **D-1** Prévisibilité de l'appui budgétaire direct.<br>**D-2** Renseignements financiers fournis par les bailleurs de fonds | | |

| | | | |
|---|---|---|---|
| | pour la budgétisation de l'aide-projet et de l'aide-programme et l'établissement de rapports y afférents.<br>**D-3**. Proportion de l'aide gérée sur la base des procédures nationales. | | |
| | | **IPD-10. Garantie d'emprunts rétrocession de prêts et produits dérivés.** | - Disponibilité et qualité des politiques et procédures écrites établies en vue de l'approbation et de l'émission de garantie de prêts par l'administration.<br>- Disponibilité et qualité des politiques et procédures écrites établies pour la rétrocession de fonds empruntés.<br>- Disponibilité d'un système DeM [sic] doté de fonctions pour le traitement des produits dérivés et qualité des procédures écrites établies pour le recours à des produits dérivés. |
| | | **IPD-11. Prévision des flux de trésorerie et gestion de trésorerie.** | - Prévision du niveau global des soldes de trésorerie dans les comptes bancaires de l'Etat.<br>- Efficacité de la gestion du solde de trésorerie cumulée des comptes bancaires de l'Etat. |

| | |
|---|---|
| **IPD-12.**<br>**Gestion des prêts et sécurisation des données.** | - Disponibilité et qualité des procédures écrites établies pour le traitement du service de la dette.<br>- Disponibilité et qualité des procédures écrites établies pour l'enregistrement et la validation des données sur la dette, et pour la conservation des accords et des dossiers administratifs de la dette.<br>- Disponibilité et qualité des procédures écrites établies pour contrôler l'accès au système d'enregistrement et de gestion des données de la dette de l'administration centrale.<br>- Fréquence des opérations de sauvegarde des données du système d'enregistrement et de gestion de la dette, et conservation des copies de sauvegarde en lieu sûr, hors site. |

| | |
|---|---|
| **IPD-13. Répartition des tâches, capacités du personnel et continuité.** | - Séparation des tâches pour certaines fonctions essentielles et existence d'une fonction de suivi des risques et du respect des procédures.<br>- Capacités des agents et gestion des ressources humaines.<br>- Existence d'un plan de gestion des risques opérationnels, intégrant notamment des dispositions pour assurer la continuité des opérations et leur reprise en cas de catastrophe. |
| **IPD-14. Comptabilisation des données de la dette.** | - Exhaustivité et actualité des documents comptables sur la dette de l'administration centrale.<br>- Existence de documents comptables exhaustifs et à jour sur tous les détenteurs de titres d'État dans un système de registre sécurisé. |
| **IPD-15. Transmission et publication des informations sur la dette.** | -Respect des obligations statutaires et contractuelles de présentation de rapports sur la dette de l'administration centrale à toutes les entités intérieures et extérieures.<br>- Respect des obligations statutaires et contractuelles de présentation de rapports sur la dette totale du secteur public non financier et sur les garanties de prêts à toutes les entités intérieures et extérieures.<br>- Qualité et actualité du bulletin statistique (ou son équivalent) publié sur la dette de l'administration centrale. |

En comparant lesdits instruments force est de constater qu'ils sont complémentaires. L'un ne va pas sans l'autre. Le DeMPA ne s'intéresse pas qu'à la gestion de la dette publique. Ses indicateurs couvrent également la gestion des finances publiques en général, la dette non financière du secteur public en particulier. Le tableau ci-dessous met en lumière les liens qui existent entre les deux instruments.

## Relations entre les deux instruments

| | PEFA DeMPA | |
|---|---|---|
| **Indicateurs communs** | - **Indicateurs 3** : Budgétisation basée sur les Politiques publiques. | IPD-6 : Coordination avec la politique budgétaire. |
| | - **Indicateurs 4 :** Prévisibilité et contrôle du budget. | IPD-11 : Prévisions des flux de trésorerie.<br>IPD-14 : Comptabilisation des données de la dette.<br>IPD- 5 : Audit |
| | - **Indicateurs 5 :** Comptabilité, enregistrement de l'information et rapport financier. | IPD-11 : Prévisions des flux de trésorerie.<br>IPD-15 : Comptabilisation des données de la dette. |
| | - **Indicateurs 6 :** Surveillance et vérification externes. | IPD-5 : Audit. |
| **Dimensions communes** | **P1.12**<br>Perspectives pluriannuelles dans la planification budgétaire et la politique des dépenses publiques. | - Disponibilité de données sur les variables macroéconomiques essentielles d'analyses de la viabilité de la dette, et fréquence avec laquelle cette analyse est réalisée. |
| | **PI.16.** Prévisibilité de la disponibilité des fonds pour l'engagement des dépenses. | - Efficacité des prévisions du niveau global des encaisses dans les comptes bancaires de l'État. |
| | **PI.17.** Suivi et gestion de la trésorerie, des dettes et des garanties. | - Exhaustivité et actualité des documents comptables sur la dette de l'administration centrale.<br>- Existence de documents comptables exhaustifs et à jour sur tous les détenteurs de titres d'État dans un système de registre sécurisé. |
| | **PI. 21.** Efficacité du système de vérification interne. | - Fréquence des audits internes et externes des activités, principes et opérations de la dette de l'administration centrale, et publication des rapports des audits externes.<br>- Degré de détermination a agir sur la base des conclusions des audits internes et externes. |

| | | |
|---|---|---|
| | **PI.22**. Régularité et respect des délais pour les opérations de rapprochement des comptes. | - Efficacité de la gestion du montant global des encaisses des comptes bancaires de l'État, y compris son intégration dans le programme d'emprunts intérieurs. |
| | **PI.25**. Qualité et respect des délais des rapports des états financiers annuels. | - Qualité et actualité du bulletin statistique (ou son équivalent) publié sur la dette de l'administration centrale. |
| | **PI.26**. Etendue, nature et suivi de la vérification externe. | - Fréquence des audits internes et externes des activités, principes et opérations de la dette de l'administration centrale, et publication des rapports des audits externes.<br>- Degré de détermination à agir sur la base des conclusions des audits internes et externes. |

Les liens entre les deux instruments sont nombreux et plus particulièrement dans le domaine de la réalisation des audits et dans la mise en œuvre des recommandations sous-jacentes d'une part, et, d'autre part, dans l'utilisation et la publication des documents comptables, enfin dans le contrôle et l'enregistrement des données relatives à la dette et des variables macroéconomiques.

Ces liens confèrent aux deux instruments le même objectif : contrôler les ressources consenties en normalisation les règles de la gestion des finances publiques en faisant du PEFA et du DeMPA des outils de connaissance et d'apprentissage pour la planification des finances publiques et la coordination des politiques macroéconomiques.

Pour ce faire, entre 2007 et 2016, les bailleurs multilatéraux ont imposé ces instruments à tous les pays d'Afrique, en finançant, d'une part, des formations destinées aux cadres administratives financières de ces pays pour renforcer leurs connaissances à la méthodologie de ces instruments, et d'autre part, des évaluations PEFA, DeMPA dans ces pays.

Intéressons-nous un instant au mode de fonctionnent de ces instruments, les effets qu'ils produisent dans les administrations financières en analysant comment ces évaluations se sont déroulées aux Comores.

Aux Comores, deux évaluations PEFA ont été menées par des experts internationaux : l'une en 2007, l'autre en 2013. Dans un cas comme dans l'autre la méthode utilisée est basée sur :

- des entretiens avec les responsables des administrations concernées.

- l'analyse des lois des finances de l'Union, et sur les Tableaux des Opérations Financières de l'État (TOFE) que produit d'une part la Banque centrale des Comores (BCC) et d'autre part le FMI dans le cadre de ses programmes économiques et financiers avec l'Union des Comores.[20]

La première évaluation PEFA (de 2007) avait comme objectifs :

- D'abord d'évaluer les réformes mises en œuvre dans le cadre du programme de surveillance (SMP) que l'Union des Comores a signé en 2005 avec le FMI, et notamment l'évaluation des mécanismes de la répartition des recettes entre l'Union et les îles autonomes, l'harmonisation d'une nomenclature budgétaire, l'application des tarifs douaniers communs au niveau de l'Union, le renforcement de la gestion et la surveillance des sociétés d'État et les organismes responsables du recouvrement des recettes, l'avancement des discussions entre les autorités comoriennes et la Banque mondiale concernant la préparation d'une stratégie de réformes des monopoles d'État au niveau des télécommunications et des hydrocarbures.
- Ensuite, d'évaluer les réformes mises en œuvre dans le cadre du DSRP actualisé en 2005 (Conférence de Maurice) et plus spécifiquement l'axe numéro un du document (nous l'avons dit plus haut, il y a sept axes) centré sur la gestion et la transparence des finances publiques.

En octobre 2007, les évaluateurs ont rendu le rapport final en spécifiant qu'aucune de ces réformes n'avait encore été réalisée, que, si le budget de l'État est « réaliste », c'est parce que, « depuis l'accord d'un programme de surveillance (SMP) signé avec le FMI en février 2005, l'élaboration du budget aux Comores est effectuée *sous la supervision du FMI*. Le budget est donc réaliste et il est généralement exécuté comme prévu, du moins dans son ensemble, dans la mesure où les recettes couvrent avec peine les salaires et les frais de fonctionnement de l'administration. En revanche, le budget n'est pas crédible au niveau de sa décomposition sectorielle. D'une part, le suivi de l'exécution des dépenses qui est effectué au niveau des entités ne donne pas lieu à la production de données et de rapports qui remontent au niveau central, d'autre part, lorsque l'on réalise au niveau de chaque entité une évaluation des dépenses par secteur (santé, éducation,

---

[20] Instruments statistiques de contrôle et de pilotage, le FMI élabore ces tableaux dans tous les pays, et notamment dans les pays en développement. Voir FMI, *Statistiques de finances publiques : Guide d'établissement à l'usage des pays en développement,* septembre 2011.

agriculture, etc.), on constate que les dépenses réelles divergent assez sensiblement des engagements. »[21]

En effet, deux ans après la signature du programme de surveillance (SMP) et de la Conférence de Maurice, les réformes budgétaires qu'impliquent ce programme et ceux du DSRP actualisé n'ont pas été réalisées. Leur réalisation n'a débuté qu'en 2008 avec la qualification des Comores à l'initiative PPTE et l'adoption en 2009 de la version finale du DSRP -I et son plan d'action 2010-2014. Car, comme nous l'avons souligné au chapitre V, après la Conférence de Maurice le processus électoral complexe des élections présidentielles des îles de 2007 avait brisé l'unité politique et administrative, la cohésion sociale du pays. C'est après une crise institutionnelle qui a duré une année que le gouvernement du président Ahmed Abdallah Sambi (2006-2010) mettra en œuvre les réformes budgétaires tant voulues par les Institutions de Bretton Woods (IBW) en élaborant : une proposition de stratégie d'apurement de la dette, une stratégie de réforme de la gestion des finances publiques (SR-GEP), une nomenclature budgétaire harmonisée de l'Union et des îles autonomes, un code des marchés publics.[22] Le gouvernement du président Ikililou Dhoinine (2011-2016) a poursuivi ces réformes en élaborant un nouveau *plan stratégique de réforme de la gestion des finances publiques* qui se décline en quatre axes : Axe 1 - Moderniser le cadre législatif et réglementaire et renforcer les capacités institutionnelles. Axe n°2 - Rationaliser l'organisation de la préparation des budgets. Axe n°3 - Sécuriser et maîtriser l'exécution des budgets. Axe n°4 - Améliorer la transparence et assurer l'efficacité des contrôles internes et externes.[23]

En lisant les indicateurs du PPTE, force est de constater l'influence de ces derniers sur ces axes, chacun y fait référence. Et, pour leur suivi entre 2010 et 2012, le gouvernement a mis en place :

- Une Cellule technique des réformes économiques et financières (CREF). Celle-ci est chargée de suivre et de coordonnée les réformes

---

[21] Union européenne, Etude PRFA, Analyse de la situation macroéconomique et de la gestion des finances publiques et ses mécanismes de suivi, Rapport définitif, Novembre 2007, page 3. C'est nous qui mettons en italique.

[22] Concernant la mise en œuvre de ces réformes, voir Union des Comores, *Stratégie de croissance accélérée et de développement durable* ( SCA2D) 2015-2019, Juin 2014.

[23] Présidence de l'Union des Comores, *plan stratégique de réforme de la gestion des finances publique* (PSRGEP 2010-2019).

économiques en faisant le lien entre les services des finances et les principaux bailleurs et notamment le FMI et la Banque mondiale.

- Deux sites web[24] qui diffusent respectivement les principaux textes relatifs au budget, les rapports de mission avec les bailleurs, les données disponibles du ministère des Finances.
- Le Centre informatique du ministère des Finances (CIMF)[25]

La deuxième évaluation de PEFA (2013) salue les efforts entrepris pour la mise en œuvre des réformes en cours. Car son objectif était : « de mesurer les progrès accomplis par le pays depuis la précédente évaluation (celle 2007) suite aux réformes mises en œuvre jusqu'à présent. Dans ce sens, elle met en exergue les liens entre les efforts déployés et l'évolution des indicateurs du standard PEFA. »[26] Autrement dit, il s'agissait d'apprécier les progrès accomplis entre 2007 et 2013 dans la gestion des finances publiques à l'aune des indicateurs du PEFA. Et, pour encourager « les bonnes pratiques » constatées et la poursuite des réformes en cours, le PEFA de 2013 et la Cellule technique des réformes économiques et financières (CREF) « ont préparé une matrice d'avancement destinée à présenter les réalisations des réformes prioritaires. »[27]

L'évaluation est bel et bien normative, elle ne dit pas seulement comment les choses sont, et pourquoi elles sont ce qu'elles sont, mais surtout comment elles doivent être à l'aune d'un cadre théorique et d'objectifs préalablement définis.

L'évaluation de la performance en matière de gestion de la dette (DeMPA) s'inscrit dans la même logique. En effet, en 2011, des experts appartenant à différentes agences internationales se rendirent à Moroni pour évaluer les opérations de gestion de la dette publique à l'aide de l'Outil d'évaluation de la performance en matière de gestion de la dette (DeMPA).

Comme le PEFA, le DeMPA est basé sur l'analyse de documents financiers et comptables, sur des entretiens avec les autorités locales. L'objectif de la mission est de requérir toute l'attention de ces derniers

---

[24] www.beit-salam.km pour la présidence, et www.finances.gouv.km pour le ministère de l'Economie et des Finances.

[25] Concernant la mise en place de ces dispositifs, voir Union des Comores, Vice-présidence chargée des finances, Fonds africain de développement, *Evaluation PEFA répétée 2013. Analyse du système des finances publiques.* Rapport final, juillet 2014,

[26] Ibid., page 14.

[27] Ibid., page 110. Cette matrice est adossée au Plan d'action prioritaire (PAP) de 2010- 2012 de la *stratégique de réforme de la gestion des finances publiques*.

à mettre en place une meilleure gestion de la dette publique pour que le pays puisse honorer ses engagements envers ses créditeurs de façon à pouvoir bénéficier de plus importants financements extérieurs suite à l'adhésion de l'Union des Comores dans à l'Initiative PPTE.

Par conséquent, le rapport d'évaluation DeMPA préconise des actions prioritaires qui visent principalement deux objectifs. - 1) l'amélioration des fonctions de base de la dette et la production de rapports statistiques relatifs au budget et à la situation de la dette.

- 2) la mise en place d'un cadre juridique et institutionnel concernant la production, l'actualisation et la publication des rapports dûment cités d'une part, et d'autre part, l'élaboration d'un programme relatif à la réalisation et la prise en compte des conclusions d'audits des opérations de gestion de la dette. À l'instar du PPTE, ces objectifs découlent des indicateurs DeMPA signalés plus haut.

Ces deux instruments (PPTE et DeMPA) permettent aux Institutions de Bretton Woods (IBW) d'avoir la main haute sur les finances publiques des pays pauvres et endettés.

À droite, les IBW ont l'aide budgétaire directe qui leur permet d'exiger des comptes à ces pays au nom de la redevabilité de l'aide. À gauche, l'Initiative PPTE qui leur confère un droit d'expertise sur les plans budgétaires annuels avec la possibilité de faire appel aux différentes missions d'évaluations tous les trois ans pour mieux suivre les réformes en les ajustant si nécessaire.

Avec l'Initiative PPTE, « les pays en développement sont sous tutelle pour une longue période : tous les ans pendant quinze ans, les pays bénéficiaires vont devoir discuter leurs budgets à Washington et auprès des principaux bailleurs bilatéraux. »[30]

La marge de manœuvre de ces pays à l'égard de leur politique budgétaire est considérablement limitée. La prise de décision et la conduite de ces politiques sont encadrées par des programmes politiques conçus à l'extérieur.

L'influence de ces programmes est totale et prégnante, car, comme nous venons de le voir à l'instant, parallèlement à ces programmes, les IBW diffusent des instruments qui favorisent l'adhésion des normes qui sous-tendent ces derniers. Et les autorités locales y adhèrent dans la mesure où ces outils ne se réclament pas comme tels, mais comme des instruments objectifs pavés de critères clairs et fiables de mesure de

[30] Jean Marc Severino, « On n'échappe pas au politique quand on fait de l'aide au développement » *L'économie politique* n°10, 2001, pp 8-17, page 13.

performances sur lesquels pourront prendre appui la politique et l'organisation des différents secteurs économiques et financiers.

Et les programmes de renforcement des capacités que financent les bailleurs semblent renforcer ces adhésions.

**Les visées politiques des renforcements des capacités**

Le renforcement des capacités institutionnelles est sans doute l'outil qui caractérise le mieux la nouvelle APD. Dispositif central dans la Déclaration de Paris, il vise à soutenir institutionnellement les pays bénéficiaires de l'aide à mettre en œuvre les programmes et les projets de développement financés par les bailleurs, à concevoir leurs propres stratégies de développement.

Dans la nouvelle configuration de l'APD, ces stratégies sont importantes et les bailleurs de fonds s'y intéressent en impulsant des éléments qui orientent leur conception et leur dynamique. Les bailleurs veillent au développement de ces stratégies, d'une part, parce que ces dernières sont censées montrer l'aptitude des autorités locales à s'approprier de manière créative les valeurs libérales et les nouvelles techniques de mangement qui structurent l'aide au développement et, d'autre part, parce qu'au nom du principe de *l'alignement* et du partage des responsabilités, les bailleurs sont censés aligner leurs politiques, leurs actions sur ces stratégies. Ainsi, non, seulement les objectifs assignés aux programmes de renforcement des capacités institutionnelles sont multiples, mais les actions menées couvrent également des domaines très larges dont les résultats s'inscrivent dans le long terme.

Renforcement des capacités et transformation institutionnelle

Dès le début des années 2000, les bailleurs de fonds vont mettre l'accent sur les programmes dits de renforcement de capacités.[31] Ainsi, à l'intérieur de l'arène du développement non seulement les activités relatives au renforcement des capacités sont nombreuses et couvrent plusieurs secteurs, mais nombreuses sont également les institutions qui œuvrent dans le domaine.

---

[31] Sur ce point, voir CDA/OCDE, *Pourquoi il faut mettre l'accent sur le renforcement des capacités*, revue de l'OCDE sur le développement, n°9, 2008/3.

*Tu sais, les bailleurs ont des dadas. Pendant un moment c'était la croissance économique, la croissance et rien que la croissance, puis on est passés à la mode des privatisations, tout le monde veut privatiser. Après, on est passés à la pauvreté.*

*Un bon matin on a découvert à Paris et à Washington que le monde était pauvre, qu'il y avait des pauvres. On parlait que de ça, la lutte contre la pauvreté, ensuite il y a eu la gouvernance. La bonne gouvernance partout. Et maintenant on ne jure que par les renforcements des capacités. Tous les bailleurs, les* ONG *veulent faire du renforcement des capacités.*

*Là actuellement on a des projets de renforcement des capacités avec la Banque mondiale, la Banque africaine de développement, l'Union européenne, le* PNUD, *il y a aussi les* ONG. *Il y a au moins trois ou quatre (*ONG*) qui travaillent sur les renforcements des capacités. Dans un petit pays comme le nôtre c'est beaucoup. Il faut aussi rajouter les* ONG *arabophones parce qu'on l'a maintenant. Leur vision est peu différente, mais elles en font* [du renforcement de capacités] *quand même. Bon hé, hé... il faut reconnaître qu'en la matière c'est un peu la cacophonie. Mais Bon, bon, tout ça, ça se fait dans le cadre des dons au pays, on à rien y perdre, on prend... Et puis ça permet aux bailleurs de pondre des projets, d'avoir du travail, mais ça c'est off* (il touche le magnétophone). **BUN service de la dette. Cellule économique auprès de la présidence de l'Union.**

La variété des activités et des organismes prestataires rend difficile une description exhaustive des actions menées, une définition claire et précise des objectifs poursuivis. En partant de la définition que le Comité de l'aide au développement (CDA) confère à la notion de capacités, on peut néanmoins catégoriser les actions.

En effet, le CDA définit les capacités comme : « l'aptitude des individus et des organisations à définir et à réaliser leurs objectifs. »[32] La définition de la Commission de l'Union européenne est proche de celle du CAD : c'est « la capacité d'accomplir des tâches et de produire des résultats, d'identifier et de résoudre des problèmes et de faire des choix en connaissance de cause. »[33] Autrement dit, dans le cadre de l'aide au développement, le renforcement des capacités est un processus permettant d'atteindre des objectifs de développement en augmentant

---

[32] OCDE, *Relever le défi posé par le renforcement des capacités*, 2006, page 20.

[33] Commission de l'Union européenne, *Analyse institutionnelle et développement des capacités, Pourquoi et comment ?, Document de référence* n°1, septembre, Bruxelles, 2005, page 6.

la qualité des organisations et des institutions, en renforçant les connaissances, les aptitudes des agents pour qu'ils soient aptes à mieux exécuter un projet, une tâche, une fonction.

C'est dans ce cadre que le PNUD finança en 2010 pour l'Union des Comores un *Projet de renforcement des capacités nationales en matière de gestion du développement*. Le projet avait comme objectifs :

- « Doter les administrations comoriennes (Union et îles autonomes) d'un cadre technique de référence assurant l'articulation des décisions et leur mise en œuvre, entre l'Union et les îles autonomes, d'une part, et entre les administrations sectorielles et les structures de planification, d'autre part.
- Veiller à la diffusion et l'appropriation de stratégie et réduction de la pauvreté (SCRP- DSRP) des Comores.
- Renforcer les capacités du pays à assurer une coordination efficace de l'aide en droite ligne avec la Déclaration de Paris. »[34]

Le *Projet d'appui au secteur de l'énergie* financé par la Banque africaine de développement (BAD) en 2013 s'inscrit lui aussi dans la perspective des priorités nationales définis par le DSRP des Comores.

Il s'agissait d'aider les Comores à surmonter la crise énergétique que traverse le pays depuis le début des années 1990.

Le projet visait à apporter des solutions concernant les défaillances tant constatées dans le secteur de l'électricité en augmentant la capacité de production, en réduisant les pertes techniques et commerciales, d'une part, et, d'autre part à renforcer le secteur institutionnel en dotant les sociétés d'électricité (il y en a deux, La Ma-MWE pour la Grande Comore et Mohéli, le EDA ''Electricité d'Anjouan'' pour l'île d'Anjouan) de bonnes pratiques de gestion.

Pour ce faire, le projet préconisait d'associer les usagers et le gouvernement « au projet à travers des campagnes d'éducation et d'information qui visent à faire adopter les comportements citoyens dans le règlement des factures, l'efficacité énergétique et la coopération avec les deux sociétés (Ma-MWE et EDA) d'électricité. »[35]

Ainsi conçu, le projet est un processus de transformation institutionnelle endogène à long terme visant à changer les modes d'organisation du secteur, les pratiques des agents qui y travaillent.

---

[34] Union des Comores, Programme des nations unies pour le développement, *Projet de renforcement des capacités nationales en matière de gestion du développement*, 2010, page 8.

[35] Groupe de la Banque africaine de développement, département ONEC, *Projet d'appui au secteur de l'énergie : Union des Comores*, août 2013, page 3.

Ce principe est également au centre du *projet d'Appui à la planification et à la coordination de l'aide au développement* (APLCO)[36] financé par l'Union européenne pour renforcer les capacités du gouvernement de l'Union des Comores en matière de programmation et de planification stratégique pour le développement.

Réparti sur trois ans (2010-2013), le projet a consisté à renforcer les capacités techniques et organisationnelles du Commissariat général au plan, des unités de planification et d'évaluation du ministère de l'Éducation nationale, de l'Agriculture, en organisant les infrastructures et des plans de formation pour les agents.

Ces différents projets traduisent les principes de *la Déclaration de Paris*, et notamment le principe de *l'alignement* qui privilégie l'aide budgétaire directe, le renforcement des capacités au détriment de la « coopération technique » jugée par le CAD comme peu efficace : « La coopération technique et diverses formes d'aide à la mise en place de capacités absorbent des ressources considérables depuis de nombreuses décennies. Si quelques pays ont obtenu de bons résultats, les efforts déployés par les donneurs dans de nombreux pays n'ont guère donné de fruits sur le plan du renforcement durable des capacités nationales. »[37]

Plus efficace, car le renforcement des capacités n'a pas comme unique objet d'apporter des solutions, une aide pour résoudre un problème spécifique. Ils visent aussi et surtout le changement des pratiques des agents à transformer les structures organisationnelles des institutions en renouvelant : les règles formelles et informelles, les normes sociales et politiques qui régissent les institutions. La transformation de ces normes est donc nécessaire, sans quoi le renforcement des capacités ne peut pas être pleinement efficace.

*Le renforcement des capacités institutionnelles a deux aspects : un aspect institutionnel, je dirais logistique. Mais logistique au sens large, ça va des ordinateurs à la mise en place de nouvelles structures pour la bonne gouvernance, la mise en place de comités, comme le comité de contrôle financier, du budget et de la trésorerie, la cour des comptes.*

*Le renforcement des capacités institutionnelles c'est ça, c'est mettre en place les structures capables de... Mais une fois que ces structures sont en place il faut des hommes pour les faire marcher, il faut former*

[36] Concernant ce projet, voir Présidence de l'Union des Comores. *Cellule technique de suivi des réformes économiques et financières*, www.cref.gouv.km/v1/index.php/partenaires/union-europeenne, consulté le 17 octobre 2015.

[37] OCDE, *Relever le défi posé par le renforcement des capacités*, op.cit., page 7.

*les gens quoi. Ça, c'est le deuxième aspect. On parle beaucoup moins de cet aspect-ci parce que c'est vrai la mise en œuvre de ces formations n'est pas simple. C'est plus long, c'est plus compliqué que d'acheter un logiciel pour modéliser le budget, ou la dette publique* [il sourit]. *Et puis les gens ont leurs habitudes, ils ne voient pas l'intérêt de toutes ces formations. Bon, en plus elles ne sont pas obligatoires, parfois les gens viennent, parfois non, parfois ils viennent et signent la feuille d'émargement et partent, ils n'assistent pas à la formation.*

*La façon dont ces formations sont organisées pose également problème. Les partenaires ne s'occupent pas du déroulement, c'est à nous de les mettre en place. Bon... Bon... hé, hé, il faut le dire, il y a beaucoup de clientélisme. Je te désigne pour suivre telle ou telle formation organisée par le PNUD, par l'Union européenne parce que tu es mon cousin, parce que tu fais partie du même parti politique que moi. Donc parfois on a des gens qui suivent une formation concernant la planification budgétaire, le fonctionnement des douanes, la décentralisation par exemple alors qu'ils ne travaillent pas dans ce secteur, et ils n'ont pas l'intention d'y travailler parce qu'ils sont dans d'autres activités plus juteuses. Ça, c'est le premier problème.*

*Le second problème est lié au fonctionnement même de notre administration. Aujourd'hui je suis à ce poste, mais demain le nouveau régime* [politique] *va m'envoyer dans un secteur qui n'a rien à voir avec celui-ci parce que je ne suis pas un partisan du régime. Et celui qui va me remplacer ne sera pas plus compétent, non. Il va prendre ma place parce que c'est un enfant du régime, parce qu'il connaît du monde, il a le bras long, comme on dit en français.*

*Donc on a beau former les gens, si on ne les maintient pas dans les structures dans lesquelles ils ont les compétences il y a une perte. Un exemple qui concerne directement ton sujet. Celui qui était le Commissaire général au Plan au début du DRSP, il a beaucoup travaillé sur ce projet, il a suivi des formations ici et à l'étranger concernant l'élaboration et la mise en œuvre du Document. Eh ben à présent il enseigne à l'université des Comores et poursuit une thèse de 3e cycle en France. Je ne sais même pas s'il y a un droit de regard sur ce qui se passe actuellement. Tout ça n'est pas logique, enfin, tu comprends.* **IY Conseiller au ministère de l'économie et des finances.**

Le clientélisme et le favoritisme sont deux stratégies politiques que les politiciens utilisent pour distribuer des avantages afin d'accroître leurs positions dans le champ politique.

Si ces stratégies sont relativement répandues, elles structurent davantage le champ politique des États où la soumission aux règles sociales repose sur des rites et non sur des connaissances à prétention universelle que l'État inculque à l'ensemble des agents soumis à sa juridiction. Elles sont également répandues dans les États où le pouvoir est personnifié et s'exerce en la sainteté d'une tradition valable de tout temps, où les agents obéissent aux vertus d'un chef charismatique et non à des règles impersonnelles pour remplir leurs fonctions.[38]

Dans ces configurations sociales, on devient fonctionnaire par favoritisme, ce qui met en péril les pratiques administratives fondées sur la légalité des règlements, des arrêtés, et du droit.

Un tel climat politique et social résiste à la domination bureaucratique en général, au renforcement des capacités techniques et organisationnelles en particulier. Ainsi, les projets d'aide au renforcement des capacités ne visent pas seulement à apporter aux agents des capacités, un savoir-faire pour l'exécution d'un projet ou d'une fonction, ces projets visent également à transformer les formes de l'autorité, l'environnement politique et institutionnel, car « Il ne suffit pas d'améliorer les connaissances et les compétences des individus, souligne le CAD. Le renforcement des capacités est, en effet, très largement subordonné à la qualité des organisations au sein desquelles les individus travaillent. Qui plus est, les activités menées par des organisations données sont influencées par *l'environnement généra*l. »[39]

Ainsi, il ne s'agit pas seulement de changer le cadre institutionnel, pour mieux transformer les pratiques des agents, il est également nécessaire de changer les normes qui régissent les institutions, l'autorité publique.

C'est dans ce cadre qu'en 2009 la Banque africaine de développement (BAD) finança un projet de renforcement des capacités institutionnelles[40] (PRCI) pour le gouvernement de l'Union des

---

[38] Sur ce point, voir Max Weber, *La domination*, traduit de l'allemand par Isabelle Kalinowski, Ed. La Découverte, 2013.

[39] OCED, *Relever le défi posé par le renforcement des capacités*, op.cit., page7. C'est l'auteur qui souligne.

[40] Banque africaine de développement, Fonds africain de développement, *Projet de renforcement des capacités institutionnelles* (PECI), Union des Comores 2009.

Comores. Le coût du projet est estimé à 5,26 millions UC[41]. Déployé sur trois ans et demi, le projet avait comme : « objectif de renforcer les capacités institutionnelles en matière de gestion économique, financière et en particulier la gestion et le suivi des ressources publiques, l'élaboration, l'exécution et le suivi des politiques de réduction de la pauvreté. Les bénéficiaires directs du projet sont les cadres fonctionnaires des entités responsables de la gestion des finances publiques et de la conception, l'exécution du suivi des politiques de la pauvreté au niveau de l'Union des Comores et au niveau des trois îles autonomes des Comores. Le résultat escompté est une meilleure gestion des ressources publiques à travers des cadres fonctionnaires mieux formés, plus compétents et mieux équipés, l'adoption d'une réglementation et la mise en place de procédures aux *normes internationales* afin d'institutionnaliser la gestion des ressources publiques. »[42]

La normalisation des pratiques institutionnelles liées à la gestion des finances publiques est le pivot central du dispositif. Néanmoins, les connaissances que ce dernier véhicule sont génériques, elles visent l'instauration d'une culture institutionnelle et organisationnelle, une communauté de pratiques au sein de la fonction publique basée sur le respect des règles, sur un pouvoir et une autorité fondé sur l'expérience, les compétences.

Le développement de cette culture, la transformation des structures de l'autorité et du pouvoir sont ainsi devenus un objectif en soi synonyme de développement. Désormais c'est celui-ci qui définit le mandat du PNUD : « Si le développement humain est l'objet du mandat du PNUD, le moyen employé pour exécuter son mandat est le renforcement des capacités, que le PNUD définit comme étant le processus par lequel les particuliers, les organisations et la société acquièrent, développent et maintiennent les aptitudes dont ils ont besoin pour réaliser leurs propres objectifs de développement (…) Le PNUD fait figure de chef de file à cet égard et agit en partenariat avec les instances gouvernementales pour concevoir des solutions qui

---

[41] 1UC = 1.12344 euro. 1 euro = 491.96755 francs comoriens (KMF.) 1UC = 526.6962 KMF.

[42] Banque africaine de Développement, Fonds Africain de Développement, op.cit., pages iv

s'inscrivent dans le cadre d'une stratégie globale de changement en matière de capacités politiques, organisationnelles et sociétales. »[43]

Dans les 166 pays où le PNUD est présent, il œuvre avec d'autres partenaires aux changements des cadres politiques et sociaux de ces pays. Le projet *d'Appui à la mise en place d'une administration publique adaptée au nouveau cadre institutionnel et performante*[44] (APP-1) qu'il a initié et supervisé aux Comores s'inscrit dans cette dynamique.

Lancé en 2005 en partenariat avec la Banque mondiale et l'Union européenne ce projet avait comme objectif la mise en place d'un ensemble de dispositifs visant à réformer la fonction publique. Il s'agissait de mettre en place : - La Haute autorité de la fonction publique.

- L'informatisation de la gestion du personnel par le développement et l'installation du nouveau système informatique de Gestion intégrée des Structures et des effectifs (GISE).

- La préparation des textes réglementaires en application de la loi sur le statut des fonctionnaires de l'Union des Comores.

En 2006, il y a eu une deuxième version de ce projet (APP-2) qui a permis de consolider lesdits dispositifs en promulguant notamment un décret de création de haute autorité de la fonction publique, le recrutement par concours de son secrétaire exécutif, la préparation d'un projet de loi relatif à l'inscription à la loi de finances des cadres organiques des administrations publiques.

Comme le souligne à juste titre le *Groupe de travail de la Banque mondiale sur le renforcement des capacités en Afrique*, le renforcement des capacités est un processus à long terme, son apport est lent et difficile à apprécier dans le court terme.[45] Il n'a porte pas de solutions immédiates aux problèmes auxquels les populations des pays en développement et très pauvres font face au quotidien.

Ainsi, le *Projet d'appui au secteur de l'énergie* financé par la Banque africaine de développement (BAD) cité plus haut n'a pas apporté

---

[43] Programme des Nations Unies pour le Développement (PUND), *Le renforcement des capacités : l'habilitation des gens et des institutions,* Rapport annuel 2008, pages 3 et 13.

[44] Voir, Programme des Nations unies pour le développement, Union des Comores, Appui à la mise en place d'une administration publique adaptée au nouveau cadre institutionnel et performante (APP-1) 2005.

[45] Sur ce point, voir Rapport du Groupe de travail de la Banque mondiale sur le renforcement des capacités en Afrique, Annexes, septembre 2005.

de solutions viables et pérennes au problème de la fourniture d'électricité aux Comores.

A l'heure où j'cris ces lignes, le pays vit au rythme des délestages, et tout le système économique tourne au ralenti. Les régions rurales sont fournies en électricité environ 3 à 4 heures tous les deux jours, et les régions urbaines un peu moins de six heures par jour.

Pour les donneurs le renforcement des capacités est un processus de longue haleine, pour les receveurs, pressés par les difficultés de la vie quotidienne, l'efficacité de l'aide se mesure à court et moyen termes. Ils peuvent difficilement se projeter dans l'avenir, prendre le recul nécessaire à l'anticipation d'un projet alors que le présent est un incertain.[46]

Ces deux façons d'envisager l'aide montrent combien le principe de *l'alignement* des préférences des uns et des autres, élément fondateur de la *Déclaration de Paris,* est difficile à traduire.

Le travail d'appropriation qui sous-tend le renforcement des capacités accentue cette difficulté et complexifie les modalités pratiques de l'aide. Car ce travail est un processus encore plus long dont les résultats sont difficiles à mesurer à court et moyen termes dans la mesure où c'est essentiellement l'élite politique et bureaucratique qui incarne l'appropriation.

### Renforcement des capacités et appropriation : mais appropriation de quoi ?

La question de l'appropriation est centrale, dès le début des années 1960, les acteurs au développement évoquaient déjà l'idée selon laquelle le développement ne peut être durable et fécond que si les populations s'approprient les projets et y participent[47]. Au milieu des années 1980, le Comité de l'aide au développement (CAD) prônait également le partenariat et l'appropriation. À la fin des années 1990, la Banque mondiale s'approprie l'idée et la met en pratique en imposant la rédaction d'un *Document stratégique de réduction de la pauvreté* (DSRP) à tous pays qui prétendent un prêt auprès des Institutions

---

[46] Concerne ces difficultés à construire et à croire à un projet, voir Jean-Pierre Boutinet, *Anthropologie du projet*, Ed. PUF, 1990.

[47] Sur ce point, voir Antonio Tujan Jr. et Wim De Ceukelaire, « ''Conditionnalité'' et ''appropriation'' de l'aide : quelles contradictions ? », Alternatives Sud, vol 15 2008 pp 93-108.

Financières Internationales (IFI), ou à un allégement de la dette dans le cadre de l'Initiative PPTE.

Dans la *Déclaration de Paris* de 2005, l'appropriation est le premier des trois piliers conceptuel (l'appropriation, l'harmonisation et l'alignement) de l'édifice, elle est solidement reliée aux différents axes et constitue la matrice.

En pratique, les DSRP sont censés être l'expression de l'appropriation par les pays partenaires de leurs stratégies de développement. Ils supposent montrer la capacité des autorités locales à concevoir et à mettre en action des stratégies de développement basées sur la participation de la société civile en prenant en compte les OMDs. En principe, il est un processus endogène.

Notre enquête montre tout le contraire, le DSRP est un processus exogène, et en tant que tel il ne permet pas de conclure à une quelconque appropriation, ni de comprendre comment celle-ci s'opère. D'abord, parce que, comme nous l'avons vu plus haut, l'élaboration du DSRP comorien a été menée de bout en bout par un émissaire de la Banque mondiale (BM) et par les experts internationaux du PNUD au pays. Les hauts fonctionnaires du Commissariat général au plan et des différents ministères ont joué un rôle d'animateur et d'auxiliaire. Quant à la participation de la société civile, elle est une fiction théorique comme nous l'avons vu. Ce constat n'est pas spécifique au DSRP comorien, on le retrouve dans plusieurs enquêtes menées ailleurs.[48] Germond-Duret élargit l'analyse en montrant que la participation est pour la Banque mondiale « une garantie sur le papier » une théorie peu suivie en pratique.[49]

Ensuite, à travers les DSRPs, les Institutions de Bretton Woods (IBW) visaient des objectifs macroéconomiques, une gestion de la question sociale. Par conséquent, dans le processus d'élaboration la Banque mondiale (BM) était juge et partie. Elle finançait non seulement le processus et avait le dernier mot concernant l'agrément du document, mais elle imposait également la méthode à suivre, les principaux thèmes qui devaient structurer ce dernier. Disons-le en passant, la BM n'est pas seulement une institution financière qui ne produit *que* de la richesse pour les pays actionnaires, elle produit également des données, des concepts et les impose à ses débiteurs, d'une part, par le biais des

---

[48] A ce sujet voir, notamment, Jean-Pierre Cling et *al* (dir.), *Les nouvelles stratégies internationales de lutte contre la pauvreté*, op.cit.

[49] Céline Germond-Duret, *Banque mondiale, peuples autochtones et normalisation*, op.cit.

programmes qu'elle conçoit en son sein et finance, et, d'autre part, à travers ses centres d'information et de formation. (À titre d'exemple, on peut citer le Centre public d'information (PIC) de la Banque. Installé à Washington avec des antennes dans 60 pays différents, ce centre, diffuse des données concernant le fonctionnement de la Banque, les politiques de développement, la lutte contre la pauvreté. On peut également citer les informations, les enseignements que la Banque dispense à travers le Réseau Parlementaire sur la Banque mondiale (RPsBM). Créé en 2000, ce réseau compte aujourd'hui 1100 parlementaires de 10 pays avec un bureau à Paris, à Nairobi et au Caire où sont organisées des conférences axées sur les politiques de développement, les relations entre la Banque et les pays en développement. Enfin on peut évoquer les cours dispensés par l'Institut de la Banque aux autorités locales dans le cadre des programmes soutenus par la Banque tels que le programme de développement municipal.)[50]

Dans le processus d'élaboration du DSRP, le rôle des autorités locales était réduit à sa plus simple expression. Les critères de l'appropriation ne sont donc pas à chercher dans l'existence formelle d'un DSRP, mais à travers celui-ci comme processus exogène devenu un programme national de stratégie de développement que les régimes politiques successifs respectent sans apporter aucune modification substantielle. L'appropriation s'est faite dans le temps à travers la mise en application des différents axes consécutifs au document.

Ainsi, depuis l'approbation du DSRP comorien en 2003, il y a eu trois régimes politiques : celui d'Azali (2002-2006) de Sambi (2006-2011), enfin, celui d'Ikililou (2011-2016). Aucun n'a pris la peine de modifier le DSRP.

Certes, en 2008, le président Sambi a voulu remettre en cause les accords que les Comores avaient signés avec les Institutions de Bretton Woods (IBW) en invoquant, d'une part, la question de Mayotte, l'extradition du président séparatiste déchu, Mohamed Bacar qui s'est réfugié à l'île de la Réunion, et, d'autre part, les difficultés à mettre en œuvre le DSRP.

*Bon comme tu le sais, je connais bien cette affaire-là. À cette époque le président Sambi a voulu remettre à plat les accords avec les*

[50] Concernant ces dispositifs, on lira avec intérêt le document édité par la Banque mondiale en février 2004, intitulé *Guide de la Banque mondiale destiné aux parlementaires*.

*occidentaux principalement pour deux raisons : 1°- on était en pleine crise anjouanaise, il y avait l'affaire de Mohamed Bacar. L'État réclamait son extradition, mais la France faisait la sourde oreille. Cette affaire affaiblissait un peu l'image du Président, ça déstabilisait un peu le pouvoir. Donc le Président disait eh bien comme la France ne respecte pas le droit international, eh bien nous aussi on va faire pareil. À Commencer par la mise en cause des accords de défense qui lient les Comores et la France, et les accords de la conférence de Maurice. On va chercher d'autres bailleurs. En plus tu le sais bien, le document qui a servi de base à la conférence de Maurice était difficile à mettre en œuvre. Il n'y avait rien de concret. C'est bien beau de dire qu'on veut construire des écoles, mais combien d'écoles ? Où ? Et pourquoi ici ? Et pas là ? Il faut des plans, il faut faire des estimations chiffrées. Il n'y avait rien dans ce document. À Maurice on nous a aussi promis de l'argent, mais on n'en a jamais vu la couleur. J'étais là on avait des bailleurs prêts à nous aider, mais ils ne pouvaient pas parce que la France nous avait déjà donné je ne sais combien de millions à Maurice. Or, elle ne nous avait rien donné, c'était des promesses, des faits d'annonce. Donc ce document nous mettait dans l'embarras. Il fallait tout mettre à plat.* **IBP. Conseiller au ministère de l'économie et des Finances.**

Mais, très vite, Sambi a mis de côté ses convictions, car les IBW ont sorti le bâton et la carotte. Le bâton en réclamant l'apurement des arriérés de la dette comorienne envers ses créditeurs multilatéraux, la carotte en promettant au président Sambi un programme de financement s'il poursuivait les programmes en cours avec les IBW. Sambi s'est incliné, oubliant la question de Mayotte, et son gouvernement élabora en 2009 le DSRP définitif, et le processus s'est emballé.

Depuis, le DSRP-I est le programme économique et social par excellence qu'a le gouvernement de l'Union des Comores. Les différents ministères n'ont pas d'autre projet que la mise œuvre de ses axes sectoriels, donnant ainsi un pouvoir exorbitant au ministère des Finances (qui est le vice-président) et le Commissariat général au plan pour la coordination de ces projets.

L'approbation des Comores au point de décision, puis au point d'achèvement au processus PPTE a été interprétée par le gouvernement comme une victoire politique. L'évènement a fait la une des journaux relatant ainsi les propos du président en charge des finances expliquant les progrès accomplis, la rigueur du gouvernement, sa maîtrise dans la gestion des finances publiques, le bon déroulement des accords avec les

IBW. Le document « Stratégie de Croissance et de développement durables (SCA2D) » conforme au DSRP-I que le pays venait de signer avec les bailleurs de fonds, est présenté par le président de l'Union lors d'une allocation officielle comme un programme quasi présidentiel.

Ces différents évènements sont loin d'être anecdotiques, ils montrent d'une part que les principes qui fondent l'aide favorisent son instrumentalisation. L'aide est un outil politique efficace au service de la classe dirigeante, ils montrent d'autre part combien le mode de fonctionnement de l'aide absorbe le travail des administrations publiques, procurant ainsi une position de domination à une élite bureaucratique qui s'approprie adroitement, dans le cadre de ses fonctions ; les procédures, les valeurs politiques qui sous-tendent les projets d'aide en général, le DSRP en particulier.

L'analyse de l'appropriation de ces normes suppose donc une approche moins techniciste des programmes d'aide et notamment du DSRP. Celui-ci n'est pas qu'une somme de procédures technique ne visant qu'à lutter contre la pauvreté. C'est un programme de réforme de l'État dans la mesure où non seulement il véhicule une doctrine de l'État, et contient un ensemble de règles et d'instruments permettant la mise en œuvre des mesures qu'il annonce, mais où il diffuse également des normes servant à définir les cadres d'interprétation du monde social.

C'est ces valeurs que s'approprie ladite élite bureaucratique. L'appropriation par l'action transforme ainsi leur manière d'envisager le pauvre, la pauvreté, l'action publique. L'appropriation est en complémentarité avec le renforcement des capacités, ses critères sont d'ordre cognitif. Elle renvoie, comme le souligne le Comité d'aide au développement (CDA) :

« à des processus et à des évolutions, et non à la présence ou l'absence d'une qualité particulière. »[51] Elle agit sur les représentations par l'optimisation de l'acquisition de connaissances et de compétences que diffusent, d'un côté, le renforcement des capacités et, de l'autre, les techniques d'évaluation qui sont des outils de mesure permettant d'apprécier les réformes en cours, de normaliser les pratiques des agents pour mieux poursuivre les réformes.

Ainsi, en abordant dans le chapitre qui suit la question de la décentralisation, nous verrons que si, dans beaucoup de pays d'Afrique subsaharienne, la décentralisation progresse peu, il n'en demeure pas

---

[51] OCDE/CDA, *Relever le défi posé par le renforcement des capacités*, op.cit., page 18.

moins que les autorités locales et gouvernementales s'approprient le cadre juridique et politique de la décentralisation mise en place au début des années 1990, qu'elles s'approprient également les références et les énoncés des programmes que financent les bailleurs de fonds pour renforcer les prérogatives des collectivités locales. Le nombre de ces derniers n'a cessé d'augmenter, renforçant ainsi la territorialisation et non la décentralisation.

# Chapitre VII
# Décentralisation et bonne gouvernance

> « ''La bonne gouvernance'' est de ces notions qui proposent la démocratie comme valeur ''publique'' et l'efficacité comme valeur privée, la généralisation de la propriété individuelle en étant une de ses conditions notables. Quant à la décentralisation, elle sera considérée, particulièrement dans les contextes africains, comme le moyen privilégié d'inscrire les acteurs dans les ''bonnes pratiques'' de gestion, ces pratiques n'étant bonnes que parce qu'elles appliquent les posologies déjà évoquées des médecins de Bretton Woods. » Etienne Le Roy[1]

En Afrique subsaharienne, la décentralisation est synonyme de « bonnes pratiques » de gestion, de croissance économique. Pour les bailleurs de fonds elle est le fer de lance des processus de démocratisation. Et, à ce titre, ils soutiennent, d'un côté, les mesures mises en œuvre par les gouvernements locaux post-multipartisme visant le libéralisme politique et du marché, de l'autre, des programmes visant le renforcement des capacités techniques et financières des structures municipales et des organisations de la société civile. L'influence de ces dernières n'a cessé de s'élargir et le nombre des collectivités locales est en nette augmentation. Ainsi, toutes les entités sub-nationales censées favoriser la décentralisation sont présentes et les idées sous-jacentes à celle-ci semblent progresser tant que bien mal, mais le principe de la subsidiarité qui sous-tend la décentralisation progresse peu. Il est à l'état d'incantation. C'est ce paradoxe que décrit le présent chapitre.

L'analyse conduit à nous intéresser à des aspects très techniques de l'aide internationale à la décentralisation dont la lecture peut parfois offusquer certains lecteurs et certaines lectrices. C'est le cas, nous semble-t-il, de l'analyse des mécanismes relatifs à la coopération décentralisée de la Commission de l'Union européenne.

Il est cependant nécessaire de se frotter aux aspérités très rudes de ces mécanismes pour mieux appréhender l'évolution des politiques de

---

[1] Etienne Le Roy, « La décentralisation en Afrique noire et le Droit. Nouveaux outils et contraintes pérennes », in *Affaires Locales. De l'espace social communautaire à l'espace public politique*, Michèle Leclerc-Olive (dir.), Ed. Karhala-GEMDEN, 2006, pp 18-36, pages 20-21.

décentralisation en Afrique, la progression des collectivités locales dans le continent, comment le local est devenu un mode de gouvernement en Afrique subsaharienne.

## Développement local et disqualification du global

Au début des années 1990, le multipartisme commença à s'installer un peu partout en Afrique subsaharienne. Un vent de réforme politique traversa l'ensemble des pays du continent et la progression des idées néolibérales liées à l'expansion de l'économie de marché donna un élan à ces réformes. La 16$^{e}$conférence des chefs d'État d'Afrique et de France de La Baule de 1990 accéléra le processus, lorsque la France, par la voix de son président affirma la volonté de conditionner son aide au développement à des réformes politiques favorisant la croissance économique, la démocratie et la décentralisation. Cette volonté, dont les Institutions financières internationales réclamaient déjà l'application depuis quelques années amena l'ensemble des pays d'Afrique à mettre en œuvre des mesures politiques visant la « bonne gouvernance », la décentralisation. Les bailleurs multilatéraux et bilatéraux soutiennent ces mesures en finançant des programmes portant sur le renforcement des compétences des autorités locales et leur administration, et sur l'élargissement des pouvoirs des associations de la société civile dans le champ du développement local.

### Décentralisation et participation citoyenne : derrière la morale il y a la politique

Les mouvements de décentralisation en Afrique subsaharienne sont récents, ils datent du début des années 1990. « Il y eut certes par le passé, un peu partout au sud du Sahara, maintes tentatives de réaménagement des modes d'articulation entre centre et périphérie, fondées sur une redistribution des pouvoirs entre l'État et les collectivités locales, cercles, communes, département, provinces, région, etc. ... érigées pour la circonstance. »[2] Toutefois, c'est au cours des années 1990 que ces mouvements eurent le caractère global et

[2] René Otayek, *La décentralisation comme mode de redéfinition de la domination autoritaire ? Quelques réflexions à partir de situations africaines*, IEP de Bordeaux-Centre d'étude d'Afrique noire, page 3.

systématique qui les caractérise aujourd'hui. Et ces mouvements sont apparus sur fond de crise économique et politique.

Crise économique d'abord, car les méfaits des programmes d'ajustement structurel continuent de sévir. Ces programmes n'ont pas fondamentalement réduit la dette extérieure, et les pays les plus pauvres sont surendettés jusqu'en 2030 et doivent négocier tous les ans leurs budgets à Washington. Ces programmes ont engendré des coûts économiques énormes réduisant la répartition des dépenses, freinant les investissements notamment dans les secteurs socio-éducatifs. Ainsi, les pays jugés en 1990 par la Banque mondiale comme « bonnes élèves » en matière de coopération et d'efficacité dans la mise en place des programmes d'ajustement structurel paient cher cette « bonne coopération » en matière d'investissement socio-éducatif.

Bonne élève, la Zambie a payé au cours des années 1990 1,3 milliard de dollars de dette, mais n'a dépensé que 37 millions de dollars pour l'éducation, bon élève le Ghana, quant à lui, a payé 375 millions de dollars pour le service de la dette, mais seulement 75 millions de dollars en matière de dépenses sociale. Bon élève, également l'Ouganda a payé au cours de la même période neuf dollars par habitant de sa dette et seulement un dollar par habitant pour la santé publique.[3]

A l'aube des années 1990, les structures étatiques des pays sous programme d'ajustement sont ébranlées et la maîtrise des décisions économiques et financières échappe aux dirigeants de ces pays au bénéfice des Institutions de Bretton Woods (IBW) et des donneurs d'aide bilatéraux. Crise politique, ensuite, car le vent d'uniformisation de l'économie de marché et des théories de la « bonne gouvernance », qui secoua l'ensemble des pays de la planète au cours des années 1990, a disqualifié le modèle d'État autoritaire postcolonial. Les palais présidentiels des régimes à parti unique se lézardèrent de l'extérieur et tombèrent les uns après les autres. Malgré quelques entorses, le multipartisme s'est peu à peu installé dans le paysage politique du continent africain, et la plupart des États engagèrent des réformes politiques et économiques visant le libéralisme politique et du marché à promouvoir la participation des populations dans les décisions politiques de la *cité*. La 16[e]conférence des chefs d'État d'Afrique et de France de La Baule de 1990 accéléra ces réformes.

En effet, en affirmant dans son allocution au sommet franco-africain de La Baule que « La France liera tout son effort de contribution aux

---

[3] A ce propos, voir Saskia Sassen, *La globalisation. Une sociologie*, op.cit., page 159.

efforts qui seront accomplis pour aller vers plus de ''liberté'' »,[4] François Mitterrand donna un élan à ces réformes en conditionnant la coopération et l'aide françaises à des dimensions politiques et de bonne gestion. Il approuva ainsi le principe de la *conditionnalité démocratique*[5] que défendent par ailleurs les bailleurs de fonds multilatéraux et notamment la Banque mondiale depuis la fin des années 1980 : l'aide extérieure doit s'accompagner de réformes économiques et politiques, car elle n'est efficace pour promouvoir la croissance et la démocratie que dans les pays bien gouvernés.

Une telle conception assigne à l'aide publique au développement plusieurs objectifs. Elle doit favoriser l'émergence d'une société civile, renforcer la bonne gestion du secteur public et des institutions en appuyant les processus de démocratisation, la régulation du marché.

Bref, il s'agit d'instaurer les bases de la « bonne gouvernance » en soutenant les mécanismes de décentralisation dans la mesure où la bonne gestion des affaires publiques suppose « un transfert nécessaire sinon obligatoire de compétences des centres étatiques vers des collectivités territoriales autonomes (du moins dans l'esprit de ses promoteurs), afin d'assurer la participation politique des acteurs sociaux et politiques aux différentes échelles locales. »[6]

Ce transfert de l'action publique aux administrations locales et régionales est, pour les bailleurs de fonds synonyme d'efficacité. D'abord, parce qu'il est censé améliorer les processus de gestion de l'action publique en renforçant la proximité entre administrations et administrés, ensuite, parce qu'il permettrait de mieux lutter contre la pauvreté en encourageant les populations et notamment les plus démunies à faire des choix en participant dans les actions collectives.

La participation est la pierre angulaire de la politique de décentralisation. Elle renferme les objectifs fondamentaux et prioritaires de cette politique : - rapprocher les gouvernants des gouvernés afin que les premiers aient une meilleure vision des réalités sociales et politiques que celle fournie par les organes centralisés -

---

[4] Voir le Discours de La Baule, www1.rfi.fr/actufr/articles/037/article_20103.asp, consulté le 1er octobre 2015.

[5] Concernant la *conditionnalité démocratique,* voir Jean-Jacques Gabas, « Référentiels, Développement et Politique de Coopération », Techniques financières et développement (TFD), N°92, 2008.

[6] Nassirou Bako-Arifari et Pierre-Joseph Laurent, « La décentralisation comme ambition multiple », *Bulletin de l'APAD*, n°15, 1998, apad.revue.org/552, article consulté le 5 octobre 2015, pp 1-8, page 3.

faciliter la participation des populations dans les décisions politiques pour faire de la participation non seulement un mécanisme populaire de soutien et de réussite aux projets de développement, mais également un outil de pouvoir et de contrôle sur les ressources mobilisées. Outil qui est censé à son tour responsabiliser les autorités gouvernementales et locales dans la mesure où ces dernières se sentiront responsables et redevables devant les populations.[7]

Cette approche trouve son inspiration dans la théorie néolibérale du *choix rationnel de l'acteur* dans laquelle la participation est appréhendée à l'aune des mécanismes du marché : les populations s'impliqueront davantage dans les projets et les programmes locaux si seulement ces derniers reflètent leurs intérêts, leurs préférences ; si ce sont leurs *libres choix* qui sont principalement à l'origine des biens et services publics fournis.

Dans cette perspective, la décentralisation transforme en profondeur les mécanismes de l'exercice du pouvoir. L'action publique ne relève pas de la seule autorité de l'État ou de l'administration centrale, mais d'un ensemble d'acteurs (gouvernement, administration, associations porteuses et bénéficiaires de projets, organisations locales) qui doivent construire ensemble le cadre et les référentiels de la décision politique[8], les domaines de l'action publique. Celle-ci devient alors une action collective dont l'État et ses représentants ne sont que des acteurs comme les autres.

Ainsi, pour la Banque mondiale, la centralisation des processus de décision politique tend à freiner l'élan, l'efficacité des administrations des pays en développement. Et si, dans ces pays, et notamment en Afrique subsaharienne, il existe des structures locales de l'administration, elles ne peuvent mobiliser les ressources locales, impliquer les populations locales dans la mise en œuvre des programmes de développement, dans les processus de décision politique, car ces structures « sont souvent subordonnées dans leur

[7] Sur ce point, voir Noore Alam Siddiquee, « Théories de la décentralisation de l'Etat » Alternative Sud, *Pouvoirs locaux et décentralisation*, vol IV 1995/3, pp 23-40.

[8] Sur ce point, voir Denis Requier- Desjardins, « Décentralisation et dynamiques locales de production dans les pays en développement », in *Décentralisation : entre dynamiques locales et mondialisation*, cahier du GEMDEV, n°27, 2001, pp 193-210.

création légale, leur mandat et leur fonctionnement au pouvoir central, particulièrement à l'exécutif. »[9]

La Banque propose de libérer ces structures en soutenant l'avènement d'instances indépendantes venant de « la base ». La démarche est normative et fait abstraction des enjeux sociaux et politiques, des inégalités entre les individus au sein de l'espace local. Dans cette optique, on envisage, d'une part, l'État comme une structure qui n'a aucune incidence sur la formation des structures sociales, sur les enjeux interindividuels dans la structuration de ces formations, et, d'autre part, le local comme un système de production dont les références peuvent s'étendre sur des espaces sociopolitiques plus vastes.

Dans cette logique, le local n'est donc pas *qu'une* valeur ajoutée permettant aux populations de s'intéresser aux affaires publiques, à les accoutumer à user de la liberté comme le suppose Tocqueville.[10] Il est aussi et surtout pour les apôtres de la décentralisation un site privilégié pour l'opérationnalisation de la transformation de l'action publique, car il permet d'observer *in situ* les structures sociales, les besoins des populations pour infléchir les réformes qui substituent les prérogatives de l'État au pouvoir local.

Ces observations et les analyses sous-jacentes sont importantes pour la pérennité de la décentralisation, dans la mesure où cette dernière est, dans le contexte des pays en développement et particulièrement africains un montage composite de différentes théories et de pratiques organisationnelles jugées comme bonnes. Concepts et pratiques qui découlent, d'une part, du « *New public management* dont le raisonnement est tout simple comme le souligne Marcel Gauchet : il faut appliquer à l'État les règles qui valent pour les entreprises privées »[11], et, d'autre part des observations réalisées au cours des années 1970 dans les bassins industriels des pays développés montrant que la productivité de ces zones était le produit de l'expérience

[9] Banque mondiale, *La décentralisation en Afrique : les tendances et les progrès qui émergent*, Département Technique, Région Afrique (Findings), août 2003, page 1.
[10] Alex de Tocqueville, *De la démocratie en Amérique*, (1835) Ed. Gallimard, 1992, notamment tome 2.
[11] Marcel Gauche, E. Conan, F. Azouvi, *Comprendre le malheur français*, Ed. Stock, 2016, page 232.

d'acteurs et de ressources collectifs, l'existence de normes sociétales communes et spécifiques.[12]

Certes, aujourd'hui, dans le discours des bailleurs, la participation a une connotation moins économique, elle se veut plus citoyenne, mais, derrière ce discours moral, il y a la politique.

La participation n'a de sens que si elle permet, d'une part : d'amaigrir les institutions de l'État, de réduire les coûts financiers liés à la réalisation des projets, de stimuler le marché local en renforçant les moyens de l'économie locale par les prélèvements directs sur cette dernière ; si elle permet, d'autre part, de développer le secteur informel supposé utile et nécessaire pour compenser les effets socio-économiques néfastes qu'engendrent les réformes néolibérales en cours. D'un côté, la volonté, affichée par les bailleurs de fonds au début des années 1990 de transformer les structures institutionnelles des États des pays partenaires, a élargi le champ d'application de la participation, de l'autre, la politique de décentralisation permet de mettre l'accent sur la (bonne) gestion des structures municipales en attribuant à la participation diverse réalités dont la perspective économique néolibérale est à la fois la matrice et l'horizon.

## L'aide au développement municipal : une redéfinition de l'espace politique local

Dès le début des années 1990, l'appui au développement local est devenu *l'alpha* et *l'oméga* des bailleurs de fonds bilatéraux et multilatéraux. Ces derniers soutiennent, *volens nolens,* l'économie des collectivités locales, les structures municipales, car la dynamique de ces dernières favoriserait le processus de décentralisation qui se conjugue invariablement avec démocratisation et équilibre macroéconomique.

Ainsi, pour la Banque mondiale, l'autonomie technique et financière des administrations locales est non seulement un des éléments moteurs de la décentralisation, mais également un facteur de stabilité macroéconomique : « La faiblesse financière des administrations locales se fait donc sentir au-delà des zones urbaines, et se répercute sur les résultats macroéconomiques. II est par conséquent nécessaire d'examiner les relations financières entre le gouvernement central et les administrations locales pour assurer l'existence d'une base financière

[12] Sur ce point, voir Denis Requier- Desjardins, « Décentralisation et dynamiques locales de production dans les pays en développement », op.cit.

locale stable, mais dynamique, et pour protéger les équilibres macroéconomiques. »[13]

Pour favoriser l'indépendance économique et politique des structures municipales, la Banque mondiale, le ministère français de la Coopération et l'agence de coopération allemande Gesellschaft für Technische Zusammenarbeit (GTZ) créèrent en 1991 le Programme pour le développement municipal (PDM).[14]

Pour la Banque mondiale, ce « programme traduit la conviction que, comme les dirigeants localement élus sont plus en contact avec la population que ne le sont leurs homologues du gouvernement central, il est très vraisemblable que les politiques choisis refléteront les préoccupations des communautés et qu'ils seront aussi responsables vis-à-vis d'elles. »[15] Le PDM est une organisation régionale à deux niveaux : le premier couvre l'Afrique de l'Est et Australe et son siège est à Harare (Zimbabwe PDM Est), le second l'Afrique de l'Ouest et centrale avec un bureau régional à Cotonou (Bénin PDM Ouest).

Initialement, chaque niveau est placé sous la surveillance d'un comité d'orientation composé de responsables politiques et d'élus de la région concernée et de bailleurs de fonds avec comme objectif : faciliter la préparation et l'exécution des politiques de décentralisation en renforçant la capacité des municipalités en matière de gestion urbaine dans chacune de ces régions. Mais, très vite, le PDM connut des évolutions tant au niveau de son organisation qu'au niveau de ses objectifs. En 1994, l'Association de gestion du PGM (AG-PDM) voit le jour. C'est un organe de décision dont les membres sont les représentants des associations d'élus (APL) et un représentant du ministère de l'Intérieur du pays hôte.

Le nombre des bailleurs du PDM évolue aussi avec notamment le soutien de l'Agence canadienne de développement international (ACDI) élargissant, *in fine,* le champ d'activité et les objectifs du programme. Il s'agit non seulement d'apporter une aide technique et financière aux

---

[13] Banque mondiale, *Politique urbaine et développement économique : un ordre du jour pour les années 90. Document de politique générale de la Banque mondiale*, Banque mondiale, Washington, D.C, page 48.

[14] Concernant ce dispositif, voir Direction générale de la coopération internationale et du développement (DGciD), *Partenariat pour le développement municipale (PDM) évaluation conjointe franco-canadienne (1991-2006)*, 2007.

[15] Banque mondiale, *Création des capacités pour la décentralisation et la gouvernance locale en Afrique subsaharienne : Le programme de développement municipale*, Région Afrique N°15 avril 1994, page 1.

structures municipales, mais aussi de soutenir : « - la conception et la mise en œuvre des politiques nationale de décentralisation - la recherche sur la décentralisation et les politiques sociales - les économies et les finances locales - l'action des collectivités locales au service des populations - la communication - les associations locales (APL) - Africités. »[16]

**Africités**

Africités est un sommet qu'organise le Comité dirigeant du PDM tous les trois ans dans un pays africain. L'objectif principe est de promouvoir l'émergence du mouvement municipal africain sur la scène nationale et internationale en favorisant le dialogue entre les associations locales, les élus locaux, l'intégration régionale et la coopération interrégionale. Jusqu'ici, il y a eu sept Africités. À titre d'illustration, nous n'évoquons ici que les enjeux des trois premiers.

Le premier s'est tenu en 1998 à Abidjan sous l'égide de la Banque mondiale. Le deuxième à Windhoek, (Namibie) et, d'un commun accord, les mille deux cents participants (dont six cents maires et quarante ministres de trente-six pays africains) ont créé d'une part la Conférence panafricaine de la décentralisation et du développement local (CADDEL), instance intergouvernementale chargée de la supervision administrative, financière et technique des collectivités locales, et, d'autre part, le Conseil des cités et régions d'Afrique (CCRA). Les participants d'Africités 2 ont également institutionnalisé le sommet Africités faisant de celui-ci une plateforme officielle de dialogue entre les élus, les associations, les différents acteurs locaux et les gouvernements centraux, entre les pouvoirs publics et les partenaires financiers et techniques.

Le troisième Africités s'est tenu en 2003 à Yaoundé (Cameroun) au cours duquel ont été adoptés les statuts définitifs de l'organisme Cités et gouvernement locaux unis d'Afrique (CGLUA).

Le septième Africités s'est déroulé à Johannesburg (Afrique du Sud), en novembre 2015 avec comme thème central : « Vision 2063 de l'Afrique : Quelles contributions des gouvernements locaux d'Afrique ? »

**Source** : *Direction générale de la coopération internationale et du développement* (DGciD). Africités, *Compte rendu d'Yves Dauge pour le Bureau du sénat à la coopération décentralisée*, voir www. Senat.fr., article consulté le 12/10/2015.

Les objectifs assignés au PDM sont complexes et disparates, et cette dispersion s'est accentuée en 2001, car à cette date l'Association de gestion du PGM (AG-PDM) changea de dénomination et devint «

[16] Direction générale de la coopération internationale et du développement (DGciD), *Partenariat pour le développement municipal (PDM) évaluation conjointe franco-canadienne (1991-2006)*, 2007, op.cit., page 15.

Partenariat pour le développement municipal », une structure exclusivement dirigée par les associations d'élus locaux (APL).[17]

Changement de dénomination d'un côté, évolution des objectifs de l'autre, le PDM se positionne comme une instance relativement autonome des gouvernements centraux qui soutient les collectivités locales d'Afrique aux niveaux financier, technique et institutionnel.

À l'Ouest et au centre du continent, il est une association d'élus (PDM Ouest) qui accompagne les différents acteurs locaux, les structures associatives en harmonisant les discours politiques et les pratiques institutionnelles des membres à travers des formations et un mémorandum.

À l'Est, il intervient sous forme de programme apportant aux autorités locales chargées de l'exécution des politiques de développement des moyens financiers, une assistance technique, des outils de gestion, « un cadre politique solide pour l'exécution du programme et des projets dans le domaine du gouvernement local »[18] à travers des ateliers de formation et de planification soutenus par la Banque mondiale.

Le champ d'influence du PDM est immense, et les sommets Africités qu'il organise lui permettent d'élargir davantage ses zones d'action, de renforcer sa légitimité tant au niveau national qu'international. À ce propos, le rapport d'évaluation franco-canadienne du PDM précité précise : « le PDM a été le fer de lance de la construction du mouvement municipal panafricain. À travers son appui à la création des associations de pouvoirs locaux (APL) de collectivités locales (CL) ou d'élus, il a permis l'émergence ou la consolidation des APL dans les différents pays et il assure un rapprochement des différentes instances de représentation régionale des APL. »[19]

La construction de ce mouvement, l'émergence des associations d'élus implique-t-elle un réel progrès de la décentralisation en Afrique ? Qu'en est-il aujourd'hui des transferts de l'autorité et des compétences aux autorités locales ? Les États délèguent-ils aux collectivités locales la gestion des affaires publiques, le principe de la subsidiarité qui sous-tend la décentralisation est-il respecté ?

---

[17] Ibid., pagex 15-16.

[18] Banque mondial, *Création des capacités pour la décentralisation et la gouvernance locale en Afrique Subsaharienne* op.cit., page 2.

[19] Direction générale de la coopération internationale et du développement (DGciD), *Partenariat pour le développement Municipal (PDM) évaluation conjointe franco-canadienne (1991-2006)*, op.cit., page 83.

Nombreux sont les travaux qui montrent que les États transfèrent très peu leur autorité aux collectivités locales, que ces dernières ont peu de moyens. Ainsi, un document de la Banque mondiale de 1997 montre que ce sont les ministères des gouvernants centraux qui assument entièrement tant la conception des projets que leur réalisation par le biais d'un bureau ou d'une unité de projet.[20] Le rôle de la municipalité, si elle existe, est marginal. Marginal, car les collectivités locales ont peu de moyens, « leurs budgets représentent généralement moins de 1% du PIB et entre 3% à 5% du budget de l'État (…), le partage du prélèvement public s'opère à plus de 95% au profit de l'État. »[21]

En 2005 le Club du Sahel montre également que la décentralisation en Afrique peut difficilement progresser dans la mesure où « l'enveloppe budgétaire qui lui est consacrée représente moins de 5% des dépenses publique nationales dans un grand nombre de pays. »[22]

Il faut sans doute souligner que ce constat ne signifie pas que les autorités centrales et locales ne s'approprient pas les valeurs, les idées liées à la décentralisation que véhiculent les dispositifs financés par les bailleurs de fonds. Nous l'avons vu plus haut, l'échec d'un projet ou d'un programme ne signifie pas la non-appropriation des principes qui sous-tendent le ou lesdits projets.

Ainsi en 2013, en évoquant les difficultés de son organisation à mettre en place un programme de sensibilisation et de compréhension des enjeux liés à la décentralisation aux Comores, une responsable d'une ONG locale (MAEECHA) dira : « Le premier problème est que le processus de décentralisation tel qu'il a été pensé n'est pas assez adapté à notre réalité, notamment par rapport à l'état de notre État. Il est très faible en termes de représentation sur le territoire et de présence auprès des populations. Le deuxième problème est que l'on manque de ressources financières et de ressources humaines compétentes aux différents niveaux pour parachever ce processus. Le risque est alors que

---

[20] Banque mondiale, *L'avenir des villes africaines. Enjeux et priorités du développement urbain. Le développement en marche*, Banque mondiale, Washington D.C, 1997.

[21] Ibid., page 70.

[22] Normand Lauzon, Laurent Bossard, *Processus de décentralisation et de développement en Afrique de l'Ouest, Club du Sahel et de l'Afrique de l'Ouest* OCDE, 2005, page 6.

l'État fasse marche arrière *alors qu'on a fait un pas en avant et que les populations commencent à s'approprier l'idée de décentralisation.* »[23]

L'appropriation des idées de la décentralisation est bien engagée, en témoignent le succès des sommets Africités, la progression des associations d'élus et des collectivités locales.

De nos jours, on dénombre « environ 7000 collectivités locales ; l'Afrique de l'Ouest ayant à elle seule près de la moitié de ce nombre ; l'Afrique australe et centrale ayant chacune un peu plus de 1 000 collectivités locales et l'Afrique de l'Est un peu moins de 2000 collectivités locales. Le nombre des collectivités locales varie ainsi selon les pays ; de 774 et 703 collectivités locales respectivement au Nigeria et au Mali, de 265 et 175 collectivités locales au Niger et au Kenya. En Tanzanie, 114 collectivités locales existent. Souvent, dans ces pays, le nombre de collectivités locales a connu une inflation importante ; le Mali est ainsi passé de 19 à 703 collectivités en 1999 et le Niger de 16 à 265 collectivités locales en 2005. »[24]

Le nombre des entités sub-nationales progresse et tous les États ont entrepris dès le début des années 1990 des réformes politiques et institutionnelles instaurant un cadre juridique qui impose la décentralisation en délimitant les rôles des autorités locales et centrales. Cependant, force est de constater que la décentralisation progresse peu dans beaucoup de pays d'Afrique subsaharienne.

Comment interpréter ce phénomène que Lauzon et Bossard qualifient de « distorsion entre une décentralisation ''réelle'' et une décentralisation ''virtuelle'.»[25]

L'enquête qu'a menée la Banque mondiale en 2002 dans 30 pays d'Afrique concernant la décentralisation apporte des éléments de réponse à cette question.

En effet, pour mesurer les progrès accomplis sur la décentralisation par chacun de ces pays, la Banque mondiale a élaboré trois indicateurs de décentralisation : La décentralisation politique, la décentralisation administrative et fiscale.

---

[23] Interview de Lamiat Saïd Hassane, responsable du programme de développement local aux Comores, www.id-ong.org/focus/historique-focus-comores, article consulté le 21/09/2014.

[24] François Paul Yatta, *La décentralisation fiscale en Afrique. Enjeux et perspectives*, Ed. Karthala, 2009, page 36.

[25] Normand Lauzon, Laurent Bossard, *Processus de décentralisation et de développement en Afrique de l'Ouest, Club du Sahel et de l'Afrique de l'Ouest*, op.cit., page 8.

La première suppose des entités locales indépendantes du pouvoir central dotées de compétences propres. La nomination dans ces entités se fait soit de façon élective, soit de manière libre et équitable. La décentralisation administrative implique, d'une part, un cadre juridique « clair délimitant les rôles des niveaux local et central de l'État et institutionnalisant le principe de *subsidiarité* »[26] et, d'autre part, le transfert effectif des prestations et des compétences au niveau local. Enfin, la décentralisation fiscale indique un transfert de ressources nécessaires à l'exercice des services et des compétences transférés.

Dans les 30 pays analysés, c'est la décentralisation politique qui obtient de loin les bonnes performances, suivi de la décentralisation administrative, la décentralisation fiscale occupant le dernier rang.

Autrement dit, les réformes liées à la décentralisation font l'objet d'appropriation. Les entités sub-nationales censées favoriser la décentralisation sont présentes. Cependant, elles ne sont pas indépendantes du pouvoir central, et n'ont guère de compétences politiques et de moyens financiers propres. Leurs rôles sont plus techniques que politiques, car les bailleurs de fonds les ont impulsées en les dépolitisant. Les bailleurs ont transformé le champ politique local en faisant de ces entités des aréopages de partenaires engagés dans des négociations « sans enjeux politiques clairement formulés et disputés, alors que la décentralisation est bien souvent la délocalisation des conflits de pouvoir du centre vers la périphérie mais sans que ceux-ci perdent en rien leur acuité et leur intensité. »[26]

Sans programme politique clair et discuté ces entités sont des assemblées technico-administratives dépourvues de moyens politiques leur permettant d'adosser leurs actions au cadre juridique et politique de la décentralisation existant pour impulser une réelle décentralisation administrative et fiscale. Elles sont vidées de leurs substances politiques, et les bailleurs s'en servent pour imposer la litanie de la lutte contre la pauvreté, l'orthodoxie de « la bonne gouvernance » en travaillant avec toutes les municipalités, d'une part, et d'autre part, pour « promouvoir une meilleure mobilisation de la fiscalité locale dans des pays où, il est vrai, le taux de prélèvement public n'excède pas 15%. »[27]

---

[26] Banque mondial, *La décentralisation en Afrique : les tendances et les progrès qui émergent*, op.cit., page 2.

[26] René Otayek, *La décentralisation comme mode de redéfinition de la domination autoritaire ? Quelques réflexions à partir de situations africaines*, op.cit., page 2.

[27] Emile Le Bris, « La construction municipale en Afrique. La laborieuse gestion d'un nouvel espace public », *Politique Africaine*, n°74, pp 6-12, page 11.

Instruments de pouvoir politique et de contrôle financier pour les bailleurs, les autorités gouvernementales font également, de ces mêmes entités, en général, de la décentralisation, en particulier une source de pouvoir politique et institutionnelle. Ils évacuent « vers le local certaines fonctions de contrôle des populations, mais aussi des secteurs stratégiques tels que la santé, l'éducation, l'eau et l'assainissement, etc. On assiste à une délocalisation de la lutte pour l'accès aux ressources, l'espace public municipal étant considéré comme source de rente à travers la réactivation, à l'échelle locale, des réseaux clientélistes et la récupération des initiatives populaires par le pouvoir nobiliaire. »[28]

Au niveau de l'espace local on voit aussi apparaître ici et là des individus ou des organisations se réclamant de la base et qui mènent des négociations avec les bailleurs bilatéraux pour la mise en œuvre de tel ou tel projet ou pour la construction de telles ou telles infrastructures qui relèveraient logiquement des autorités de l'État. Si ces initiatives traduisent la participation des populations locales dans les affaires publiques, qu'elles renforcent les structures du pouvoir local qui est un des axes majeurs de la décentralisation, ce faisant, elles semblent affaiblir les structures officielles de la décentralisation en renforçant les intérêts sectoriels, les stratégies individuelles dans l'arène de la politique locale.

*La décentralisation ça a du mal à prendre à cause de la tradition d'un État jacobin hypercentralisé hérité de la colonisation. Un État détenteur de la direction centrale. Cet État hésite, sur le papier oui il faut décentraliser, il y a l'autonomie des îles, des gouverneurs, mais ça, ça existe depuis longtemps. Et l'État n'accompagne pas ce mouvement, il hésite. Ça, c'est la première chose, la seconde chose c'est que la décentralisation est une demande citoyenne. La population veut que l'État soit proche des gens, et d'ailleurs c'est une évolution mondiale. Les gens veulent que l'administration se rapproche d'eux, que dans chaque ville, chaque village, aussi petit soit-il, il ait le minimum : école, dispensaire, avec un médecin, une mairie digne de ce nom, un terrain de foot pour les jeunes, de l'eau, de l'électricité tout le temps, des routes et j'en passe. Alors tu connais chez nous, il y a des gens... bon, mais, ce n'est pas que chez nous...heu...heu.. Il y a des personnes qui surfent sur la vague en montant des projets et en mobilisant les villageois, des gens de tel ou tel quartier en sollicitant des financements soit auprès de l'État, soit auprès des partenaires, et parfois ils obtiennent gain de*

[28] Loc.cit.

*cause. Les partenaires financent, sauf que souvent ça met les autorités gouvernementales dans l'embarras. On doit par la suite gérer des projets, négocier des dossiers dont l'État n'était pas l'initiateur, ça, c'est le premier point. Après, souvent, ces projets ne respectent pas toujours les règles de l'investissement public au niveau régional. On construit des écoles, des hôpitaux, des digues sans respecter les procédures administratives et juridiques qui dictent les normes de répartition des équipements calculées en fonction du nombre d'habitants. Ça se fait au niveau de la commune par exemple, mais il n'y a pas que la commune. Exemple : deux localités situées à moins de dix kilomètres l'une de l'autre vont avoir le même projet. Par exemple construire un dispensaire, un collège par exemple, résultat le dispensaire est là avec des équipements sophistiqués, mais il n'y a ni médecin, ni patients. Je ne critique pas, c'est important ce type de projet, la coopération d'aide à la décentralisation nous aide beaucoup, le rôle des acteurs non étatiques est très important. Mais bon..., mais bon tu comprends ce que je veux dire.* **BB. Service de la dette, cellule économique auprès de la présidence de l'Union.**

## La coopération décentralisée : un circuit court pour « la bonne gouvernance » de la Banque mondiale

De nos jours, l'ensemble des agences d'aide au développement envisagent les associations de la société civile, les ONG locales, comme des partenaires incontournables tant au niveau de la conception des projets locaux, qu'au niveau de leur réalisation et leur suivi. L'engouement de la politique de décentralisation et les dispositifs financés par les bailleurs de fonds pour soutenir cette politique peuvent sans doute expliquer l'émergence de ces organismes dans l'espace politique local.

Ainsi nombreuses sont aujourd'hui les autorités locales des pays développées qui signent des accords de coopération avec leurs homologues des pays en développement. Ces accords communément appelés coopération décentralisée dont l'Union européenne est un des principaux bailleurs de fonds, contribuent à légitimer le rôle desdits organismes dans la gestion des affaires publiques locales. Car non seulement la coopération décentralisée envisage ces dernières comme des partenaires, mais elle a également technocratisé les accords de jumelage dont l'histoire remonte aux années 1960.

L'Union européenne reconnaît par ailleurs cette technocratisation lorsqu'elle souligne que « si la participation des autorités locales à la politique extérieure de coopération et de développement a une longue histoire, notamment dans le cadre des jumelages, elle n'en a pas moins connu une modification radicale ces dix dernières années. La coopération décentralisée est apparue comme une nouvelle dimension importante de la coopération au développement. Elle est devenue plus globale et plus professionnalisée. »[29]

Déjà, en 1971, lors de sa 26e session, l'ONU avait tenté d'institutionnaliser la coopération jumelage en encourageant les relations entre villes sur l'ensemble de la planète, car, selon l'ONU, « ''Le jumelage des villes est un mécanisme de coopération d'une valeur exceptionnelle (…) Un jumelage, lorsqu'il est réalisé entre villes de pays industrialisés et villes de pays en développement, joint, à l'enrichissement intellectuel et moral des parties, un apport technique et matériel parfois considérable ''. »[30]

Initialement, cette coopération était verticale, transférant des ressources, fournissant une assistance technique directe aux administrations locales des pays en développement. Mais dès la fin des années 1980, elle se technicise, et devient progressivement horizontale en multipliant d'un côté, les acteurs locaux (responsables politiques élus ou non, organisations communautaires, associations porteuses de projets à but non lucratif etc.), de l'autre, les objectifs : renforcement des capacités techniques et de gestion, échange de savoirs et bonnes pratiques, accès à l'information et aux nouvelles technologies, mobilisation des ressources et des initiatives locales, appui du dialogue social, etc.

À partir de 1989, cette approche s'est peu à peu institutionnalisée et la Convention de Lomé IV (texte qui fonde les relations de l'Union européenne avec les pays d'Afrique, des Caraïbes et des Pacifiques (ACP) remplacé depuis l'an 2000 par l'accord de Cotonou. Voir plus haut encadré) renforça le processus.

À travers cette convention l'Union européenne visait l'instauration d'une nouvelle approche de coopération basée sur le partenariat, le développement participatif et le pluralisme institutionnel en faisant passer les collectivités territoriales et l'ensemble des organisations de

---

[29] Commission de l'Union européenne, *Communication au conseil au Parlement européen : les autorités locales en faveur du développement,* COM, (2008) 626 finale, www, eur-lex.europa.eu, article consulté le 10/10/2015, page 1-2.

[30] Franck Petiteville, La *coopération décentralisée,* op.cit., page 199-200.

la société civile « du statut de simples bénéficiaires à celui de véritables partenaires politiques. »[31] Pour généraliser cette approche dans tous les pays en développement l'Union européenne créa en 1992 une ligne budgétaire spécifique visant le renforcement et la promotion du dialogue de la société civile avec les autorités locales[32], et, en 1998, elle officialise cette démarche en publiant un règlement, les idées maîtresses de la coopération décentralisée.[33]

Pour renforcer ces idées et la problématique qui les traverse, la Commission européenne a conçu des dispositifs politiques et institutionnels. D'abord, en 2004, un règlement émanant du Parlement européen et du Conseil étend, d'une part, la portée de la coopération décentralisée en élargissant la gamme des partenaires de la coopération décentralisée pouvant bénéficier d'un soutien de l'Union[34] et, d'autre part, les actions que vise à promouvoir la coopération décentralisée : la réduction de la pauvreté, un développement plus participatif répondant aux besoins et aux initiatives des populations des pays en développement, une contribution à la diversification et au renforcement de la société civile ainsi qu'à la démocratisation à la base des pays concernés.

Ensuite, en 2006, dans le cadre du « Consensus européen du développement » le Conseil de l'Union européenne et les représentants des États membres (ré) affirment leur soutien : au processus de décentralisation, aux autorités locales, aux différentes composantes de la société civile.[35]

Enfin, en 2007, le nouvel *Instrument de financement de la coopération pour le développement* (ICD) est mis en place et reconnaît

---

[31] Commission européenne, *Coopération décentralisée, Recueil*, vol 2 06/95-11/97, www.ec.europ.eu, article consulté 1/10/2015, page 1.

[32] Concernant cette ligné budgétaire, voir Commission européenne, *Coopération décentralisée, Recueil*, op.cit.

[33] Commission européenne, GD Développement, *Appui à la Coopération décentralisée (CD). Guide d'opérationnalisation de la CD*, Bruxelles, 23 décembre 1999.

[34] Concernant ce point, voir Commission européenne, *n° 625/2004 du Parlement européen et du Conseil du 31 mars 2004 prolongeant et modifiant le règlement N°1659/98 relatif à la coopération décentralisée, www.* europa. lex.europa.eu, article consulté 10/10/2015.

[35] Sur ce point, voir Parlement européen, Conseil, Commission, *Déclaration conjointe du Conseil et des représentants des gouvernements des États membres réunis au sein du Conseil, du Parlement européen et de la Commission sur la politique de développement de l'Union européenne intitulée « Le consensus européen »,* Journal officiel de l'Union européenne, 2006/C 46/01, 24.2.2006.

d'emblée les autorités locales comme partenaires politiques au Sud qu'il faut associer dans l'élaboration des programmes, leur mise en œuvre et leur évaluation.[36]

Dès la mise en place de l'ICD, les modalités politiques et institutionnelles de la coopération décentralisée évoluent, elles deviennent polyphoniques, un orchestre à trois voix interdépendantes : celles de l'Union, des autorités locales (ALs) et des acteurs non étatiques ANEs.

Une telle stratégie permet d'inscrire la coopération décentralisée dans un contexte spatial plus large permettant d'impulser au niveau local les programmes de la Commission européenne, la politique de l'Union européenne au sein des pays de l'ACP. Elle permet de financer par des fonds publics et privés tant les ALS que les ANE pour faire, des associations communautaires, de la société civile des structures capables d'infléchir au niveau local des mesures politiques. Et d'amener, bon gré mal gré, les élus locaux à traduire sur l'échelon local des orientations politiques et notamment dans les pays où la coopération avec les gouvernements centraux est difficile ou fragile.

L'ensemble des projets de la coopération décentralisée financés par les programmes de la Commission européenne s'inscrivent dans cette dynamique. Ils soutiennent les initiatives visant à renforcer les capacités institutionnelles et opérationnelles des ALs et des ANEs.

À ce propos le rapport final de l'Union européenne, concernant *la capitalisation des expériences européennes de coopération décentralisée*, souligne que la Commission soutient les initiatives « douces , [mais] les ''dures'', telles que le financement d'infrastructures, sont limitées »[37], négligeant au passage tant soit peu les investissements publics de fonction locale (voirie, drainage, eau, électricité, etc…), laissant ainsi les populations, et notamment les pauvres dans le marécage putride où ils pataugent au quotidien.

En y regardant de plus près, force est de constater que la coopération décentralisée de la Commission de l'Union européenne n'est plus ou moins que l'extension des ornières de « la bonne gouvernance » de la

[36] A ce propos, voir Commission Européenne, *Coopération décentralisée, Recueil*, vol 2, op.cit.

[37] Union européenne, *Etude sur la capitalisation des expériences européennes de coopération. Rapport final*, 2012, page 8.

Banque mondiale. Un « circuit court »[38] permettant à la Commission de décentraliser sa coopération en renforçant les capacités institutionnelles des Autorités locales (AIs) et acteurs non étatiques (ANEs) pour mieux imposer la rhétorique participative en faisant rentrer l'ensemble de ces acteurs à l'école de « la bonne gouvernance ».

Ainsi, l'analyse de 338 projets réalisés dans le cadre du *programme thématique, les acteurs non étatiques et les autorités locales dans le développement,* financé par l'Union européenne en 2007 montre que « la très grande majorité des projets concerne en effet le renforcement des capacités des acteurs de développement au niveau local, tant ANE qu'AL, de même que leurs dynamiques de concertation et de coordination. L'analyse des projets fait également ressortir la très grande diversité des acteurs de la société civile qui ne se limite plus désormais aux seules ONG européennes mais s'est élargie aux organisations de base et aux institutions des pays partenaires. Qu'elles soient associations de base, universités, ONG, organisations syndicales, plateformes diverses, toutes concourent à rendre possible la participation de l'ensemble des citoyens à l'atteinte des objectifs du millénaire, en étant tout à la fois partenaires, acteurs et bénéficiaires des projets qui ciblent les populations les plus pauvres. »[39]

Certes, ces projets ciblent les populations, mais ils semblent moins les toucher et notamment les plus pauvres, car ils reposent sur un *a priori* politique au temps long : la participation des populations, la transformation des structures institutionnelles comme préalables pour atteindre les objectifs visés.

## L'extension des domaines d'un *a priori* politique

Aux yeux des bailleurs, les pays bénéficiaires de l'aide doivent mettre en œuvre des structures qui favorisent la participation citoyenne dans les affaires publiques locales. De telles structures sont nécessaires pour l'efficacité de l'aide et pour la réalisation des OMD.

Un tel *a priori* conduit les bailleurs de fonds à intervenir dans les appareils étatiques des pays partenaires en soutenant les administrations centrales et locales, les associations, les organisations de la société

[38] Concernant la stratégie des ''circuits courts'' que développent ici et là les bailleurs de fonds, voir Jean-David Naudet, *Vingt ans d'aide au Sahel Un bilan pour envisager la coopération de la génération à venir*, DIAL, Document de Travail, DT/98/02.
[39] Commission européenne, *Les acteurs non étatiques et les autorités locales dans le développement. Acteurs et activités du programme thématique*, 2008, page 18.

civile. L'impact de ces organisations au niveau local modifie les mécanismes de l'autorité publique. Il disqualifie *le politique* en particularisant les questions sociales, en réduisant l'apport politique des associations de la société civile. Cette disqualification est d'autant plus importante que la vision, les objectifs politiques que les bailleurs de fonds assignent à la société civile convergent. Ainsi, la France aligne non seulement sa politique de coopération sur les assertions des Institutions de Bretton Woods (IBW), mais les modalités pratiques de cette politique sont également adossées aux directives de la Commission de l'Union européenne.

## La coopération française sous la houlette de la Commission de l'Union européenne

L'hypothèse d'une liaison positive entre décentralisation et démocratisation amène l'ensemble des bailleurs de fonds à intervenir dans les domaines politiques des pays d'Afrique subsaharienne en soutenant les processus de décentralisation mis en œuvre par ces derniers au cours des années 1990. Ce soutien reconfigure les modes de fonctionnement des structures administratives locales, la façon dont les acteurs locaux conçoivent l'espace local.

Cette transformation est devenue un préalable pour l'aide internationale, car elle suppose la bonne gestion des institutions, l'équilibre politique, le renforcement des pratiques participatives. L'analyse du soutien qu'apporte l'Union européenne à l'État comorien dans le cadre du Programme de coopération décentralisée (PCD) permet d'entrevoir les formes sociopolitiques de cette reconfiguration.

En effet, l'Union européenne soutient le processus de décentralisation amorcé en 2001 par l'Union des Comores, renforcé par référendum en 2009, complété en 2011 par trois lois votées par le parlement de l'Union des Comores[40] et finalisé en 2012 avec le découpage de nouvelles communes sur l'ensemble du territoire malgré quelques frictions sanglantes à la Grande Comores (Ngazidja).[41] En

---

[40] En avril et mai 2011, l'Assemblée de l'Union a adopté trois lois relatives à la décentralisation, les lois : n°11-005/AU, n°11-006/AU et n°11-007/AU. Ces lois ont été promulguées en juillet 2011. Voir Union des Comores- Union européenne, Programme de coopération décentralisée. *Appui technique et financier de l'Union européenne à travers le Programme de coopération Décentralisée (PCD)*, 2012.

[41] Concernant ces querelles, voir notamment, *La Gazette des Comores* du 18 avril 2013 et le journal *AL-Watwan* du 27 novembre 2013.

ratifiant en 2009 la version finale du DSRP, l'Union des Comores devait *volens nolens,* achever le plus tôt possible le processus de décentralisation, dans la mesure où celui-ci fait partie intégrante des réformes que la Banque mondiale (BM) exige de ses débiteurs à travers la signature du DSRP. Et, en 2011, le parlement de l'Union des Comores a effectivement promulgué les lois nécessaires, car, comme le rappelle Stiglitz, « dans certains cas, les accords avec les Institutions de Bretton Woods (IBW) stipulaient quelles lois les parlements des pays débiteurs devaient voter pour satisfaire aux exigences ou ''cibles'' du FMI. »[42]

*Dans le DSRP de 2003 et celui de 2009 on avait déjà posé le problème de la décentralisation, il faillait poursuivre les réformes, la décentralisation est un axe majeur. En 2009, en révisant la constitution de 2001, le président de l'époque a réaffirmé la volonté de poursuivre la décentralisation. Bon... heu, heu... . Oui, oui beaucoup de personnes ont considéré cette volonté comme une manœuvre politique de la part du chef de l'État de l'époque. Peut-être, peut-être, mais il ne faut pas oublier que la décentralisation faisait partie des réformes qu'on a présentées à nos bailleurs à Maurice en 2005. Il fallait comme je te disais continuer les réformes économiques, finaliser les réformes du DSRP, signer les décrets, voter les lois sur la décentralisation. Le gouvernement l'a fait en 2010 avec la création d'une Mission de la décentralisation et de la déconcentration. Cette mission a amené un travail sur tout le pays, concernant les communes, le développement local. Il y a eu sur tout le pays un travail de sensibilisation et le PNUD, l'Union européenne nous ont aidés à faire ce travail. Travail qui a permis de préparer les lois sur la décentralisation de 2011. Vous voyez c'est un long processus, qui n'était pas facile à mettre en œuvre, mais nécessaire pour le développement économique du pays, pour le respect des accords qu'on a signés avec les instances internationales. Bien sûr il y a encore des zones d'ombre, mais le plus important a été fait. La décentralisation est en marche dans notre pays.* **YA. Conseiller Direction du Plan, de l'aménagement du territoire de l'énergie et de l'urbanisation.**

Au nom de la réalisation des OMD, et du soutien au processus de décentralisation aux Comores, l'Union européenne intervient dans les structures politiques de ce pays en apportant son soutien tant aux initiatives locales émanant des organisations de la société civile, des ONG locales, qu'aux initiatives provenant des autorités publiques locales. Et, dans cette perspective l'appui à la décentralisation de la

[42] Joseph E. Stiglitz, *La Grande désillusion*, op.cit., page 86.

Commission européenne est à la fois « extensive » et « restrictive ». De même, notre enquête montre qu'il est de plus en plus difficile de qualifier la démarche de l'aide de la Coopération française de « restrictive » ou d'institutionnelle. Dans la mesure où, à travers le Document cadre de partenariat (DCP) analysé plus haut, la France a reconfiguré sa politique de coopération, elle tend de plus en plus à aligner les modalités pratiques de sa coopération sur celles des bailleurs de fonds multilatéraux. Sa politique de coopération se confond de plus en plus avec les directives de la Commission de l'Union européenne, et soutient à ce titre tant les autorités publiques locales et leur administration que les associations, les ONG locales. Ainsi aux Comores, la Coopération bilatérale française soutient, à travers le programme franco-comorien de codéveloppement (PFCC), les actions que mène l'Union européenne dans le cadre du 9e FED et notamment les actions des associations de la société civile.[43]

Ces dernières intéressent autant la Commission de l'Union européenne que la Coopération bilatérale française, car elles permettent de transmettre aux agents locaux des valeurs politiques et juridiques pour imposer des pratiques dans l'organisation des administrations locales.

L'importation de la grammaire du droit français dans la gestion des communes.

Pour élargir son champ d'influence au niveau local la Commission européenne a fait de la formation des autorités locales (AL) et des acteurs non étatique (ANE) un des axes majeurs de la coopération décentralisée. Cette formation « peut être technique, globale ou pointue. Elle peut également être générale et vouloir répondre aux besoins de connaissance des acteurs comme par exemple la nécessité pour les acteurs de maîtriser le cadre légal et juridique dans lequel ils évoluent (…) ».[44] L'offre de formation est diverse et prend des formes différentes selon le pays envisagé. L'exemple des Comores permet encore une fois de dessiner la forme que prend cette offre, les énoncés qui la structurent. Aux Comores, elle est divisée en deux grandes

---

[43] Ministère des Affaires étrangères, chargé du Développement, Document Cadre de Partenariat entre la France et l'Union des Comores 2013-2014, op.cit., page 7.

[44] Sur ce point, voir Commission européenne, *Les acteurs Non étatiques et les autorités Locales dans le développement, Acteurs et activités du programme thématique*, op.cit., page 15.

parties : 1) la première est plus technique. Elle a trait à la sensibilisation des ALs et des ANEs aux modes de fonctionnement et au cadre juridique des structures administratives locales et des services déconcentrés de l'État. Elle vise également la (bonne) gestion des communes et des Organisations de la société civile (OSC).

2) La seconde vise principalement à apporter aux autorités locales (ALs) et aux acteurs non étatiques (ANEs) des connaissances et notamment des compétences en matière de gestion administrative, à concevoir des projets de développement local.

### A) La formation juridique et technique des autorités locales (ALs) et des acteurs non étatiques (ANEs)

La sensibilisation des ALs et des ANEs aux cadres techniques et juridiques des communes est divisée en plusieurs modules de formation. Les premiers professent comment fonctionne une mairie, les droits et les obligations qui incombent au maire, comment est organisé un conseil municipal. Ici la formation met davantage l'accent sur le contrôle et la légalité des procédures administratives et sur la gestion participative. Les modules de formation ont respectivement comme titre :

- *Guide : Le fonctionnement du conseil municipal et de l'exécutif de la commune* (2009)[45]
- *Guide de rédaction des actes administratifs règlementaires* (2009)
- *Guide du contrôle de légalité des actes administratifs règlements des communes* (2009)
- *Guide pratique : Les outils de la participation à la gestion communale* (2009)
- *Guide de l'état civil de l'Union des Comores* (2012)

Les seconds modules traitent les techniques relatives à la conception d'un budget, les techniques de contrôle d'un budget et de son exécution :

---

[45] Union des Comores. Ministère des Finances et du Budget. Union européenne. Fonds européen de développement. Cellule de gestion du programme de coopération décentralisée. *Guide. Le fonctionnement du Conseil municipal et de l'exécutif de la commune* 2009. L'ensemble des formations décrites émanent des mêmes structures, à savoir : Union des Comores. Ministère des Finances et du Budget. Union européenne. Fonds européen de développement. Cellule de gestion du programme de coopération décentralisée.

- *Techniques de conception du budget et de contrôle de son exécution* (2011)
- *Guide de comptabilité à l'usage des associations de l'Union des Comores* (2012)
- *Guide sur la gestion des réseaux thématiques* (2012)
- *Système comptable pour les maisons des associations. SYCOMA* (2012)[46]

Ces formations visent à transformer le droit d'accès de la population aux structures administratives locales, les modes de fonctionnement de ces dernières, les catégories de penser des élus locaux et des membres des organisations de la société civile. La participation est conçue comme le fer de lance de ces changements comme on peut lire dans l'un des documents distribués aux formés :

**Les outils de la participation à la gestion communale****

**2. le fonctionnement de la démocratie participative**

Même lorsqu'ils sont élus, les représentants de la commune ont besoin d'un contact permanent entre eux et la population. Pour que les habitants d'une commune ne soient pas de simples consommateurs des services communaux, le maire et son équipe doivent faire preuve de volonté. Ils doivent aussi savoir quel est le niveau de participation qu'ils recherchent [sic].

**La participation de la population**

*À quoi sert la participation de la population ?*

Le cadre local est propice au développement des techniques participatives. La décentralisation joue un rôle moteur dans la promotion de la participation, pour trois raisons :

- elle rapproche le niveau de la décision au niveau de l'action
- elle assure une plus grande proximité entre l'autorité locale et le citoyen
- elle permet aux citoyens de s'engager dans le développement local et de venir en renfort aux équipes municipales.

La démocratie participative apparaît comme un complément naturel à la démocratie locale, susceptible de répondre aux exigences de cette dernière et de profiter du cadre qu'elle lui offre. [sic]

**Les objectifs de la participation**

La participation est un des outils de l'action publique communale. Elle peut viser trois objectifs :

- *Un objectif de management* : Rendre l'action publique communale plus efficace auprès des citoyens, en termes de diffusion de l'information, de pertinence des solutions retenues et de rapidité d'exécution.

[46] *SYCOMA* est un programme informatique conçu aux Comores par une société privée : *Comores informatique*. Il est distribué aux intéressés sous forme de CD-Rom.

• *Un objectif social* : Renforcer et resserrer le lien social entre les citoyens, développer les compétences là où elles existent, ou profiter des opportunités (travaux des associations ; apport de la diaspora, etc.).
• *Un objectif politique* : Favoriser la démocratisation des décisions prises pour la commune ainsi que leur légitimité.
Les différents dispositifs de participation :
La participation, dans le cadre communal, s'ordonne autour de plusieurs familles de dispositifs :
**a. Les dispositifs consultatifs permanents qui permettent aux citoyens de débattre entre eux et de faire connaître leur avis aux instances municipales. (...)**
**b. Les dispositifs ponctuels de consultation sur des opérations précises (...)**
**c. Des dispositifs originaux qui ne répondent pas à une obligation locale mais qui rendent compte d'une organisation de la gouvernance locale (...)** [sic]

** Les outils de la participation à la gestion communale, op.cit. pages 10-11

Procédures visant à transformer les conditions d'accès de la population aux administrations publiques, les pratiques et l'organisation des structures administratives locales. Ces procédures puisent leurs énoncés, leurs références dans le système administratif de l'ancienne puissance coloniale. La modernisation des communes s'appuie sur le modèle français tant au niveau de ses concepts qu'au niveau de ses techniques de fonctionnement. Certes, les modalités pratiques peuvent ici et là se distinguer du modèle français et notamment le droit des administrés, cependant, la grammaire du droit administratif français est dominante, c'est à partir d'elle qu'on pense et organise les changements comme le montre le tableau ci-dessous :

| Union des Comores | République française |
| --- | --- |
| **Guide : Le fonctionnement du Conseil municipal et de l'exécutif de la commune** | **Direction Générale des collectivités territoriales (DGCL)** |
| **Réunion du conseil municipal** | **Réunion du conseil municipal** |
| « Le conseil se réunit obligatoirement en réunion ordinaire xxx [les auteurs qui ne précisent pas c'est eux qui soulignent xxx] fois par trimestre. Le maire doit, de sa propre initiative, convoquer le conseil municipal au moins xxx fois par trimestre, en session ordinaire, même s'il n'y a aucune affaire particulière à soumettre en délibération. Pendant les sessions ordinaires, le conseil municipal s'occupe de toutes les matières qui entrent dans ses attributions. Lorsqu'il y a une réunion ordinaire, la convocation précise un ordre du jour déterminé et le conseil ne peut traiter d'autres affaires. Le conseil municipal peut être réuni en session extraordinaire, suite à la demande motivée du maire ; de la majorité des membres en exercice du conseil municipal ; du représentant de l'État. Lorsqu'il y a une session extraordinaire, la convocation précise un ordre du jour déterminé et le conseil ne peut traiter d'autres affaires. La durée de chaque session est de quarante-huit heures maximum. Le lieu des séances **Le conseil municipal siège à la mairie** de la commune. **Toutefois, pour raison matérielle**, le conseil peut délibérer dans un autre lieu situé sur le territoire de la commune, à condition que ce lieu réponde aux principes de | « Le conseil municipal se réunit au minimum une fois par trimestre sur convocation du maire. Par ailleurs, le maire peut réunir l'assemblée délibérante de sa propre initiative chaque fois qu'il le juge utile. En outre, il est tenu de réunir le conseil municipal dans un délai maximal de trente jours suivant la demande motivée selon le cas : du représentant de l'État dans le département ; du tiers au moins des conseillers municipaux en exercice dans les communes de 3 500 habitants et plus ; de la majorité des membres du conseil municipal dans les communes de moins de 3 500 habitants. Le délai ci-dessus peut être réduit par le représentant de l'État dans le département en cas d'urgence. **Le conseil municipal doit siéger à la mairie**. **Le lieu de la réunion peut être changé**, soit provisoirement lorsque les circonstances l'exigent (indisponibilité de la salle pour travaux...), soit définitivement lorsque l'exiguïté de la salle ne permet pas d'accueillir le public dans de bonnes conditions par exemple. Les habitants doivent être informés du changement de lieu par tout moyen à la convenance de la commune. » |

| | |
|---|---|
| neutralité, d'accessibilité de tous les conseillers et de sécurité. Les habitants doivent être informés du local servant de lieu de réunion par tout moyen à la convenance de la commune. » | |
| **Convocation du conseil** | **Convocation du conseil** |
| « Le maire convoque les conseillers municipaux par écrit. La convocation est adressée à chaque conseiller municipal avec accusé de réception. La convocation écrite est adressée **trois jours** francs, au moins, avant le jour de la réunion. En cas d'urgence, le délai peut être ramené à 24 heures. La convocation doit être mentionnée au registre des délibérations, affichée au panneau d'affichage de la mairie. La convocation doit indiquer le lieu et l'heure de la réunion, ainsi que tous les points à l'ordre du jour. Elle est signée par le maire. » | « Toute convocation est faite par le maire. Elle est adressée au domicile des conseillers municipaux, sauf s'ils ont fait le choix d'une autre adresse. Elle peut être envoyée également sur une adresse électronique après accord du conseiller municipal concerné. Le délai à respecter entre la date d'envoi de la convocation et celle de la réunion est de **trois jours franc** dans les communes de **moins de 3 500 habitants** et de **cinq jours francs** dans les **autres communes**. En cas d'urgence, ce délai peut être abrégé par le maire sans, toutefois, être inférieur à un jour franc ; dans ce cas, dès l'ouverture de la séance, le conseil municipal doit se prononcer sur l'urgence invoquée par le maire. La convocation doit être écrite, sous quelque forme que ce soit, indiquer tous les points de l'ordre du jour, être mentionnée au registre des délibérations, affichée ou publiée. » |
| **Présidence – Quorum** | **Présidence – Quorum** |
| « Le maire préside les séances du conseil municipal : il ouvre la séance, dirige les débats et les déclare clos quand l'ordre du jour est épuisé. Si le maire est absent ou empêché, il est suppléé pour la présidence par les adjoints dans l'ordre des nominations (premier adjoint, deuxième adjoint), ou, | « Les **séances** du conseil municipal sont **présidées par le maire** ou par celui qui le remplace. Il ouvre la séance, dirige les débats et les déclare clos lorsque l'ordre du jour est épuisé. Lorsque le compte administratif du maire est débattu, le conseil municipal désigne un président ; le maire peut assister à la discussion (même s'il n'est |

| | |
|---|---|
| à défaut, par un conseiller municipal désigné par ses collègues. Lors de la première séance du conseil municipal qui a pour but d'élire le maire, la présidence revient de droit au doyen d'âge. Pour les séances où le pouvoir du maire pourrait être remis en cause (exemples : examen du compte administratif du maire, motion de défiance contre le maire), le conseil municipal élit son président de séance. Dans ce cas, le maire peut, même s'il n'est plus en fonction, assister à la discussion, mais il doit se retirer au moment du vote. **Le maire peut faire expulser de l'auditoire tout individu** qui trouble l'ordre public. Il doit néanmoins agir avec diplomatie, souplesse et dextérité. Le conseil municipal ne peut siéger que lorsque la majorité (moitié plus un) de ses membres en exercice assiste à la session ; c'est le quorum (…) Si le quorum n'est pas atteint après une convocation régulièrement faite, le conseil municipal ne peut pas se réunir pour délibérer. Le maire doit alors envoyer une seconde convocation à tous les conseillers pour convoquer le conseil municipal dans moins de trois jours. | plus en fonction) mais il doit se retirer au moment du vote du compte. **Le maire a seul la police de l'assemblée** et peut faire expulser de l'auditoire ou arrêter tout individu troublant l'ordre public. Le maire doit s'assurer que le quorum est atteint. Si le quorum n'est pas atteint, le conseil municipal est à nouveau convoqué à trois jours au moins d'intervalle. Il délibère alors valablement sans condition de quorum. » |
| **Déroulement des séances et vote** | **Déroulement des séances et vote** |
| « Les délibérations sont adoptées suivant l'un des deux systèmes suivants : **le scrutin ordinaire** : Il a lieu sur demande du quart des membres présents, **soit : à main levée**, par appel nominal (de chaque conseiller), soit par bulletin écrit portant le nom des votants. Avec ce système, les noms des votants, avec la désignation de leurs votes, doivent être mentionnés au procès- | « Le conseil municipal peut voter selon trois modes de scrutin : **le scrutin ordinaire** à main levée ou par assis et levés. **Le scrutin public** a lieu, à la demande du quart des membres présents, soit par bulletin écrit, soit par appel nominal. Le registre des délibérations doit comporter le nom des votants ainsi que l'indication du sens de leur vote ; **le scrutin secret** a lieu lorsqu'un tiers des membres présents le |

| | |
|---|---|
| verbal de la séance (liste des conseillers qui ont voté pour ou contre ou qui se sont abstenu), le scrutin secret : Ce système est de droit toutes les fois que le tiers des membres présents le réclame, ou qu'il s'agit de procéder à une nomination ou à une représentation. Le procès-verbal ne mentionne que le nombre des conseillers qui ont voté pour, contre, ou se sont abstenus). **La majorité absolue**. Les délibérations sont prises à la majorité absolue des suffrages exprimés. En cas d'égalité des voix, la voix du **président de séance est prépondérante, sauf en cas de bulletin secret.** En cas d'égalité des voix lors d'un bulletin secret, le vote est remis à plus tard. » | réclame ou s'il y a lieu de procéder à une nomination ou à une présentation. Dans ce dernier cas, il s'agit d'une élection à trois tours de scrutin (si aucun des candidats n'a obtenu la majorité absolue après deux tours de scrutin secret, il est procédé à un troisième tour de scrutin et l'élection a lieu à la majorité relative ; à égalité de voix, l'élection est acquise au plus âgé). Sauf disposition législative ou réglementaire prévoyant expressément ce mode de scrutin, le conseil municipal peut décider, à l'unanimité, de ne pas procéder au scrutin secret en cas de nomination ou de présentation. En cas d'absence, un membre du conseil municipal peut donner pouvoir à un autre membre du conseil municipal pour voter en son nom. Un même conseiller ne peut être porteur que d'un seul pouvoir. **Un pouvoir n'est valable que pour trois séances consécutives, sauf en cas de maladie dûment constatée.** Les délibérations sont prises à la **majorité absolue des suffrages exprimés :** en cas de partage des voix, **la voix du président est prépondérante, sauf dans le cas du scrutin secret**. Elles doivent être signées par tous les membres présents à la séance ; à défaut, mention est faite de la cause ayant empêché le ou les conseillers de signer. » |

L'influence est manifeste, certes, le mode de fonctionnement des communes qui nous est présenté est éloigné des pratiques bureaucratiques de type jacobin, néanmoins, la lecture du tableau ci-dessus montre qu'il emprunte bel et bien à la France son mode de distribution des compétences, ses modes de gestion administrative.

B) Forgé par le projet

Parallèlement aux formations techniques et *managériales* des communes évoquées à l'instant, l'Union européenne propose également aux autorités locales (ALs), aux Organisations de la société civile (OSC) comorienne des modules de formation dont l'objectif est de renforcer leur capacité à concevoir et à réaliser un projet local. Ces modules ont respectivement comme titre :

- « Formation *des maires et personnels communaux, des élus et personnels des conseils et des cadres des services décentrés de l'État en montage* ***de projet*** *de développement local* » (2012)[47]
- *Guide national d'élaboration* ***d'un plan*** *de développement communal* (2009)
- « *Formation des OSC aux techniques de management* ***des projets*** : *Suivi et évaluation de* ***projet*** *de développement* » (2008)
- « *Formation des porteurs* ***de projets*** *dans le cadre de l'accompagnement dans le montage des* ***projets*** » (2007).

Le projet est la structure organisationnelle et reproductrice, le point d'arrivée de chaque module proposé, dans la mesure où celui-ci permet de véhiculer des données culturelles et politiques, une façon bien spécifique de poser et de résoudre les problèmes, de voir le local à travers la culture politique que valorisent les bailleurs de fonds. Car, comme le souligne Jean-Pierre Boutinet, « tout projet s'appuie sur une culture support, que cette culture soit dominante ou minoritaire, que le projet lui-même se pose ou pas comme contre-culturel. »[48] La formation à la conception et la réalisation d'un projet permet ici d'objectiver le paradigme de la participation en montrant, d'une part, qu'un projet de développement est le point de convergence de positions de différents acteurs, pour professer, d'autre part, comment doivent être menées la négociation, les différentes étapes de convergence vers un jugement commun :

---

[47] Union des Comores. Union Européenne. Programme de coopération décentralisée. *Formation des maires et personnels communaux, des élus et personnels des conseils et des cadres des services décentrés de l'Etat en montage de projets de développement local. Guide sur le processus de montage de projets de développement local,* Avril 2012. Comme dans le cas précédent, l'ensemble de formations citées émanent des mêmes structures : Union des Comores. Ministère des Finances et du Budget. Union européenne. Fonds européen de développement. Cellule de gestion du programme de coopération décentralisée.

[48] Jean-Pierre Boutinet, *Anthropologie du projet*, op.cit., page 116.

**Guide sur le processus de montage de projets de développement locale****

**Chapitre 3 : Montage d'un projet**

« L'objectif de ce chapitre est de fournir les éléments à la base d'une idée de projet, de montrer les modalités de la prise de décisions en vue de l'élaboration d'un projet ainsi que les outils permettant de monter un projet.

***3.1. Les éléments à la base d'une idée de projet*** Le début d'un projet commence au moins avec deux partenaires qui décident de développer conjointement un projet. ***Exemple*** *: Le secteur de l'environnement fait partie des secteurs de concentration retenus par la Coopération d'un pays X lors de la Conférence des bailleurs de Doha (2009) et est inscrit en tant que tel dans le Document cadre de partenariat signé en 2010. À ce titre, un premier financement a été octroyé en 2011 par l'Agence de Coopération internationale de ce pays X à l'Union des Comores pour financer un projet d'appui au secteur de l'environnement et de l'hygiène du milieu* (...)
Cette initiative tire son essence sur : - les politiques, la mission des institutions respectives : le gouvernement ou les bailleurs de fonds. - la place que pourrait occuper le projet dans la mission et la stratégie des institutions ou organisations impliquées - l'intérêt partagé pour le thème trouvé pertinent, - la première appréciation de la faisabilité du projet en termes de capacités financières et humaines de ces institutions impliquées, et la possibilité de trouver des financements additionnels locaux (ONG, fonds propres de la commune...)
***3.2. La prise de décision en vue de l'élaboration du projet*** Durant l'élaboration du projet, l'analyse des éléments précédents devra permettre de prendre des décisions sur les aspects suivants :
- l'intérêt, l'attitude et les potentialités de toutes les personnes et parties impliquées,
- la situation présente qui est considérée comme insatisfaisante et qui constitue la raison majeure de la mise en place du projet, - la situation future qui sera atteinte par le projet et qui sera considérée comme satisfaisante.
- les différentes stratégies possibles pour atteindre cette situation. L'étude de tous ces aspects va fournir des informations qui permettront de prendre des décisions sur : - les objectifs du projet, - la stratégie de l'intervention ou du projet (comment atteindre les objectifs fixés ?),
- les différentes activités et, de là, les investissements à prévoir (ce qu'il faut faire pour atteindre les objectifs),
- la contribution et les responsabilités de chaque partie prenante
***3.3. Les outils permettant de monter le projet***
***a)* Analyse des parties prenantes** Elle est souvent effectuée durant la phase préparatoire du projet. Les parties prenantes d'un projet sont des individus, groupes ou personnes ou des organisations qui ont un intérêt dans le projet proposé et qui peuvent avoir ainsi une influence positive ou négative, ou alors une contribution. Elles peuvent concerner toute personne physique ou morale qui participe à la mise en œuvre d'un projet. L'analyse des parties prenantes est un processus systématique de collecte et d'analyse de données qualitatives ayant pour but de déterminer les personnes dont les intérêts devraient être pris en compte dans la mise en place du projet. Elle permet

d'augmenter les chances de réussite du projet en considération, si elle est réalisée avant sa mise en œuvre.
**Exemple** : dans le cas de la mise en place du service de voirie, les parties prenantes sont :- le gouvernorat - la préfecture de la région où est localisée la commune concernée - la commune concernée - les partenaires au développement - les ONG d'environnement de l'île et de la commune - les représentants de la population de la commune (leaders, notables…) Pour accroître les chances de réussite d'un projet, il est recommandé de faire une analyse des parties prenantes portant notamment sur l'intérêt qu'elles manifestent vis-à-vis du projet ainsi que de leur éventuelle influence sur lui. L'analyse des parties prenantes vise à : - l'identification des parties prenantes et la définition de leur rôle dans le fonctionnement des différentes structures de gestion ; - l'identification des intérêts, des forces et des faiblesses des parties prenantes par rapport aux différentes composantes du projet et qui feront l'objet de décisions au cours du processus de planification. »

**Programme de coopération décentralisée, *Formation des Maires et personnels communaux, des élus et personnels des conseils et des cadres des services décentrés de l'État en montage de projet de développement local*, op. cit., pages 15-16.

Divisée en plusieurs unités d'enseignement (méthodologie de la conduite du projet, analyse diagnostique du contexte, planification et gestion du projet, explicitation des buts visés), la démarche est essentiellement gestionnaire et technicienne. La formation est vidée de ses contenus politiques et devient pour le formé un lieu ressources de *l'anti-politics machine*[49] que véhiculent les bailleurs de fonds, un site de mobilisation des techniques managériales du « nouvel esprit du capitalisme » dont Boltanski et Chiapello décrivent la sociogenèse.[50]

D'abord les techniques permettant de susciter des échanges entre plusieurs acteurs en dégageant un ou des points de vue communs servant de programme/projet, de travail en réseau pour activer des objets, des formes dont les liens sont stabilisables et mobilisables.

---

[49] Par rapport à ce terme, voir Dominique Darbon, « Réformer ou reformer les administrations projetées des Afriques », op.cit.
[50] Luc Boltanski et Eve Chiapello, *Le nouvel esprit du capitalisme*, op.cit.

**GUIDE SUR LA GESTION DES RESEAUX THEMATIQUES**

***Appui technique et financier de l'Union européenne à travers le Programme de coopération décentralisée (PCD) pour le compte de la Maison des organisations de la société civile (MOSC) de Mohéli.***

**CHAPITRE II – LES RESEAUX**

« **Réseau et connexion**

Le pouvoir organisateur du réseau n'est donc pas du côté de la structure. Mais, en même temps, le réseau organise en connectant. La connectivité est la vraie nature du réseau. Il en tire toute sa puissance d'organisation. Par exemple, une OSC de la diaspora comorienne en France peut se connecter à un réseau qui a son siège à Mohéli. Il s'agit de cette capacité du réseau à réaliser un grand nombre de liaisons, fussent-elles éphémères, entre les éléments, les points qui en font partie. Dans l'organisation du réseau règnent des mailles, des boucles, des redondances de toutes sortes. Les structures relais dont dispose le réseau doivent faciliter le contact ou la connectivité avec les autres structures réseaux (OSC). L'organisation en réseau est donc très particulière puisqu'elle relève moins d'un pouvoir que d'un potentiel.

Le réseau est un gestionnaire du collectif.

Dès qu'un acteur social (structure désignée comme animatrice du réseau) devient le planificateur en charge du fonctionnement du réseau, il doit maintenir un difficile équilibre entre la sauvegarde de toutes les possibilités offertes par la complexité intrinsèque du réseau. Il doit pour cela : Assurer en interne la communication entre les structures. Stocker l'information tous azimuts et la diffuser à un plus grand nombre. Le pouvoir organisateur pour une gestion collective est nécessaire pour inscrire le réseau dans l'espace-temps social. Pour mieux gérer un collectif, les trois paramètres suivants doivent être réunis : L'espace ; Le temps ; Le Social (les individus)

**CHAPITRE III LE RESEAU THEMATIQUE**

Un réseau thématique est une organisation à échelle humaine qui émerge du contact direct entre des structures ayant un intérêt commun, tout en s'estimant et s'appréciant mutuellement. La structuration en réseau se caractérise par son horizontalité et son absence de hiérarchie entre ses membres. (…) »

Ensuite, les techniques de l'évaluation *ex post* et *ex ante* dont l'objet principal n'est pas *que* de contrôler la fiabilité, les retombées sociales du projet, mais *surtout* d'ouvrir un champ de pratiques normatives. C'est dans ce sens que la Commission européenne précise dans son guide de la coopération décentralisée que « les exercices d'évaluation ne doivent pas être conçus dans un esprit de contrôle, mais d'apprentissage. »[51] Principe que les formateurs/consultants locaux ont bien assimilé et qu'ils diffusent à leur tour à travers les formations dûment citées :

**Guide sur le processus de montage de projets de développement local****

**Chapitre 7 : L'évaluation**

« (...) Une évaluation est un moment précieux de formation. Les objectifs de l'évaluation [sont] : - rendre et informer sur le projet - amélioration du projet/programme - amélioration de la politique générale d'une organisation/secteur - décider de la continuation du projet/programme - **organiser un processus d'apprentissage et de dialogue** (...) »

**Ibidem, page 39.

Enfin les techniques permettant de susciter chez l'ensemble des agents impliqués dans le projet un haut degré de motivation et d'implication en plaçant le chef du projet à la conjonction de celui-ci et de toutes les personnes impliquées dans le projet. L'engagement du (ou des) responsable(s) du projet doit susciter celui des autres partenaires par la confiance qu'il inspire à chacun de ces derniers, en imposant sa vision non par autoritarisme, mais par enthousiasme et par l'écoute, la tolérance, le respect des différences.

L'appropriation de ces techniques par les autorités et les membres dirigeants des associations de la société civile est patente. Ainsi, les propos de cet interlocuteur que nous avons rencontré deux ans après avoir suivi une desdites formations :

*Oui concernant la décentralisation il y a un projet de loi adopté par le parlement et soutenu par l'Union européenne. Cela dit il y a des conflits entre les régions dans la délimitation des communes. L'État selon moi a commis une grande erreur. Il y a eu c'est vrai un travail très important sur la question de la délimitation des communes. Le PNUD et l'Union européenne ont fait un travail de sensibilisation et d'information. Des formations ont été organisées. Mais le problème c'est que le gouvernement a confié le projet de la délimitation des*

[51] Commission européenne, Aide au développement stratégie de développement durable unité service civile, ONG et coopération décentralisée, *Guide d'opérationnalisation de la coopération décentralisée*, 1999, page 7

*communes à des jeunes qui ne connaissent pas nos traditions, les rivalités qui ont toujours existé entre les régions. Je connais un grand notable d'un village du Nord il me disait « on nous a envoyé des gens, on ne sait même pas d'où ils viennent ce sont des jeunes de Moroni (capitale* de l'Union des Comores*). Ils sont venus pour délimiter les villages, mais nous, on n'a pas besoin d'eux, avec leurs cartes. Nous, on a déjà nos délimitations qui datent de longtemps. » C'est vrai que l'État a commis une faute grave en envoyant des jeunes fonctionnaires qui ne connaissent rien des traditions villageoises. Il fallait d'abord que les chefs de projets discutent avec les nobles, les chefs de village pour* ***trouver un consensus, les faire adhérer au projet, faire d'eux des acteurs du projet****. Mais là c'est comme s'ils* (les nobles et les chefs de village) *n'étaient riens, qu'on faisait tout derrière leur dos, alors ça ne marche pas. L'État ne peut pas tracer les communes sans consulter les intéressés. Chez nous la notabilité, la tradition compte beaucoup, c'est une question de* ***gouvernance,*** *de savoir mener un projet quoi.* **BOU Directeur au ministère de la Santé.**

L'influence est encore manifeste chez cet interlocuteur politiquement actif dans sa commune :

*Oui j'ai suivi en 2012 la formation des maires et des personnels communaux de l'Union européenne. C'était très intéressant, c'est un chercheur de l'université des Comores qui organisait le stage. J'ai beaucoup appris, bon déjà au niveau des lois de la décentralisation, comment ça fonctionne, qui fait quoi, qui a droit à quoi. Où commence la commune, la ville où s'arrête-t-elle ? Bon tout le monde sait que le gouvernement ne respecte pas les lois de la décentralisation, mais maintenant je ne me laisse pas faire, je revendique mes droits. Bon parce que le problème, il y a plein de gens dans le gouvernement qui ne connaissent pas les lois sur la décentralisation, c'est pour ça que ça ne marche pas. Le gouvernement ne respecte pas les lois votées par le parlement de l'Union.*

*Non le stage était très intéressant, moi ce que j'ai trouvé le plus intéressant c'est la partie montage d'un projet. Comment monter un projet de A à Z. Bon, je savais faire un projet puisque j'avais déjà suivi une formation de management à l'île Maurice et au Maroc, mais c'était plus général. Là c'était concret, tous les exemples venant d'ici. C'est comme ça que j'ai pu monter le projet de la petite unité de tri et de compostage des déchets. Le projet était bien fait : le cadre juridique, les objectifs, les besoins de la population, le nombre d'emplois que l'unité était susceptible de créer, combien ça aller coûter à l'État et à la commune. L'Union européenne était prête à financer, tellement le projet était clair. Bon le projet est tombé à l'eau pour des raisons politiques comme d'habitude. Tu le sais bien dans cette ville pour faire quelque chose ce n'est pas évident. Il y a les dinosaures* (il a employé le mot en français tel que) *quand ce n'est pas eux qui présentent le projet eh bien ils bloquent tout. Il y a aussi le gouvernement qui ne suit pas. Enfin...enfin heu, heu... Concernant le stage parce que si j'ai bien compris c'est ça qui t'intéresse le plus, c'est un bon modèle de projet qu'on nous a présenté, très adapté aux réalités du pays. C'est ce modèle que j'ai également utilisé pour le projet de la digue. Là les choses ont l'air de bien avancer, mais rien n'est joué.* **HB. Secrétaire adjoint. Ministère de l'Education nationale.**

La disqualification du politique

La décentralisation est censée rapprocher les lieux de décision des populations en favorisant la participation de ces dernières dans les actions collectives pour mieux prendre en compte les besoins des habitants. Dans cette perspective, le local est présumé synonyme de solidarité, de transparence et de bonnes pratiques. La gouvernance locale a supplanté l'action publique gouvernementale perçue comme trop contraignante, incapable de réguler les rapports économiques sur le territoire. Ainsi, tout en reconnaissant le rôle de l'État, de l'action gouvernementale dans le développement économique et social, pour la Banque mondiale ce qui prime, c'est « de trouver des modèles de gouvernance locale qui puissent faciliter au mieux la participation de la société civile. »[52] La traduction de ces modèles débouche sur une disqualification du politique, sur un clivage entre l'État et la société morcelant ainsi le territoire à des espaces distincts où les habitants sont invités à se mobiliser pour pallier les carences de l'État, des pouvoirs publics centraux.

Ce processus de délégitimation et de fragmentation tend à renforcer la territorialisation au détriment de la décentralisation, car celle-ci suppose « l'existence d'un centre qui assume ses propres prérogatives, et qui délègue un certain nombre de responsabilités et non de

---

[52] Banque mondiale, Findings, Secteur privé et infrastructure « L'Afrique et la décentralisation : les citoyens entrent en scène » 211 juillet 2002, http://www.worldbank.org/afr/findings, page 1. Article consulté le 10/9/2014.

souverainetés à des collectivités territoriales. »[53] La décentralisation suppose en effet un État de droit capable de dépasser les logiques communautaires qui valorisent l'appartenance à la tribu, au clan ou à la famille élargie qui fragilisent les identifications nationales.

Aux Comores, comme le souligne le DSRP : « la population s'appuie sur les principes de la solidarité et de l'appartenance à un village, une région ou à une île aux dépens de son appartenance à l'Union. »[54] Toutefois, ce phénomène n'est pas une invention *ex nihilo* comme aiment le dire les philatélistes à la recherche de la vignette unique. Il relève plutôt de l'absence d'un État capable d'organiser des institutions, de mettre en place des structures administratives, des entreprises au service d'une idée : l'intérêt général, le pouvoir d'agir ensemble.

Nous le savons tous, la vie sociale est organisée selon des principes de hiérarchisation, de distinction et de séparation, et l'Etat-nation a pour fonction la construction d'un espace public général qui transcende ces distinctions en abordant les questions liées à la différence, à la redistribution.

L'espace politique que produit la gouvernance locale dans les États au Sud du Sahara est aux antipodes d'un tel espace public. Celui que construisent ces États aspire à l'hétérogénéité et non à l'homogénéité. Il revêt de bâtir un bien commun et non un bien public en gérant les problèmes et les intérêts collectifs locaux non dans une perspective législative plus large, mais dans un cadre plus restreint : celui de la commune, voire du village.

Cette gestion qui a comme horizon le village ou la commune est perçue par les membres des organisations communautaires et ceux de la société civile comme pertinente notamment dans les contextes ou l'État est démissionnaire, car elle permettrait de faire des habitants des citoyens engagés prenant collectivement en main leur destin économique et social.

Sur ce point société civile et bailleurs de fonds sont d'accord : il est nécessaire de soutenir une telle gestion, car elle serait créatrice de solidarité et permettrait de mobiliser les ressources locales, de créer une coopération plus proche des habitants supposée de *facto* plus démocratique. Une telle perception disqualifie le politique, d'une part,

---

[53] Michèle Leclerc-Olivier, « Décentraliser : Enjeux théoriques et politiques » op.cit., page 43.

[54] Union des Comores. Unité – Développement – Solidarité. Présidence de l'Union des Comores. Commissaire Général au Plan. Stratégie de croissance et de réduction de la pauvreté (SCRP) août 2009, page 169.

parce qu'elle dichotomise les problématiques sociales en opposant société civile et politique. Elle disqualifie d'autre part le politique, car elle limite la portée des organisations de la société civiles en faisant de ces dernières des entités dont les actions sont principalement orientées sur la bonne gestion d'un espace local dépolitisé et non sur la création d'un espace public donnant lieu à la formation d'une opinion publique et d'une volonté politique qui dépasse le local.

A ce jeu, les bonnes volontés s'enrôlent très vite sous la bannière du pouvoir nobiliaire et « la tyrannie des rois [est vite remplacée] par celle des cousins. »[55]

La participation de la société civile dans les actions collectives ne garantit pas la non-confiscation du pouvoir local par des oligarchies locales, par une élite locale qui contrôlerait le pouvoir villageois et communal en faisant la jonction entre les besoins des populations et les aspirations des agences d'aide au développement. Elle ne garantit pas non plus le progrès démocratique. Et sur ce point, les pays développés et notamment les États-Unis d'Amérique sont un exemple idéal typique. En effet, comme nous le savons tous, aux États-Unis la vie politique locale est extrêmement développée, et les élections, les référendums sont très fréquents. Et pourtant, les lacunes en termes de démocratie sont nombreuses dans ce pays qui se présente volontiers comme le champion d'une démocratie perçue comme un bien à exporter.

Non seulement le Président peut être élu avec moins de suffrages populaires que son adversaire, s'il parvient à réunir davantage de grands électeurs, mais dans ce pays où l'on pratique volontiers le fichage systématique de la population, « il n'existe pas de liste électorale unique. On ne dénombre pas moins de 13 000 listes différentes, élaborées non seulement au niveau des États, mais aussi à ceux des comtés, des villes ou des municipalités. Conséquence, il est pratiquement impossible de contrôler sérieusement les inscriptions multiples (...) C'est ainsi que le Texas a adopté en 2011 une loi exigeant des électeurs qu'ils présentent une pièce d'identité avec photo. Or, la carte d'identité n'est pas obligatoire au Texas. Les plus pauvres n'en possèdent pas, car elle n'est pas gratuite. Les personnes nées à l'étranger, notamment les Hispaniques, n'en possèdent pas davantage, car ils ont des difficultés à obtenir les certificats de naissance

---

[55] Michèle Leclerc-Olivier, (dir.) « Un pouvoir local peut-il être public ? » *in Affaires locales. De l'espace social communautaire à l'espace public politique*, op.cit., pp 215- 241, page 233, c'est nous qui précisons.

nécessaires à son établissement. On considère ainsi que 21% des électeurs noirs et 18% des Hispaniques se verraient ainsi exclus du vote. »[56]

Une vie politique locale développée, la coopération des habitants dans les actions collectives locales ne sont pas un gage de démocratie. D'abord, parce que cette coopération ne transforme nécessairement pas les populations en des citoyens engagés pour défendre l'intérêt général. Là aussi, les exemples, tant au Nord qu'au Sud, sont nombreux où l'on voit ici et là des organisations, des comités de quartier se soulever contre tel ou tel projet d'intérêt général défendu par l'Etat parce qu'il mettrait tant soit peu en cause leurs intérêts ou l'entre-soi. Ensuite, parce que, comme nous l'avons souligné plus haut le nombre de personnes qui participent au débat public concernant la conception et la réalisation des actions collectives est fortement réduite dans la mesure où les sujets abordés sont sectoriels et techniques.

Ce faisant, la réalisation d'une action ou d'un programme communautaire soutenu par la coopération internationale pour l'appui aux processus de décentralisation ne signifie pas *ipso facto* un développement de la politique de décentralisation dans le pays envisagé. Une telle réalisation n'implique pas non plus l'enrichissement d'une quelconque expérience démocratique des populations bénéficiaires dudit programme comme le suppose Mahamoudou Saïd dans son travail sur le foncier aux Comores.[57] Elle signifie davantage une territorialisation résultant de l'opposition entre l'État et la société civile qui neutralise les possibilités d'émergence d'un espace public d'intérêt général, elle signifie également l'extension au niveau local de l'idée d'un État minimum, celle de « la gouvernance participative » que les Institutions de Bretton Woods (IBW) et les autres bailleurs diffusent à grands frais.

Les actions communautaires ne peuvent renforcer la décentralisation, devenir une « école » d'apprentissage de l'expérience démocratique pour les populations que si elles s'inscrivent sur des programmes concrets visant l'unité nationale par l'équipement. C'est pourquoi l'aménagement du territoire en général, la décentralisation en particulier, ne sont pas qu'un problème technique, administratif, voire économique, dont les représentants de l'État seraient des simples

[56] Roseline Lettron, « Les Etats-Unis sont-ils vraiment une démocratie ? » Contrepoints, www.contrepoint.org, article consulté le 10/11/2014. Page 1.
[57] Mahamoudou Saïd, *Foncier et société aux Comores. Le temps des refondations*, Ed. Karthala, 2009.

témoins ou des animateurs. Car, en unifiant le territoire, en luttant contre les inégalités économiques entre les régions, l'État produit des formes d'allégeance, d'affiliation, et d'identifications nationales.

L'espace que revêt la gouvernance locale ne peut produire de telles formes puisqu'il est, par essence communautaire, relationnel et phénoménologique. Il produit de l'entre-soi, du familier, de la solidarité dont la forme historique nous rappelle la « solidarité mécanique ».

Solidarité que Durkheim oppose à « la solidarité organique » qui contrairement à la première ne repose pas sur la ressemblance, la proximité sociale, mais sur l'interdépendance, et le lien qu'elle suscite est contractuel appelant à une plus grande autonomie des individus, une conscience individuelle plus étendue ouverte à l'altérité.[58]

La gouvernance locale ne favorise pas l'idée de progrès, car elle tend à resserrer les liens intergroupes, à enfermer l'individu dans sa minorité. Or, l'idée de progrès suppose le contraire.

Dans son texte *Qu'est-ce que les Lumières* Emmanuel Kant définit le progrès « comme la sortie de l'homme de sa minorité dont il est lui-même responsable ».[59] La gouvernance locale enferme l'individu dans son groupe en particularisant les intérêts intergroupes, en donnant au politique une signification instrumentale qui dépolitise les espaces publics locaux. Dès lors, ces derniers ne sont plus des lieux possibles de formation d'opinions publiques, mais des lieux d'échanges entre proches où chacun est invité à prendre la parole pour régler les affaires communes du groupe.

L'accroissement de ces espaces et du rayonnement des valeurs qu'ils incarnent tendent à affaiblir l'action du pouvoir étatique, puisque, si le rôle de l'État est bien de gérer les affaires publiques, il ne peut le faire qu'en cherchant à s'élever au-dessus des intérêts individuels pour servir les intérêts propres à la communauté tout entière. Cette recherche est d'autant plus légitime que la société n'est pas un bloc monolithique, mais, composée de corps différents divisés en différentes strates dont les actions, les buts des uns et des autres ne peuvent se réaliser sans le partage de valeurs communes à tous. C'est ce partage qui fonde la société, et cela est un acquis pour les sciences humaines et sociales : la société n'est pas l'agglomération des individus qu'elle rassemble, elle suppose chez ses membres l'existence d'une conscience commune.

[58] Voir, Emile Durkheim, *La division du travail social*, Ed, PUF, (1930) 1986.

[59] Emmanuel Kant cité par Peter Wagner in *Sauver le progrès. Comment rendre l'avenir à nouveau désirable*, Ed, La Découverte, 2016, page 92.

C'est celle-ci qui fonde le pouvoir étatique, qui lui donne force et relief. C'est son maintien, son développement, la capacité des structures étatiques à l'imprimer dans les consciences individuelles qui donnent sens et légitimité au pouvoir étatique.

L'État nation ne peut donc se constituer que si les individus ont intériorisé cette conscience et la perpétuent à travers leurs modes d'existence. Et, dans ce sens, le pouvoir étatique n'est pas extérieur à la société, c'est cette dernière qui le constitue par les relations que les individus nouent entre eux.

État et société ne sont donc pas des entités séparées, mais deux unités reliées entre elles par des relations d'interdépendance fonctionnelle, comme le sont les institutions économiques et politiques, l'homme et la nature, l'individu et la société. Norbert Elias montre que l'opposition individu-société est une opposition idéologique du couple : individualisme/collectivisme, individualisme/holisme. « Ce qu'on a coutume de désigner par deux concepts différents, ''l'individu'' et ''la société'', ne constitue pas, comme l'emploi actuel de ces deux termes nous le fait souvent croire, deux objets qui existent séparément, ce sont en fait des niveaux différents mais inséparablement de l'univers humain. »[60]

Le dualisme État/société civile, société et individu permet, d'une part, à ses partisans d'accentuer les images positives de *l'individualisme méthodologique* qui érigent l'individu en une réalité juridique et politique, une unité économique indépendante de la réalité sociale. Il permet, d'autre part, d'affirmer l'autonomie de la société par rapport à l'État en montrant que la vocation de ce dernier n'est pas d'imposer une structure à la société, mais aurait comme fonction principale de maintenir l'ordre économique, de garantir la reproduction sociale et non de réguler les rapports sociaux pour que naisse *un nous* étatique, un pouvoir d'agir ensemble. Dans cette démarche, on envisage toutes les institutions sociales sous l'angle de la production des valeurs économiques, c'est ainsi que les bailleurs de fonds appréhendent l'éducation en général, l'institution scolaire en particulier, comme nous le verrons au prochain chapitre.

---

[60] Norbert Elias, *Qu'est-ce que la sociologie ?* Ed de L'aube/Pocket, 1991, page 156. Voir également Norbert Elias, *La société des individus*, Ed, Fayard, 1987.

# Chapitre VIII
# L'ajustement des systèmes éducatifs à l'ordre économique mondial

> « Une des sources les plus puissantes de la légitimité des réformes éducatives est certainement la référence internationale et le discours produit par les grands organismes internationaux comme l'OCDE et la Banque mondiale, ainsi que le Conseil de l'Europe et l'Unesco. » Claude Lessard[1]

> « Le champ éducatif africain, à l'instar des systèmes éducatifs des pays du Nord comme de ceux de l'ensemble des pays du Sud, est atteint par les politiques de mondialisation. Les années 1990 peuvent apparaître comme emblématiques de la diffusion et de l'imposition de ces politiques. » Marie-France Lange[2]

Partout en Afrique, la période 1960-1980 a été marquée par une hausse des effectifs scolaires tant dans l'enseignement primaire que secondaire. Les plans d'ajustement structurel ont freiné cet élan. Les effectifs n'ont jamais été aussi bas que durant les années 1980. Ils repartiront à la hausse au cours des années 1990 avec la mise en œuvre des nouvelles stratégies de l'APD. Cette reprise a entraîné des grands bouleversements des systèmes éducatifs : des politiques éducatifs de plus en plus centrées sur le marché, dont la conception et la mise en œuvre échappent aux gouvernements locaux.

L'objet de ce chapitre est de décrire ces bouleversements en mettant en évidence, d'une part, les traits qui caractérisent les nouveaux dispositifs d'éducation et de scolarisation financés par les bailleurs et, d'autre part, les conséquences de ces dispositifs tant au niveau des enseignements, des savoirs dispensés qu'au niveau de l'organisation et de la gestion des systèmes éducatifs des pays bénéficiaires.

---

[1] Claude Lessard, « La difficile légitimation des réformes curriculaires », in AFD, Organisation internationale de la francophonie, *Politiques publiques en éducation : l'exemple des réformes curriculaires. Eudes sur les réformes curriculaires par l'approche par compétences en Afrique*, Actes du séminaire final, 10-12 juin 2009, pp 58-79, page 70.

[2] Marie-France Lange, « Ecole et mondialisation. Vers un nouvel ordre scolaire ? » *Cahiers d'Etudes africaines*, n°169-179, 2003, pp 143-166, page 143.

## L'enjeu éducatif

Au cours des années 1950, 1960 et 1970, les dirigeants des pays d'Afrique subsaharienne avaient mis l'accent sur l'éducation, et les taux de scolarisation n'ont cessé d'augmenter. Par la suite les coupes budgétaires des plans d'ajustement structurel dans les secteurs sociaux et particulièrement dans le secteur de l'éducation ont considérablement réduit le rôle de l'État dans la gestion et l'organisation des systèmes éducatifs entraînant des phénomènes de déscolarisation inédits. Différentes organisations tirèrent le signal d'alarme, et, en mars 1990, l'UNESCO organisa la *Conférence mondiale sur l'éducation pour tous pour l'an 2000,* et un an plus tard elle organisa de nouveau le Forum mondial sur *l'éducation pour tous.* Les objectifs assignés à ces deux évènements relancèrent les processus de scolarisation en Afrique subsaharienne en orientant les politiques éducatives de ces pays.

### 1960-1990 : massification scolaire et déscolarisation

Au lendemain des indépendances, les dirigeants des pays d'Afrique ont placé le développement de la scolarisation au centre de leurs programmes politiques et économiques. Ils envisagèrent l'école comme un système permettant de créer une nouvelle citoyenneté, un homme nouveau, les conditions d'un développement économique et social basé sur un État de droit. Dans cette perspective, le soutien de l'UNESCO a été déterminant tant pour la conception de ces programmes que pour leur réalisation. D'abord par les conférences régionales qu'elle organisa au cours des années 1960 (Conférence de Karachi 1960, d'Addis Abeba 1961, de Beyrouth 1961, de Tokyo 1961, de Santiago 1962, etc.) ensuite, par la création en 1963 en son sein de l'Institut international de Planification de l'éducation (IIPE) qui apporta aux pays nommés *jadis* Tiers-Monde un soutien technique et institutionnel dans le secteur de l'éducation, une aide méthodologique dans la planification, l'élaboration des plans d'éducation.[3]

Très vite, le Programme des Nations Unies pour le Développement (PNUD) et la Banque mondiale (qui commença à s'intéresser à l'éducation) apportèrent leur concours dans l'élaboration de ces plans et leur mise en œuvre. Ainsi, tout au long des années 1960, l'IIPE, le

[3] Concernant ces activités, voir notamment, « L'UNESCO : un âge d'or du développement » http://chrhc.revue.org/1819, article consulté le 01/06/2015.

PNUD et la Banque mondiale (BM) vont diffuser et institutionnaliser dans la plupart des pays d'Afrique et d'Amérique latine un modèle de planification du secteur éducatif dont les théories développementalistes très à la page à l'époque constituèrent la matrice.

Dans ce modèle, l'éducation est marquée par une conception économiste, le rôle de l'école est affirmé par l'établissement d'un lien direct entre le niveau d'éducation de la population active et le niveau de développement. Ce sont les prévisions de la croissance de l'emploi qui déterminent les besoins des différents niveaux éducatifs. La scolarisation et les qualifications scolaires sont subordonnées au marché du travail, c'est celui-ci qui donne sens à l'éducation scolaire qui détermine ses besoins financiers. L'école est sommée de s'adapter en temps réel aux besoins du marché au point qu'on lui assigne comme mission principale de former des compétences utiles au marché.[4] Sa vocation à transmettre à la jeune génération les savoirs, les pratiques socialement légitimes, à former des citoyens éclairés est secondaire. Ce qui prime c'est sa capacité à favoriser la croissance économique, car, ici, l'éducation est un investissement matériel comparable à tout autre investissement.

Ce faisant, on « investit dans l'éducation » en construisant des écoles, en recrutant des enseignants dans l'idée de former des travailleurs qualifiés pour soutenir la croissance économique. Qui plus est, ces investissements sont possibles puisqu'au cours des années 1950-1960 la conjoncture économique mondiale est meilleure. Au Nord, les pays de l'OCDE connaissent une croissance vigoureuse et soutenue, ils dégagent des gains élevés et notamment dans les secteurs d'exportation. Le marché du travail est en pleine expansion, il connaît un faible niveau de chômage et une assez grande mobilité interne et externe. Les pays de l'Europe occidentale comblent ainsi peu à peu le fossé économique qui les séparait des États-Unis d'Amérique. Au Sud, dans les pays nouvellement indépendants, les besoins en main-d'œuvre qualifiée sont importants et le secteur public offre des emplois aux diplômés. « L'investissement éducatif » est économiquement rentable, on y investit de plus en plus, entraînant une nette progression des taux de scolarisation en Afrique au cours de la période 1960-1980.

Sur 45 pays du continent 15 avaient en 1982 un taux de scolarisation des populations 6-11ans égal ou supérieur à 75%, alors qu'en 1960, un

[4] A ce propos, voir Jean-Pierre Terrail (dir.) « Le destin des diplômés » in *L'école en France, crise, pratiques, perspectives*, Ed. La Dispute, 2005, pp 123-133.

seul pays entrait dans cette catégorie. À l'autre extrême, le nombre de pays avec un taux inférieur à 25 % est passé de 20 à six entre 1960 et 1980.[5]

Quant à l'enseignement du second degré, le taux de passage en première année de cet enseignement (taux défini comme le rapport entre les nouveaux inscrits en première année d'études du second degré et l'effectif total de la dernière année d'études du premier degré à l'année scolaire précédente) est en nette progression, il est supérieur ou égal à 50 % dans des pays tel que l'Algérie, Congo, l'Égypte, le Mali, la Mauritanie, les Seychelles, la Swaziland, le Togo et le Zaïre[6]

Cette progression rapide des taux de scolarisation du primaire et du secondaire va brutalement s'arrêter au milieu des années 1980 avec la crise économique qui frappa l'ensemble des pays d'Afrique. La course effrénée à l'acquisition des équipements technologiques que le paradigme développementaliste présente comme nécessaires pour le progrès économique et social a aggravé les déficits budgétaires et la charge de la dette extérieure est devenue « insupportable ». L'éducation n'est plus une priorité, les conditions de fonctionnement du système éducatif se détériorent et, dans certains pays, les enseignants accumulent les retards de paiement de leurs salaires.

Cette situation va perdurer, puisque les coupes budgétaires dans le secteur de l'éducation que pratiquent les Institutions de Bretton Woods (IBW) dans le cadre des programmes d'ajustement structurel tendent à baisser les effectifs scolaires et la qualité de l'enseignement[7].

Elles freinent en effet le développement de l'éducation, car la Banque mondiale invite les responsables du continent à structurer le secteur éducatif en rationalisant l'offre à tous les niveaux de l'enseignement afin de baisser les budgets du secteur. Pour la Banque, l'enseignement en Afrique est trop coûteux, et dans son *Rapport sur le développement dans le monde* de 1981[8], elle préconise d'évaluer les coûts de l'éducation à l'aune de ses rentabilités économiques. Aux yeux de la Banque, la réduction des coûts et l'amélioration de la qualité de

---

[5] Voir, UNESCO, Conférence des ministres de l'Education et des ministères chargés de la Planification économique des Etats membres d'Afrique, *L'éducation et le développement endogène en Afrique : évolution, problèmes, perspectives*, Harare, 28 juin, 3 juillet 1982.

[6] Ibid., page 21.

[7] Sur ce point, voir UNESCO, *Rapport Mondiale sur l'éducation*, 1993.

[8] Banque mondiale, *Le développement accélérer en Afrique au sud du Sahara. Programme indicatif d'action*, Washington, DC, 1981.

l'enseignement sont et doivent être les éléments centraux de toutes les stratégies d'éducation en Afrique. Il faut faire le mieux possible avec le moins possible. Dès lors toutes les questions éducatives sont posées en termes de moyens financiers et de gestion avec comme horizon la réduction des coûts. Ce dogme s'est traduit par une déscolarisation. Depuis les indépendances les taux de scolarisation n'ont jamais progressé aussi lentement que durant les années 1980.[9]

La montée en puissance de la critique contre les programmes d'ajustement structurel au milieu des années 1980, le succès de l'ajustement à visage humain de l'UNICEF, le retentissement médiatique de l'Indice du développement humain du PNUD vont progressivement amener les Institutions financières internationales (IFI) à reconsidérer leur vision de l'éducation. Jamais hermétique à la critique, comme nous l'avons maintes fois souligné, la Banque mondiale (BM) va ainsi passer d'une logique de moyens et de baisse des coûts de l'éducation à une logique gestionnaire et politique en envisageant l'école comme un instrument sociopolitique total de gouvernement et de transformation.

Instrument sociopolitique total, car, à travers l'éducation la BM impose aux pays débiteurs des nouvelles réformes qui dépassent le cadre éducatif et scolaire proprement dit. À ce propos la définition qu'elle confère à « l'expression système éducatif » dans sa « Stratégie pour l'éducation : Horizon 2020 » mérité d'être citée *in extenso* :

« L'expression ''système éducatif'' renvoie habituellement aux notions d'écoles publiques, universités et programmes de formation fournissant des services d'éducation. Dans la présente stratégie, l'expression ''système éducatif'' couvre la gamme complète de possibilités de formation disponibles dans le pays, offertes ou financées par le secteur public ou le secteur privé (notamment les institutions religieuses, les organisations à but non lucratif et à but lucratif). Un système éducatif comprend des programmes formels et non formels auxquels s'ajoutent tous les bénéficiaires et parties prenantes desdits programmes, les enseignants, les formateurs, les administrateurs, les employés, les élèves et leurs familles ainsi que les employeurs. Il comprend aussi des règlements, des politiques et des mécanismes de reddition de comptes qui concourent à en assurer la cohésion, de même que des ressources et des mécanismes de financement qui contribuent à sa viabilité. Cette définition plus exhaustive de la notion de système

[9] A ce propos, voir Marie-France Lange, « Ecole et mondialisation. Vers un nouvel ordre scolaire ? » op.cit.

éducatif permet au Groupe de la Banque mondiale et à ses pays partenaires de saisir l'occasion ainsi offerte de rechercher des solutions aux obstacles *qui existent au-delà des limites du système éducatif dans sa conception classique.* »[10]

Dans cette logique, en soutenant, par exemple, la décentralisation des processus éducatifs, la BM renforce les dispositifs de la décentralisation politique et fiscale qu'elle finance par ailleurs. En appuyant les associations communautaires à prendre en charge les problèmes éducatifs locaux, c'est la gouvernance participative qu'elle renforce en amaigrissant les structures étatiques centrales au nom de l'orthodoxie néolibérale qu'elle prône. En finançant, enfin, les réformes des contenus d'enseignements, les méthodes pédagogiques, non seulement elle a la mainmise sur les dispositifs scolaires, mais elle redéfinit également à sa guise la place de l'école, des savoirs et le rapport au savoir dans la société envisagée.

Bref, elle prescrit le rôle que joue et doit jouer l'école dans la société en dessinant les contours des conduites individuelles des agents dans le champ du développement économique et social. Pour ce faire, dès les années 1990, elle a investi le secteur de l'éducation en augmentant la part de ses prêts destinés à cette dernière. Alors qu'en 1950 ces prêts ne représentaient que 2% du total de ses prêts, en 1985 4%, au milieu des années 1990 ils dépassèrent les 10%, et en 2004 le niveau global de ces prêts s'élevait à 362,91 millions de dollars.[11] Avec le consensus international de *l'Éducation pour tous,* ses prêts ne cesseront d'augmenter, élargissant ainsi le champ d'influence de la Banque mondiale au détriment des États récipiendaires, et des autres institutions onusiennes : l'UNESCO, le PNUD etc.

### « L'éducation pour tous », ou comment uniformiser les systèmes éducatifs

En mars 1990, l'UNESCO organisa à Jomtien (Thaïlande) la *Conférence mondiale sur l'Éducation pour tous pour l'an 2000.* Les représentants de 155 pays et de 150 organisations présents à cette

[10] Banque mondiale, *Apprentissage pour tous. Investir dans l'acquisition de connaissances et de compétences pour promouvoir le développement. Stratégie de la Banque mondiale pour l'éducation : Horizon 2020.* Résumé analytique, Washington DC, 2013, 2011, page 5. C'est nous qui mettons en italique.

[11] Voir Banque mondiale, Afrique subsaharienne – Education www. worldbank.org.

conférence approuvèrent à l'unanimité les six objectifs clés en matière d'éducation universelle :

« **Objectif 1** Développer et améliorer sous tous leurs aspects la protection et l'éducation de la petite enfance, et notamment des enfants les plus vulnérables et défavorisés.

**Objectif 2** Faire en sorte que d'ici 2015 tous les enfants, notamment les filles, les enfants en difficulté et ceux appartenant à des minorités ethniques, aient la possibilité d'accéder à un enseignement primaire obligatoire et gratuit de qualité et de le suivre jusqu'à son terme.

**Objectif 3** Répondre aux besoins éducatifs de tous les jeunes et de tous les adultes en assurant un accès équitable à des programmes adéquats ayant pour objet l'acquisition de connaissances ainsi que de compétences nécessaires dans la vie courante.

**Objectif 4** Améliorer de 50 % les niveaux d'alphabétisation des adultes, et notamment des femmes, d'ici à 2015, et assurer à tous les adultes un accès équitable aux programmes d'éducation de base et d'éducation permanente.

**Objectif 5** Éliminer les disparités entre les sexes dans l'enseignement primaire et secondaire d'ici 2005 et instaurer l'égalité dans ce domaine en 2015 en veillant notamment à assurer aux filles un accès équitable et sans restriction à une éducation de base de qualité avec les mêmes chances de réussite.

**Objectif 6** Améliorer sous tous ses aspects la qualité de l'éducation dans un souci d'excellence de façon à obtenir pour tous des résultats d'apprentissage reconnus et quantifiables - notamment en ce qui concerne la lecture, l'écriture et le calcul et les compétences indispensables dans la vie courante. »[12]

Tous les pays sont invités à mettre en œuvre de façon urgente ces objectifs en formulant leurs propres plans respectivement nommés « Bilan de l'éducation pour tous à l'an 2000 ». L'encadré ci-dessous montre comment les pays devaient reformuler ces objectifs :

**RÉPUBLIQUE FÉDÉRALE ISLAMIQUE DES COMORES**

Unité – Justice – Progrès Ministère de l'Éducation nationale **Bilan de l'Éducation Pour Tous à l'an 2000** Avec l'appui de la Banque mondiale, du FNUAP, du PNUD, de l'UNESCO et de l'UNICEF.

« **I Partie : Section descriptive**

[12] UNESCO, *Forum mondial sur l'éducation, Cadre d'action de Dakar*, 2000, page 8.

L'étude sur les besoins éducatifs fondamentaux, intitulés Bilan de l'éducation pour tous (EPT) à l'an 2000, est un exercice mondial lancé à l'initiative des organismes parrains (Banque mondiale, FNUAP, PNUD, UNESCO et UNICEF) de la Conférence mondiale sur l'éducation pour tous, tenue à Jomtien, en Thaïlande, en mars 1990. Tous les participants à cette assemblée planétaire sont convenus que l'éducation est un droit pour tout être humain et qu'elle constitue l'un des principaux facteurs de développement de toute société. Au regard des constats déplorables qu'elle a établis, la Conférence de Jomtien a proclamé à l'unanimité la Déclaration mondiale sur l'Éducation Pour Tous et le Cadre d'action pour répondre aux besoins éducatifs fondamentaux. Tous les pays, notamment les Comores, sont par conséquent appelés à mettre en application, de manière urgente, les recommandations de la Conférence en formulant leurs propres plans d'action.

La présente évaluation des efforts vers les objectifs fixés au cours de la décennie revêt une grande importance pour montrer, non seulement les véritables progrès réalisés, les priorités identifiées et les stratégies mises en œuvre, mais aussi et surtout les principales **causes des échecs**, les nouveaux défis à relever et les obstacles majeurs à franchir pour réorienter la nouvelle politique éducative. Ce travail se propose alors de fournir des éléments de réponse à toutes ces interrogations et des outils d'appréciation de l'éducation de base en général.

Le panorama historique consigné dans ce bilan sur le fonctionnement de l'enseignement de base a dégagé des aspects d'intérêt général qu'il faut entretenir et mieux conserver, mais également des insuffisances qui interpellent le réalisme des responsables de l'éducation et la vigilance des partenaires et acteurs pour le développement de l'éducation. Les défis majeurs de l'éducation de base ressortis du bilan se résument en quelques points précis du système éducatif sur lesquels doit toujours être portée une analyse critique. Il s'agit de :

• La satisfaction de la demande individuelle par l'accès de toute personne à l'éducation de son choix, correspondant à son désir conformément au respect des droits universels, exprimés notamment par la convention relative aux droits de l'enfant ;

• La transmission des connaissances, des savoir-faire, des savoir-être et des savoirs utiles pour former des individus capables de conduire un changement de société ;

• L'égalité des chances, particulièrement entre filles et garçons pour répartir équitablement l'éducation à l'ensemble de la population ; et

• L'allocation des ressources nécessaires pour la réalisation des objectifs liés aux besoins éducatifs fondamentaux. Certes, la revue globale des actions menées en faveur de l'EPT, ainsi que de leur impact tant quantitatif que qualitatif révèle un bilan mitigé. L'éducation de base est sujette à de nombreux obstacles dont les plus marquants sont : les perturbations sociopolitiques, la pression démographique, les difficultés économiques et l'insuffisance de l'offre d'éducation pour élargir l'accès à l'éducation de base.

**Description du processus d'évaluation**

L'évaluation de l'éducation pour tous est un événement qui se situe dans un contexte socio-économique et politique difficile. Il réduit de fait les capacités d'action de l'administration sur le système éducatif et sur la gestion de l'éducation. Ce contexte engendre des retards dans le paiement des salaires et génère des grèves à répétition. A cela s'ajoute une instabilité politique qui provoque une « valse » des agents au niveau des postes de responsabilités ; cette situation affecte les relations de travail, la continuité et le suivi de la politique à mettre en œuvre. Face à cette situation, le processus d'évaluation de la décennie en matière d'Éducation pour tous a eu à faire face à des difficultés énormes dans la mobilisation des ressources humaines indispensables à la réalisation des activités du Bilan à l'an 2000 (...) Après l'atelier de formation des coordinateurs de l'EPT tenu à Abidjan en juin 1999, la coordination a pu réunir tous les membres de l'équipe technique et quelques membres du Comité national pour l'examen des directives techniques relatives à la rédaction du rapport national. Une réunion des parrains de l'EPT (UNICEF, FNUAP, PNUD, Banque mondiale, OMS) a été également organisée, en juillet 1999, pour situer l'intérêt de ce bilan et demander leur assistance technique et financière pour l'aboutissement de ces efforts. »

Et, entre 1999 et 2000, l'UNESCO organisa six conférences régionales sur l'éducation auxquelles chaque, pays présenta de façon détaillée l'état des lieux de son système éducatif en montrant ses avancées vers les objectifs fixés lors de la Conférence de Jomtien.[13]

L'UNESCO accumula ainsi les données éducatives de 180 pays et évalua les « bilans » éducatifs proposés par chacun de ces derniers. Et la conclusion qu'elle tira de ces évaluations est calamiteuse. Elle relève qu'après dix ans *d'éducation pour tous,* les taux de scolarisation dans l'enseignement primaire ont certes fait des bonds en avant approchant les cent pour cent dans certains pays, mais plus de 113 millions d'enfants sont à la marge du système scolaire, et on compte près d'un milliard d'adultes analphabètes, dont environ 60% des effectifs sont des femmes[14]. Quant à la qualité de l'enseignement elle est médiocre dans beaucoup de pays, car non seulement le manque d'enseignants qualifiés est le lot de plusieurs écoles, mais écrasés par la dette extérieure, nombreux sont également les pays d'Afrique qui ne peuvent pas mettre à la disposition des enseignants et des élèves les supports pédagogiques nécessaires.[15]

[13] A ce propos voir http://www.unesco.org/education/efa/fr/ed-for-all, article Education pour Tous, Article consulté le 10/9/2015.

[14] Voir Roser Cusso, *L'impact des politiques de scolarisation des filles : Mauritanie, Tunisie, Inde, Bangladesh et Sénégal,* UNESCO, Institut international de planification de l'éducation, 2003.

[15] http://www.unesco.org/education/efa/fr/ed-for-all, article Education pour Tous, op.cit.

S'appuyant sur ce constat et des données nationales et régionales accumulées dans le cadre des *bilans de l'éducation pour tous*, l'UNESCO organisa en avril 2000 à Dakar (Sénégal) le Forum mondial sur *l'éducation pour tous* où elle réaffirme le principe de scolarisation universelle promu à Jomtien en demandant à tous les pays de « définir des plans d'action nationaux ou à renforcer ceux qui existent déjà avant 2002 au plus tard. Ces plans s'inscrivent dans le cadre d'un effort plus large de développement et de *lutte contre la pauvreté*. Ils devront être élaborés selon des processus plus transparents et plus démocratiques, *associer les différents partenaires, notamment les représentants du peuple, les responsables communautaires, les parents, les apprenants, les ONG et la société civile*. (...) Aucun pays qui a pris un engagement sérieux en faveur de l'éducation de base ne verra ses efforts contrariés par le manque de ressources. »[16]

À Dakar, contrairement à Jomtien, la démarche est volontariste, plus structurante. Elle laisse peu de marge de manœuvre aux gouvernements locaux, non seulement parce qu'elle dénote le cadre sur lequel les plans préconisés doivent s'inscrire : celui de la lutte contre la pauvreté en précisant la méthode d'élaboration : la participation (des responsables communautaires, des parents, des apprenants, des ONG et de la société civile), mais elle impose également aux pays concernés les instruments qu'ils doivent mobiliser pour construire lesdits Plans qui sous-tendent les financements.

En y regardant de plus près force est de constater que la méthode de Dakar est similaire à celle du processus des Documents stratégiques de réduction de la pauvreté (DSRP) lancé par la Banque mondiale quelques années plus tôt. À l'instar des DSRP un pays qui souhaite bénéficier d'un nouveau financement de son système éducatif doit avoir mis préalablement en œuvre les réformes du DSRP (final) et être au point d'achèvement ou au point de décision de l'initiative PPTE, d'une part, et d'autre part, élaborer un document présentant une politique éducative « crédible ».[17]

Crédible dans le sens où il doit prendre en considération les orientations, les mesures fixées préalablement par les organisations internationales et notamment par la Banque mondiale en matière

---

[16] UNESCO, *Forum mondial sur l'éducation, Cadre d'action de Dakar,* op.cit., page 9.

[17] A ce propos, voir Banque mondiale, *Note d'information sur l'initiative Fast Track pour l'éducation*, mise à jour en 2004.

d'éducation et de lutte contre la pauvreté. Pour ce faire la Banque élabora deux outils :

1) *l'Initiative de mise en œuvre accélérée du programme Éducation pour Tous* (IMAO) ou nommée *Initiative Fast Track* (FTI) pour l'éducation.

2) *Le Rapport d'Etat du système Éducatif* (RESEN).

Concernant le premier, c'est en 2002, peu après le Sommet du G8 organisé en 2001 à Gênes (Italie) que le Comité du développement de la Banque mondiale le lança.

En effet, au Sommet du G8 de Gênes non seulement la stratégie de réduction de la pauvreté était à l'ordre du jour, mais le principe de soutenir *l'éducation pour tous* était également inscrit dans la déclaration finale du Sommet. Et un « comité G8 » fut créé dans la perspective de réfléchir comment les pays du G8 pourraient efficacement soutenir la Déclaration de Dakar et la réalisation des OMD.

Après plusieurs réunions de ce comité, « un concept a alors émergé : celui d'une Initiative qui aiderait un nombre limité de pays prêts à adopter des politiques plus efficaces. Leurs efforts sur le plan national seraient soutenus par une aide financière et en nature fournie par la communauté internationale. »[18] Et, en 2002, *l'Initiative de mise en œuvre accélérée du programme Éducation pour Tous* (l'IMOA) est lancée et les études menées par le service de l'éducation de la Banque mondiale ont fourni la base intellectuelle.

A son lancement l'IMOA est accompagnée de deux fonds fiduciaires respectivement gérer par La Banque mondiale. Le fonds catalytique et le fonds de développement de programme d'Éducation. Le premier est un fonds multi-donateurs qui apporte un soutien temporaire à la mise en œuvre de plans sectoriels pour l'éducation dans les pays qui bénéficient peu de l'aide internationale. Ceux qui décaissant un million de dollars par an (« les orphelins de l'aide »). En 2007, le fonds catalytique a été élargi et apporte désormais ses ressources à tous les pays éligibles à l'IMOA. Quant au fonds de développement de programme d'Éducation, il sert à préparer les plans sectoriels pour l'éducation en finançant l'assistance technique et les processus de planification.

[18] Evaluation à mi-parcours de l'Initiative de mise en œuvre Accélérée du programme éducation pour tous. Rapport de synthèse. Volume 1- Rapport principal, Cambridge Education, Mokoro, 2010, pages 7 et 20.

Au lancement de l'Initiative (en 2002), seuls 23 pays étaient éligibles, 18[19] parce qu'ils avaient un DSRP complet et un plan éducatif crédible et les cinq autres[20] parce qu'ils représentaient 50 des 113 millions d'enfants non scolarisés dans le monde. En mars 2003, l'IMOA est ouverte à tous les pays à faible revenu capables d'élaborer un plan sectoriel pour l'éducation « crédible » respectant le document cadre de l'IMOA dont les indicateurs de performances sont :

« **Indicateurs de qualité du système éducatif :**
Salaire moyen annuel des enseignants : 3,5 fois le PNB par habitant
Rapport élèves/enseignant : 40/1
Dépenses non salariales : 33% de dépenses récurrentes
Taux de redoublement : 10% ou moins
Heures annuelles d'instruction : 850 ou plus
Effectifs dans le privé : 10% ou moins

**Indicateurs d'expansion du système :**
Coût de construction et d'équipement à l'unité $10,000 ou moins

**Indicateurs de financement du système :**
Budget gouvernemental : 14 à 18% du PNB
Dépenses pour l'éducation : 20% du revenu gouvernemental, y compris les dons
Dépenses pour le primaire : 42 à 64% des dépenses récurrentes

**Indicateurs de flots d'élèves :**
Admissions en première année
Filles : 100%
Garçons : 100%. »[21]

Un plan sectoriel pour l'éducation est jugé « crédible » par les bailleurs de l'IMOA s'il montre un engagement politique ferme dont les résultats qu'il ambitionne tendent vers les indicateurs ci-dessus. Et c'est, à ce stade qu'intervient le deuxième instrument : *le Rapport d'État du système éducatif* national (RESEN).

En effet, pour adopter les mesures politiques que préconisent les bailleurs de fonds, le RESEN fournit un argumentaire économique, des

---

[19] Honduras, Nicaragua, Guyane, Bolivie, Burkina Faso, Niger, Mozambique, Ethiopie, Mauritanie, Gambie, Guinée, Ouganda, Tanzanie, Yémen, Zambie, Ghana, Vietnam et Albanie.

[20] Inde, Pakistan, Bangladesh, République démocratique (RD) du Congo et Nigeria.

[21] Banque mondiale, *Note d'information sur l'initiative Fast Track pour l'éducation*, op.cit., page 3.

indices financiers jugés précis et irréfutables.[22] Il fournit ces indices en diagnostiquant les systèmes éducatifs des pays partenaires à l'aune des indicateurs de l'IMOA cités plus haut.

Le RESEN est antérieur au premier dispositif (l'IMOA), la Banque mondiale l'a initié à la fin des années 1990 début des années 2000. Mais, c'est à partir de 2004 avec l'ouverture progressive de *l'Initiative de mise en œuvre accélérée du programme Éducation pour Tous* (IMAO) à tous les pays à faible revenu, qu'il connaîtra ses lettres de noblesse pour devenir un outil financier et de planification incontournable. Ainsi, avec le soutien des agences onusiennes et de la coopération française, nombreux sont les pays d'Afrique subsaharienne (Mali, Burkina Faso, Bénin, Gabon, Côte d'Ivoire, Niger, Mauritanie, etc.), dont les Comores qui élaborèrent entre 2004 et 2012 un RESEN.

L'objectif de celui-ci est de réaliser un état des lieux du système éducatif aussi précis que possible en analysant les composants de ce système dans une perspective économico-financière. La méthode consiste à décrire dans un premier temps les tendances démographiques du secteur, et dans un second temps à analyser la couverture éducative par niveau, et les évolutions, la structure de scolarisation. Puis, enfin, de décrire les aspects financiers et notamment les ressources publiques par niveau, les dépenses non gouvernementales pour l'éducation, les coûts unitaires, l'évolution du niveau du salaire des enseignants. C'est ainsi qu'on a apprend qu'en 2010 aux Comores « les salaires moyens des enseignants ne sont pas élevés en termes de comparaisons internationales, et ne peuvent pas justifier le niveau élevé des coûts unitaires [coûts par année et par élève]. Ils se situent en effet à 3,3 fois le PIB/hab. au primaire ; 5,7 fois le PIB/hab. au collège et à 7 fois le PIB/hab. au lycée. Cependant, la nouvelle grille des salaires adoptée en 2011, mais aussitôt suspendue provisoirement, et le ciblage des DIFOSI [Diplôme de formation supérieure des instituteurs] dans le recrutement des enseignants pourraient avoir un impact fort à la hausse du coût salarial à l'avenir. »[23] Autrement dit la volonté du gouvernement comorien de recruter de nouveaux instituteurs munis du DIFOSI que délivre la toute nouvelle Université des Comores n'est pas « crédible »,

---

[22] Concernant l'analyse critique de cet argumentaire, voir Boris Samuel, « ''L'éducation pour tous'' au Burkina Faso. Une production bureaucratique du réel » in *La bureaucratisation néolibéral*, Hibou. B, (dir.), op.cit., pp 263- 285.

[23] UNICEF, Comores. *Rapport d'Etat du système éducatif national. Diagnostic éducatif comorien pour une politique nouvelle dans le cadre de l'EPT*, Pôle de Dakar, analyse sectorielle en éducation, 2012, page 76.

car une telle mesure augmenterait le coût des salaires moyens des enseignants fixé par le Cadre indicatif de *l'Initiative de mise en œuvre accélérée du programme Éducation pour Tous* (IMOA) à 3,5 fois le PNB par habitant alors qu'aux Comores il se situe (déjà) à 3.3. Pour la réussite de ce Cadre les autorités comoriennes s'inclinent, car non seulement les futurs financements dépendent de la réussite de celui-ci,[24] mais les chiffres que sous-tend ce cadre sont également des normes, un instrument de discipline. « Une fois posée, la règle doit être respectée coûte que coûte, même si elle heurte les analyses macroéconomiques les mieux fondées et même si ses effets sont désastreux. »[25]

Ainsi, sur les 530 candidats qui ont passé en 2014 à la Grande Comore (Ngazidja) le concours d'instituteurs, seuls 100 ont été recrutés[26]. Et, en décembre 2015, le Directeur de l'enseignement primaire de Ngazidja déclara dans le journal *Al-Watwan* : « Nous avons un déficit de plus de cent trente-cinq enseignants à Ngazidja. Ça sera encore pire à partir de janvier [2016], date à laquelle plusieurs enseignants vont faire valoir leur droit à la retraite (…) Il y a plus de cinq ans que l'Éducation nationale ne recrute plus, alors que, chaque année, il y a des élèves qui entrent en cours préparatoire et des écoles sont construites. [Un exemple] dans le village Mbambani-ya Hamanvu sur sept classes de l'école primaire de ce village, nous n'avons qu'un seul enseignant, qui est aussi le directeur, les autres sont des bénévoles (…) Un recrutement de deux cents contractuels a été organisé l'année dernière, mais la majorité d'entre eux a cessé de travailler, à cause du non-respect des contrats par le gouvernement. »[27]

La détermination du Rapport d'État du Système Éducatif National (RESEN) sur les systèmes éducatifs est totale, et, à ce propos le Plan intérimaire de l'éducation (PIE) 2013-2015 des Comores précise : « Le contenu du présent document [PEI] développé dans chacune de ses parties est guidé par l'exigence de traduire en actions à réaliser les choix stratégiques adoptés dans la Note de cadrage et la Lettre de politique, qui ont eux-mêmes vocation à permettre la résolution des problèmes

---

[24] A ce sujet, voir Marie-France Lange, *Ecole et mondialisation. Vers un nouvel ordre scolaire* ? op,cit.

[25] Pierre Dardot et Christian Laval, *Ce cauchemar qui n'en finit pas. Comment le néolibéralisme défait la démocratie*, Ed. La découverte, 2016, page 133.

[26] Concernant ces postes, voir *AL-Watwan* du 15 décembre 2014.

[27] *Al-Watwan*, « Il manquerait 135 enseignants du primaire à Ngazidja », 10 décembre 2015.

identifiés dans le Rapport d'État du système éducatif national (RESEN). »[28]

L'influence des Institues Financières Internationales sur les politiques éducatives est prégnante, d'abord parce que comme nous venons de le voir, elle se dilue dans des programmes, des projets décennaux dont les autorités locales s'approprient les principes sous-jacents et qu'elles les mettent en œuvre, ensuite, parce qu'elle repose sur une théorie de l'éducation et des savoirs qui fait aujourd'hui consensus : la théorie du capital humain. Ainsi, l'économiste américain Gary S. Becker, grand pionnier de cette théorie, dont les travaux ont obtenu le prix Nobel d'économie en 1992 dira en 2007 dans une revue de l'OCDE : « ce concept [le capital humain] a été controversé, même parmi les économistes, mais je pense qu'aujourd'hui, dans la plupart des pays, personne ne peut se présenter à une élection sans parler ou débattre de l'importance du capital humain pour le pays. »[29]

### La boucle privée de la théorie du capital humain

En effet, dès la fin des années 1980, la théorie du capital humain n'a cessé de se développer pour connaître ses lettres de noblesse au milieu des années 1990 en façonnant les discours politiques en matière d'éducation, les représentations sociales des qualifications scolaires, les pratiques d'enseignement tant dans le primaire, le secondaire qu'à l'université.

Nombreux sont les éléments que l'on peut convoquer pour expliquer un tel succès. D'abord, la suprématie des théories néolibérales dans les milieux universitaires et politiques qui vantent la méritocratie en expliquant la réussite scolaire des uns par le don, la compétence. À ce propos Bourdieu parle « de néo-darwinisme social » : « la force de l'idéologie néolibérale, c'est qu'elle repose sur une sorte de néo-darwinisme social : ce sont ''les meilleurs et les plus brillants'', comme on dit à Harvard, qui triomphent (...) Derrière la vision mondialiste de l'internationale des dominants, il y a une philosophie de la compétence selon laquelle ce sont les plus compétents qui gouvernent, et qui ont du travail, ce qui implique que ceux qui n'ont pas de travail ne sont pas

[28] Union des Comores, ministère de l'Education nationale de la Recherche, de la Culture et des Arts chargé de la jeunesse et des sports, *Plan intérimaire de l'éducation 2013-2015*, janvier 2013, page 10.

[29] Brian Keeley, *Le capital humain. Comment le savoir détermine notre vie*, Les essentiels de l'OCDE, Ed. OCDE 2007, page 33.

compétents. L'idéologie de la compétence convient très bien pour justifier une opposition qui ressemble un peu à celle des maîtres et des esclaves (…) »[30]

On peut ensuite évoquer l'impact du discours économique dans la formation des relations sociales. Dans ce discours, on place non seulement le capital économique au centre de ces formations, mais la motivation des individus à accumuler les capitaux nécessaires à leur bien-être est également *la topique* pour saisir le social en général, la conduite des agents en particulier. Dans ce jeu où le capital économique est roi, et l'individu un être souverain détaché des emprises sociales, rationnellement animé par la volonté d'accroître son capital et celui de ses proches, l'individu est une forme de « capital » comparable à tout autre capital. Ce qui prime, c'est la production de valeurs économiques, la production de la richesse ou d'objets d'usage économique. C'est la logique de la production de valeurs et celle de l'accumulation du capital qui régulent le rapport à soi-même et aux autres.

Ce faisant, pour l'OCDE, le capital humain c'est, d'une part, l'ensemble des connaissances, les compétences, l'expérience, les qualifications, les caractéristiques individuelles qui facilitent la création du bien-être personnel, les compétences nécessaires pour trouver ou conserver un emploi, c'est d'autre part, un bien immatériel qui fait progresser la productivité, l'innovation.[31] Ainsi conçu, le capital humain est à la fois un capital privé (ou individuel), mais aussi social (ou collectif).

Privé, d'abord, car il permet à l'individu de mieux subvenir à ses besoins monétaires et non monétaires, d'améliorer ses conditions de travail et notamment ses revenus. Plus ses titres scolaires, sa formation sont élevés meilleures seront ses conditions de vie. Dans cette optique l'éducation est un investissement dont les individus comparent les coûts initiaux d'acquisition et les rendements à court et à moyen termes. On

---

[30] Pierre Bourdieu, *Contre-feux, Propos pour servir à la résistance contre l'invasion néolibérale*, Ed. Raison d'agir 1998, page 48. Contre l'idéologie du don, voir également Bourdieu et Passeron, *Les héritiers. Les étudiants et la culture*, Ed. de Minuit, 1985. Voir aussi Clarisse Guiraud et Tiphaine Colin, « Comment enseigner Bourdieu aux élèves des milieux populaires ? », Idées, n° 129, Spécial Bourdieu, revue éditée par le CNDP, octobre 2002. Voir également Edwige Corcia : « La sociologie de Pierre Bourdieu et l'enseignement des sciences économiques et sociales », in *Pierre Bourdieu : les champs de la critique*, BPI/Centre Pompidou, 2004, p. 87-95.

[31] A ce propos, voir OCDE, *Du bien-être des nations, le rôle du capital humain et social,* OCDE, 2001, voir également, OCDE, *L'investissement du capital humain*, 1998.

a là le modèle normatif de *l'Homo œconomicus* dans le domaine de l'enseignement incarné en France par R. Boudon[32] qui tend à accentuer les inégalités en postulant que les élèves et les étudiants les plus doués ont intérêt à aller le plus loin possible, car ils bénéficieront d'un haut rendement de leur investissement, par contre, les moins doués ont intérêt à s'arrêter le plus tôt possible dans la mesure où leur investissement ne sera pas rentable.

Collectif, ensuite, parce qu'en accroissant leur capital humain non seulement les individus améliorent leur revenu, mais ils augmentent également la part de leur productivité. Autrement dit, en faisant fructifier son capital humain, chacun tend à accroître la valeur économique de ce qu'il produit. Et cette productivité supplémentaire est censée contribuer à stimuler la croissance économique. Ainsi, selon l'OCDE, « si le temps moyen que chaque personne consacre à l'éducation augmente d'un an, le produit économique du pays par habitant devrait augmenter, sur le long terme, dans une fourchette comprise entre 4 et 6%. »[33]

Ces savants calculs de la théorie du capital humain tendent non seulement à individualiser l'éducation, mais donnent également lieu à des réformes dans le secteur de l'éducation qui amènent les États à moins investir dans certains domaines de l'enseignement. Car ce qui compte ici, ce n'est pas tant la fraction globale de l'éducation dans la croissance du produit national, mais ce que l'investissement éducatif d'un individu lui rapporte (rendement privé) et rapporte à la collectivité (rendement social).

Ainsi, depuis le début des années 1980, les agences de coopération internationale et notamment la Banque mondiale procèdent à des calculs comparatifs des rendements privés et sociaux de l'enseignement montrant que, dans les pays en développement, et notamment en Afrique subsaharienne plus, on monte dans la pyramide des cursus scolaires, plus les rendements privés sont meilleurs, toutes choses égale par ailleurs et les rendements sociaux faibles, voire nuls. La Banque invite donc les dirigeants de ces pays et les bailleurs de fonds à mettre l'accent sur l'enseignement primaire (ou de base) au détriment de l'enseignement supérieur jugé coûteux et anti-redistributif.

---

[32] Rymond Boudon, *L'inégalité des chances*, Ed. A. Colin, 1973.

[33] Brian Keeley, *Le capital humain. Comment le savoir détermine notre vie,* op.cit., page 36.

Pour la Banque mondiale, l'enseignement primaire en Afrique est bon marché comparé à celui des pays industriels et elle préconise de mettre l'accent sur l'enseignement primaire car : « les études récentes révèlent que ceux qui ont reçu une instruction primaire sont plus productifs et généralement plus ouverts à l'innovation que les autres, ce qui explique les taux de rentabilité économique relativement élevés de l'enseignement primaire dans presque tous les pays. »[34]

Il convient donc de favoriser l'enseignement primaire en réduisant ses coûts unitaires, en encourageant le développement d'établissements secondaires privés, en remplaçant les bourses d'études de l'enseignement supérieur par des programmes de prêts aux étudiants afin de diminuer les coûts budgétaires de l'enseignement et mieux équilibrer les rendements privés et sociaux de l'éducation.

La théorie du capital humain appréhende le système éducatif, ses résultats, son efficacité en se basant plus spécifiquement sur la productivité, autrement dit sur le rendement de l'investissement éducatif privé. Un tel postulat engendre plusieurs conséquences, il instrumentalise l'éducation, faisant des savoirs incorporés des produits dont la valeur économique l'emporte sur toutes les autres dimensions.[35] Et le principe de faire de l'école un lieu de socialisation pour établir un ordre commun influence très peu, voire pas du tout le champ de la politique éducative, privant ainsi les État de l'Afrique au Sud du Sahara d'un système social qui leur permettrait de consolider les éléments architecturaux qui fondent la Nation, la construction *d'un nous étatique* nécessaire au développement de l'État.

Autre conséquence de cette instrumentalisation, non seulement elle justifie le désengagement de l'État dans certaines filières d'enseignement au profit du secteur privé, laissant ainsi sur le pavé celles et ceux qui n'ont que les pouvoirs publics pour acquérir les qualifications scolaires, mais elle débouche également sur des seuils d'instruction, d'éducation économiquement rentables. Ainsi, l'instruction des paysans africains serait rentable parce qu'elle tendrait à améliorer la production agricole, et, dans ce sens, le seuil de quatre années minimum d'enseignement primaire s'avère pour la Banque mondiale essentiel et suffisant :

---

[34] Banque mondiale, *Le développement accéléré en Afrique au Sud du Sahara,* op.cit., page 101.

[35] A ce propos, voir Christian Laval et *al*, *La nouvelle école capitaliste*, Ed. La Découverte, 2011.

« Les agriculteurs instruits sont plus portés à adopter les nouvelles techniques, et à peu près toutes les études de la productivité agricole ont montré qu'un agriculteur instruit obtient un meilleur rendement de sa terre. Une étude sur l'Afrique a fait apparaître que les agriculteurs qui ont été à l'école pendant quatre ans - minimum nécessaire pour apprendre à lire, écrire et à compter ont une production supérieure d'environ 8 % en moyenne par rapport à ceux qui n'y ont pas été du tout. L'essentiel, y était-il dit, était de savoir lire, écrire et compter. »[36]

L'essentiel est de savoir lire, écrire et compter, car, ici objectif principal de l'instruction n'est pas de rendre les individus aptes à juger, à élire, à incarner l'intérêt général en contrôlant les pulsions de la *libido dominandi*, celles qui poussent à l'égoïsme, mais de produire du capital en adoptant le savoir technologique que crée et diffuse le marché mondial.

Depuis des décennies, la création et la diffusion de ce savoir sont un enjeu politique et économique majeur. Car la domination n'est plus envisagée comme un rapport social, elle a pris aujourd'hui la forme d'une production de savoir, et l'hégémonie de l'économie néolibérale ne s'explique plus par sa seule capacité à produire du capital physique, mais aussi et surtout par son aptitude à produire et à diffuser du savoir, de la créativité.

Dans un rapport datant de 2000, l'Union européenne estima qu'en Europe « au moins 30% de la population active à l'avenir travaillera directement dans la production et la diffusion de la connaissance, que ce soit dans l'industrie, les services, la finance ou dans le secteur de la création. »[37] Et, selon la Banque mondiale, « aux États unis, les actifs qui créent et diffusent du savoir sont plus nombreux que ceux qui fabriquent d'autres types de biens. »[38]

Avec le développement rapide de ces actifs, l'économie capitaliste est entrée dans un modèle productif particulier qui se généralise autour de deux axiomes : a- du développement du savoir technologique (dont la dénomination varie selon les époques : Sciences de l'information et de la communication (SIC), ou encore Société de l'information,

---

[36] Banque mondiale, Rapport sur le développement dans le monde. *La pauvreté*, op.cit., page 92.

[37] Ken Jones (dir.) « L'européanisation de l'enseignement » in *L'école en Europe. Politiques néolibérales et résistances collectives*, Ed. La Dispute, 2011, pp 55-73, page 65.

[38] Banque mondiale, Rapport sur le développement dans le monde. *Le savoir au service du développement 1998-1999*, Edition ESKA, 1999, page 26.

Économie de la connaissance), b- du capital humain des individus à utiliser ce savoir,[39] d'où les enjeux sur l'éducation et la formation.

Les pays riches du Nord ne peuvent désormais se contenter d'exporter dans les pays du Sud leurs technologies. Pour vendre les TIC (Technologies de l'information et de la communication), ils sont sommés d'investir dans l'éducation, la formation des pays en développement pour susciter les besoins technologiques, renforcer les compétences d'utilisation de ces technologies. Car l'usage des TIC nécessite un capital éducatif ou cognitif, des capacités d'adaptation, de gérer plusieurs tâches à la fois. Et, à ce propos la Banque mondiale précise, dans son rapport sur *le Développement dans le monde* de 1998-1999 consacré au savoir, qu'« il n'est pas possible de se doter de nouvelles technologies sans investir parallèlement dans l'éducation. Et ces technologies stimulent la demande d'éducation tout en facilitant l'accès au savoir. »[40] Le géant américain de l'informatique Microsoft a retenu la leçon, il a ainsi créé *Microsoft 4Afrika* dont l'objectif est de diffuser le plus largement possible les nouvelles technologies sur le continent africain.

Le savoir technologique peut et doit stimuler l'éducation et inversement. La boucle de la théorie du capital humain est ainsi bouclée, et *le primat* de l'économie sur l'éducation devient un dogme qui confère à l'école comme mission principale non de préparer le citoyen de demain sous toutes ses dimensions (affectives, cognitives et sociales), mais de soutenir le processus socio-économique, la dynamique de l'*homo faber*.[41]

## Les pratiques d'enseignement et de formation à l'école de l'économie néolibérale

La primauté de l'économie sur l'éducation ne modifie pas seulement les dispositifs politiques liés aux systèmes éducatifs, le rôle et la place des savoirs dans la société. La recherche du profit, la compétitivité économique façonnent également les programmes d'enseignement, les

---

[39] Sur ce point, voir Bruno Amable, *Introduction à l'économie de la connaissance. Contribution pour le rapport UNESCO construire des sociétés du savoir*, CNRS et Cepremap, 2005.

[40] Banque mondiale, Rapport sur le développement dans le monde. *Le savoir au service du développement,* op.cit., page 27.

[41] Sur ce point, voir Gérald Boutin, « L'approche par compétences en éducation : un amalgame paradigmatique », Connexions, n°81, 2004, pp 24-41.

pratiques pédagogiques. Ce faisant, des concepts, des savoir-faire propres au monde de l'entreprise ont fait leur apparition dans l'enseignement professionnel d'abord, ensuite dans l'enseignement général en changeant le cadre et les structures des enseignements.

On conçoit ainsi tous les enseignements non en termes de contenus et de formation, mais en termes de compétences à atteindre. L'objectif de l'enseignement n'est plus de transmettre des savoirs, mais des compétences. Autrement dit, un *savoir-agir* mobilisable et transférable dans les situations de la « vie réelle », sachant qu'ici le monde réel, c'est le monde du travail. On sépare ainsi les différents espaces de formation, l'espace scolaire des autres espaces sociaux. Séparation qui tend, d'une part, à orienter les politiques éducatives sur l'offre éducative et non sur la demande et, d'autre part, à dépolitiser le débat concernant les dispositifs d'enseignement.

« L'approche par compétences » à la rescousse de « la société de connaissance »

La primauté de l'économie sur l'éducation a en effet changé les fonctions de l'enseignement. L'objectif n'est pas de transmettre des savoirs, mais des compétences. L'élève ou le travailleur compétent n'est pas forcément celui qui a intériorisé des savoirs et des savoir-faire dans des situations pédagogiques, mais précisément celui qui, sait mobiliser les ressources nécessaires pour faire face à une situation ou à un contexte particuliers. Pour l'OCDE, « le concept de compétence ne renvoie pas uniquement aux savoirs et savoir-faire, il implique aussi la capacité à répondre à des exigences complexes et à pouvoir mobiliser et exploiter des ressources psychologiques (dont des savoir-faire et des attitudes) dans un contexte particulier. »[42]

Baptisé, « approche par compétences (APC) », cette approche de l'enseignement et des savoirs est née aux États-Unis d'Amérique et s'est développée au Québec au cours des années 1970. Elle a d'abord conquis l'ensemble des pays de l'OCDE au cours des années 1990 avec un franc succès en France et en Suisse, pour conquérir ensuite les autres pays de la planète à travers les grandes agences de coopération internationale.[43] Selon l'Agence française de Développement (AFD)

---

[42] OCDE, *La définition et la sélection des compétences clés*, OCDE, Paris, 2005, page 5.

[43] Sur ce point, voir Sylvie Monchatre, *« L'approche par compétences », technologie de rationalisation pédagogique. Le cas de la formation professionnelle au Québec,*

c'est aux environs des années 2000 que « les aides internationales auprès des pays subsahariens en matière d'éducation ont convergé vers l'installation de l'APC avec plus ou moins de bonheur. »[44]

Ainsi, en 2009, le ministère de l'Education nationale comorienne stipula dans un document officiel qu'en matière d'enseignement « l'Approche par compétences (APC) est la méthode pédagogique retenue par sa pertinence et la prise en compte du principal acteur, l'apprenant (…) Toutes les institutions et organisations : écoles, communes, circonscriptions pédagogiques ou administrations insulaires, qui s'engageront dans la mise en œuvre effective de cette approche, apporteront des solutions adéquates à l'amélioration du rendement et de la performance scolaires. »[45]

La diffusion de l'APC par les grandes agences de coopération internationale et notamment l'OCDE et l'Union européenne peut en effet expliquer le succès international de l'APC, son introduction dans les pays en développement et singulièrement en Afrique francophone.

En effet, dès le début des années 1980, le Conseil de l'Europe mobilisa le terme de compétence dans ses programmes de politique linguistique, et, en 1991 le *cadre européen commun de référence pour les langues apprendre, enseigner, évaluer* (CECR) imposa la notion de compétence dans le champ de l'éducation en se référant à la notion de compétence communicative élaborée par le sociolinguiste Dell Hymes.[46] Le CECR revêt de transformer les pratiques et les méthodes d'enseignement des langues étrangères dans les pays de l'Union, et celles des autres continents. Il propose non pas d'apprendre une langue étrangère, mais d'apprendre à communiquer dans cette langue, autrement dit, d'acquérir une compétence de communication permettant d'agir, de s'adapter au contexte communicationnel. Sachant qu'ici le contexte « renvoie à la multitude des événements et des paramètres de la situation (physiques et autres), propres à la personne

---

Centre interuniversitaire de recherche sur la science et la technologie (CIRST), Université du Québec à Montréal, 2008.

[44] AFD, Organisation internationale de la francophonie, *Politiques publiques en éducation : l'exemple des réformes curriculaires.* Op.cit., page 9.

[45] Union des Comores, le Ministère de l'Education nationale, de la recherche, de la culture et des arts *« Les Curriculums de l'enseignement »* 2009, page 1. Voir le site internet de l'Agence française de coopération : afc.fr « Appui au français aux Comores », article consulté le 19/06/2015.

[46] Dell H. Hymes, *Vers la compétence de communication*, Ed. Hatier, 1984.

mais aussi extérieurs à elle, dans laquelle s'inscrivent les actes de communication. »[47]

L'approche que défend le CECR n'a cessé de se développer, soutenue par la *Fondation Eurocentres*, le Fonds national suisse de recherche scientifique et le programme de la connaissance des langues étrangères (programme Lingua) lancé en 1989 par Conseil de l'Europe, elle place la notion de compétence au centre des discours et des programmes éducatifs.

Dans cette perspective, le rôle de l'OCDE a été déterminant puisque son projet de *la définition et la sélection des compétences clés* DeSeCO lancé en 1997 fixe et systématise au niveau international une série de compétences clés que les gouvernements devaient traduire en objectifs majeurs d'éducation et d'enseignement. Classées en trois catégories, ces compétences sont :

**Catégorie I : compétences à : ''Se servir d'outils de manière interactive''**

1- La capacité à utiliser le langage, les symboles et les textes de manière interactive

2- La capacité à utiliser le savoir et l'information de manière interactive

3- La capacité à utiliser les technologies de manière interactive

**Catégorie II : compétences à : ''Interagir dans des groupes hétérogènes''**

1- La capacité à établir de bonnes relations avec autrui

2- La capacité à coopérer

3- La capacité à gérer et de résoudre les conflits

**Catégorie III : compétences à : '' Agir de façon autonome''**

1- La capacité à agir dans le contexte global

2- La capacité à élaborer et à réaliser des projets de vie et des programmes personnels

3- La capacité à défendre et affirmer ses droits, ses intérêts, ses limites, ses besoins.[48]

Construite à partir d'une analyse précise des tâches et de l'identification des compétences que le marché du travail requiert désormais aux travailleurs, l'intériorisation desdites compétences est censée permettre aux individus d'affronter les mutations économiques

---

[47] Conseil de l'Europe, *Cadre européen commun de référence pour les langues : apprendre enseigner, évaluer,* Les Éditions Didier, Paris 2001, page 15.

[48] OCDE, *La définition et la sélection des compétences clés,* op.cit., pages 12-17.

et sociales incessantes qui caractérisent les sociétés d'aujourd'hui. Mutations que l'on peut schématiquement diviser en trois sections non linéaires et interdépendantes.

La première a trait à l'imprévisibilité des marchés, aux difficultés à prédire quels vont être demain les secteurs économiques les plus dynamiques, les biens et services qui vont perdurer, ceux qui vont disparaître parce que peu rentables, l'impossibilité de prévoir le nombre des diplômés de l'enseignement universitaire et professionnel dont l'économie aura besoin à court et à moyen termes. La seconde section englobe les transformations des moyens de production, d'une part, et, d'autre part, la redéfinition de l'organisation du travail et notamment la distribution des fonctions et des tâches à accomplir. Désormais, les salariés doivent être polyvalents. Ils doivent non seulement être capables d'effectuer plusieurs tâches, mais être également en mesure de s'adapter à l'innovation technologique en travaillant dans un environnement humain et matériel dont la compétitivité et la rentabilité exigent : l'autonomie dans le travail, la capacité à travailler avec des gens différents, la flexibilité quand il s'agit dans la même entreprise de changer de projet, de passer d'un poste à un autre du jour au lendemain, de s'adapter en permanence à de nouvelles circonstances.

La troisième section, enfin, est liée au développement des deux premières et notamment à l'extension des caractéristiques de la seconde : la flexibilité, l'adaptabilité, la valorisation de l'autonomie dans le marché du travail. Elle correspond à ce qu'on nomme métaphoriquement « société cognitive » ou encore société basée sur « l'économie de la connaissance » apparue au cours des années 1980 1990. Dans cette phase, le succès et la rentabilité économique des entreprises dépendent de plus en plus de leurs capacités croissantes à *exploiter* des savoirs et des informations. Ce mode de production suppose la pleine *exploitation* du potentiel intellectuel et cognitif des travailleurs, car, comme le rappelle à juste titre l'UNESCO, à l'ère de l'économie de la connaissance : « aux tâches purement physiques se substituent des tâches plus intellectuelles, plus mentales telles que la commande de machines, leur maintenance, leur surveillance, et des tâches de conception, d'études, d'organisation, à mesure que les machines deviennent elles-mêmes plus ''intelligentes'' et que le travail se ''dématérialise.''»[49]

Les compétences clés de l'OCDE sont en étroite filiation avec la compétitivité économique dans le monde de l'entreprise, il s'agissait de déterminer les compétences que les individus « doivent posséder pour trouver un emploi et le garder »[50], les facultés d'adaptation et de flexibilités qu'ils doivent développer « pour qu'ils puissent faire à face à l'évolution des technologies ».[51] Dans un monde où l'innovation, l'investissement technologique est envisagé comme signe de progrès, comme le moyen par excellence de la réussite économique, ces facultés acquièrent un sens particulier. Elles sont sous-jacentes à l'ensemble des compétences définies plus haut, car pour les experts de l'OCDE, « la plupart des pays de l'OCDE accordent une grande importance à la flexibilité, à l'esprit d'entreprise et à la responsabilité personnelle. On attend des individus non seulement qu'ils aient des facultés d'adaptation, mais également qu'ils soient novateurs, créatifs, autonomes et capables de se motiver eux-mêmes. »[52]

En effet, de nos jours, dans les pays OCDE « l'esprit d'entreprise », la flexibilité configurent l'environnement socio-économique, car l'ère Reagan Thatcher des années 1980 a peu à peu chassé du ciel les idées du modèle social qui jusque-là cherchait à combiner croissance économique et niveau de protection sociale élevé. La disparition de ce modèle dans le paysage politique a bouleversé les relations entre dimensions culturelles et économiques faisant de l'éducation et de la formation non des outils pour l'émancipation sociale, politique et démocratique des individus, mais des instruments au service de l'économie et de la compétitivité. C'est dans cette perspective et en référence au projet DeSeCO de l'OCDE précité que le Conseil de l'Europe élabora en 2000 à Lisbonne « un cadre européen définissant les nouvelles compétences de base dont l'éducation et la formation tout au long de la vie doivent permettre l'acquisition : compétences en

---

[49] UNESCO, *L'éducation : un trésor est caché dedans, Rapport à l'UNESCO de la commission internationale sur l'éducation pour le vingt et unième siècle*, présidée par Jacques Delors, 1999 (1er éd 1996), page 87.

[50] OCDE, *La définition et la sélection des compétences clés,* op.cit., page 6.

[51] Ibid., page 6.

[52] Ibid., page 10.

technologies de l'information, langues étrangères, culture technologique, esprit d'entreprise et aptitudes sociales ».[53]

Avec ce cadre, la concurrence économique et la flexibilité deviennent la clé de voûte des politiques éducatives et de formation de l'Union européenne. Ces politiques doivent contribuer au développement de l'employabilité, à l'efficience économique, car comme le suggère la Banque mondiale (BM) les entreprises les plus compétitives doivent faire un usage maximal de leurs gains de productivité issus de l'innovation technologique et un usage plus efficace et plus souple de leur main-d'œuvre. Ainsi, en 2002, le Conseil de l'Europe définit des compétences clés, et après différents rapports et propositions concernant ces dernières, l'Union européenne adopta en 2006 huit compétences clés :

- Communication dans la langue maternelle
- Communication en langue étrangère
- Compétence mathématique et compétences de base en sciences et technologies
- Compétence numérique
- Compétences sociales et civiques
- Esprit d'initiative et d'entreprise
- Sensibilité et expression culturelles
- Apprendre à apprendre.[54]

Confrontée à la concurrence d'une économie mondiale dont la dématérialisation du travail individuel humain est croissante, où c'est la production de l'immatériel (savoir et connaissance, service de communication, recherche et développement) qui confère les stratégies économiques permettant de produire et de maîtriser le capital matériel, l'Union européenne devait définir ces « compétences clés », les traduire en actes d'enseignement dans les pays membres, si elle voulait devenir, comme le souligne le Conseil de l'Europe, « l'économie de la connaissance la plus dynamique du monde ». Car ces « compétences clés sont essentielles dans une économie fondée sur la connaissance et garantissent davantage de souplesses de la main-d'œuvre. La flexibilité

[53] Concernant ce cadre, voir Ken Jones (dir.) « L'européanisation de l'enseignement », in L'école en Europe, politiques néolibérales et résistances collectives, op.cit., pp 57- 77

[54] Sur ces points, voir Journal officiel de l'Union européenne, Recommandation du parlement européen au conseil du 18 décembre 2006 sur les compétences clés pour l'éducation et la formation tout au long de la vie.

de celle-ci lui permet de s'adapter plus rapidement à l'évolution constante du monde caractérisé par une plus grande interconnexion. »[55]

La logique de l'APC est fondée sur la compétitivité, la rentabilité économique. S'il est vrai que l'APC est antérieur au processus économique postindustriel des années 1980 1990, il n'en demeure pas moins que c'est l'incertitude des marchés, la concurrence économique très élevée engendrée par les politiques de mondialisation qui confèrent à cette approche sens et valeurs. Car, comme nous l'avons vu plus haut, dès les années 1950-1970, les théories développementalistes assignent à l'école une mission : celle d'approvisionner le marché du travail en main-d'œuvre qualifiée or, comme le montre Nico Hirtt : « à cette époque personne ne se soucia d'inventer l'APC. »[56] Celle-ci est bel et bien née de la volonté de faire de l'enseignement un instrument au service de l'économie capitaliste en pleine mutation, en adaptant les contenus d'enseignement, les pratiques pédagogiques au nouvel environnement de cette économie qu'on qualifie pompeusement de « société de la connaissance » pour produire des individus dociles, dotés d'un certain nombre de compétences taillées sur mesure.

L'« Apprentissage pour tous » de la Banque mondiale : un programme *scolarocentrique*

Avec le programme *Éducation pour tous,* les grandes agences de coopération internationale en l'occurrence la Banque mondiale (BM), pilotent les politiques éducatives des pays récipiendaires en leur imposant ce qui mérite d'être enseigné et comment l'enseigner. La modification des curriculums est une priorité, car selon la BM, « le moteur du développement sera ce que les individus ***apprennent***, dans les écoles comme à l'extérieur, de la maternelle au marché du travail ».[57] Autrement dit, de l'école primaire à l'université, la jeune génération doit non seulement apprendre des savoirs, des compétences mobilisables dans toutes les situations, mais surtout « apprendre à apprendre », dans la mesure où l'école n'a plus le monopole de la transmission des savoirs. Dans la vie « réelle », et notamment dans le monde du travail on est tous sommés d'apprendre *in situ* des savoirs,

---

[55] Ibid., page 4.

[56] Nico Hirtt, *L'approche par compétences : une mystification pédagogique*, www.ecoledemocratique.org, article consulté le 20/7/2015, page 8.

[57] Banque mondiale, *Apprentissage pour Tous*, op.cit., page 1, c'est l'auteur qui souligne.

des savoir-faire, un savoir-être pour être compétitifs sur le marché du travail.

En mettant l'apprentissage au centre de sa nouvelle stratégie éducatif, la Banque mondiale s'approprie le principe « d'apprendre à apprendre » qui est l'objectif même de l'APC. Elle définit ainsi non seulement *des compétences de base («* savoir lire et écrire, calculer, raisonner, et posséder des aptitudes sociales telles que la faculté à résoudre des problèmes ensemble »)[58] mais montre également comment les apprendre en finançant les réformes qui remplacent la pédagogie par objectifs (PPO) par l'ACP.

Dans ces pays la PPO est vouée à disparaître, car la mondialisation des politiques éducatives est bien en marche. Les systèmes éducatifs s'internationalisent à traverse l'Approche par compétences (ACP), et la PPO est fortement critiquée. D'après ses détracteurs souvent proches de « l'Éducation nouvelle »[59], la PPO ne prendrait pas suffisamment en compte le ou les contextes sociaux, le vécu des élèves dans la construction des curriculums. Elle serait peu efficace pour le développement intellectuel des élèves et notamment sur les plans de l'autonomie et la créativité, car elle place non l'enfant/élève au centre de la relation pédagogique, mais le savoir en construisant les enseignements en termes de programmes et de progression sans tenir compte des profils sociocognitifs des élèves.

L'APC serait par contre plus propice à ce développement dans la mesure où elle place l'enfant/élève au centre. Ce faisant, elle est censée faire de ce dernier un sujet apprenant, c'est-à-dire un individu doté de capacités créatrices, de représentations, capable de se motiver pour s'engager dans telle ou telle activité pédagogique. L'élève apprendrait ainsi à être plus autonomie. Encadré par l'enseignant, il construit pas à

---

[58] Banque mondiale, *Stratégie sectorielle de l'éducation*, Washington D.C, 2000, page 8.

[59] Même si ses origines sont très anciennes, l'éducation nouvelle est un mouvement de pensée qui s'est imposé dans le champ éducatif, pédagogique au cours des années 1950. Trouvant son inspiration théorique, ses méthodes dans plusieurs disciplines (philosophie, psychologie, pédagogie, sociologie, etc…), il défend l'idée selon laquelle l'enseignement, l'éducation doivent respecter la nature, les étapes du développement de l'enfant. C'est l'intérêt, le besoin de l'enfant qui doivent orienter les activités, les matières d'enseignement. Cf., Houssen Zakaria « Les usages psychologiques de la pédagogie. Transformation du champ pédagogique et nouvelle idée de l'enfant » *in Discipliner les sciences sociales. Les usages sociaux des frontières scientifiques* Nicolas Defaud et Vincent Guiader (dir.), Ed. L'Harmattan, 2002, pp 103-124.

pas son apprentissage et apprend à apprendre. Dans le cas de l'PPO, il serait au contraire moins autonome, car l'enseignant lui transmet un enseignement, il est donc moins actif.

Si, comme nous l'avons montré ailleurs, le principe de l'élève au centre est difficile à mettre en œuvre et particulièrement dans les écoles situées en milieu économiquement et culturellement défavorisé[60], il n'en demeure pas moins qu'avec le rayonnement international de l'APC on conçoit l'acquisition des savoirs dans tous les pays de l'OCDE, mais également en Chine, au Japon et en Union soviétique comme un processus de construction dont le principe « d'apprendre à apprendre » est l'axe principal.[61] A l'aube des années 1990, il fallait que les systèmes éducatifs des pays subsahariens adoptent à leur tour ce processus de mondialisation des politiques éducatives. Et, à cet égard, les principes d'efficacité, d'équité et de cohésion sociale qui sous-tendent les programmes d'aide au développement sont de bon augure.

C'est en effet à travers l'objectif de l'*Éducation pour tous* et des OMD en rapport avec l'éducation que les idées sous-jacentes à l'APC se sont imposées au Sud du Sahara.

Pour ce faire, les bailleurs de fonds soutiennent l'idée selon laquelle les politiques menées dans le secteur de l'éducation n'apporteront les réponses requises que si elles sont efficaces et rationnelles. En d'autres termes, ces politiques ne seront efficaces que si elles sont pilotées par des indicateurs rigoureux, savamment élaborés à partir d'informations fiables du secteur en question d'une part, et, d'autre part par, l'observation des relations qu'entretiennent les différentes composantes qui fondent ledit secteur à l'aune d'une norme qui est aux yeux des experts de la Banque mondiale (BM), « la qualité de l'éducation ».

Selon ces experts : « La qualité [de l'éducation] doit être au cœur des investissements consentis à l'éducation, et les acquis de l'apprentissage le principal étalon pour la mesurer. »[62] Un tel principe est louable, la norme de tout système éducatif doive effectivement être sa capacité à scolariser le plus grand nombre d'élèves sans distinction de classe, de sexe, en leur fournissant les services nécessaires, les savoirs et les

[60] Sur ce point voir, Houssen Zakaria, *Que font les maîtres. Pour un Bilan de la rénovation pédagogique à l'école*, Ed. La Dispute, 2012.

[61] A ce propos, voir Jürgen Schriewer, « *L'internationalisation des discours sur l'éducation : adoption ''d'une idéologie mondiale'' ou persistance du style de ''réflexion systémique'' spécifiquement nationale* », Revue française de pédagogie, n°146, 2004, pp 7-26

[62] Banque mondial, *Apprentissage pour Tous*, op.cit., page 4.

savoir-faire leur permettant de vivre harmonieusement dans la société où ils sont appelés à vivre. Cependant, l'idée de mesurer ladite norme en fonction des acquis pédagogiques des élèves comme le stipule la BM pose question. Car un tel postulat amène *in fine* à privilégier explicitement ou implicitement une logique gestionnaire des dispositifs scolaires centrée sur l'expertise des performances pédagogiques des élèves et du travail enseignant. Logique qui tend à envisager les moyens dont disposent et doivent disposer les établissements scolaires (qu'on appelle les intrants : enseignants qualifiés, rapports élèves/enseignants, élèves/manuels, élèves/classes, qualité de l'infrastructure bâtiments, tables et bancs, etc.) comme des critères secondaires ou complémentaires subordonnés aux résultats des évaluations des acquis des élèves et du travail enseignant.

Ainsi, pour la BM, « l'augmentation des intrants scolaires au cours des dernières années a favorisé la scolarisation de millions d'enfants en plus ; c'est un effort qui doit se poursuivre partout où les niveaux d'intrants demeurent inadéquats. *Cependant, l'amélioration des systèmes exige que l'on veille à utiliser ces intrants avec plus d'efficacité pour accélérer l'apprentissage*. Si les stratégies précédentes ont reconnu cet objectif, la nouvelle stratégie y met davantage *l'accent et l'inscrit dans un contexte d'évaluation et de réforme des systèmes* éducatifs. (...) Renforcer les systèmes éducatifs, c'est harmoniser la gouvernance de ces systèmes (...) cela passe nécessairement par la *réforme des mécanismes de reddition liant les différents acteurs et participants du système en rapport avec les fonctions mesurées, supervisées et soutenues.* »[63]

Au nom de la bonne gestion des ressources financières consenties, les conditions matérielles de travail des élèves, des enseignants sont secondaires. Elles sont assujetties aux résultats des uns et des autres. L'idée même de motiver les enseignants en rehaussant leur statut social par le niveau de formation et les salaires est présentée comme contre-productive[64]. Nous l'avons vu plus haut en parlant du Rapport d'État du Système Éducatif National (RESEN) et du cadre indicatif de *l'Initiative de Mise en Œuvre Accélérer* (IMAO), l'infrastructure, les caractéristiques objectives des agents comptent peu. Ce qui prime ce sont les activités statistiquement mesurables que produisent les agents

[63] Ibid., page 5-6. C'est nous qui soulignons.

[64] Sur ce point, voir Alain Mingat, Bruno Suchaut, *Les systèmes éducatifs africains : une analyse économique comparative*, Ed. De Boeck, 2000.

à un instant *t*. Car, dans la logique de l'approche par compétences (ACP) ce qui est important, ce n'est pas tant ce que l'on est, sait et appris, mais plus précisément ce que l'on fait dans l'immédiat (peu importe comment on l'apprit) en s'adaptant, *volens nolens,* aux conditions de la situation présente.

En centrant l'analyse des systèmes éducatifs sur la logique des résultats et sur la question de l'adaptabilité économique des savoirs, les bailleurs de fonds accordent également peu de place aux familles, voire même aux enseignants, dans la construction, le fonctionnement des dispositifs scolaires. Marie-France Lange montre que les principales réformes qu'imposent les bailleurs de fonds : diminution des taux de redoublement, allégement des programmes, perte du statut de fonctionnaire et salaires en baisse pour les enseignants, diminution du niveau académique des nouveaux enseignants recrutés etc. « n'ont guère reçu l'aval des familles africaines, souvent obligées, lorsqu'elles ont les moyens relationnels ou financiers, de contourner ces réformes. Quant aux enseignants, ils ne sont que rarement considérés comme des partenaires à part entière et sont le plus souvent perçus comme ''un coût excessif et devant nécessairement être réduit'' comme des ''facteurs contraignants'' ou comme ''obstacles'' à la mise en place des réformes éducatives. »[65]

Suffit-il donc de construire des écoles pour que les parents envoient leurs rejetons à l'école et suivent leur scolarité ? La qualité des trajectoires scolaires n'est-elle pas fonction des représentations que les parents ont de l'école ? De la place qu'occupe la culture écrite dans les configurations socio-familiales dans lesquelles les élèves sont plongés ?

Méconnaître l'impact de cet environnement et des représentations sociales de l'école dans les parcours scolaires, s'est succombé « à l'idéologie scolaire dominante qui pense le développement éducatif des populations comme relevant uniquement de l'offre. »[66]

Au nom de l'efficacité, les bailleurs de fonds diffusent ainsi une approche *scolarocentrique* du système éducatif essentiellement basée sur l'offre. Si les indicateurs que produit cette dernière sont économiquement pertinents, elle ne permet pas d'envisager les moyens politiques, pédagogiques permettant de lutter contre l'échec scolaire,

---

[65] Marie-France Lange, *Ecole et mondialisation. Vers un nouvel ordre scolaire* ? op.cit., page 151.
[66] Ibid., page 158.

l'abandon scolaire fortement élevé en Afrique, de favoriser la scolarisation des filles toujours faible par rapport à celle des garçons.

Les inégalités scolaires liées au sexe

Alors que, tout au long des années 1980, les taux bruts de scolarisation étaient en baisse, au cours des années 1990, ils ont significativement augmenté partout en Afrique subsaharienne exceptée dans les pays touchés par la guerre civile. Ainsi, entre 1999 et 2008, plus de 46 millions d'enfants ont été inscrits à l'école primaire.[67] Malgré cette tendance positive, 45% des enfants non scolarisés dans le monde vivent en Afrique subsaharienne dont 54% de filles. En 2005, moins de 80 filles pour 100 garçons commencèrent l'école.[68] Par rapport aux garçons non seulement les filles s'inscrivent moins à l'école primaire, mais l'écart se creuse en mesure que l'on progresse dans cet enseignement. « Dans 47 des 54 pays d'Afrique, les filles ont réellement moins de 50% de chances d'achever le cycle primaire. »[69] Les inégalités scolaires liées au sexe varient selon les pays, la région et le milieu social d'origine avec des taux d'abandon de l'enseignement primaire au détriment des filles qui approchent les 60% dans des pays comme le Tchad, l'Ethiopie, le Malawi, le Kenya, la Tanzanie, le Rwanda, Madagascar et les Comores.[70]

L'élimination de ces disparités entre les sexes à l'école est un des objectifs du forum mondial pour l'Éducation pour tous (EPT) de Dakar. Pour ce faire, les bailleurs de fonds financent différents programmes visant à réduire l'écart entre les sexes en améliorant les taux de scolarisation, la poursuite de la scolarité et les résultats des filles. L'approche préconisée est systémique, elle prétend lutter contre lesdites inégalités en mettant principalement l'accent sur l'offre. Il s'agit d'une part, d'élargir le réseau scolaire en construisant de nouveaux établissements, notamment dans les zones rurales et très reculées, de soutenir le secteur privé et communautaire pour pallier les restrictions budgétaires et d'autre part d'adapter le curriculum scolaire à

---

[67] Voir, UNICEF, *Quelques pistes de réflexion pour une amélioration de la prise en compte des questions de genre dans les politiques éducatives*, document de travail, avril 2012.

[68] Loc.cit.

[69] Ibid., page 4.

[70] A ce propos, voir UNESCO, Institut de statistique *Aperçu régional : Afrique subsaharienne.*

l'environnement économique et social, d'améliorer enfin l'accès aux supports pédagogiques en rationalisant l'encadrement maître/ élèves.

Dès lors, le débat sur les inégalités filles garçons à l'école se focalise sur la qualité de l'offre, sur les rendements scolaires des élèves, et *l'Indice de parité entre les sexes* (IPS)[71] servant d'étalon pour mesurer : la scolarisation des filles, les progrès accomplis, le cas échéant, d'indicateur pour planifier les activités à mettre en œuvre dans les zones où les disparités scolaires entre les sexes seraient très importantes.

Une telle démarche occulte, d'une part, la demande scolaire, les caractéristiques sociales, culturelles et économiques des familles et, d'autre part, la dimension sociale désavantageuse du sexe féminin dans plusieurs sociétés. L'extension du réseau scolaire, la qualité de l'enseignement sont, certes, des facteurs importants, mais de telles mesures ne peuvent à elles seules empêcher les filles accablées par les responsabilités domestiques de quitter l'école avant l'âge requis faute de temps pour s'éduquer. Et, à ce propos, l'UNICEF souligne « Dans la répartition des rôles traditionnellement assignés à chaque sexe, les tâches ménagères et domestiques incombent aux filles et aux femmes. Dans les situations de pauvreté ou d'incapacité des parents à travailler pour cause de maladie comme le VIH/SIDA, le volume des tâches augmente et le fait d'avoir des filles à la maison pour s'acquitter des tâches domestiques et prendre soin des frères et sœurs ou des personnes malades de la famille est jugé plus important que celui de les laisser à l'école. »[72]

Connaissant peu les modes de fonctionnement du système scolaire, les parents économiquement défavorisés, notamment ceux qui vivent en milieu rural, ne retirent pas leurs enfants et particulièrement les filles de l'école parce que la qualité de l'enseignement est mauvaise, mais surtout pour des raisons socio-économiques : ils les retirent de l'école parce qu'ils ne peuvent pas toujours honorer les frais de scolarité (qui existent encore dans plusieurs pays), payer les manuels scolaires, le transport scolaire de leur enfant. Et dans ces cas de figure, ce sont les filles qu'on retire en premier de l'école, car souvent leur scolarité est

---

[71] On calcule l'IPS en divisant la valeur d'un indicateur donné chez les individus de sexe féminin par la valeur du même indicateur chez les individus de sexe masculin. Un ISP égal à 1 indique la parité entre les sexes ; un IPS supérieur ou inférieur à 1 indique une disparité en faveur d'un sexe ou de l'autre. Cf., voir UNESCO, Institut de statistique. *Indicateurs de l'éducation. Directives techniques*, 2009.

[72] Voir UNICEF, *Quelques pistes de réflexions pour une amélioration de la prise en compte des questions de genre dans les politiques éducatives,* op.cit., page 7.

perçue comme une charge, et celle des garçons comme un investissement qui vaut la peine nonobstant du peu de revenus dont on dispose. Ces parents tendent ensuite à retirer les enfants de l'école parce qu'ils envisagent ces derniers comme une force de travail pouvant apporter un complément d'argent frais dans le budget domestique. L'Organisation internationale du travail (OIT), montre dans ses dernières estimations mondiales sur le travail des enfants, que c'est en Afrique que le nombre d'enfants qui travaillent est le plus élevé. Plus d'un enfant sur cinq est employé contre son gré dans des carrières de pierre, les fermes et les mines. 59 millions d'enfants, entre les 5 et 17 ans sont impliqués dans des travaux dangereux.[73]

L'UNICEF précise, dans un rapport de 2011, que « malgré le fait que le caractère généralisé du travail des enfants ait partout diminué au cours des dernières années, sauf en Afrique subsaharienne où il est au contraire en progression, il continue à entraver le développement physique et mental de nombreux enfants et adolescents et à compromettre leur éducation (...) Bien que les chiffres globaux suggèrent que plus de garçons que de filles sont impliqués dans le travail des enfants, un grand nombre de types d'activité dans lesquelles les filles sont impliquées sont invisibles. On estime qu'approximativement 90 pour cent d'enfants qui font un travail domestique sont des filles. »[74]

En centrant le débat des inégalités liées au sexe à l'école sur l'offre, les mesures préconisées prennent peu ou prou les positions socio-économiques des parents comme facteurs qui médisent leurs rapports à l'école, leur représentation de l'enfant. Dans cette perspective la gestion économique des dispositifs consécutifs à l'offre l'emporte sur la demande des familles, sur les conceptions politiques qui fondent l'institution scolaire. Et le débat débouche sur le régime technico-managérial de la séparation de l'institution scolaire des autres institutions sociales. Certes, de par ses pratiques d'exercices, l'institution scolaire se distingue des autres espaces sociaux, néanmoins, elle fait partie intégrante des structures sociales, sa dynamique est intrinsèquement liée au reste des activités sociales.

Comme la religion, l'économie, elle est inséparable des autres sphères sociales et notamment de la sphère *du* politique. L'institution

---

[73] Voir, l'Organisation internationale du travail (OIT), Le travail des enfants en Afrique, www.ilo.org/ipec/Regionsandcountries/Africa/lang.fr, article consulté le 3/02/2015.

[74] UNICEF, *La situation des enfants dans le monde, 2011*, pages 27 et suivant.

scolaire ne peut pas étendre sa domination en prenant décemment en charge la scolarité de tous les jeunes, si ses modes de socialisation sont concurrencés par d'autres formes de socialisation. Elle est impuissante et sa capacité à instruire devient problématique lorsque la définition très spécifique qu'elle confère à l'enfant, aux modes de développement intellectuel de ce dernier, aux rapports enfants/adultes sont concurrencées par d'autres critères. Elle est d'autant plus impuissante si *le* politique n'intègre pas les valeurs éducatives qu'elle prône en les imposant à l'ensemble de la population (pas que la population scolaire) comme normes sociales régissant l'existence singulière des individus.

C'est l'incapacité des États à imposer ces valeurs qui explique en grande partie les inégalités scolaires liées au sexe tant constatées. Et la question, somme toute légitime, de l'égalité entre les sexes dans les écoles est l'arbre qui cache la forêt. Car si le réseau scolaire s'est étendu ces 20 dernières années en Afrique subsaharienne, nombreuses sont les familles qui sont à la marge des valeurs que diffuse l'institution scolaire. Les parents les plus démunis développent des modes de comportement, des rapports enfants/adultes, une vision de l'enfant qui favorisent peu l'accès des filles à l'école et y rester.

Les politiques éducatives poursuivies n'ont pas réussi à étendre les modes de socialisation scolaire, à enraciner chez l'enfant un *éthos* spécifique. D'abord, parce que ces politiques impliquent peu ou prou les familles, ensuite parce qu'elles disjoignent l'institution scolaire *du* politique en mettant l'accent sur les évaluations des acquis des élèves pour produire des tableaux statistiques décrivant des taux de réussite, de redoublement et d'abandon, des indicateurs permettant d'apprécier la capacité de l'institution à instruire, à former les jeunes à l'aune du marché de l'emploi, et des évolutions technologiques. Données dont l'objectif principal est de planifier l'ajustement des systèmes éducatifs à la nouvelle donne économique mondiale en contrôlant le flux des capitaux consentis dans le secteur de l'aide à l'éducation pour mieux poursuivre les programmes en cours et notamment ceux qui ont trait à la transformation des curriculums.

En Afrique subsaharienne, l'école n'a jamais été envisagée comme une force étatique servant à gérer la population, à discipliner les individus en normalisant leur comportement jusque dans leur corps. Bref, elle n'a jamais été pensée comme une pièce maîtresse de ce que

Foucault nomme « la biopolitique ».[75] D'où, sans doute, ses nombreuses difficultés à s'enraciner dans le paysage politique et social. Importée par le colonisateur pour servir ses intérêts économiques, pour asseoir sa domination, l'école avait comme vocation de fabriquer des commis pour l'administration coloniale. La leçon « nos ancêtres les Gaulois » n'a été qu'une caricature de missionnaires zélés que l'intellectuel médiatique Finkielkraut veut ériger en vérité historique.[76] Certes, au lendemain des indépendances, les nouveaux dirigeants ont tenté de faire de l'école un instrument d'émancipation économique et sociale en produisant un nouvel homme,[77] mais très vite cet élan a été balayé par la vague des théories développementalistes qui proposaient de faire de l'école une machine à fabriquer de la main-d'œuvre qualifiée pour que le continent puisse « rattraper son retard » en matière de développement économique et technologique. Les plans d'ajustement structurel des années 1980 et 1990 ont poursuivi ce processus en réduisant drastiquement les budgets de l'éducation, comme nous l'avons vu plus haut.

De nos jours, non seulement les gouvernants des pays subsahariens n'ont aucun pouvoir sur l'organisation, la planification des systèmes éducatifs, mais les programmes éducatifs que les bailleurs de fonds leur proposent sont également systémiques et non holistiques.

L'abandon et l'échec scolaire sont des phénomènes sociaux respectivement complexes que seule l'amélioration du curriculum en vigueur, ou son remplacement par un autre permettrait de lutter. De même, ce n'est pas en imposant l'Approche par compétences (l'APC) qu'on augmenterait de *facto* la durée moyenne de la scolarisation en Afrique par ailleurs très basse par rapport aux autres continents, qu'on lutterait contre les inégalités scolaires liées au sexe. La scolarisation et la poursuite des études des filles sont des phénomènes sociaux étroitement liés à la place des savoirs dans la société, aux

---

[75] Lié à la notion de « gouvernementalité » développée par Foucault, le concept de « biopolitique » est central dans l'œuvre de ce dernier. Voir notamment « la Naissance de la biopolitique » in *Dits et écrits* tome IV, Ed. Gallimard, 1994, page 818 et suivantes.

[76] Selon Finkielkraut, en France, les enseignants n'enseignent plus « que le projet colonial cherchait aussi à éduquer, à apporter la civilisation aux sauvages. Ils en parlent seulement comme une tentative d'exploitation, de domination et de pillage » cité par Shlomo Sand, *La fin de l'intellectuel français ? De Zola à Houellebecq*, Ed, La Découverte, 2014, page 244.

[77] A ce propos, voir Hélène Charton, « Penser la Fabrique de l'école comme un objet politique », Politique africaine n°139, octobre 2015, pp 7-21.

représentations sociales de la femme dans la société considérée, à l'évolution de la division sociale du travail. Image et division dont la forme historique dépend à son tour des avancées politiques en matière de droits fondamentaux.

Concernant l'expansion de ces droits, l'institution scolaire a certes un rôle à jouer à condition qu'on ne l'isole pas du reste des activités sociales et qu'on l'envisage non seulement comme un espace où l'on apprend des savoirs et des savoir-faire, mais aussi et surtout comme lieu spécifique étroitement lié *au* politique pour la construction des individualités et d'un nouveau rapport d'exercice du pouvoir.[78]

La qualité de l'offre scolaire est importante pour la scolarité et la poursuite des études des filles, mais elle ne peut jouer pleinement son rôle que si elle est soutenue par des dispositifs politiques accès sur l'émancipation des droits de la femme, sur des structures sociojuridiques qui accompagnent et protègent les filles.

En Afrique subsaharienne, il existe un phénomène qui se joue hors des murs des établissements scolaires, mais qui freine considérablement la scolarité des filles : le mariage et les grossesses précoces. D'après l'UNICEF, « le mariage précoce a été identifié à plusieurs reprises comme une des principales causes de décrochage scolaire des filles : ce fait est répandu dans la plupart des régions d'Afrique avec des taux atteignant 60% de filles mariées avant l'âge de 18 ans au Niger, 47% au Tchad et 32% au Nigeria. (…) En Afrique subsaharienne, plus de 50% des filles auraient donné naissance à l'âge de 20 ans. Parallèlement aux risques importants pour la santé maternelle et infantile, les grossesses marquent généralement la fin de la scolarisation des filles. »[79]

Créer des classes pour accueillir les filles enceintes (comme c'est le cas en Mauritanie où selon les Nations unies une fille sur quatre est mariée dès l'âge de 12 ans, une sur deux dès l'âge de 14 ans et trois sur quatre à l'âge de 17 ans[80]) est sans doute nécessaire, mais insuffisant pour lutter contre un tel fléau qui trouve ses racines dans les statuts

---

[78] L'apparition de l'école comme lieu d'apprentissage des modalités d'exercice du pouvoir, voir Bernard Lahire, notamment, *Culture écrite et inégalités scolaire*s Presses Universitaires de Lyon, 1993.

[79] Voir, UNICEF, *Quelques pistes de réflexion pour une amélioration de la prise en compte des questions de genre dans les politiques éducatives,* op.cit., page 8.

[80] Sur ce point, voir Roser Cusso, *L'impact des politiques de scolarisation des filles : Mauritanie, Tunisie, Inde, Bangladesh et Sénégal,* UNESCO, op.,cit.

socio-économiques des filles, dans les règles communautaires qui régissent les mariages.

Une telle lutte suppose d'abord une volonté politique de la part des gouvernants, des moyens financiers et institutionnels pour promulguer et appliquer les règles d'un code qui statuerait les droits de la personne, l'égalité hommes femmes, l'interdiction des mariages forcés, le droit de divorce par consentement mutuel. Elle suppose aussi d'étendre des institutions de puériculture qui prendraient non seulement en charge les mères et les nouveau-né(es), mais qui diffuseraient également auprès des populations les savoirs médicaux et notamment pédiatriques. Elle suppose, enfin, la généralisation des établissements pré-primaire. Nous connaissons tous l'impact positif de l'enseignement pré-élémentaire sur l'enseignement primaire et secondaire.

La question de l'égalité des sexes dans les écoles exige une politique volontariste, une vision holistique de l'institution, des moyens financiers et institutionnels. Et, à ce propos, le discours des bailleurs de fonds notamment celui de la Banque mondiale (BM) est ambiguë. D'un côté, elle souligne dans ses programmes de manière itérative l'impact de l'accès des filles aux études sur le développement économique et social, sur le bien-être des populations, de l'autre elle impose des mesures budgétaires restrictives au secteur de l'éducation qui n'encouragent pas la scolarisation et la poursuite des études de ces dernières. La baisse des effectifs des enseignants fonctionnaires, le plafonnement de leur salaire, la diminution du niveau académique des nouveaux enseignants recrutés sont des exemples très éclairants. De telles mesures ne favorisent pas la motivation des enseignants, ne réduisent pas le taux d'encadrement (nombre d'élèves par maître) qui accroît la qualité de l'enseignement. Elles ne favorisent pas non plus la féminisation du métier d'enseignant qui, certes, ne détermine pas directement l'accès des filles à l'école et à la poursuite des études, mais qui « peut être interprétée comme un signe de progrès de la position professionnelle des femmes dans la société »[81]. Nous verrons au prochain chapitre que les autorités locales perçoivent ce double discours, qu'elles mesurent les contradictions des réformes que les bailleurs de fonds leur proposent et critiquent les modalités de ces réformes en tirant leur argument des énoncés qui structurent les programmes d'aide au développement.

[81] Ibid., page 47.

# Chapitre IX
# Adhésion des normes et attitude critique des autorités locales

> « (...) si la gouvernementalisation c'est bien ce mouvement par lequel il s'agissait dans la réalité même d'une pratique sociale d'assujettir les individus par des mécanismes de pouvoir qui se réclament d'une vérité, et bien, je dirais que la critique, c'est le mouvement par lequel le sujet se donne le droit d'interroger la vérité sur ses effets de pouvoir et le pouvoir sur ses discours de vérité ; la critique, ce sera l'art de l'inservitude volontaire, celui de l'indocilité réfléchie. La critique aurait essentiellement pour fonction le désassujettissement dans le jeu de ce qu'on pourrait appeler, d'un mot, la politique de la vérité. » Michel Foucault [1]

En affirmant que les réformes financées par les bailleurs de fonds enferment des mécanismes institutionnels qui tendent à transformer non seulement le mode de fonctionnement des appareils étatiques des pays bénéficiaires de l'aide, mais également les pratiques discursives des agents, cela n'implique pas que nous envisageons ces derniers comme des êtres enrôlés dans leur fonction obéissant aux règles prescrites sans manifester la moindre résistance, la moindre critique. Dire cela, c'est reconnaître, d'une part, le primat des structures objectives sur les structures subjectives, autrement dit, l'impact des institutions sociopolitiques sur la conscience collective, la détermination des conditions de vie et de travail des individus sur la forme que prend leur conscience individuelle. C'est reconnaître, d'autre part, la faculté de ces derniers à juger leurs propres actions et celles des autres, c'est enfin reconnaître la participation des agents dans la construction sociale des énoncés qui structurent leurs activités.

Une telle affirmation est heuristique, elle permet d'abord de concevoir un système d'analyse permettant d'appréhender les processus d'adhésion et d'appropriation des normes et des valeurs qui sous-tendent le social, le politique. Elle permet ensuite de décrire les domaines sociaux ou les agents puisent les éléments discursifs qu'ils mobilisent pour critiquer les dispositifs sociopolitiques qui façonnent

---

[1] Michel Foucault, *Qu'est-ce que la critique ? Suivi de la culture de soi*, Ed. Vrin, 2015, page 39.

leurs environnements sociaux, leurs actions. Car ces éléments ne viennent pas du néant, ils sont socialement et politiquement structurés.

## Institutionnalisation et adhésion des normes

Tour à tour, nous avons vu dans les précédents chapitres, ô combien les structures étatiques des pays bénéficiaires de l'aide au développement sont soumises à des procédures administratives très intenses. Nous avons également émis l'hypothèse que ces procédures tendent à transformer les pratiques effectives des agents, leurs manières d'appréhender le mode social, les prérogatives de l'État. Elles modifient les pratiques et l'imaginaire des agents, car ces derniers sont séduits et adhérent aux valeurs autoproclamées universelles et scientifiques qui fondent ces procédures. Ils y adhèrent d'autant plus qu'ils sont également séduits par les positions sociales que l'objectivation de ces valeurs dans le champ politique leur procure.

La focalisation du débat sur l'efficacité de l'aide oriente essentiellement le discours sur la problématique des résultats escomptés, occultant ainsi l'analyse des mécanismes sociaux des adhésions évoquées. L'analyse est d'autant plus escamotée que les résultats des réformes poursuivies sont difficilement mesurables, que ces dernières ne produisent pas toujours les effets attendus. Et on postule ainsi la non-adhésion, que les autorités locales ne s'approprient pas lesdits réformés, mais font semblant en jouant des rôles dans des salles de réunion bien climatisées.

Les observations montrent que l'adhésion est un phénomène individuel complexe. Un individuel peut bien adhérer, s'approprier les normes, les principes d'action relatifs à un champ donné et être dans l'incapacité de les mobiliser dans le contexte approprié parce que des facteurs liés au contexte parasitent tant soit peu l'objectivation. De même, dans *l'Éthique protestante et l'esprit du capitalisme* Max weber montre brillamment que l'adhésion de valeurs et l'appropriation des principes d'actions émergeant d'une sphère sociale ne sont pas objectivables *que* dans celle-ci, mais mobilisables dans une autre, entraînant des effets très différents des intentions initiales.[2] Et il nous arrive dans la vie de tous les jours de saisir explicitement ou implicitement les éléments discursifs relevant d'une sphère pour critiquer ou résister au pouvoir que sous-tend cette dernière. Un tel

[2] Max Weber, *L'éthique protestante et l'esprit du capitalisme,* op. cit.

phénomène s'explique par le fait que les êtres humains sont des êtres connaissants, qu'ils adhèrent aux normes et aux valeurs sociales en les transformant, en les critiquant à l'aune du contexte social et de leurs caractéristiques objectives.

Adhésion et interprétation

Après l'échec politique et économique des PAS (plans d'ajustement structurel), les réformes politiques et économiques se succèdent. Et les plans d'action, qui les juxtaposent avec leur objectif mesurable à atteindre selon un calendrier précis, génèrent des processus d'institutionnalisation et de transformation des pratiques administratives des agents. Autrement dit dès le début des années 1990, les États et les administrations au Sud du Sahara sont soumis à des dispositifs de transformation hétérogènes comportant des décisions économiques, des mesures administratives.

La focalisation du débat sur l'efficacité/inefficacité de l'aide au développement tend à occulter les effets qu'engendrent ces plans sur les modes de fonctionnement de l'appareil étatique, dans l'imaginaire des autorités locales. C'est en effet la question des résultats escomptés qui est au centre du débat, oubliant au passage que les réformes que financent les bailleurs de fonds produisent des effets sur les systèmes administratifs, sur les représentations des agents et cela quels que soient les résultats.

Ainsi malgré, l'échec avéré des politiques d'ajustement, personne ne peut nier les effets de ces plans au niveau du fonctionnement de l'appareil étatique et cela jusqu'à aujourd'hui : réductions du nombre de fonctionnaires, baisse des coûts de fonctionnement des administrations, privatisation. Mieux, l'idée d'un « État minimum », chère au *consensus de Washington,* s'est enracinée dans le paysage politique. De même, nonobstant l'échec des politiques de décentralisation, la territorialisation est en bonne marche dans beaucoup de pays d'Afrique. Et le local et ses références sont devenus des modes de gouvernement. Les réformes que proposées les bailleurs sont prégnantes parce que les agents y adhèrent et les reformulent.

Un tel postulat suppose quelques remarques méthodologiques, d'abord, l'adhésion est un phénomène individuel à saisir en analysant non pas *que* les significations des savoirs et compétences incorporés, mais surtout leur contextualisation et les usages. L'objet est non de définir ce à quoi les agents adhèrent, ce qu'ils s'approprient, mais ce qu'ils font des normes et des connaissances incorporées. Quel est l'impact de ces normes dans leur activité discursive, dans leurs représentations du monde social, car comme l'a montré Wittgenstein, un énoncé ou une théorie n'a de sens que dans la mesure où nous pouvons en faire un certain usage, où il est capable d'influencer notre conduite d'une manière spécifique et significative.[3]

Ce postulat suppose ensuite de prendre en considération le principe selon lequel on ne peut pas s'approprier quoi que ce soit, y adhérer sans le déformer. En effet, les épistémologues des sciences et les didacticiens montrent, pour aller vite, que les savoirs, produits en un certain lieu et dans certaines conditions par des savants ou par une communauté de spécialistes, subissent une double transformation.[4] La première par celles et ceux qui vont effectivement diffuser ces savoirs, les enseigner, dans la mesure où ces derniers ne peuvent pas les exposer tels que les savants et les spécialistes les ont conçus. Ils les transforment, les contextualiser pour les rendre plus accessibles à un large public. La deuxième transformation est proche de la première, mais, ici, ce sont les agents et les champs de déploiement qui diffèrent. Elle est opérée par celles et ceux qui s'approprient les savoirs pour en faire des usages d'individualisation dans l'arène du jeu social. Chacun y adhère en les transformant pour mieux les assimiler et les objectiver.

En suivant pas à pas ces enseignements, force est de reconnaître qu'on ne peut pas adhérer, s'approprier quoi que ce soit, sans le souiller. Cette hypothèse n'est pas nouvelle, elle est très ancienne. On la retrouve chez Durkheim dans son livre *Les règles de la méthode sociologique* (1895), lorsqu'il montre que les faits sociaux sont « comme des choses » hors de nous qui s'imposent à nous. Et, tout en restant des choses, elles acquièrent une réalité nouvelle par le seul fait qu'elles sont socialement appréhendées.[5] Dans *les formes élémentaires de la vie religieuse* (1912), Durkheim poursuit l'analyse en montrant que la création *est* la transformation, l'enrichissement, « l'ajout » d'une réalité

---

[3] Sur ce point, voir Bouveresse Jacques, *Le mythe de l'intériorité. Expérience, signification et langage privé chez Wittgenstein*, Ed. de Minuit, 1987.

[4] Voir Yves Chevallard, *La transposition didactique. Du savoir savant au savoir enseigné*, Ed, La pensée sauvage, 1985.

[5] Emile Durkheim, *Les règles de la méthode sociologique,* Ed. PUF, (23e édition) 1987.

sous-jacente posée ou donnée sans laquelle la pensée ne pourrait opérer.[6]

Ainsi les autorités locales adhèrent, s'approprient les réformes en les reformulant. Dans ce travail de reformulation et d'interprétation, certains thèmes sont plus mobilisés que d'autres, il y a des thèmes auquel les enquêtés pensent spontanément lorsque le domaine est évoqué. Parmi ces thèmes, on a, d'un côté, la croissance économique comme condition nécessaire et suffisante pour lutter contre la pauvreté, de l'autre, la « bonne gouvernance » comme gage de l'évolution économique et démocratique.

*Bon être pauvre aux Comores, c'est vrai qu'il y a une nouvelle définition du panier de la ménagère. Parce qu'avant les indicateurs ne correspondaient pas à la réalité. On a mis du temps à les mettre à jour. Aujourd'hui il y a des nouveaux paramètres qui interviennent et qui n'étaient pas d'actualité dans les années 1970 et 80. Ceci pour dire qu'aujourd'hui être pauvre c'est d'abord l'accès aux premiers services de base : la santé, l'éducation, à l'eau potable. Il y a un minimum, un seuil quoi, que tout le monde doit avoir. L'État ne peut pas garantir ce minimum. Tu te rappelles bien quand tu étais jeune ici, les soins étaient gratuits. Alors qu'aujourd'hui même à l'hôpital public quand tu es malade dès que tu arrives là-bas même aux urgences la première chose qu'on te demande c'est de payer, tu dois payer 1500CFA* (franc comorien) *tu dois payer avant. Donc il y a des gens qui ne sont pas en mesure de payer, il faut faire en sorte qu'ils puissent payer. Je ne parle pas des médecins privés où là la visite varie entre 5000 et 7500 CFA. Donc on n'a pas mal de gens qui n'ont pas accès aux soins primaires, les soins de base. Ça, c'est déjà un indicateur de pauvreté. Beaucoup de gens restent chez eux parce qu'ils n'arrivent pas justement à payer la visite chez le médecin. Au niveau des médicaments c'est pareil, ils coûtent trop cher. Une fois encore l'État a exonéré le droit de douane des médicaments, mais ça n'a pas favorisé l'accès aux médicaments aux personnes les plus pauvres. Les médicaments coûtent toujours très cher pour ces personnes, parce qu'elles n'ont pas de ressources. C'est l'accès aux ressources qu'il faut favoriser. C'est pareil pour l'éducation, notre État n'est pas en mesure de garantir l'éducation pour tous. Parce que non seulement les inscriptions sont payantes, mais les manuels scolaires le sont aussi, tout coûte cher. L'État ne peut pas,*

[6] Emile Durkheim, *Les formes élémentaires de la vie religieuse*, Ed. PUF, (3e édition) 1994.

*il n'a pas les moyens. L'État doit donc favoriser la croissance en investissant dans les secteurs générateurs de revenus : l'agriculture, la pêche, le tourisme pour que les pauvres aient les ressources pour subvenir à leurs besoins primaires.* **SGM, agent département des régulations des marchés.**

Notre interlocuteur s'est approprié la *doxa* des bailleurs de fonds. Il reconnaît d'abord haut et fort l'existence de la pauvreté, et décrit celle-ci à travers des termes bien connotés : indicateurs de pauvreté, seuil de pauvreté, besoins de base. Il parle de minimum, adhére ainsi explicitement ou implicitement à l'idée d'une hiérarchisation des besoins des individus très mobilisée dans les documents relatifs à l'aide au développement.

Il reconnaît ensuite que l'État ne peut pas à lui seul lutter contre la pauvreté, et, dans ce sens, la privatisation de la santé, de l'éducation n'est pas un problème en soi, puisque l'État n'a pas les moyens. La solution, c'est la croissance. Comment l'État peut-il favoriser les « secteurs générateurs de revenus » pour que les pauvres aient le minimum pour subvenir à leurs besoins ?

Ce discours, qui annonce le crépuscule d'un État catalyseur de la dynamique économique et de la distribution des ressources, la matinée d'un État animateur, on le retrouve également chez ce haut cadre du ministère des Finances.

*Aujourd'hui il y a un consensus : c'est la croissance qui permet de lutter contre les inégalités, bon comme tu le sais toute croissance n'est pas bonne, il y a une croissance qui crée des inégalités lorsqu'elle est mal distribuée. Regarde chez nous parfois on a une croissance de 3 %, mais elle est mal distribuée, donc elle ne permet pas de lutter contre les inégalités, la pauvreté. Tu sais un pays comme la France, avoir un taux de croissance de 3 % c'est merveilleux. Ici on atteint 3 %, mais c'est une croissance qui génère ni emploi, ni revenu. La population n'en profite pas vraiment parce qu'elle est mal distribuée, elle est soutenue par l'État est par les programmes d'aide au développement, elle ne vient pas directement des entreprises, parce que chez nous il y en a très peu. C'est pour ça qu'il faut encourager le secteur informel. Tout vient de l'État et des programmes extérieurs, alors c'est très fragile et tout le monde n'en bénéficie pas. Les effets de la croissance sur les revenus et sur les inégalités sont très limités chez nous, parce que c'est une croissance essentiellement soutenue par l'État et les bailleurs. Elle ne vient pas de la base, des entreprises, du privé quoi.*

*Chez nous le secteur privé n'existe quasiment pas. Tout vient de l'État, et l'État n'a pas les moyens de soutenir des grands projets, des projets générateurs de revenus. Je ne suis pas en train de dire que l'État n'a pas un rôle à jouer, si, si... L'État a plusieurs rôles à jouer, son intervention est très importante. Il doit principalement veiller à la bonne gouvernance, c'est-à-dire mettre en œuvre des politiques de développement économique et social en collaborant efficacement avec les partenaires et les porteurs de projets. Il doit ensuite lutter contre les inégalités en renforçant son budget, en luttant contre la corruption en mettant en place un système juridique digne de ce nom. Je dirais qu'un des rôles de l'État est de mettre en place un cadre juridique et institutionnel qui favorise la croissance, la coopération économique avec les partenaires extérieurs. C'est ça la bonne gouvernance il me semble non ?* **SP. Ministère de l'Economie et des Finances.**

L'enquêté interprète avec brio le rôle que les Institutions de Bretton Woods (IBW) assignent désormais à l'État. Ce dernier a comme principale tâche de faciliter les échanges entre les différents acteurs en établissant un environnement social et économique où ces derniers peuvent interagir en organisant respectivement leurs intérêts. Dans cette perspective, l'État n'est pas le principal producteur des politiques de développement. Il est et doit rester un acteur comme les autres. C'est en jouant efficacement ce rôle de facilitateur qu'il participe au développement économique en luttant contre la pauvreté, et, si celle-ci persiste, c'est parce qu'il joue mal ce rôle.

*L'État dit qu'il veut investir, mais investir où ? Et dans quoi ? Avec le DSRP on a tous les outils. Maintenant il faut les exploiter. C'est là où ça pose problème. Je pense que c'est l'exploitation des outils qui pose problème, on a tout, mais c'est vrai il y a quelques problèmes.*

*Tu sais bien dans ce pays, on a souvent des changements de gouvernement, de secrétaire général, on change de ceci de cela. Bon, on a pas mal de handicaps, moi je dirais que c'est une question de volonté politique. Parce que les gens savent, on est plus dans les années 1970 où l'on manquait de cadres. La matière grise est là, c'est une question de volonté politique, les gens savent ce qu'il faut faire, on a les projets, les programmes. Bon, c'est vrai que le DSRP c'est nouveau, mais il y a un manque de volonté politique. Parce que dans le DSRP il y a deux choses : il y a ce qu'on appelle les investissements et les mesures politiques. Les mesures politiques ce sont les lois, les décrets qu'il faut prendre, les mesures qu'il faut mettre en place pour favoriser les investissements. Souvent ce n'est pas fait, ça prend trop de temps, et la situation se dégrade entre-temps. Il n'y a pas de synergie entre les porteurs de projets et l'État, les administrations quoi. Les gens connaissent le DSRP, les différents projets, ils connaissent les stratégies, mais les choses n'avancent pas parce qu'on a un vrai problème de gouvernance je dirais. Les programmes sont là, des fois les fonds aussi, le savoir-faire, mais pas la volonté politique. Eh ben les investissements ne se font pas, et les projets que proposent nos partenaires ne voient pas le jour.* **SGF. Directeur au Plan.**

L'adhésion/interprétation est manifeste, elle renvoie à une transformation des pratiques et aux catégories de la perception du monde. Elle est diffuse, et l'échec de tel ou tel projet sectoriel d'aide au développement n'implique pas la non-adhésion des valeurs et des normes qui sous-tendent ledit projet.

Quel que soit le résultat d'un projet, une fois qu'il est lancé les autorités locales intériorisent les principes qui sous-tendent celui-ci, à commencer par ce qu'Oliver de Sardan appelle le « langage-projet », « qui est un produit spécifique et particulier du langage-développement ou de tel ou tel de ses dialectes. Le langage-projet est un ''parler'' du langage-développement. »[7]

L'adhésion et les usages de ce langage ne sont pas sans conséquence dans la façon dont les autorités locales envisagent la société, l'État en général, l'action publique en particulier.

## Adhésion et critique des programmes

Ce n'est pas tant la structure formelle d'un programme d'aide au développement en soi qui engendre les effets d'adhésion/interprétation qui façonnent les pratiques, les représentations que les agents ont du monde, mais la mise en acte des règles, des propositions propos à chaque programme, d'une part, et, d'autre part, la circulation des unités discursives qui relient les programmes entre eux.

En effet, la multiplication des programmes et leur interconnexion soumettent l'appareil étatique à des procédures de réforme dont l'opérationnalisation suppose l'individualisation des normes que véhiculent les programmes. C'est ce mode opératoire qui distingue fondamentalement les nouvelles politiques d'aide au développement de celles des années 1970 et 80. Car depuis, le début des années 1990,

[7] Jean-Pierre Olivier de Sardan, *Anthropologie et développement. Essai en socio-anthropologie du changement social*, Ed. Karthala, 1995, page 166.

l'exportation du système de valeurs propre à l'économie néolibérale est intrinsèquement liée à sa dynamique. Ce qu'on appelle fallacieusement « mondialisation » n'est rien d'autre que l'exportation des modèles politiques néolibéraux. D'où la proposition de Bourdieu de parler *de politique de mondialisation* plutôt que de « mondialisation » qui apparaît comme un phénomène naturel, une fatalité. « Il propose l'expression politique de mondialisation. Que ''la mondialisation '' soit appréhendée comme la rencontre de normes idéologiques ou comme la manifestation de l'imposition de politiques néolibérales, l'expression *une* politique, même si elle a l'avantage de désigner un phénomène global, ne permet guère d'identifier et d'analyser de façon sectorielle le processus de mondialisation. »[8]

Dans cette perspective, on peut envisager les politiques des bailleurs bilatéraux et des Institutions Financières Internationales (IFI) comme des processus sectoriels de mondialisation centrés sur l'individualisation des normes et des valeurs qu'ils exportent par le biais de l'aide publique au développement en cherchant plus l'adhésion qu'à les imposer.

Pour ce faire, ils mettent en œuvre plusieurs stratégies. D'un côté, les réformes et leur plan d'action, de l'autre, les processus de renforcement des capacités institutionnelles, les différents instruments d'évaluation. Les transformations que suscitent ces processus sont diffuses. D'abord parce qu'ils sont guidés par des indicateurs politiquement construits (taux de pauvreté, espérance de vie, PNB, exportation, indice de consommation etc.) qui dépolitisent les problèmes sociaux en réduisant les réformes politiques à des questions de gestion. Ensuite, parce qu'au nom de la *Déclaration de Paris* (et notamment au nom du principe de *l'alignement* et de *l'appropriation)* ces processus sont désormais pilotés par des agents locaux qui adhèrent aux valeurs qui sous-tendent ces derniers.

Ces valeurs sont présentées aux agents comme universelles et scientifiques, elles séduisent donc ces derniers. Elles séduisent davantage que leur objectivation dans le champ politique et administratif offre aux agents des opportunités, des positions sociales enviables. Ainsi, de par leur fonction, les agents renforcent les politiques des bailleurs. Ils participent ainsi à la construction de ce qui les détermine, car, comme le rappelle Bourdieu : « Les agents sociaux

[8]Pierre Bourdieu cité par Marie-France Lange, « Ecole et mondialisation. Vers un nouvel ordre scolaire ? » op.cit., page 143.

sont des agents connaissants qui, même quand ils sont soumis à des déterminismes, contribuent à produire l'efficacité de ce qui les détermine dans la mesure où ils structurent ce qui les détermine. Et c'est presque toujours dans les ajustements entre les déterminations et les catégories de perception qui les constituent comme tels que l'effet de domination surgit. »[9]

Cependant, en contribuant à l'exercice de leur propre domination, cela place incontestablement les autorités locales dans des postures critiques dans la mesure où il n'y a pas de rapport de pouvoir sans critique ou résistance. Les résistances, sont comme le rappelle Foucault dans *La volonté de savoir,* « l'autre terme, dans les relations de pouvoir ; elles s'y inscrivent comme l'irréductible vis-à-vis. »[10]

Les autorités locales pourfendent ce qui les détermine en interrogeant, d'une part, les capacités techniques et politiques des réformes à agir, à transformer pour produire les résultats escomptés en interrogeant, d'autre part, l'essence même des énoncés politiques, économiques qui structurent les programmes d'aide au développement en général.

C'est dans le cadre de leur fonction que les autorités locales s'approprient, interprètent les réformes en cours, les principes qui les sous-tendent.

Elles mettent en scène leurs propres expériences socioprofessionnelles en montrant les limites des projets, les contraintes qu'imposent les bailleurs, les difficultés à mettre en œuvre telle ou telle réforme à l'aune du contexte sociopolitique local. Plus l'agent a de l'expérience et plus ses connaissances, son adhésion aux énoncés qui traversent les programmes sont fortes et plus la critique est robuste.

### Les domaines sociaux de la critique

La sociologie se donne pour objet de *comprendre* les êtres humains, non pas leurs dimensions biologiques, mais leurs actions, le sens qu'ils donnent à leurs activités, la logique qu'ils mobilisent pour mener à bien ce qu'ils ont à faire, les jugements qu'ils portent sur leur propre action et sur celles des autres. Bref, contrairement aux sciences dites « de la nature » les individus qui intéressent le sociologue sont des êtres

---

[9] Pierre Bourdieu, et Loïc J.D Wacquant, *Réponses*, Ed. Seuil, 1992, page 142.

[10] Michel Foucault, *Histoire de la sexualité I, La volonté de savoir,* Ed. Gallimard (1975) 2003, page 126.

réflexifs[11] qui ont des points de vue sur eux-mêmes, sur l'environnement social où ils sont plongés, et, de proche en proche, sur la science et ses usages. Et, dans le cadre de l'enquête sociologique, lorsque le sociologue leur tend le micro, chacun mène respectivement sa propre enquête jugeant le sociologue, son objet en ajustant son discours à l'idée qu'il se fait de la sociologie en général, de l'enquête et de l'enquêteur en particulier. Ces jugements sont inhérents au travail sociologique, et le sociologue les contrôle en les analysant comme tels, car les individus ont des informations sur les questions, les problèmes que pose le sociologue, qui plus est, ils portent des jugements sur ces problèmes. C'est dans ce sens que la sociologie apparaît comme *exotérique*, or, elle est, comme les autres sciences parfaitement *ésotérique* avec ses acquis scientifiques, ses problématiques, sa méthode.[12]

Ainsi, en disant que les autorités locales sont soumises à des dispositifs politiques, économiques et administratifs, cela n'implique pas qu'elles sont passives, qu'elles sont de simples réceptacles.

Bien au contraire, non seulement elles agissent et contribuent à la construction de ces dispositifs comme nous l'avons vu plus haut, mais elles jugent également leur fonction, les conséquences de tel ou tel projet financé par les bailleurs. Elles mesurent les contradictions des programmes d'aide au développement en formulant des critiques. Extérieurs aux agents, les arguments qui fondent la critique proviennent principalement de deux domaines interdépendants : a) le premier a trait aux représentations sociales qu'ont les agents des programmes d'aide au développement, de ce que fait ou est censé faire telle ou telle agence de développement sur le terrain, ses résultats, ses échecs, etc.

Ainsi, depuis janvier 1976 le PNUD (Programme des Nations unies pour le développement) travaille étroitement avec l'Union des Comores.[13] Au niveau local, cette agence s'est donc forgé une image politique et sociale. Les agents ont des points de vue sur ses missions, son mode de fonctionnement, ses principaux résultats. Hors entretien,

---

[11] Sur ce point voir, Luc. Boltanski, *De la critique. Précis de sociologie de l'émancipation,* op.cit.

[12] A ce propos, voir Pierre Bourdieu, *Sur l'Etat. Cours au Collège de France 1989-1992*, Ed, Seuil, 2012, notamment la partie " La sociologie, une science ésotérique qui a l'air exotérique".

[13] Sur ce point, voir PNUD, *Accord entre le gouvernement des Comores et le Programme des Nations unies pour le développement*, UNDP/ADM/LEG/SBA II F24. 1976.

un fonctionnaire du ministère de l'Éducation nationale nous dira ironiquement : « le PNUD fait partie de nos administrations post-indépendance, c'est un peu comme la présidence. Aucune administration ne bouge, aucun projet n'est viable sans lui ». Un autre qualifiera le PNUD de « cimetière de projets » et dans la foulée, la Banque mondiale de « Banque pour financer des élections. »

La critique relative à la mobilisation des éléments de ce domaine est plus instrumentale. Elle pourfend la ou les logiques d'action qui fondent les programmes en s'appuyant sur les énoncés qui structurent ces derniers. Elle reconnaît la pertinence de ces derniers pour le développement économique et social du pays, mais dénonce « le manque de moyens », la centralisation des décisions, la complexification des procédures que les gouvernants locaux n'ont pas toujours les moyens matériels et symboliques de traduire. Elle est traversée de part en part par certaines propositions qu'érigent les grandes agences de coopération : « *efficacité* de l'aide, *appropriation* des politiques d'aide au développement ».

b) Concernant le second domaine, les éléments qui le composent relèvent du discours développementaliste où l'on envisage le développement comme un processus historique se déroulant en plusieurs étapes successives. Discours largement diffusé par les agences de coopération internationale, les ONG, etc.[14]

Les autorités locales s'y réfèrent en le transformant pour expliquer le « retard » de leur pays dans le processus de développement par la colonisation, l'hégémonie occidentale, en expliquant que l'aide au développement ne permet pas de « rattraper » le retard accumulé, car non seulement elle est conçue pour servir les intérêts économiques et géostratégiques de l'occident, mais ses modalités sont également peu adaptées au système de valeurs politiques et culturelles du pays. Contrairement au premier domaine, la critique que suscite l'appropriation des éléments consécutifs au second domaine est moins technique, elle est plus politique et plus radicale.

Toutefois, chacun de ces domaines renvoie à des référentiels, à des positions qui transcendent les missions assignées aux programmes, aux objets qui spécifient ces derniers.

---

[14] A ce propos, voir Yves Viltard, « Etat, savoir et politique de développement » in *Savoir et politique de développement. Questions en débat à l'aube du XXIe siècle*, (dir) Vincent Géronimi et *al*, Ed. Karthala-GEMDEV, 2008.

Et l'individualisation, l'objectivation de ces référentiels varient selon les trajectoires socioprofessionnelles respectives des agents.

## Position socioprofessionnelle et critique des programmes

Afin d'appréhender l'individualisation des références évoquées, on a classé les autorités que nous avons rencontrées selon leur parcours socioprofessionnel (diplômes, fonction occupée, ancienneté). On obtient ainsi trois catégories socioprofessionnelles renvoyant chacune à une forme d'objectivation desdites références, et chaque forme renvoie à son tour à un discours critique : la critique des réformistes, celle des « situationnistes » enfin celle des radicaux.

Il faut envisager chacune de ces catégories et le discours qui en découle non comme une réalité figée et suspendue en l'air, mais chacune comme un tableau où le peintre accentue les traits en utilisant des couleurs vives afin de faire ressortir le social à l'état incorporé. C'est ainsi qu'il faut appréhender ces catégories, car l'homme est pluriel[15] ou, comme aiment le dire les philosophes et les psychanalyses, il y a plusieurs personnes en chacun de nous. « Le moi est une foule », souligne Sartre, dans *Huis clos* [16]. Il n'y a pas que moi en moi.

Ainsi, d'après les critères retenus, tel ou tel agent peut appartenir à la catégorie des réformistes tout en ayant telle ou telle disposition qui le rapproche d'une autre catégorie.

### La critique des réformistes

Nonobstant le changement de majorité politique, depuis une vingtaine d'années les membres de ce groupe travaillent dans la fonction publique. Au moment de l'enquête ils occupaient respectivement les fonctions suivantes :

---

[15] Sur point, voire Bernard Lahire, *L'homme pluriel. Les ressorts de l'action*, Ed. Nathan, 1998.

[16] Jean-Paul Sartre, *Huis Clos*, (1944) Ed. Gallimard, 2000, page, 93.

| Fonction/département | Nombre de personnes |
| --- | --- |
| Directeurs au Plan, au Trésor et du budget (Grande Comore, Mohéli et Anjouan) | 4 |
| Secrétaires adjoints : ministère de l'Education nationale ; de l'Economie et des Finances | 5 |
| Directeurs de l'information et des statistiques : ministère de l'Economie, de la Santé, de l'Education nationale | 5 |
| | N 14 |

Ainsi, de par leur parcours professionnel, ils se sont approprié les cadres politiques, les procédures technico-financières qui régissent les programmes d'aide au développement. Si les critères de cette appropriation varient selon la situation professionnelle de chacun, l'attitude critique qui en découle est basée sur la ou les logiques qui sous-tendent les programmes en cours.

En effet, pour ce groupe, les projets que financent les bailleurs de fonds sont socialement et économiquement viables. Ils peuvent impulser les processus démocratiques en transformant les structures institutionnelles, les modes de fonctionnement du système politique si « les conditions politiques et institutionnelles sont bonnes ». Pour ces hauts fonctionnaires, c'est précisément ces conditions qui font défaut. Selon eux, il manquerait au « sommet de l'État » une volonté de réformer ce dernier.

C'est dans cette perspective que nous qualifions les membres de ce groupe de réformistes, car la critique qu'ils développent à l'égard desdits programmes ne vise pas ces derniers en soi, mais dénonce « l'incapacité technique des dirigeants politiques locaux » à les imposer en créant les structures administratives et juridiques adéquates.

Et, si les gouvernants n'arrivent pas à promouvoir ces structures, ce n'est pas parce qu'ils ne saisissent pas les enjeux liés à ces dernières, mais parce qu'il y aurait un « problème de gouvernance au sommet de l'État ». Dans cette logique, l'échec des programmes poursuivis jusque-là, les difficultés à mettre en œuvre tel ou tel projet seraient principalement dus à des problèmes techniques, à un déficit de savoir-faire. Déficit qui expliquerait le peu de mobilisation des populations autour des projets, car ces dernières n'auraient soi-disant « pas les compétences requises » pour se les approprier. Et, sur le terrain, les

« chefs de projets, n'arrivent pas à mobiliser les populations par méconnaissance des structures communautaires d'une part et par manque de moyens techniques, d'autre part.

La critique est paradoxale, non seulement sa sémantique découle des concepts qui structurent les projets qu'elle dénonce par ailleurs (problème de gouvernance, de participation, manque de moyens techniques,) mais elle tend également à n'envisager les actions que mènent les bailleurs *que* sous l'angle technique. Autrement dit, sur l'unique question de l'efficacité, de la faisabilité des programmes oubliant, au passage le discours normatif, les modes de représentation que véhiculent ces derniers.

Et, à cet égard, la critique du DSRP (Document stratégique de réduction de la pauvreté) est exemplaire.

En effet, cette critique a deux pôles : le premier est positif et décrit le DSRP comme une « avancée » sur le plan politique et institutionnel, car il aurait permis d'élaborer des « axes stratégiques ». En d'autres termes, il aurait permis de systématiser les problèmes socio-économiques auxquels le pays fait face, et d'élaborer après coup un plan d'action. Le deuxième pôle brosse le tableau d'un DSRP somme toute légitime, mais « inefficace » dans la résolution des problèmes qu'il met en avant.

Le paradoxe est saisissant, la critique disjoint les problèmes des solutions, faisant comme s'il n'existait aucun lien entre les premiers et les secondes. Comme si les problèmes constatés aussi réels soient-ils, n'étaient pas le produit d'une construction sociopolitique élaborée à partir d'éléments théoriques qui amènent à voir les problèmes posés sous un angle bien déterminé pour envisager ensuite les solutions adéquates.

En empruntant sa structure ontologique aux programmes qu'elle dénonce, la critique des réformistes ne voit pas les effets d'imposition qui sous-tendent les programmes dans les modes de pensée, les manières de concevoir les problèmes et de les traiter.

Ne nous méprenons pas, cette cécité n'implique pas une impéritie des réformistes par rapport aux projets que financent les bailleurs. C'est un phénomène intrinsèquement lié à la mise en œuvre des projets et des processus d'appropriation qui en découlent. C'est une hystérésis de ces processus qui renforce en sourdine la légitimité sociale des plans de développement que financent les bailleurs, les pratiques des autorités locales dans le déroulement desdits plans.

Ainsi, confortablement installés dans leur fonction, jugeant leurs actions, le développement socio-économique du pays à travers les concepts sous-jacents aux programmes, les réformistes ne se demandent pas *pourquoi* ni *comment* ils savent ce qu'ils savent à propos des programmes, ni *pourquoi* ils envisagent les problèmes sous un angle bien précis. Ils savent beaucoup de choses concernant les programmes, et ils savent qu'ils connaissent des choses, mais savent peu de chose sur la manière dont ils savent.

Et ils critiquent les programmes en revendiquant non pas leur abolition, mais un équilibre entre leur travail et celui des bailleurs. Ils plaident pour un programme global de transformation des institutions dont les hautes autorités de l'État bénéficiaire auraient la pleine maîtrise d'élaboration et du suivi, et les bailleurs le contrôle des procédures d'évaluation leur permettant d'apprécier l'apport de l'aide consentie. Bref ils revendiquent implicitement ou explicitement l'application la plus stricte des nouvelles règles qui régissent la coopération internationale d'aide au développement et notamment les principes de la *Déclaration de Paris* de 2005.

La critique des « situationnistes »

En référence au « président Ngouabi qui disait en 1975 que les situationnistes sont ceux qui cherchent des situations »[17], nous qualifions les membres de ce groupe de « situationnistes ». D'abord, parce que, contrairement aux réformistes, leur trajectoire professionnelle varie selon la majorité gouvernementale, ensuite parce que, plus jeunes et plus diplômés que les premiers, chacun est également à la recherche d'une « meilleure » situation socioprofessionnelle. Ainsi, dès que l'occasion se présente, on change volontairement de fonction, passant ainsi d'un cabinet ministériel à un autre. Entre 2011 et 2015 les « situationnistes » occupaient respectivement les fonctions suivant.

[17] Cité par Jean-François Bayart, in *L'Etat en Afrique. La politique du ventre* op. cit., page 196.

| Fonction/département | Nombre de personnes |
|---|---|
| Directeurs et délégués : Commissariat général au plan (CGP) | 3 |
| Directeurs au ministère de la Santé ou auprès d'un établissement hospitalier. | 3 |
| Conseillers/ministère de l'Economie et des Finances : bureau chargé de la promotion des investissements. | 3 |
| Service de la dette, cellule économique auprès de la Présidence de l'Union | 2 |
| Chargés de mission : ministère de l'Education nationale. | 2 |
| | N 13 |

Et, au cours des entretiens, cinq parmi les treize personnes qui forment ce groupe nous disiez avoir entamé des démarches pour changer de poste. Un an plus tard, nous apprenions que des cinq, trois auraient effectivement changé d'emploi. L'un est parti travailler au gouvernorat de l'Ile de Ngazidja (Grande Comore) le deuxième dans un organisme international qui a pignon sur rue à Moroni, et le troisième a été élu député à la Grand Comore lors des élections législatives et communales de 2015.

En effet, par rapport aux réformistes, les « situationnistes » sont mieux pourvus en capital scolaire (sur les 13 membres de ce groupe, 8 ont un diplôme de 3$^{e}$ cycle obtenu notamment en France ou dans une grande métropole africaine comme Dakar, Abidjan et les 5 autres ont un diplôme d'ingénieur) et l'influence des assertions des bailleurs sur la physionomie et le fonctionnement de l'appareil étatique leur permet d'objectiver ce capital en élargissant leur expérience professionnelle respective, leur position dans le champ politique.

Caciques de la fonction publique depuis le début des années 2000, ils se sont approprié les procédures technico-administratives qui sous-tendent les projets d'aide au développement. Nombre d'entre eux participent ou ont participé à des « commissions », à des « comités techniques sectoriels » ou « de pilotage » à des « groupes de travail » pour la conception et la réalisation de tel ou tel programme financier par tel ou tel bailleur.

Experts incontestés, ils réalisent également des missions à Paris, New York, Genève pour leur gouvernement et assistent ici et là à des conférences internationales en faisant partie de telle ou telle délégation ministérielle, voire présidentielle, inventée à l'occasion.

En mobilisant la description que fait Marx entre *classe en soi et classe pour soi,*[18] on peut sans doute envisager les « situationnistes » comme une *classe sociale en soi et pour soi. Classe en soi* car l'objectivation de leur capital scolaire dans le champ de l'aide au développement et de l'expérience qui en découle leur procure une position sociale formant ainsi une élite bureaucratique au service du pouvoir. *Classe pour soi,* car non seulement chacun d'eux a conscience d'appartenir à cette aristocratie bureaucratique, mais chacun revendique également cette appartenance, et défend les principes qui structurent la bureaucratie qui fonde ledit pouvoir dont ils sont les agents.

Ainsi, concernant la fécondité des programmes d'aide au développement, les « situationnistes » contrairement aux réformistes, ne critiquent pas le pouvoir, les gouvernants, mais les programmes en eux-mêmes, ou plus précisément les modalités de leur mise en œuvre. Ils les pourfendent en montrant qu'ils souffrent d'un problème de contextualisation, lié d'une part, à « l'hypercentralisation des procédures de décision » et, d'autre part, « au nombre excessif de mesures, de procédures administratives » à respecter pour mettre en œuvre telle ou telle réforme, pour « débloquer les fonds » nécessaires à la mise en « route » de tel ou tel projet.

À l'instar des bailleurs, « les situationnistes » dépolitisent les réformes politiques sous-jacentes aux programmes en les envisageant comme de simple procédure technico-administratives, certes difficiles à mettre en œuvre, mais gérables et fécondes à leurs yeux, « si l'on allège d'abord les processus de décision et de décaissement », si l'on assure ensuite à court et à moyen termes le suivi technique et financier des projets, enfin, si on « responsabilise les populations » en faisant d'elles les garants et les gérants des questions liées au développement local.

Pour les « situationnistes », les programmes ne produisent pas les faits escomptés, car ils sont « trop politiques », ne mettent pas suffisamment l'accent sur les moyens financiers et techniques, les mesures administratives et juridiques favorables à la décentralisation et notamment celles qui assureraient l'expansion de l'espace local.

À leurs yeux, ces mesures doivent être au centre des programmes et précéder les autres dans la mesure où ce sont elles qui garantissent

[18] Voir Karl Marx, *Misère de la philosophie*, Ed, sociales, 1972.

l'émergence d'une société civile. Société dont l'État a besoin pour impulser la croissance économique en collaborant avec celle-ci pour promouvoir un marché privé dynamique, pour promouvoir « une classe moyenne », dont l'allégeance des membres aux principes de la croissance économique et aux lois du marché permettrait également de mettre en œuvre d'autres processus démocratiques qui vont au-delà des mécanismes électoraux traditionnels.

Conquis par *l'antipolitics machine* sous-jacent aux programmes d'aide au développement, les « situationnistes » pensent *avec* les programmes *contre* les programmes. Ils pensent que les réformes administratives précèdent et doivent précéder les processus démocratiques. Comme les bailleurs, ils envisageant le politique comme un ensemble de procédés administratifs et de gestion permettant de créer une synergie entre le public et le privé, de créer des formes de « partenariat » entre l'État et la société civile. Comme les bailleurs, enfin, ils rêvent d'un « État minimum » qui aurait comme rôle principal de mettre en place un système administratif efficace qui veille aux intérêts du secteur privé, aux droits et à la propriété des personnes.

Un État dont la vocation n'est pas de lutter contre les inégalités sociales inhérentes au système de production, mais principalement d'aider les individus « à s'aider eux-mêmes »[19] pour pouvoir eux-mêmes subvenir à leurs besoins.

### La critique des « radicaux »

*A priori,* la critique des « radicaux » semble échapper à la logique qui fonde les programmes d'aide au développement. Elle rejette en effet ces derniers en montrant leur inanité, l'assujettissement économique et financier qu'ils créent, l'impossibilité des gouvernants à traduire les mesures politiques sous-jacentes. Et pourtant, force est de constater que celle-ci est également travaillée par les idées que répandant ces programmes. L'influence est diffuse et s'enracine dans des énoncés performatifs liées aux trajectoires socioprofessionnelles des radicaux.

D'abord parce que, parmi ces derniers, nombreux sont ceux qui travaillent directement ou indirectement pour tel ou tel projet financé par tel ou tel bailleur comme le montre le tableau ci-dessous.

---

[19] Concernant ce principe, voir Peter Niggli, *A qui profite l'aide au développement ? Controverses et nouvelles pistes*, Alliance Sud, Editions d'en Bas, 2008.

| Fonction/département | Nombre de personnes |
|---|---|
| Conseillers ministère de l'Agriculture, de la Pêche et de l'Environnement et des Forêts | 5 |
| Agents Département régulation des marchés publics | 2 |
| Conseillers Direction du plan, de l'aménagement du territoire, de l'énergie et de l'urbanisation. | 3 |
| Conseillers Direction nationale de la dette et du budget | 2 |
| Conseiller technique ministère des Relations extérieures | 1 |
| | N 13 |

Ensuite, parce que très politisés, ayant vécu un long moment à l'étranger et notamment en France, participant activement aux activités de telle ou telle association villageoise ou régionale, les radicaux contribuent ainsi à la construction des structures locales sur lesquelles les bailleurs s'appuient pour imposer leur programme.

En effet, à l'instar des réformistes, les radicaux dénoncent « l'incapacité de la classe dirigeante à gérer les affaires publiques », la propension des gouvernants à privilégier leur intérêt au détriment de ceux de la communauté nationale. Et l'idée selon laquelle l'État comorien a raté son « décollage économique », qu'il s'enfonce dans le marasme économique et « n'arrive pas à rattraper son retard économique en lançant les initiatives individuelles, l'épanouissement des valeurs économiques et humaines » est un thème récurrent chez les radicaux.

Soyons, clair ce thème n'est pas une invention *ex nihilo*, mais une *creatio ex materia* de la *doxa* néolibérale que diffusent les bailleurs de fonds et les agences d'aide au développement dont l'origine remonte à la pensée des universalistes libéraux qui nous présente le modèle de la modernité politique et économique de l'occident comme étant le seul valable. Les radicaux se l'approprient. L'influence est multiforme et entrelace d'autres thèmes critiques et notamment celle qui dénonce l'aide au développement comme étant « inefficace, parce qu'elle est non seulement conçue par les Occidentaux pour servir leurs intérêts économiques et géostratégiques » mais également parce qu'elle est incompatible avec système de valeur politique et socioculturel national ; qu'elle tend même à phagocyter ce système en finançant des « régimes politiques corrompus ».

La critique associe légitimement aide au développement et « valeurs occidentales », elle pourfend l'aide pour mieux rejeter ses valeurs synonymes « d'impérialisme et de néocolonialisme ». Pour ce faire, elle mobilise tout un ensemble de thèmes qu'elle tire de la raison néolibérale, des théories développementalistes en neutralisant l'apport culturel, les conditions sociopolitiques propres à l'émergence de ces thèmes. Elle recompose ainsi des énoncés socialement et politiquement connotés : « valeurs démocratiques, libertés, égalité développement technologique, accès à l'économie de la connaissance, etc. ... » et les appréhendent comme des valeurs culturellement neutres pour mieux dénoncer l'aide et les valeurs sous-jacentes.

Dans cette perspective, la critique des radicaux, est à la fois éloignée et proche de celle des réformistes et des « situationnistes ». Éloigné, car, elle est multiforme et ses origines sont diverses, elle dénonce les conséquences sociopolitiques qu'engendrent les programmes. Elle prend au sérieux l'influence qu'exercent ces derniers sur l'imaginaire des agents. Proche, car, si elle ne puise pas ses arguments dans les programmes eux-mêmes il n'en demeure pas moins qu'elle les tire des énoncés qui fondent les programmes. Autrement dit, elle les arrache des éléments discursifs qui relient le discours politique des programmes aux thèmes universaliste associé à ce discours.

En se référant à ces éléments (droits de l'homme, justice sociale, éthique et responsabilité, genre, etc. ...), la critique des radicaux renforce les contours de l'arène politique desdits programmes, car ces éléments ne sont pas neutres. Ce sont des relations de pouvoir culturellement et socialement réparties et caractérisées qui instaurent des pratiques politiques.

Ainsi, conquis par le discours politique des droits de l'homme que la « fiction occidentale »[20] présente, comme « le critère de base à la reconnaissance de la dignité humaine »,[21] les radicaux estiment que l'instauration de ces droits est la condition *sine qua non* d'un ordre politique viable. Et, à ce titre, ils sont également proches des bailleurs, car, il faut bien l'avouer, la plupart des programmes que financent ces derniers ont comme ambition l'instauration de ces droits.

---

[20] Nous empruntons ce terme à Michel Foucault, lorsqu'il parle d'un espace neutre qui caractérise « de nos jours la fiction occidentale » in *Dits et écrits*, tome 1, op.cit., page 520.

[21] Chant Mouff, *L'illusion du consensus*, op., cite page 190.

En effet, pour légitimer leur intervention, les bailleurs associent leur stratégie économique à des valeurs humanistes et aux droits de l'homme comme nous l'avons vu à plusieurs reprises.

Disons-le avec force, le point de vue que nous défendons dans ce travail ne remet pas intrinsèquement en cause les droits de l'homme, mais les usages inflationnistes qu'en font les bailleurs en plaçant au centre l'individu et non le collectif qui est à l'origine de ces droits. Pratiques qui tendent à favoriser « la désaffiliation sociale »,[22] un individualisme exacerbé, la dépolitisation des mouvements citoyens qui anesthésie les processus sociaux d'émancipation politique.

Notre démarche réfute également l'analyse culturaliste mâtinée d'*anthrologisme* qui prétend que ces droits sont inconcevables en Afrique, car incompatibles avec les univers symboliques des cultures. Une telle analyse sépare le social *du* politique, or, à nos yeux, ces deux sphères sont inséparables dans la mesure où *le politique* institue des pratiques sociales légitimes qui peuvent nous semble aller de soi.

La question n'est pas de savoir si ces droits sont concevables, transposables en Afrique tels que la culture occidentale les appréhende. Mais comment les relire pour trouver des équivalents pratiques. Car si la question des droits de l'homme, c'est la dignité de la personne, alors la « question peut recevoir différentes formes de réponses précise Chantal Mouff. Ce que la culture occidentale appelle ''droit de l'homme'' n'est qu'une façon culturellement spécifique de répondre à cette question, une façon individualiste propre à la culture libérale et qui ne saurait prétendre être la seule légitime. »[23]

Une telle démarche ne s'applique pas qu'aux droits de l'homme, c'est tout le chapitre sur le développement tel qu'on nous le présente qui exige une nouvelle lecture. Car les analyses déployées dans ce travail montrent que la pensée qui fonde les programmes d'aide au développement est complexe et que ses origines sont diverses. Elle tend à configurer la vision qu'on a du monde en général, du développement économique et social en particulier. Elle tend enfin à redessiner les « phénomènes mentaux »[24] qui orientent la critique de l'aide au

---

[22] Concernant cette notion, voir Robert Castel, notamment son livre, *les métamorphoses de la question sociale. Une chronique du salariat*, Ed. Gallimard, 1995.

[23] Chant Mouff, *L'illusion du consensus*, op.cit., page 190.

[24] Phénomènes mentaux veut dire ici « ce qui peut donner un démenti à nos spéculations et nous amener à corriger nos premières descriptions. Il y a des phénomènes [mentaux], s'il y a des faits qu'on puisse citer pour renverser les dogmes

développement en dessinant des énoncés performatifs qui rapportent les thématiques et les stratégies des bailleurs au discours scientifique en faisant passer ces stratégies pour scientifique et universel.

---

les plus vénérables ou pour refuser les conclusions des meilleurs raisonnements » Vincent Descombes, *La denrée mentale*, op.cit., page 9.

# Conclusion

> « Les institutions d'aide au développement, en particulier celles de Bretton Woods, ont pris le relais du processus de ''cooptation'' des contre-élites interne aux États africains, et assignent d'autant plus facilement ces derniers à la récitation de la thématique de la dépolitisation qu'elles ont structurellement ''ajustée'' les universités et les organisations de recherches du continent, tout en exerçant leur hégémonie sur l'africanisme américain et ouest-européen » Jean-François Bayart[1].

L'analyse sociohistorique de l'aide publique au développement (APD) nous a permis de cerner les transformations institutionnelles et cognitives qu'engendre celle-ci.

Nous avons pu constater que l'engagement des pays membres du Comité d'aide au développement (CDA) de l'OCDE évolué. Si les références économiques et financières ont toujours été au centre de leur engagement, dès le début des années 1990, elles sont complétées par de nouveaux énoncés qui ont non seulement élargi les objectifs assignés à l'aide, mais également ses modalités pratiques.

La matérialité et les formulations de ces énoncés proviennent de plusieurs approches théoriques de l'économie libérale qui prônent l'idée d'un « État minimum », la concurrence, le libre-échange.

Parmi ces approches, on a d'un côté, les approches humanistes dans les dispositifs politiques de régulation de la question sociale expérimentées aux États-Unis au cours des années 1960 et 1970, puis en Europe occidentale dans les années 1980 et 1990. Approches qui prônent l'individualisation, la contractualisation des politiques publiques, la souveraineté de l'individu et sa responsabilité dans son devenir en atténuant tant soit peu la responsabilité collective.

De l'autre côté on a les théories de *l'individualisme méthodologique* appliquées à l'économie (ou la nouvelle économie politique) où l'on envisage, d'une part, les individus comme des acteurs qui se comportent rationnellement en vertu de leurs intérêts respectifs[2]. Et, d'autre part, l'État non comme un tout homogène et indivisible, mais comme une

---

[1] Jean-François Bayart, « Foucault au Congo » *in Penser avec Michel Foucault*, Marie-Christine Granjon (dir.), Ed, Karthala, pp 183-224, page 216.

[2] A ce propos voir, Liêm Hoang-Ngoc, *Les théories économiques. Petit manuel hétérodoxe*, op.cit.

entité composée de plusieurs strates, avec des secteurs économiquement rentables où les pouvoirs publics ont intérêt à intervenir pour soutenir la dynamique et d'autres secteurs où toute intervention étatique est inappropriée, car économiquement peu rentable.

On a enfin les approches néoinstitutionnalistes qui postulent que les institutions sont les résultats des interactions individuelles. Autrement dit, c'est la volonté, le comportement des individus présumés rationnels qui détermineraient l'évolution, la qualité des institutions, réduisant ainsi les agents à ce qu'ils font, prenant peu en compte les forces sociales qui orientent la direction que prennent les institutions au-delà et en deçà des activités individuelles. Seuls le mode de fonctionnement et les techniques de gouvernement des institutions sont pris en compte[3], disqualifiant ainsi *le politique* en faisant de l'aide au développement une machine à dépolitiser la question des inégalités sociales en cantonnant l'État dans un rôle technique de gestion et d'animation dans les processus politiques de centralisation et de décentralisation des structures étatiques.

Le discours et les pratiques de l'aide au développement ne trouvent donc pas leur fondement dans un ou deux critères, mais dans un ensemble d'énoncés reliés entre eux par d'autres énoncés dont les articulations des uns et des autres dessinent une courbe dans laquelle les différents points renvoient à des instruments de transformation institutionnelle et cognitive. Ces derniers ne s'imposent pas aux agents comme tels, mais par l'adhésion aux valeurs qui les sous-tendent. Les agents semblent y adhérer d'abord parce que, depuis la révolution néolibérale des années 1990, et notamment après la chute du mur de Berlin, l'APD est traversée par la philosophie de la fin du monde qui postule que : « le monde libre a triomphé du communisme et les identités collectives s'affaiblissent, un monde sans ennemis devient possible. Les conflits partisans sont choses du passé (…) La mondialisation et l'universalisation de la démocratie libérale donnent tout lieu de croire en un futur cosmopolitique qui apportera paix et prospérité (…) »[4] si l'on favorise partout dans le monde le consensus, l'adhésion des normes et des valeurs de l'économie de marché, les droits de l'homme.

---

[3] Béatrice Hibou, *Economie politique du discours de la Banque mondiale en Afrique subsaharienne Du catéchisme économique au fait (et méfait) missionnaire*, op.cit.
[4] Chantal Mouffe, *L'illusion du consensus*, op.cit., page 7.

La recherche de l'adhésion est ainsi promue technique de gouvernement donnant lieu à des procédures administratives, à des règles de gestion, à des concepts : démocratie participative, partenariat, « bonne gouvernance », responsabilité mutuelle, etc. Le renforcement des capacités institutionnelles, que soutient le Comité d'aide au développement (CDA) de l'OCDE au détriment de la « coopération technique », s'inscrit dans cette démarche. Sa motivation n'est pas qu'économique, elle ne vise pas que la baisse des charges de la coopération. Elle est jugée « efficace » par le CDA, car elle permet l'adhésion par la transformation *en actes* des pratiques.

Les agents semblent ensuite y adhérer, car les projets et les réformes que financent l'aide au développement sont enserrés dans des valeurs politiques et économiques servant d'étalon, d'indicateurs, d'axes méthodologiques et de réflexion. Ces valeurs donnent donc lieu à des pratiques, à des manières d'envisager le monde, l'action publique.

Ainsi, l'aide budgétaire (directe) crée l'adhésion par une responsabilisation sous contrôle, et par la transformation des pratiques institutionnelles qu'engendrent les évaluations qu'elle suppose.

L'avènement de la société civile en Afrique subsaharienne est un autre exemple. L'APD et plus particulièrement la coopération décentralisée, a favorisé son développement dans le continent. Les ONG locales, les associations communautaires et d'élus font aujourd'hui partie du paysage politique. Si leurs apports en termes d'émancipation politique et de démocratie sont sujets à caution. Ces structures participent par contre au rayonnement des idées d'un « État minimum », au développement de « la gouvernance locale » très chère à la Banque mondiale. Gouvernance qui tend à opposer État et société, individu et société. Opposition qui favorise l'individualisme, l'entre-soi, la protection des intérêts du groupe d'origine et d'appartenance au détriment de l'intérêt général. Et, partout en Afrique subsaharienne, la gestion d'un espace local dépolitisé est devenue un mode de gouvernement dont l'élite dirigeante s'empare pour asseoir son pouvoir.[5]

L'aide au développement produit du pouvoir, du réel, et ses conséquences économiques et sociales sont d'autant plus importantes

[5] A ce propos, voir notamment, *Décentralisation : entre dynamiques locales et mondialisation*, Cahier du GEMDEV, op.cit. Voir, également, Pierre Laurent et Jean-Philippe Peemans, « Les dimensions socio-économiques du développement local en Afrique au Sud du Sahara : Quelles stratégies pour quels acteurs ? » *Bulletin de l'APAD*, n°15, 1998, pp 2-11.

qu'elle s'imbrique dans les institutions sociales des pays bénéficiaires en définissant des valeurs, des indicateurs que les agents s'approprient pour rendre leurs activités intelligibles. La description des mécanismes sociaux d'adhésion de ces valeurs est primordiale pour la construction d'une critique compréhensive de l'aide au développement. Car, comme le montre Mary Douglas, les institutions ne pensent pas, elles agissent dans les pratiques, non pas en leur donnant une direction précise, mais en déterminant des jalons, des répertoires de valeurs, des séquences de mémoires qui constituent des conditions de pensabilité et d'intelligibilité.[6] Ainsi, depuis la fin des années 1980, l'APD est devenue, de par sa politique et ses modalités d'allocation, une institution qui produit et consolide de telles valeurs, de telles catégories en plaçant l'homme au centre de ses stratégies. Elle n'est donc pas « fatale »[8] en soi, c'est l'esprit qui l'anime qu'il faut dénoncer en commençant par faire *notre* propre critique ontologique en mettant *le politique* au centre et non l'Homme. En mettant ce dernier au centre, comme le réclament beaucoup d'intellectuels et d'universitaires africains[9], *nous* répétons inlassablement la litanie des thématiques des Institutions financières internationales servant à dépolitiser les questions socioéconomiques. *Nous* jouons le jeu de ces institutions reléguant ainsi au second rang la question des inégalités, de la protection sociale, de l'émancipation politique des populations. Et la lutte contre la souffrance humaine, les inégalités, la solidarité n'est plus un principe politique de gouvernement, mais un instrument commode d'exercice du pouvoir.

---

[6] Mary Douglas, *Comment pensent les institutions* ? op.cit.

[8] Dambisa Moyo, *L'aide fatale. Les ravages d'une aide inutile et de nouvelles solutions pour l'Afrique*, op.cit.

[9] A ce propos, voir le supplément du journal *Le Monde* du mardi 25 octobre 2016 « Le Monde Afrique. Les débats ».

**L'HARMATTAN ITALIA**
Via Degli Artisti 15; 10124 Torino
harmattan.italia@gmail.com

**L'HARMATTAN HONGRIE**
Könyvesbolt ; Kossuth L. u. 14-16
1053 Budapest

**L'HARMATTAN KINSHASA**
185, avenue Nyangwe
Commune de Lingwala
Kinshasa, R.D. Congo
(00243) 998697603 ou (00243) 999229662

**L'HARMATTAN CONGO**
67, av. E. P. Lumumba
Bât. – Congo Pharmacie (Bib. Nat.)
BP2874 Brazzaville
harmattan.congo@yahoo.fr

**L'HARMATTAN GUINÉE**
Almamya Rue KA 028, en face
du restaurant Le Cèdre
OKB agency BP 3470 Conakry
(00224) 657 20 85 08 / 664 28 91 96
harmattanguinee@yahoo.fr

**L'HARMATTAN MALI**
Rue 73, Porte 536, Niamakoro,
Cité Unicef, Bamako
Tél. 00 (223) 20205724 / +(223) 76378082
poudiougopaul@yahoo.fr
pp.harmattan@gmail.com

**L'HARMATTAN CAMEROUN**
TSINGA/FECAFOOT
BP 11486 Yaoundé
699198028/675441949
harmattancam@yahoo.com

**L'HARMATTAN CÔTE D'IVOIRE**
Résidence Karl / cité des arts
Abidjan-Cocody 03 BP 1588 Abidjan 03
(00225) 05 77 87 31
etien_nda@yahoo.fr

**L'HARMATTAN BURKINA**
Penou Achille Some
Ouagadougou
(+226) 70 26 88 27

**L'HARMATTAN SÉNÉGAL**
10 VDN en face Mermoz, après le pont de Fann
BP 45034 Dakar Fann
33 825 98 58 / 33 860 9858
senharmattan@gmail.com / senlibraire@gmail.com
www.harmattansenegal.com

www.ingramcontent.com/pod-product-compliance
Lightning Source LLC
LaVergne TN
LVHW011441061026
849535LV00004BA/909